Big Data Financial Tutorial

大数据金融教程

刘晓星 ◎ 编著

清华大学出版社
北京

本书封面贴有清华大学出版社防伪标签，无标签者不得销售。
版权所有，侵权必究。侵权举报电话及邮箱：010-62782989，beiqinquan@tup.tsinghua.edu.cn

图书在版编目（CIP）数据

大数据金融教程/刘晓星编著. —北京：清华大学出版社，2024.4
ISBN 978-7-302-65581-7

Ⅰ. ①大… Ⅱ. ①刘… Ⅲ. ①金融－数据管理－教材 Ⅳ. ①F830.41

中国国家版本馆 CIP 数据核字(2024)第 045961 号

责任编辑：陆浥晨
封面设计：李召霞
责任校对：宋玉莲
责任印制：曹婉颖

出版发行：清华大学出版社
网　　址：https://www.tup.com.cn，https://www.wqxuetang.com
地　　址：北京清华大学学研大厦A座　　　　邮　编：100084
社 总 机：010-83470000　　　　　　　　　　邮　购：010-62786544
投稿与读者服务：010-62776969，c-service@tup.tsinghua.edu.cn
质 量 反 馈：010-62772015，zhiliang@tup.tsinghua.edu.cn
课 件 下 载：https://www.tup.com.cn，010-83470332

印 装 者：三河市人民印务有限公司
经　　销：全国新华书店
开　　本：185mm×260mm　　　印　张：17.75　　　字　数：405 千字
版　　次：2024 年 5 月第 1 版　　　　　　　印　次：2024 年 5 月第 1 次印刷
定　　价：49.00 元

产品编号：095009-01

前言

　　万物皆互联，无处不数据。在21世纪，随着移动互联网、云计算、物联网、大数据等技术日新月异，人类已经步入"大数据时代"，数据的大规模生产、分享和应用已成为现实。在"大数据时代"，大数据作为一种新型资产，与资本、劳动、技术、土地等生产要素一起推动着经济社会向前发展。

　　大数据的发展有其特定的社会历史背景，是人类社会发展到一定阶段的必然产物，顺应了时代发展的潮流。人类对测量、记录和分析世界的渴望是推动大数据发展的核心动力。当文字、图形、音频，甚至世间万物都可转变成数据，一切都可量化时，大数据就能创造出巨大的新型价值，渗透并服务于人类生产生活的方方面面。至于大数据的重要性，赵国栋等在《大数据时代的历史机遇——产业变革与数据科学》中指出，大数据时代公司的价值，与其数据资产的规模、活性成正比，与其解释、运用数据的能力成正比，甚至认为缺乏数据资源，无以谈产业；缺乏数据思维，无以言未来。为了更好地理解和融入大数据时代，突破传统思维模式的桎梏，形成适应大数据时代的思维方式是一种必然选择。大数据改变着我们理解世界的方式，促使我们由热衷于寻找事物间的因果关系转向寻找相关关系，从微观和宏观两个层面深入了解事物的本质。通过探求"是什么"而不是"为什么"，我们得以用全新的视角更好地理解和审视这个世界。

　　大数据与金融的深度融合是大数据时代的一个重要发展趋势。移动支付、个人对个人（P2P）网贷产品、互联网基金、互联网保险等金融新业态的蓬勃发展，一方面挑战着传统金融机构的垄断地位，另一方面重新塑造了一种"以客户为中心、满足客户消费体验"的新型金融服务模式。大数据挖掘和分析技术的不断更新发展使海量非结构化金融数据的有效利用成为可能，通过对金融数据进行多方、多维、实时的分析和挖掘，可以为现代金融机构提供客户的全方位信息，包括客户的消费习惯、资产负债情况、流动性情况、信用情况等，为其准确预测客户行为奠定了数据基础。这些历史性变革有助于金融机构加快业务和产品创新，实现精准营销和加强风险管理，促使企业从数据资产向战略资产转化。虽然目前金融业还处于大数据应用的初级阶段，但我们有理由深信，在不远的未来，大数据将成为金融业务开展的基础资源和一种非常重要的金融交易商品。随处可见、随时可得的移动金融客户端和个性化金融产品正在向我们传递一个重要信息——大数据金融时代已悄然来临。大数据金融正在改变着我们的日常生活方式，推动着金融产业变革和商业模式创新，实现着更多的数据价值。

　　本书共分11章，主要内容如下所述。

第一章　大数据的理论演变。从大数据概念提出的背景出发，按时间顺序梳理大数据概念的演变过程，讲述了大数据的主要发展阶段，以及国内外主要国家和地区大数据的发展现状。接着，从理论层面、技术层面和实践层面分别对当前的大数据概念进行明确的界定。最后，阐述了大数据带来的产业变化关键节点、六大趋势、五大领域颠覆、三大关键行业的变革及数据交易的变革，揭示了数据市场的未来发展趋势，指出了大数据将带来变革时代的力量及未来可能面临的潜在挑战。

第二章　大数据思维。主要论述了大数据中体现的思维方式对传统的思维惯性造成的冲击，具体分析了大数据思维带来的六大转变及其他原理，并讲述了在大数据思维方式的冲击下，社会、政府、企业、个人的传统思维发生的变化，并提出了全新的大数据思维方式。同时，这样的思维转变也将影响传统行业的未来发展前景，甚至对国家战略产生一定的影响，并基于国家战略谋划大数据产业的发展方向，推动数据成为科技竞争和产业竞争的战略重点和制高点。

第三章　大数据与金融的融合。这两者的相互融合是行业发展的必然趋势，主要有以下三个方面的动因：金融业应用大数据技术的优势、大数据技术的日臻成熟和金融业创新发展的必然要求。本章从大数据金融的特征切入，分析了大数据金融的四个基本特征，即数字化、开放性、高生产力和科学决策，同时也比较详细地阐述了每个特征的含义。根据大数据金融的发展现状，简要介绍了当下大数据金融的发展状况和大数据金融应用的重点方向及未来趋势，并从互联网金融的角度，探讨大数据如何服务金融领域。最后，分别从数据价值深入挖掘、金融行业架构重塑以及大数据技术跨界运用这三个方面入手，详尽地勾勒出大数据金融的未来发展蓝图。

第四章　大数据金融的商业模式。从大数据金融商业模式的选择出发，探讨了商业模式创新对金融行业的运营效率和结构效率的影响。具体从企业、产业与行业三个维度具体论述大数据时代下金融业务商业模式的创新之处。在企业维度上，大数据技术影响商业模式创新的关键因素可以从组织、产品、客户、业务、财务五个角度分别进行阐述。在产业维度上，将根据产业链上从事不同环节的数据资源提供商、大数据分析咨询提供商、大数据处理服务提供商和大数据解决方案提供商这四个方面，详细分析商业模式在大数据产业链层面上的创新与实践应用。在行业维度上，以数据为媒介整合产业链上下游，实现数据驱动跨界的模式，并通过数据使不同行业实现市场、企业和客户的价值关系重组。在此基础之上，从企业战略、产业生态和社会运用的角度探讨大数据金融商业模式的未来发展趋势。

第五章　大数据金融机构与产品创新。大数据对金融行业的影响还体现在传统金融机构的大数据应用与基于互联网的新型机构与产品，因此，本章从银行业、证券业、保险业、信托业、融资租赁业和中央银行这些传统金融机构的大数据应用实践与创新谈起，论述传统金融机构如何利用大数据技术紧跟时代潮流，并对基于互联网的大数据产品——大数据征信体系、P2P 平台、众筹和大数据指数做详细介绍。

在银行业大数据金融创新的实践中，分别从大型商业银行、中小型商业银行和互联网银行三个角度出发，具体分析了不同银行在业务创新、风险控制、征信数据合作、客户关系管理、管理决策方式和网络技术安全等方面的具体应用与未来面临的挑战。在证券业大数据金融创新的实践中，具体阐述了大数据技术促使证券业技术架构、业务架构和管理架构发生的革新，与此同时，证券投资决策和证券行业格局也随之改变。在保险业大数据金融创新的实践中，分析了大数据时代的保险业务创新、营销方式创新，以及大数据与保险业融合发展的路径。在信托业大数据金融创新的实践中，注重以产品研发、风险管理、财富管理及运营决策为核心的战略性结合，并结合当前的互联网趋势构建互联网信托平台。而在融资租赁业大数据金融创新的实践中，则以风险管理、行业分析和融资平台建设为未来的重点发展方向。对于中央银行而言，大数据将在统计预测、征信体系构建、反洗钱监测、外汇管理等方面提高中央银行的管理职能。

基于大数据的产品创新，主要以征信产品和指数化产品为代表。大数据征信以概念入手，分析了个人征信和企业征信的发展现状和面临的问题及潜在的优势，并结合现实提出了大数据时代征信业发展的相关建议。

第六章 大数据与供应链金融。供应链金融实现了物流、资金流与数据流的结合，构建起更广阔的产业平台。企业将大数据与供应链金融相结合，将数据处理加工使之信息化，才能发挥出最大的作用。大数据和供应链金融的发展模式是相辅相成的，二者缺一不可。本章从供应链金融发展的背景出发，介绍了供应链发展的三个不同阶段，以及在当前大数据、信息化的趋势下，供应链金融产业出现的新模式。具体论述了大数据对传统供应链、互联网、区块链和金融科技对供应链金融的影响。同时，对供应链金融的风险类型、风险成因以及相应的风险管控机制及手段也做了介绍。最后，展望了大数据时代下供应链金融发展的新思潮及具体的发展趋势。

第七章 大数据金融服务平台。首先对大数据金融服务平台的概念进行了界定，从数据来源、服务内容、平台目的、服务对象、定价机制等方面对其进行分类，并通过具体的事例对大数据金融服务平台为竞争策略、战略规划及产业链重构带来的革新做出了分析。革新必定伴随着挑战，大数据金融服务平台面临着诸多来自数据质量、行业应用、监管、市场等方面的风险，需要进一步进行探索。

第八章 大数据金融算法。首先介绍了数据采集与预处理、大数据存储技术和数据分析与指标构建这三个构建大数据体系的基本步骤，并详细介绍了数据挖掘经典算法的概念、理论基础与实践领域。从实践应用的角度出发，探讨了大数据算法面临的技术困境与监管困境，并为此明确了有效算法的七项原则，以期数据算法有效运行。同时，从人与物两个角度探索大数据算法的未来发展路径。

第九章 大数据金融生态环境建设。本章从大数据市场环境建设出发，从政策、经济、技术和交易四个方面分析大数据金融的外部宏观环境，并结合行业内部环境，探讨市场环境对大数据金融发展的影响。接着，进一步阐述了传统监管体系的不足和大数据带来的新的监管风险，基于以上风险探讨了大数据在金融监管中的应用和政府角色。征信体系建设也是大数据生态环境建设中的重要一环，通过分析传统信用评估体系的不足，以及比较国内外信用评估模型，为我国征信体系的构建与完善带来了启示。最后，从更宏观的角度点明了大数据生态系统的构成、构建原则及其面临的挑战，只有认识到问题所在，才能推动大数据产业朝着更稳健的方向发展。

第十章　Fintech 与大数据金融。Fintech 作为一种新业态，通过借助大数据、人工智能、区块链等各类先进技术能够提升金融行业的运转效率。本章从 Fintech 发展的背景出发，介绍了 Fintech 发展进程中的技术变革，并通过比较分析不同地区的投资热点、中美 Fintech 发展进程及细分领域的发展，探索 Fintech 未来发展的方向。同时，着眼于资金端、资产端及科技方面的创新点，分析 Fintech 创新的本质。接着，从区块链技术、人工智能和隐私计算三个方面出发，具体论述 Fintech 的技术创新、发展现状、未来发展趋势及对金融行业的影响。

第十一章　案例分析。以蚂蚁金服作为互联网金融的代表，通过介绍其产业概况、业务构成及金融布局情况，具体分析互联网公司如何借助大数据技术抢占时代先机，在互联网金融时代占据一席之地。以 Wealthfront 作为智能投顾的代表，通过介绍其管理团队、资产规模、投资策略等方面，分析 Fintech 创新的引领下智能投顾的优势所在。同时，分析了以比特币为代表的数字货币的现状和未来发展。最后，介绍了元宇宙金融的出现，其体系结构、发展阶段和运行逻辑，同时还对 NFT、元宇宙银行及其他场景赋能的探索进行了阐述。

本书由刘晓星教授提出总体写作方案、组织撰稿和校阅，研究生丁善一、李雪梅、陈欣远、吴之悦、顾诚嘉、许从宝、高怡佳等做了大量的文献资料收集整理，全书由刘晓星教授统一审定完成。此外，张颖老师对本书的完成也做了许多重要工作，在此一并表示感谢。

本书是基于大量国内外相关文献资料编写的，书后也列出了主要参考文献，如有挂一漏万之处，敬请海涵。本书出版得到了清华大学出版社的大力支持，在此表示衷心的感谢。由于作者水平有限，加之时间仓促，书中难免有疏漏或错误之处，恳请读者多提宝贵意见，以便今后进一步修改和完善。

刘晓星
2023 年 9 月于南京东南大学九龙湖畔

目录

第一章 大数据的理论演化 …… 1

第一节 大数据的提出背景 …… 1
- 一、技术进步（线上阅读） …… 1
- 二、产业升级 …… 2
- 三、社会进步 …… 3

第二节 大数据的发展进程 …… 4
- 一、大数据的主要发展阶段 …… 4
- 二、主要国家的发展现状 …… 6

第三节 大数据的概念界定 …… 11
- 一、理论层面 …… 12
- 二、数据层面 …… 17
- 三、实践层面 …… 18

第四节 大数据的趋势变革 …… 21
- 一、大数据变革的主要领域 …… 21
- 二、大数据的产业变革 …… 23
- 三、大数据变革趋势（线上阅读） …… 25

本章小结 …… 26
即测即练 …… 26
简答题 …… 26

第二章 大数据思维 …… 27

第一节 大数据思维的内涵与构成 …… 27
- 一、尝试用总体数据分析 …… 27
- 二、关注效率而不是精确度 …… 28
- 三、关注相关关系而不是因果关系 …… 29
- 四、平等关系代替层级关系 …… 30
- 五、开放创造更多的价值 …… 30
- 六、关注事物的动态发展规律 …… 31
- 七、大数据思维下的其他原理（线上阅读） …… 31

第二节 大数据思维对传统思维的影响 …… 32

　　　　一、社会传统思维……………………………………………………………32
　　　　二、政府管理思维……………………………………………………………32
　　　　三、企业商业思维……………………………………………………………33
　　　　四、个人行为思维……………………………………………………………36
　　第三节　大数据思维对传统产业的影响………………………………………………36
　　　　一、大数据思维对传统产业的冲击…………………………………………36
　　　　二、大数据思维下向传统领域的拓展方向…………………………………38
　　　　三、基于国家战略的大数据产业发展思维…………………………………38
　　　　四、当前国家大数据战略（线上阅读）……………………………………41
　本章小结……………………………………………………………………………………41
　即测即练……………………………………………………………………………………42
　简答题………………………………………………………………………………………42

第三章　大数据与金融的融合……………………………………………………………43

　第一节　现代金融的大数据特征………………………………………………………43
　　　　一、金融业应用大数据技术的优势…………………………………………43
　　　　二、大数据技术的日臻成熟…………………………………………………43
　　　　三、金融业创新发展的必然要求……………………………………………44
　第二节　大数据金融的理论内涵………………………………………………………47
　　　　一、大数据金融的界定………………………………………………………47
　　　　二、大数据金融的特征………………………………………………………47
　第三节　大数据与金融的融合（线上阅读）…………………………………………50
　第四节　大数据与互联网金融的关系（线上阅读）…………………………………50
　第五节　代码实例（线上阅读）………………………………………………………50
　本章小结……………………………………………………………………………………50
　即测即练……………………………………………………………………………………51
　简答题………………………………………………………………………………………51

第四章　大数据金融的商业模式…………………………………………………………52

　第一节　大数据金融商业模式的选择…………………………………………………52
　　　　一、商业模式创新有利于提升金融行业的运营效率………………………52
　　　　二、商业模式创新有利于提升金融行业的结构效率………………………53
　第二节　大数据金融商业模式的维度分析……………………………………………54
　　　　一、企业维度…………………………………………………………………54
　　　　二、产业维度…………………………………………………………………55
　　　　三、行业维度…………………………………………………………………56

  第三节 大数据金融的企业商业模式创新 ································ 56
    一、基于大数据的组织架构创新 ···································· 56
    二、基于大数据的产品创新 ·· 57
    三、基于大数据的客户创新 ·· 59
    四、基于大数据的业务创新 ·· 60
    五、基于大数据的财务创新 ·· 65
  第四节 大数据金融的产业商业模式创新 ································ 66
    一、数据资源提供商 ··· 66
    二、大数据分析咨询提供商 ·· 69
    三、大数据处理服务提供商 ·· 71
    四、大数据解决方案提供商 ·· 73
  第五节 大数据金融的行业商业模式创新 ································ 73
    一、数据驱动跨界模式 ··· 73
    二、价值关系重构 ··· 74
  第六节 大数据金融商业模式的未来趋势（线上阅读） ················ 75
 本章小结 ·· 75
 即测即练 ·· 75
 简答题 ·· 76

第五章 大数据金融机构与产品创新 ·· 77

  第一节 金融业大数据应用现状 ·· 77
    一、传统金融业大数据应用 ·· 77
    二、基于互联网的机构与产品 ······································ 78
  第二节 银行业大数据金融 ·· 80
    一、大型商业银行 ··· 81
    二、中小型银行 ··· 83
    三、互联网银行 ··· 85
  第三节 证券业大数据金融 ·· 89
    一、证券行业创新 ··· 89
    二、证券投资决策和业务模式转变 ································ 91
    三、大数据时代的量化投资 ·· 92
  第四节 保险业大数据金融 ·· 93
    一、业务经营技术创新 ··· 93
    二、产品营销方式创新 ··· 94
  第五节 信托业大数据金融 ·· 95

一、战略性结合 ·· 95
　　　二、产品创新 ·· 98
　　　三、互联网信托平台 ··· 99
　第六节　融资租赁业大数据金融 ··· 99
　　　一、风险管理 ·· 99
　　　二、行业分析 ·· 100
　　　三、融资租赁平台建设 ·· 100
　第七节　中央银行大数据应用 ·· 101
　　　一、提高统计预测能力 ·· 101
　　　二、完善征信体系 ·· 101
　　　三、加强反洗钱监测 ·· 101
　　　四、提高外汇管理能力 ·· 102
　第八节　基于大数据金融的征信产品 ··· 102
　　　一、大数据征信的概念 ·· 102
　　　二、大数据征信的应用优势 ·· 108
　　　三、大数据时代征信业发展相关建议 ··································· 109
　第九节　基于大数据金融的指数化产品 ······································· 110
　　　一、大数据指数 ·· 110
　　　二、基于大数据指数的产品设计 ··· 116
　第十节　代码实例（线上阅读）··· 116
　本章小结 ·· 117
　即测即练 ·· 117
　简答题 ·· 118

第六章　大数据与供应链金融 ··· 119

　第一节　供应链金融的发展现状 ··· 119
　　　一、供应链金融发展的背景 ·· 119
　　　二、供应链金融的发展历程 ·· 122
　　　三、供应链金融新模式 ·· 123
　第二节　大数据对供应链金融的影响 ··· 125
　　　一、大数据对传统供应链的影响 ··· 125
　　　二、大数据时代供应链金融的变革 ······································· 128
　第三节　大数据时代供应链金融的发展趋势（线上阅读）········· 134
　本章小结 ·· 134
　即测即练 ·· 135
　简答题 ·· 135

第七章　大数据金融服务平台 ……………………………………………………… 136

第一节　大数据金融服务平台的界定 ……………………………………………… 136
第二节　大数据金融服务平台的分类 ……………………………………………… 137
　　一、按数据来源划分 ………………………………………………………… 137
　　二、按服务内容划分 ………………………………………………………… 138
　　三、按平台目的划分 ………………………………………………………… 141
　　四、按服务对象划分 ………………………………………………………… 145
　　五、按定价机制划分 ………………………………………………………… 146
第三节　大数据金融服务平台的革新 ……………………………………………… 148
　　一、竞争策略的革新 ………………………………………………………… 148
　　二、战略规划的革新 ………………………………………………………… 149
　　三、产业链的革新 …………………………………………………………… 149
第四节　大数据金融服务平台面临的风险与挑战 ………………………………… 151
　　一、从数据质量来看 ………………………………………………………… 151
　　二、从金融业的应用来看 …………………………………………………… 152
　　三、从监管的角度来看 ……………………………………………………… 153
　　四、从市场的角度来看 ……………………………………………………… 153
第五节　代码实例（线上阅读） …………………………………………………… 154
本章小结 …………………………………………………………………………… 154
即测即练 …………………………………………………………………………… 155
简答题 ……………………………………………………………………………… 155

第八章　大数据金融算法 …………………………………………………………… 156

第一节　大数据体系构建 …………………………………………………………… 156
　　一、数据采集与预处理 ……………………………………………………… 156
　　二、大数据存储技术 ………………………………………………………… 157
　　三、数据分析与指标构建 …………………………………………………… 158
第二节　数据挖掘经典算法 ………………………………………………………… 158
　　一、人工神经网络——自动编码器 ………………………………………… 158
　　二、贝叶斯——朴素贝叶斯 ………………………………………………… 161
　　三、决策树——C4.5 ………………………………………………………… 162
　　四、线性分类——支持向量机 ……………………………………………… 163
　　五、关联规则学习——先验算法 …………………………………………… 164
　　六、聚类分析——期望最大化方法 ………………………………………… 164
　　七、异常检测——K 最近邻 ………………………………………………… 165

八、集成学习算法——Adaboost 166
九、隐私计算——联邦学习 167
十、决策树——分类与回归树（CART）（线上阅读） 169
十一、决策树——随机森林（线上阅读） 169
十二、关联规则学习——FP-growth算法（线上阅读） 169
十三、聚类分析——K-Means（线上阅读） 169
十四、集成学习算法——GBDT（线上阅读） 170

第三节　大数据算法面临的困境与解决之道 170
一、大数据算法存在的问题 170
二、有效算法的七大原则 171
三、大数据算法的发展趋势（线上阅读） 172

第四节　代码实例（线上阅读） 172

本章小结 173
即测即练 173
简答题 173

第九章　大数据金融生态环境建设 174

第一节　大数据市场环境建设 174
一、大数据金融外部环境 174
二、金融行业内部环境 179

第二节　大数据监管体系建设 179
一、传统金融监管体系的不足 179
二、大数据带来新的监管风险 180
三、大数据在金融监管中的应用 181
四、大数据金融监管中的部门角色 182

第三节　大数据征信体系建设 183
一、传统信用评估模型的问题 183
二、国外大数据信用评估模型 185
三、中国大数据征信体系建设 190
四、国外征信体系建设对我国的启示（线上阅读） 193

第四节　大数据生态系统建设 193
一、大数据金融生态系统的构成 193
二、大数据金融生态系统构建的原则 194
三、大数据金融生态环境构建面临的挑战 195

本章小结 196
即测即练 196

简答题 ··· 196

第十章　Fintech 与大数据金融 ·· 197

　第一节　金融科技行业概述 ··· 197
　　一、Fintech 发展的背景 ·· 197
　　二、Fintech 1.0 时代的技术 ·· 199
　　三、Fintech 2.0 时代的技术（线上阅读） ··· 199

　第二节　Fintech 投资热度与发展比较分析 ·· 200
　　一、投资热度 ·· 200
　　二、中美 Fintech 发展比较分析 ·· 200
　　三、细分领域梳理及对比 ··· 202

　第三节　Fintech 的创新 ·· 203
　　一、Fintech 带来的资金端创新 ·· 203
　　二、Fintech 带来的资产端创新 ·· 205
　　三、Fintech 带来的科技创新 ··· 207
　　四、Fintech 创新的本质与分析 ·· 208

　第四节　Fintech+区块链 ··· 208
　　一、区块链的提出与演化 ··· 208
　　二、区块链的概念 ·· 210
　　三、区块链技术的创新与应用 ··· 213
　　四、区块链技术的未来发展趋势 ·· 219

　第五节　Fintech+智能投顾 ·· 220
　　一、智能投顾概述 ·· 220
　　二、国内外发展现状 ··· 224
　　三、智能投顾监管研究 ·· 226
　　四、智能投顾行业思考 ·· 227

　第六节　Fintech+隐私计算（线上阅读） ·· 228
　第七节　Fintech 的未来发展路径（线上阅读） ·· 228
　第八节　代码实例（线上阅读） ··· 228
　本章小结 ··· 229
　即测即练 ··· 229
　简答题 ·· 229

第十一章　案例分析 ·· 230

　第一节　蚂蚁金服：以互联网金融为平台、以大数据金融为元素 ···························· 230
　　一、蚂蚁金服的概况 ··· 230

　　　　二、蚂蚁金服的业务构成 ·· 232
　　　　三、蚂蚁金服的大数据金融布局 ·· 235
　　第二节　智能投顾——Wealthfront ·· 235
　　　　一、Wealthfront 的管理团队及其资产规模 ······························ 236
　　　　二、Wealthfront 的投资方法论 ·· 237
　　　　三、Wealthfront 智能投顾的优势 ··· 238
　　第三节　数字货币 ·· 239
　　　　一、数字货币的介绍 ··· 239
　　　　二、数字货币体系的构建 ··· 241
　　　　三、比特币的发展现状与未来趋势 ······································· 243
　　　　四、数字货币未来发展面临的挑战与机遇 ······························ 248
　　第四节　元宇宙金融 ··· 251
　　　　一、元宇宙金融的内涵 ·· 252
　　　　二、元宇宙金融的运行逻辑 ·· 252
　　　　三、元宇宙金融的发展阶段 ·· 254
　　　　四、元宇宙金融的应用 ·· 255
　　　　五、元宇宙金融场景赋能的探索 ·· 257
　本章小结 ··· 257
　即测即练 ··· 258
　简答题 ··· 258

参考文献 ··· 259

第一章 大数据的理论演化

近几十年来,随着信息技术发展的日新月异,数据分析已广泛运用于国民经济、商业实践、国家治理和社会生活等各个领域,深刻影响着人们的日常生活,"大数据"概念开始备受社会各界关注。本章从大数据概念提出的背景出发,按时间顺序梳理大数据理论的演变过程,对当前的大数据概念进行明确界定,并指出大数据的趋势变革。

第一节 大数据的提出背景

"大数据"概念的提出建立在信息技术进步的基础上,有其清晰的社会历史发展脉络,迎合着现代产业结构转型升级的需要。硬件存储性能、光纤传输带宽等基础设施的完善,互联网、云计算与物联网技术的发展,网络社交及智能终端的普及都为"大数据"概念的提出奠定了基础,并推动"大数据"这一概念不断渗透到更多相关领域。

一、技术进步

(线上阅读)

(一)信息基础设施的完善

作为英特尔的创始人之一,戈登·摩尔(Gordon Moore)于1965年提出了著名的"摩尔定律"。该定律阐述了计算机存储器的未来发展趋势,即每隔18个月,计算机存储器的性能便会提升一倍,即计算机的计算、存储能力将相对于时间周期呈指数式上升。与此同时,计算机软件系统也会随之升级,从而使计算机的信息处理和存储功能在短期内得以迅速提升,单位信息存储的成本大幅下降。当IBM于1955年推出第一款商用硬盘存储器时,其价格是6000多美元/兆,1960年下降到3600美元/兆,1993年大概约为1美元/兆,2000年再降至1美分/兆,截至2010年则约为0.005美分/兆。而自1977年美国芝加哥率先投入使用光纤通信系统以来,光纤传输带宽实现迅猛增长,其信息传输能力也得到大幅跃升,甚至超越了摩尔定律下芯片性能的提升速度。信息基础设施的持续完善,包括数据存储性能的不断提升、数据传输带宽的持续增加,为大数据的存储和传播提供了物质基础,使数据信息的大规模存储、传输与分析得以实现。目前,硬件存储性能与网络带宽不再是制约大数据应用的主要因素,且它们的高速发展将持续为大数据时代提供廉价的存储与传输服务。

(二)互联网领域的发展

人与人之间的交流沟通由于互联网的出现得到极大便利,互联网的广泛运用改善了人们的日常生活,并逐渐渗透到人们生活的方方面面。当人们在互联网的海洋里徜徉时,会留下海量的数据,越来越多的重要数据保存在无数台计算机上。为了保证数据存储的安全与数据传递的高效,要求计算机之间相互传递数据、互为备份的通信机制具有更高的性能标准。目前,在使用互联网数据时,一般都是通过"请求+响应"的模式,即只有在客户端发出请求的情况下,服务器终端才会发送所需要的数据。这种数据传递模式在一定程度上保证了数据传递的安全和高效,也使得人们在使用网络时的每一个搜索请求、每一个访问请求、每一个交易记录等数据信息都被忠实准确地记录在各类服务器的日志上。互联网的广泛普及积累了巨量的数据信息,使大数据分析过程中的数据采集成为可能,也大大降低了数据采集的成本,提高了数据信息记录的真实性和可靠性。

二、产业升级

从哲学意义上说,世界处于永续变动之中,万事万物在其运动过程中产生了大量的数据信息。近年来,随着互联网、云计算、物联网等信息技术的飞速发展,各行各业的产业结构不断升级,这无时无刻不产生海量的数据,形成大数据雏形。目前,我国经济本质上仍处于传统经济的阶段,缺乏具有国际竞争力的现代产业,产业结构升级已经迫在眉睫,这无疑为大数据的滋生提供了肥沃的土壤。

随着互联网的普及、信息技术的进步及电子化时代的到来,人们以更快捷、更容易、更廉价的方式获取和存储数据,使得数据及信息量以指数方式增长。据粗略估计,一个中等规模企业每天要产生 100MB 以上的商业数据。而电信、银行、大型零售业随着产业结构的不断调整和升级,每天产生的数据量都可以用 TB 来计算(数据的最小计量单位是字节 Byte,具体换算标准为:1KB=1024B;1MB=1024KB;1GB=1024MB;1TB=1024GB;1PB=1024TB;1EB=1024PB;1ZB=1024EB;1YB=1024ZB;1BB=1024YB;1NB=1024DB;1DB=1024NB)。据《数字中国发展报告(2021 年)》,2021 全年我国数据产量达 6.6ZB,已位居全球第二。产业结构升级所带来的数据越来越多,激增的数据背后隐藏着许多重要的信息,人们希望对其进行更高层次的分析,以便更好地利用这些数据。现有的数据库系统虽然拥有高效地完成数据的输入、统计、查询等功能,却不能发现数据中的关系与规则,不能在现有数据的基础上推断今后的发展趋势。大数据技术背后隐藏的知识手段的不足使得"数据爆炸但知识匮乏"这一现象浮现出来。自此人们纷纷提出"学会选择、提炼、舍弃信息",并思考怎样才能不被海量的信息淹没,怎样才能及时发现有用的知识、提高信息利用效率?如何从浩如烟海的资料中选择性地搜集有价值的信息?这为数据分析带来了一些挑战:第一是信息过量,难以消化;第二是信息真假难以辨别;第三是信息安全难以保证；第四是信息形式不一致，难以统一处理。为应对这些挑战，计算机数据仓库处理技术随之走向成熟，从数据中发现知识及其核心技术——大数据技术便应运而生，并得以蓬勃发展，显示出越来越强大的生命力。

三、社会进步

1998 年，《科学》杂志刊登的一篇名为"大数据的处理程序"的文章中第一次明确使用了大数据（big data）一词。2008 年 9 月，《自然》杂志刊登了名为"Big Data"的专题，"大数据"概念开始受到广泛关注。大数据的产生和发展有其特定的社会历史发展脉络。其实大数据存在的历史非常悠久，"大数据"概念的提出标志着人们已经开始意识到大数据的客观存在，而且已经感受到了大数据应用的重要性。

各种各样的海量数据构成了大数据的基石。悠久的社会历史文化为大数据的产生提供了充足的时间条件。从人类历史发展脉络来看，数据的产生与人类自身的生存、生活密切相关，也正是这种内在需求促使数据发展为大数据。从数据的观察到数据的收集和使用，到处都是功利主义的性质。大数据分析是一种非常实用的技术，古希腊的哲学家真正让数据从实用走向抽象。哲学家们第一次抛弃实用主义的桎梏，把数据当作事物的本源，这种独特的思维模式为自然哲学的研究开辟了一条崭新的道路，也为大数据的诞生奠定了哲学历史基础。纵观数据的发展历史，数据和其他语言文字一样，都是人类文明的产物，是用于记录事物性质和互相交流的工具。从广义上看，数据可以被看作语言的一部分，但与文字语言的差别在于数据的表达形式更简单、更加有利于交流。所以虽然不同人类文明有着不同的记数方式和数制，但随着不同文化的相互交流融合，数据形式的高度统一超出了所有文字语言，这离不开数字的简单精确的属性。回顾科学技术的发展史，科学技术的迅猛发展离不开科学数据的支撑，科学数据具有客观性、精确性、一致性和易交流性等特征。所以说，数据不仅是连接事物客观性和人类主观性的纽带，还是人类认识世界的桥梁。但从数据产生的那一刻起，人类主观因素无时无刻不在影响着数据的客观性。大量数据构成的集合形成了一种重要的研究素材，激发着科学家和哲学家们进行深入研究，他们在研究过程中越发意识到数据的重要性，所以大数据便应运而生。

在这里，我们简要介绍一下数据科学的发展历史。

20 世纪中期以来，生物学领域的基因组测序技术发展迅猛，累积了海量的生物学数据，如何理解这些数据，是生物学家们面临的一项新挑战。同样的数据分析问题也存在于其他领域（如气象学、社会学等）和复杂系统的研究之中。值得注意的是，国际科技数据委员会（下称 CODATA）于 1966 年成立，旨在提升数据的质量、可信度、可达性，并加强对数据的管理，从而在世界范围内实现共享科技数据的目标。1984 年 6 月，中国科学院以国家会员的身份加入 CODATA。

基于数据的相关研究已得到学术界的广泛关注。数据科学是一门以大量观测数据、理论数据和计算机模拟数据为研究对象，通过挖掘、提取等手段寻求其内在规律的学科。1974 年，彼得·诺尔（Peter Naur）首次提出"数据科学"（data science）这一术语。1996 年，在日本东京召开的分类国际联合会（The International Federation of Classification Societies，IFCS）上，第一次将数据科学用于会议题目——数据科学，分类和相关方法（Data Science，Classification and Related Methods）。美国普渡大学统计学教授 William S. Cleveland 于 2001 年首次倡导应该将数据科学建设成一门独立的学科，他认为数据科学是统计学与数据的结合，并建立了数据科学的六个细分技术领域：多学科研究、数据模型和方法、数据计算、教育、工具评估、理论。

2001 年，CODATA 创办了学术刊物 CODATA Data Science Journal，标志着数据科学的诞生。2003 年，由中美两国学者共同创办的 Journal of Data Science 在哥伦比亚大学正式出版，Journal of Data Science 主要发表一些关于数据的研究成果，如数据的搜集、分析及建模等。

2012 年，Springer 出版集团创建了期刊 EPJ Data Science。该期刊的主办方认为，21 世纪出现的"数据驱动科学"是传统"假说驱动科学"研究方法的重要补充。数据科学的出现促进了科学研究范式的变革。利用电子计算机，在对密集型数据进行深度挖掘后获取有用信息，由此催生了不同学科领域的新的研究方向，如生物信息科学、地理信息科学等。这种发展伴随着科学范式从"还原主义"到"复杂系统"的转变，不仅极大地丰富了自然科学的研究范式，而且对技术—社会—经济科学研究也产生了非常重大的影响。

学者们从超级计算、互联网经济、生物医药等多个方面重视"大数据"引发的技术挑战及今后的发展趋势。2010 年，Bollier 提出计算机存储技术、产生数据流的设备（如望远镜、摄像机及交通监视设备）、云计算、面向消费者的应用（如 google earth 和 map quest）等成为大数据产生的几个重要因素，并首次提出"一种新的知识基础设施正在实现，大数据时代正在出现"的观点。

第二节　大数据的发展进程

"大数据"一词来源于英文"Big data"，其概念起源于美国。"大数据"最早在统计领域得到应用，并在计算机通信领域引发了一场革命，随后蔓延至经济、社会、科学、环境等各个领域，并成为现代国家发展战略的重要组成部分。在互联网热潮的推动下，"大数据"技术迅速渗透到人们生活的方方面面，吸引着人们的目光。

一、大数据的主要发展阶段

大数据发展的主要阶段如图 1-1 所示。

图 1-1　大数据发展的主要时间轴

20世纪90年代，随着数据挖掘理论和数据库技术的逐步成熟，一批商业智能工具和知识管理技术（如数据仓库、知识管理系统等）开始被广泛应用，大数据概念开始萌芽。此时，关于大数据的相关研究主要聚焦于数据挖掘技术方面，其他方面涉及较少。

2003—2006年是大数据发展的突破阶段，是非结构化数据的自由探索阶段。2004年脸书网（Facebook）的创立使得大量非结构化数据涌现，大数据技术的快速突破得益于非结构化数据的爆发。

2007—2009年为大数据发展的成熟期，大数据技术并行运算与分布式系统基本形成。

2010年，随着智能手机的应用日益广泛，数据的碎片化、分布式、流媒体特征更加明显，移动数据量急剧增长。

2011年，麦肯锡全球研究院发布《大数据：下一个创新、竞争和生产力的前沿》研究报告。之后，经Gartner技术炒作曲线和2012年维克托·舍恩伯格《大数据时代：生活、工作与思维的大变革》的宣传推广，大数据概念开始风靡全球。

2012年，《大数据研究和发展提倡》的发布标志着大数据已经成为时代特征，这一倡议也意味着大数据从商业行为上升到国家科技战略这一更高层面。联合国在纽约总部发布了一份与"大数据政务"相关的白皮书，概括性地阐述了各国政府如何利用大数据更好地服务和保护人民，实现"与数俱进"，快速应变。

2013年，"大数据"监管进入公众视野。中国证券监督管理委员会（简称为"中国证监会"）利用各个异动指标数据，将交易异常数据和股价异动联系起来，构建证券市场监控的综合数据模型，全面提升对内幕交易、市场操纵、证券欺诈等文本信息的挖掘和监管。大数据也成为政府监管对象之一。

2014年，云计算的爆发推动智能科技加速发展，大数据产业从理论迈向实际应用。2014年12月，中国计算机协会等发布了《中国大数据白皮书》，第一次全面深入且系统完整地阐述了我国大数据产业发展与学术研究的大方向，从国家主权、政府政策、产业发展、数据科学、投资理念、公司战略等层面分析了我国大数据市场当前发展现状及未来发展趋势，这是我国大数据行业逐步迈向产业化、系统化的重要一步。

2015年，大数据逐步迈向独立发展阶段，其市场化和规模化程度进一步提升，已经成为一种新兴行业，数据租售服务大量出现，数据分析企业更加专业化，数据决策外包服务企业更加高效，推动更多传统企业向科技智能化转型。

2016年后，大数据应用渗透到各行各业，大数据价值不断凸显，数据驱动决策和社会智能化程度大幅提高，大数据产业迎来快速发展和大规模应用实施。

2017—2022年，中国数字经济规模从31.3万亿元扩大到45.5万亿元，占GDP的比重从34.8%上升到39.8%。除了规模的快速扩大，数字技术的创新及应用还引发了产业形态和生产组织方式的深刻变革。六年间，数字化浪潮席卷各行各业，行业边界日益模糊，颠覆与创新成为常态，新可能、新机遇不断涌现。借力数字技术重塑业务、拓展边界，是企业基业长青的不二选择。

当前，地缘政治冲突仍存在不确定性，全球主要经济体的发展都已经进入放缓阶段。2019年全球大数据市场规模为496亿美元，同比增长17.3%，2021年全球大数据市场规模已达到649亿美元，2019—2021年的复合增长率约为14.4%。我国大数据市场规模则由2019年的619.7亿元人民币增长到2021年的863.1亿元人民币，复合年增长率达到18.0%。面对"俄乌冲突"的不确定性、持续的供应链挑战及不断上升的通胀率和利率，我国在大数据市场中率先复苏并总体保持恢复态势。根据预测，全球整体市场规模有望在2024年超过800亿美元，2019—2024年的复合增长率约为11.8%[①]。

二、主要国家的发展现状

19世纪80年代，"大数据"概念开始萌芽。1887—1890年，美国统计学家赫尔曼·霍尔瑞斯为了统计1890年的人口普查数据，发明了一台电动器，将原本耗时8年的人口普查活动缩短为1年，由此在全球范围内引发了数据处理的新纪元。1944年，卫斯理大学图书馆管理员弗莱蒙特·雷德预见了大数据时代的到来，他估计美国高校图书馆的规模每16年就会翻一番。1961年德里克·普赖斯通过观察科学期刊和论文的增长规律来研究科学知识的增长，得出"指数增长规律"，即新期刊数量的增长方式为指数型而非线性型，每15年翻一番，每50年以10为指数成倍增长。这些规律发现都表明数据知识未来将呈爆炸式增长，大数据时代即将来临。

在信息通信领域，数据的大规模增长与存储首先引发关注。1980年4月，I. A. 特詹姆斯兰德在第四届美国电气和电子工程师协会（IEEE）"大规模存储系统专题研讨会"上发表了题为"我们该何去何从？"的报告，指出所有数据都正在被无选择地保存下来以避免丢失有价值的信息。1986年7月，哈尔·B. 贝克尔在《数据通信》上发表了《用户真的能够以今天或者明天的速度吸收数据吗？》一文，预计数据记录密度将大幅增长。1997年10月，迈克尔·考克斯和大卫·埃尔斯沃思在文章《为外存模型可视化而应用控制程序请求页面调度》中较早使用了"大数据"这一术语。2001年，美国一家在信息技术研究领域具有权威地位的咨询公司Gartner首次开发了大数据模型。同年2月，梅塔集团分析师道格·莱尼发布了题为"3D数据管理：控制数据容量、处理速度及数据种类"的研究报告，文中提及的3V特征定义了大数据的三个维度，如今被广泛接受。从此，"大数据"这一概念在信息通信领域被普遍接受、研究和使用。

*Nature*杂志于2008年推出的一份专刊，从互联网科技、自然与环境、网络经济和金融等多个方面介绍了海量数据带来的挑战。2008年年末，一些著名的美国计算机科学研究者开始认同"大数据"这一概念。业界组建起计算社区联盟，并发布了一份影响深远的白皮书《大数据计算：在商务、科学和社会领域创建革命性突破》。该白皮书使得大众对大数据

---

① 数据来源：Wikibon。

的解读发生了显而易见的变化——从单一的数据处理机器这一角度扩展到了商业、科学、社会等各个领域，极大地丰富了"大数据"的内涵和价值，而计算社区联盟也因此被称为最早提出"大数据"概念的机构。2011年5月，全球知名咨询公司麦肯锡发布了一份报告——《大数据：创新、竞争和生产力的下一个新领域》，该机构第一次全方位地介绍和展望大数据，具体论述了大数据的应用价值与发展前景，"大数据"概念逐渐进入公众视野。

（一）美国

作为大数据概念发源地的美国，不仅在大数据理论研究方面引领全球风潮，也在大数据应用实践中占得先机。2009年，美国政府通过启动data.gov网站的方式进一步开放了数据的大门，这个网站向公众提供各项政府数据。

2010年1月，美国总统办公室下属的科学技术顾问委员会（PCAST）和信息技术顾问委员会（PITAC）提交了一份《规划数字化未来》的战略报告，第一次把大数据收集和使用的工作提升到体现国家意志的战略高度。在2012年美国总统选举中，竞选团队开创性地利用"大数据"来规划这次选举。例如，利用房产记录、选举记录，甚至是期刊的订阅注册等预测人们对候选人的看法、这些看法是否能被改变，以及为此要采取怎样的措施等。这次实践充分说明了大数据的潜在价值只有通过数据挖掘才能显现。由此可见，如何有效分析和利用巨大的原始数据，将其转化成有价值的信息，成为日后研究大数据的重要意义。2012年3月，奥巴马政府在白宫网站发布了《大数据研究和发展倡议》，这一倡议标志着大数据已经成为重要的时代特征。3月22日，奥巴马政府宣布2亿美元投资大数据领域，是大数据技术从商业行为上升到国家科技战略的重要标志。美国政府将数据定义为"未来的新石油"，表明了大数据技术领域的竞争事关一个国家未来的发展。在此基础上，于2016年5月，美国政府进一步发布了《联邦大数据研究与开发战略计划》，为后续战略的完善奠定了基础。特朗普执政后，美国加快了数据战略布局，2019年12月，美国联邦数据战略团队发布了《联邦数据战略》，该战略描述了美国2020年以后十年的数据愿景，与之一起发布的还有推进这一战略的《2020年行动指南》。自此，美国数据战略体系已经初具雏形。

虽然大数据应用的广阔前景引发了广泛关注，但在实际应用中如何科学、规范、公正地使用大数据也成为各相关主体议论的焦点。2014年5月，美国白宫发表的2014年全球"大数据"白皮书研究报告《大数据：抓住机遇、守护价值》指出，应当鼓励利用数据来促进社会进步，同时，还需要制定相应框架结构来保护个人隐私、反歧视或保证公平。随后，美国政府在2016年发布的《联邦大数据研发战略计划》中也提到，为了强化数据驱动的体系和能力建设，应当形成涵盖技术研发、数据可信度、基础设施、数据开放与共享、隐私安全与伦理、人才培养及多主体协同七个维度的系统顶层设计，打造面向未来的大数据创新生态。2020年10月，美国国防部发布《国防部数据战略》，明确将数据定位为战略资产，提出"使国防部成为以数据为中心的机构，通过快速规模化使用数据来获取作战优势和提高效率"的发展愿景，并提出了推进数据发展的七大目标、八大指导原则、四个基本能力和三个重点应用领域。

(二) 法国

2011年7月，法国启动"Open Data Proxima Mobile"项目，挖掘公共数据价值。该项目旨在通过实现公共数据在移动终端的使用，最大限度地发掘公共数据的应用价值。该项目涉及文化、旅游、环境、交通等多个领域。待结项后，所有的公共数据都可以免费使用，法国公民及在法国旅游的欧洲公民都将能使用个人移动终端获得法国的公共数据。应用程序操作简单，不仅方便公民使用，而且为私人企业提供巨大商机。2011年12月，法国政府推出公开信息线上共享平台 data.gov，该网站的所有数据都经过政府部门专员统计和收集，后期会不断实时更新。这个平台大大方便了公民自由查询和下载公共数据。

2013年2月，法国政府发布《数字化路线图》，明确了未来将大力支持大数据这一战略性高新技术。法国政府将以工程师、信息系统设计师、新兴企业、软件制造商为主体，进行一系列投资计划。2013年4月，法国投入专项资金促进大数据技术发展。法国经济、财政和工业部预计投入1150万欧元投资七个项目，目的在于通过创新性解决方案确保法国在大数据领域的领先地位。同年7月，发布《法国政府大数据五项支持计划》，制定了引进数据科学家教育项目、设立大数据发展资金等举措，为大数据建立良好的生态环境。

2022年3月，马克龙在一次介绍其竞选纲领的活动中提到，"将为建设欧洲的元宇宙而战"。这句雄心勃勃的口号某种程度上体现着马克龙在数据领域布局的决心。2022年1月，LVMH集团任命曾在丝芙兰担任数字产品总监的奈莉·门萨为数字创新副总裁兼元宇宙负责人，3月LVMH便发布了自己在元宇宙中的虚拟形象大使。此外，她还计划在6月中旬巴黎举行的 Viva Technology 大会上亮相，为 LVMH 集团及其旗下品牌发表有关数字创新的声明。

(三) 德国

德国在大数据发展早期重点关注的是数据保护，通过立法为大数据的发展提供安全保障。1977年，德国联邦层面的《数据保护法》生效。德国凭借自身较高的信息化水平，通过大型基础数据库和地方数据库的建设，逐渐在政府管理中运用数据资源服务公众和服务决策。对政府管理而言，大数据的价值在于提供尽可能多的详尽信息，并对信息进行有效分析，实现科学化决策和精细化管理。

2000年德国发布了《2005年联邦政府在线计划》，该计划要求联邦政府到2005年向公众提供所有可用的在线服务。2003年6月，德国启动了整合电子政务的"德国在线"计划，加强基础数据库及地方数据库的建设力度，整合大量分散的信息资源，以公众需求为导向，为公众提供更方便的数据服务。

2004年生效的德国《电信法》也涉及电子通信领域的数据保护。2006年，德国开始将其拥有的 GESTIS 等七个有毒有害物质官方数据库及本国气候变化预测图免费公开。德国电信和 Vodafone 也通过开放 API 的方式，向数据挖掘公司等机构提供一些客户的匿名定位数据，从而捕捉公众出行的特征和规律。德国在云计算与大数据技术的支持下发展人工智能技术，研发本国的"谷歌眼镜""智能农场""交通监测"等技术。2009年，德国对现行的《联邦数据保护法》进行修改并生效，约束范围包括互联网等电子通信领域，目的是防止因个人信息泄露而引发的侵犯隐私行为。政府内部须设立"联邦数据保护与信息自由专员"，实时监控政府机构在保护个人数据方面的行动。除了联邦层面，德国各州也都设立了各自的数据保护专员，以类似的方式监督各州政府机构的行为。

同时，德国也重视信息资源共享。例如，2013年1月，为了改善教学和科研中的数字信息支撑水平，德国科学组织联盟启动了第二期"数字信息计划"，该计划主要包括以专业的信息科学与信息技术方法实现科研数据的搜集、存储和开放共享，确保用于科研目的的科研数据不受访问限制，实现数字出版物的永久保存等。

2011年，德国在汉诺威工业博览会上首次提出了"工业4.0"概念，2013年，德国联邦教研部与联邦经济和技术部正式将"工业4.0"战略纳入了"高技术战略2020"。德国认为，工业革命可以分为四个阶段，第三次工业革命引入了电子与信息技术，在此基础上，如果德国可以广泛地将物联网和服务网应用于制造领域，在智能工厂中实现数字和物质两个系统的无缝融合，德国就可以在第四次工业革命的道路上占领先机，巩固德国的竞争地位。德国"工业4.0"战略打出"确保德国制造业的未来"的口号，以期将信息化与工业化紧密结合起来。还于2014年8月20日通过了《2014—2017年数字议程》，提出在变革中推动"网络普及""网络安全""数字经济发展"三个重要进程，希望以此打造具有国际竞争力的"数字强国"。

在该政策带领下，2021年6月，德国数据挖掘和RPA创业公司Celonis获得10亿美元D轮融资，估值达110亿美元，为其两年前估值的四倍多。据外媒TechCrunch报道，总部位于德国柏林的初创公司LiveEO专注于为交通、能源企业处理卫星影像原始数据的数据分析，于2022年宣布获得1900万欧元的新一轮融资，由MMC Ventures领投。除了风险投资，该公司还获得了来自European Commission和Investitionsbank Berlin两家公共机构的资金支持。

（四）中国

全球大数据技术发展的浪潮引起我国政府部门、商业企业和学术界的高度关注，政府也将大数据发展提升到国家战略的高度。2011年12月，工信部发布的《物联网"十二五"发展规划》提出了信息处理技术，确认了其为4项关键技术创新工程之一的战略地位，其中包括了数据存储、数据挖掘、图像视频智能分析等，这些构成大数据的坚实基础。2012年4月，政府推出《软件和信息技术服务业"十二五"发展规划》，积极发展数据编辑、整理、分析、挖掘等数据加工处理服务，可见政府高度重视大数据的应用，将其与国家发展规划联系在一起。2015年6月24日，国务院办公厅发布了《国务院办公厅关于运用大数据加强对市场主体服务和监管的若干意见》，将大数据技术应用于市场主体的服务和监管，推进简政放权和政府职能转变，提高政府治理能力。

2012年7月，阿里巴巴集团率先设立了"首席数据官"一职以挖掘大数据的商业价值，负责全面推进"数据分享平台"战略，并推出大型的数据分享平台"聚石塔"，为淘宝、天猫平台上的电商和电商服务商等提供数据云服务。其后，马云在2012年网商大会上发表演讲时称，自2013年1月1日起，阿里巴巴将转型重塑数据、金融和平台三大业务，因此其成为第一家提出利用数据进行企业数据化运营的企业。

国内学术界也紧跟国际前沿，广泛开展大数据技术的研究和开发。2012年中国计算机学会（CCF）发起并组织了CCF大数据专家委员会，还特别成立了一个"大数据技术发展战略报告"撰写组，并于2013年、2014年相继发布了《中国大数据技术与产业发展白皮书》。2013年10月，"第十七次全国统计科学讨论会"开幕，其主题就是大数据背景下的统计。2013年以来，国家自然科学基金、国家重点基础研究发展计划、国家高技术研究发展计划等重大研究计划都已经把大数据研究列为重大研究课题。2014年2月在北京召开了以"科研大数据与数据科学"为主题的"科学数据大会"，探讨了大数据时代下数据的分析和应用，以及科研数据带来的挑战和机遇。2014年3月，国家社会科学基金也将"大数据国家战略研究"列为国家社科重大研究项目指南。清华大学信息学院、清华信息科学与技术国家实验室也成立了清华大学数据科学院，并于2014年12月22日举办了"大数据论坛——数据科学与技术"，对大数据发展战略和各大数据专项进行了探讨。2015年5月26日，"2015贵阳国际大数据产业博览会暨全球大数据时代贵阳峰会"（简称数博会）在贵阳开幕。2017年，数博会正式升格为国家级博览会，成为探讨大数据行业发展现状和趋势的世界级平台。

与此同时，"大数据"也逐步走进公众的视野。2013年4月14日和21日，央视著名节目"对话"分别邀请了美国大数据存储技术公司LSI总裁阿比和《大数据时代——生活、工作与思维的大变革》的作者维克托·迈尔·舍恩伯格做了两期大数据专题谈话节目——《谁在引爆大数据》与《谁在掘金大数据》。官方媒体对大数据的关注和宣传充分体现了大数据技术已经成为国家和社会普遍关注的焦点。

2015年8月31日，国务院发布《促进大数据发展行动纲要》，提出要系统部署大数据发展工作，重点推进大数据在多个领域的应用，利用大数据等新技术打造服务贸易新型网络平台。同时，要强化数据安全保障，提高管理水平，促进大数据产业的健康发展。

2016年4月，为加快实施国家大数据战略，促进区域性大数据基础设施的整合和数据资源的汇聚应用，发挥示范带动作用，国家发展改革委、工业和信息化部、中央网信办函复贵州省人民政府，同意贵州省建设国家大数据（贵州）综合试验区。10月8日，三部门发函批复，同意在京津冀等七个区域推进国家大数据综合试验区建设，包括两个跨区域类综合试验区（京津冀、珠江三角洲），四个区域示范类综合试验区（上海市、河南省、重庆市、沈阳市）及一个大数据基础设施统筹发展类综合试验区（内蒙古自治区）。大数据战略已经上升为国家战略的高度。同年12月，为了落实国务院《促进大数据发展行动纲要》，按照《中华人民共和国国民经济和社会发展第十三个五年规划纲要》的总体部署，国家工业和信息化部发布《大数据产业发展规划（2016—2020年）》促进国家大数据产业持续健康发展，进一步推动实施国家大数据战略。

随着 5G、云计算、人工智能等新一代信息技术的迅速发展，信息技术与传统产业加速融合，数字经济蓬勃发展。2017 年，党的十九大报告提出"推动大数据与实体经济深度融合"来加强数字基础设施建设，通过智能化、协同化的新生产方式对实体经济进行改造升级，全面提高实体经济的质量、效益和竞争力，打造数字经济形态下的实体经济，体现了经济发展的方向，进而推动经济体系优化升级，并在随后的几年，推动大数据融入人工智能、数字经济、数字治理等政策体系。

2020 年 4 月，《中共中央国务院关于构建更加完善的要素市场化配置体制机制的意见》发布，引导各类要素协同向先进生产力集聚，推动经济发展质量、效率和动力的变革，明确了数据要素市场化配置上升为国家政策。2021 年 3 月 31 日，北京国际大数据交易有限公司成立，这是国内首家基于"数据可用不可见，用途可控可计量"新型交易范式的数据交易所。同年 11 月 25 日，上海数据交易所揭牌成立并达成了首单交易。全国各地将陆续设立数据交易机构作为促进数据要素流通的主要抓手。

2021 年 11 月，为了深入落实《中华人民共和国国民经济和社会发展第十四个五年规划和 2035 年远景目标纲要》对"打造数字经济新优势"的决策部署，和对大数据产业发展提出的新要求。国家工信部制定出台《"十四五"大数据产业发展规划》，提出实现数字产业化和产业数字化的有机统一，不断完善大数据体系建设，并以此作为未来五年大数据产业发展工作的行动纲领。释放数据要素价值和保障数据安全是产业发展的重点。

2023 年 2 月 27 日，中共中央、国务院印发了《数字中国建设整体布局规划》，强调要促进数字经济和实体经济的深度融合，以数字化驱动生产生活方式和治理方式变革。要全面赋能经济社会发展，做强做优做大数字经济，推动数字技术和实体经济深度融合。

近年，我国网民规模和互联网普及率稳定上升，至 2021 年互联网普及率为 73%，比上一年增长 2.6 个百分点。随着信息技术的创新，互联网的普及，数据量会不断扩大。据 IDC 统计，至 2021 年全球所产生的数据量已达到近 70ZB（1ZB = 1024 × 1024 × 1024TB），预计 2025 年将达到 175ZB。届时，大数据将在行业变革中承担更重要的角色。

第三节　大数据的概念界定

究竟何为大数据？"大数据"一词可以从字面上理解为"巨大的数据量"。Manyika 等认为，大数据是指数据的集合，其大小已经超出了现有典型数据库获取、存储、管理和分析数据的能力。达到什么程度的数据才可以叫作大数据？目前尚未形成一个普适性的定义。一般认为，大数据的量级应该是太字节，即 2 的 40 次方。当数据规模非常巨大，且达到某种程度时，会使数据呈现出某些有价值的特性，而由于数据体量较大，这些特性无法通过传统的数据处理技术进行归纳分析，需要新的技术进行挖掘与分析。因此，大数据不仅是指规模巨大的数据，而且是一种分析处理庞大数据的技术。涂子沛在其《大数据》一书中指出，"大数据"是指一般的软件工具难以捕捉、管理和分析的大容量数据，以太字节为单位。"大数据"之大,不仅在于容量之大,更深层次的意义在于:因为人类分析和使用的数据量呈爆炸式增长,通过对海量大数据的交换、整合、挖掘和分析,可以发现新的知识,创造新的价值,由此带来"大知识""大科技""大利润"和"大发展"。

本节将从理论、技术、实践三个层面具体论述大数据的概念,如图1-2所示。

图1-2 大数据概念的层次

一、理论层面

目前尚未有权威机构对大数据的概念进行统一界定,因此存在多个版本的定义。

- **John Rauser 亚马逊网络服务(AWS)大数据科学家**

大数据就是任何超过了一台计算机处理能力的庞大数据量。

- **麦肯锡**

大数据是指无法在一定时间内用传统数据库软件工具对其内容进行采集、存储、管理和分析的数据集合。

- **维基百科**

巨量资料,或称大数据,是指所涉及的数据量大到无法通过目前主流软件工具,在合理时间内达到撷取、处理并整理成为促进企业经营更积极的资讯。

- **研究机构 Gartner**

"大数据"是使用高效的信息处理方式以具备更强的决策力、洞察力和流程优化能力的海量、高增长率和多样化的信息资产。从数据的类别上看,"大数据"是指无法使用传统流程或工具处理或分析的信息。它定义了迫使用户采用非传统处理方法处理的超出正常处理范围及大小的数据集,其价值在于提高数据使用者的最终决策力,如图1-3所示。

图1-3 大数据的定义

- 互联网数据中心（IDC）

大数据是为更经济地从高频率的、大容量的、不同结构和类型的数据中获取价值而设计的新一代架构和技术。

- 互联网周刊

"大数据"的概念远远超过了海量数据及处理数据的技术，或是类似的"4个V"的简单理解，而是涵盖了人们只有基于大规模数据才能够做的事情，这些在小规模数据的基础上是根本无法实现的。也就是说，大数据让我们以一种前所未有的方式，通过对大规模数据进行分析，获取有巨大价值的产品及服务，或深刻的洞见，最后形成变革之力。

- 《大数据时代的历史机遇——产业变革与数据科学》

"大数据"是在多样的或者大量数据中迅速获取信息的能力。前面几个定义都是从大数据本身出发，我们的定义更关心大数据的功用，它能帮助大家干什么。在这个定义中，重心是"能力"。大数据的核心能力是发现规律和预测未来。

上述定义基本上都是基于大数据内涵本身，但在现实中，更重要的是大数据的价值与应用。因此下文将从大数据的定义、特征出发，了解各行各业对大数据的整体描绘和定性分析，挖掘大数据的独特价值，洞悉大数据的未来发展趋势，并从数据安全的角度重新审视数据的合理有效使用问题。

（一）定义

作为数据，大数据具备三种特点：一是广泛存在性，即绝大多数产品与行为均可产生数据，是否记录主要取决于技术能力与成本考量；二是非独占性，即数据可被多次使用，尤其是公开的数据可以被其他人所使用；三是多认知性，即根据使用者的不同，同样的数据会产生不同的理解和使用方式。

而"大"为之带来的特点则是体量巨大，处理速度较快、数据类型多样、商业价值高和在线化。2001年2月，梅塔集团分析师道格·莱尼发表了《3D数据管理：控制数据容量、处理速度及数据种类》的研究报告，对大数据提出"3D数据管理"的看法，即数据成长将朝3个方向发展，分别为数据即时处理的速度（velocity）、数据格式的多样化（variety）与数据量的规模（volume），被归纳为"3V特征"。之后，随着资讯科技的进步，数据量的复杂程度越来越高，"3V"已经不足以形容新时代的大数据，因此，2012年，莱尼提出调整现有的3V分析框架，此外，高科技公司IBM、国际调查机构Gartner、互联网数据中心（IDC）等纷纷对大数据提出新的论述，在原本的速度、多样化与规模三个特征上，增加价值性（value）和在线的（online）等特色。

大数据的五个特征联系紧密、协同交替，如图1-4所示。

第一，数据体量巨大。一般数据库的大小在TB级别，而大数据的起始计量单位在PB（1PB＝1024TB）级别，有的甚至跃升至EB、ZB级别，包括采集、存储和计算的量都非常大。百度资料表明，其新首页导航每天需要提供的数据超过1.5PB，这些数据如果打印出来，将超过5千亿张A4纸。有资料证实，到目前为止，人类生产的所有印刷材料的数据量仅为 200PB。

图 1-4　大数据的特征

第二，数据类型繁多，有结构化、半结构化及非结构化数据。具体表现为图片、地理位置信息、网络日志、视频、音频等，个性化数据占绝对多数。多类型的数据对数据的处理能力的要求更高，已冲破了之前所限定的结构化数据的范畴。

第三，处理速度快，在数据量非常庞大的情况下，也能够做到数据的实时处理与分析，这与传统的数据挖掘技术有着本质的不同。数据体量的增大也就对数据的处理速度、时效性提出了更高的要求，例如，搜索引擎要求几分钟前的新闻能够被用户查询到，个性化推荐算法尽可能要求实时完成推荐。而大数据技术正好能满足这一需求，这也是其区别于传统数据挖掘的显著特征。

第四，价值密度低。随着互联网及物联网的广泛应用，信息感知无处不在，大量信息的价值密度很低，即尽管数据量大、类型多、处理速度快，但真正有价值的数据却很少。以视频为例，一小时的视频，在持续不间断的监控过程中，有价值的数据可能只有一两秒。如何结合业务逻辑并通过强大的机器算法来挖掘数据价值，是大数据时代最需要解决的问题。

第五，数据是在线的，即是随时能调用和计算的，这是大数据区别于传统数据最大的特征。在互联网高速发展的背景下，数据资源不仅仅是体量大，更重要的是表现出在线这一显著特征。数据只有在线，即数据在与产品用户或者客户产生连接的时候才有意义。例如，用户在使用某互联网应用时，其行为能够及时地传给数据使用方，数据使用方通过数据分析或者数据挖掘进行加工，对该应用的推送内容进行优化，把用户最想看到的内容推送给用户，以提升用户的使用体验。

此外，业界还有人总结出大数据的其他特征，如数据准确性高，随着社交数据、商业交易与应用数据等新型数据源的兴起，企业越来越需要有效的信息来确保其真实性及安全性；存活性低是指特定情况下的大数据具有很强的时效性。

与传统数据服务相比,大数据服务拥有企业内部、外部及市场环境等不同来源的海量数据,通过传感器采集、互联网抓取等方式获取。快速发展的分布式计算及多样的数据分析模型使海量数据处理成为可能(图1-5)。

传统数据服务	大数据服务
•企业内部数据&外部市场数据 •人工采集	•企业内部数据&外部市场数据&环境数据 •传感器采集&SDK采集&运营商采集等

图1-5 传统数据服务与大数据服务的不同

(二)特征与内涵

随着大数据时代的来临,大数据技术开始广泛应用于越来越多的领域,但只有了解大数据的价值,了解大数据究竟会如何改变生活,才能更好地利用大数据。因此,需要结合时代与社会背景来具体分析大数据,理解它如何在时代变革中发挥作用。

第一,技术变革。大数据的处理与分析正成为新兴信息技术与应用融合的结点,并持续推动信息产业高速增长。移动互联网、物联网、社交网络、电子商务等是新一代信息技术的应用形态,这些应用会不断地产生即时数据,成为大数据的重要来源。云计算技术则为这些海量、多样化的大数据提供存储和运算平台,并通过分析优化,将结果反馈到应用中,使其创造出巨大的经济和社会价值。大数据价值的实现呼唤新技术、新产品、新服务、新业态的产生。这在硬件与集成设备领域表现为对芯片、存储性能提出更高的要求,并催生一体化数据存储处理服务器、内存计算等市场;在软件与服务领域表现为,引发了数据快速处理分析技术、数据挖掘技术和软件产品的发展。

第二,行业变革。大数据日益成为提高企业核心竞争力的关键因素,不同行业的企业决策正在由"业务驱动"转向"数据驱动"。对大数据的分析可以帮助企业为消费者提供更加快速和个性化的服务;可以为商家制定精准的营销策略提供决策支持;在公共事业领域,大数据在促进经济发展、维护社会稳定等方面起重要作用。各行各业将在大数据技术的指导下,重新定义行业的未来,这将引发全行业的变革。

第三,思维变革。在大数据时代,科学研究方法将发生重大改变。抽样调查不再是社会科学研究中普遍采取的方法,而可以通过实时监测研究对象在互联网上产生的海量行为数据,进行挖掘分析,揭示出规律性的东西,提出研究结论和对策。采集、存储、分析数据能力的提高使大数据时代下我们可以收集全体数据而非随机样本。当我们掌握了海量数据时,精确性就不那么重要了,因为我们足以掌握事情的发展趋势。同时,我们不再关注数据之间的因果关系,而是仅仅从数据中发现相关关系,让数据自己"发声"。该相关关系分析法能够更快、更准确地处理数据之间的关系,而且不易受偏见的影响,提高了分析决策的效率。探求数据价值取决于把握数据的人,关键是人的数据思维,与其说是大数据创造了价值,不如说是大数据思维触发了新的价值增长。

从哲学意义上来说，大数据的价值来自"大成智慧"。每个数据来源都有一定的片面性和局限性，只有整合各类原始数据，才能体现事物的全貌。事物的本质与规律隐藏在各种原始数据之中。不同的数据能对同一个问题提供不同角度的互补信息，可以更深入地理解相关问题。因此，尽量汇集多种来源的数据是大数据分析的关键。

数据科学是数学（统计、代数、拓扑等）、计算机科学、基础科学和各种应用科学融合的结果。大数据能不能出智慧，关键在于对多种数据源的集成和融合。电气与电子工程师协会（Institute of Electrical and Electronics Engineers，IEEE）在2014年的计算机技术发展趋势预测报告中重点强调"无缝智慧"。发展大数据的目标就是要获得协同融合的"无缝智慧"，单靠一种数据源会导致片面性。数据的开放共享是决定大数据成败的重要前提。大数据研究和应用要改变过去各部门和各学科相互分割、独立发展的传统思路，更注重强调不同部门、不同学科的协作。

（三）未来展望

大数据的未来应用前景是非常光明的。虽然目前无法准确预测大数据最终会将人类社会带往哪种形态，但只要发展的脚步还在继续，因大数据而产生的变革浪潮将会波及这个星球的每一个角落。

未来大数据应用中一个难以绕开的问题就是用户隐私问题。以脸书为例，2018年9月的一次攻击使得5000万用户的账户面临威胁，这是该公司历史上最大的一次泄露事件。随后，2019年12月又发生了一次数据泄露，超过2.67亿用户的信息被黑客论坛的在线数据库获取。其中包括用户的ID、全名和电话号码。目前为止，中国还没有出台专门的法律法规来定义用户隐私，必须利用其他相关法律法规来解释有关问题。但随着民众个人隐私保护意识的日益增强，在进行大数据分析时，必须遵循合法合规地获取、分析及应用数据的原则。数字时代在放大了信息分享带来的好处的同时，也增加了隐私风险。数字经济的特征是把越来越多维度的、碎片化的、实时的小数据转化为"大数据"，在此基础上提供各类线上服务，让消费者和商家都得到好处。但因为数据的广泛使用，在数据周期的每个阶段，从数据收集到存储、分析、使用，再到数据清除，都存在隐私泄露和数据安全的风险。为此，有些科技公司还会创设出专门的"蓝军"单位，叫作"网站可靠性工程师"，其任务是不断寻找和利用漏洞，定期"攻击"数据和隐私管理系统。这些攻击的目标范围包括数据安全、算法性能、云计算和中台软件等。

对于大数据安全分析而言，最关键的不在于大数据本身，而在于对这些数据的分析方法。大数据安全分析可以使用大数据分析通用的技术与方法，但是当具体应用到网络安全领域的时候，还须考虑安全数据自身独有的特点及安全分析的最终目标。只有这样，大数据安全分析的应用才更有价值。例如，在进行异常行为分析，或者恶意代码分析和APT攻击分析的时候，分析模型才是最重要的。其次才是考虑如何利用大数据分析技术（如并行计算、实时计算、分布式计算）来实现这个分析模型。

二、数据层面

大数据技术是大数据价值实现的手段和保障,下文将从数据采集、导入与预处理、统计分析和数据解释四个步骤来具体论述大数据分析过程。

(一)数据采集

数据采集是指利用多个数据库接收各种客户端(Web、App 或者传感器等形式)的数据,并且用户可以通过这些数据库进行简单的查询和处理工作。比如,电商会使用传统的关系型数据库 MySQL 和 Oracle 等存储每一笔事务数据,除此之外,Redis 和 MongoDB 等 NoSQL 数据库也常用于数据采集。数据采集是大数据处理流程的基础,目前常用的采集手段有条形码技术、射频识别技术(RFID)等。在大数据的采集过程中,面临的一个主要挑战是并发数高。如亚马逊、淘宝等网站同时访问与操作的用户数以万计,它们并发的访问量在峰值时达到上百万次,需要在采集端部署大量数据库才能支撑。因此,需要深入思考和设计如何在这些数据库之间进行负载均衡。

(二)数据导入与预处理

数据导入与预处理的主要任务是对采集到的数据进行适当的清洗、去噪、抽取和集成。一般而言,通过在采集端部署大量数据库能够采集到海量数据,但是通过各种渠道获取的数据类型非常复杂,给后续的数据分析造成了困难。要想对这些海量数据进行有效的分析,还应将这些来自前端的数据导入一个集中的大型分布式数据库或分布式存储集群,经过数据处理环节后,数据结构变得单一而且易于处理。除此之外,有必要使用聚类分析或者关联分析等方法对数据进行去噪及清洗,以保证数据的质量与可靠性。导入与预处理过程的主要问题是导入的数据量大,每秒钟的导入量常常会达到百兆、千兆,甚至更高级别的数据。

(三)统计分析

统计分析是大数据处理流程中最为关键的部分,也是发现数据价值的主要环节。由于大数据具有多样性特点,仅采用传统的数据挖掘、机器学习、智能计算等数据分析方法已无法满足大数据时代对算法提出的快速高效等要求。因此,需要利用新技术对大数据进行有效的处理分析。其中主要使用分布式数据库,或是分布式计算集群等工具对存储大规模数据进行普通的分类汇总及简单分析,从而满足大部分的基本分析需求。有些即时需求会用到 EMC 的 GreenPlum、Oracle 的 Exadata,以及基于 MySQL 的列式存储 Infobright 等,而 Hadoop 则被用来处理一些基于半结构化或批处理的数据。统计分析的主要挑战是关联的数据量大,其对系统资源,尤其是 I/O 会有极大的占用,亟待提高基础设备的性能。

大数据统计分析具体可以概括为以下四个基本方面。

一是可视化分析,这是用户最基本的要求。因为可视化分析可以直接呈现大数据的特点,并且可以非常容易地为读者所接受,使得数据分析解读如同看图说话一样简明。

二是数据挖掘算法,这是大数据分析理论的核心部分。基于不同数据类型与格式需要,多种不同的算法才能更科学地展现出数据本身具备的特点,才能深入数据内部,挖掘出数据应有的价值。与此同时,基于大部分数据具有时效性的特征,数据挖掘算法对于迅速处理数据而言至关重要,否则,大数据的价值就会难以衡量。

三是预测性分析,这是大数据分析最核心的应用之一。该种分析从海量数据中勘探出某些特征,在此基础上建立科学的模型,并将新数据导入模型以预测未来可能的结果。

四是语义引擎。大数据时代下的数据类型更加多样化,而非结构化、半结构化数据的出现带来了挑战,需要新的技术加以解决。而"语义引擎"就能够从"文档"中智能提取信息。例如,从用户的搜索关键词、标签关键词或其他输入语义中分析并判断用户的需求,能实现更好的用户体验和精准营销,提高数据分析的效率。

(四)数据解析

解释与演示大数据的分析结果是数据解释的主要任务。不合适的数据显示结果会困扰和误导用户。在大数据时代,基于文本形式及屏幕输出的传统方式已不再适用,因此有必要通过数据可视化、人机交互等新型技术将分析结果生动形象地展示给用户,帮助用户更加清晰地了解整个数据的处理流程和最终结果。

三、实践层面

大数据的价值最终体现在实际运用中。下文将分别从互联网的大数据、政府的大数据、企业的大数据和个人的大数据四个方面描绘大数据时代的美好蓝图。

(一)互联网的大数据

据 IDC 统计,至 2021 年全球所产生的数据量已近 70ZB。互联网是大数据发展的前沿阵地,随着 Web2.0 时代的发展,人们似乎都习惯了将自己的生活通过网络进行数据化,这加速了大数据时代的来临。新型数字经济发展模式 Web3.0 则有望深刻影响下一代互联网形态。

互联网领域大数据应用的典型代表可以简要归纳为如下几点。

(1)用户行为数据,主要通过在手机移动端、智能穿戴设备、智能家居、社交网站等客户端采集此类数据,进行用户的行为习惯与喜好分析,实现内容推荐、精准广告投放、产品优化等目的。微信在其朋友圈逐步投放广告,也是其利用用户行为数据进行精准营销的实践之一。

(2)用户消费数据,主要通过电商平台、导购网站上的交易数据、浏览记录实现对产品的精准营销,以及对用户的信用记录分析,从而实现更精准地开展促销活动,评估用户的信用等级,并协助其理财等功能。阿里巴巴集团凭借旗下的淘宝、天猫等购物平台收集了大量的用户交易数据和信用数据，能够对用户的消费习惯做出预测，在合适的时点进行大规模的促销，"双11"购物节的成功就是很好的例子。同时，蚂蚁金融还推出了信用评估体系——芝麻信用分，并在此基础上开发了消费贷款产品——花呗，为其涉足互联网金融领域奠定基础。

（3）用户地理位置数据，主要通过移动端对用户的地理位置进行定位，从而实现线上到线下（O2O）推广、商家推荐、交友推荐等，以线上的营销带动线下的消费。大众点评、美团等团购平台就是利用这种数据类型实现营销。

（4）互联网金融数据，主要是指P2P、小额贷款、支付等交易记录及信用记录，从而更精准地进行金融产品的营销、对金融产品及服务进行定价、提高风险控制的水平。

（5）用户社交等UGC数据，即用户通过互联网平台向其他用户分享自己原创的内容。UGC不是某一种具体业务，而是用户使用互联网的新方式，即由原来的以下载为主转变为下载和上传两者并重。YouTube等网站是UGC的成功案例，社区网络、图片分享、视频分享等都是UGC的主要应用形式。收集这些数据可以用于趋势分析、流行元素分析、受欢迎程度分析、舆论监控分析、社会问题分析等，并从里面挖掘出政治、社会、文化、商业、健康等领域的信息，甚至可以用于预测未来。

（二）政府的大数据

我国政府部门掌握构成社会基础的原始数据，如信用数据、气象数据、环保数据、金融数据、电力数据、教育数据、煤气数据、道路交通数据、自来水数据、医疗数据、安全刑事案件数据、住房数据、海关数据、出入境数据、旅游数据等。这些数据在每个政府部门里看起来是单一的、静态的。但是如果将这些数据关联起来，并对这些数据进行有效的关联分析和统一管理，那么这些数据必将创造出无法估量的价值。大数据拥有变革产业、变革社会的力量，在我国产业结构升级、城市规划、政治改革的进程中必然发挥重要的作用，这使得它成为国家战略的重要组成部分。

具体以智慧城市建设为例。现代化城市计划走向智能和智慧，如智能电网、智慧交通、智慧医疗、智慧环保、智慧城市等，而这些目标的实现都需要紧紧依托大数据，可以说，大数据是智慧的核心能源。据统计，截至2021年，我国智慧城市试点数量累计已达753个，智慧城市规模为18.7万亿元，同比增长25.5%。"十四五"时期，我国加快推进以人为核心的新型城镇化，至2027年中国智慧城市市场规模预计将达75万亿元。大数据将为建设智慧城市涉及的多个领域提供决策帮助。对于城市规划，对城市地理、气象等自然信息及社会、经济、文化、人口等人文社会信息的挖掘可以为城市规划提供建议、协助决策，提高城市管理服务的科学性及前瞻性。对于交通管理，通过对道路交通信息的实时挖掘，可以有效缓解交通拥堵的情况，并且可以快速对突发状况作出响应，为城市交通的正常运行提供科学的决策依据。对于舆情监控，通过网络相关关键词的搜索和语义智能分析，可以加强舆情分析的及时性及全面性，全面把握舆情，应对网络突发公共事件，打击违法犯罪等恶劣行为，多角度提高公共服务能力。最后，在安防和防灾方面，利用大数据挖掘能够及时发现自然或者人为灾害、恐怖袭击事件，可提高应急处理能力和安全防范能力。

（三）企业的大数据

企业决策者需要借助充足的数据来做出科学决策。在未来，大数据就像一个巨大的杠杆，能够从局部撬动企业整体；提升公司的影响力，带来竞争差异、增加利润、愉悦买家、奖赏忠诚用户，将潜在客户转化为客户、增加企业对顾客的吸引力、开拓用户群并创造市场。以下三类传统企业最需要大数据服务：一是对大量的消费者提供产品或服务的企业，大数据能够帮助它们实现精准营销，从而降低成本、提高利润、提升竞争力；二是做"小而美"模式的中长尾企业，借助大数据分析能够对目标市场及客户做出更准确的分析与评价，协助它们实现服务转型与升级；三是在互联网浪潮的冲击下必须转型的传统企业，这类企业必须抓住大数据这一机遇，大胆革新、适时转型，否则必将被互联网企业所淘汰。

在未来，数据有可能逐渐成为企业的一种资产，并逐渐形成数据产业，向传统企业的供应链模式发展，最终形成"数据供应链"模式。在这种情况下会出现以下两个较为明显的现象：一是外部数据的重要性日益超过内部数据，因为在互联网时代下，单一企业的内部数据与整个互联网数据相比犹如沧海一粟，企业外部的海量数据将发挥更重要的作用；二是如果一个企业能够提供数据供应、数据整合与加工、数据应用等多个环节的服务，那么这样的公司会有较为明显的综合竞争优势。在这样的时代发展趋势下，一直做企业服务的行业巨头优势将不复存在，不得不接受新兴互联网企业的挑战，开启新一轮的激烈竞争。以 IBM 为例，IBM 执行总裁罗睿兰认为，数据将成为一切行业中决定胜负的根本因素，最终数据将成为人类至关重要的自然资源。IBM 积极地提出了"大数据平台"架构，该平台的四大核心能力包括 Hadoop 系统、流计算、数据仓库和信息整合与治理，更多地专注于因大数据分析软件而带来的金融业务增长点。

（四）个人的大数据

顾名思义，个人的大数据就是与个人相关联的各种有价值的数据信息的总和。这些数据集被有效采集后，经本人授权后提供给第三方进行处理和使用，并获得第三方提供的数据服务。以个人为中心的大数据具有以下特征。一是数据仅保存在个人中心，只有经过本人授权，第三方机构才能够使用，并且有一定的使用期限，必须接受监管，用后即焚。二是采集个人数据应该明确分类，除了国家立法明确要求接受监控的数据外，其他类型的数据都由用户自己决定是否被采集。三是数据的使用将只能由用户进行授权，数据中心可帮助监控个人数据的整个生命周期。

在此，对个人大数据时代的光明前景进行大胆展望。未来，每个用户都可以在互联网上注册个人的数据中心，以存储个人的大数据信息。其中，有一部分个人数据是无须个人授权即可提供给国家相关部门进行实时监控的。比如，罪案预防监控中心可以实时监控本地区每个人的情绪和心理状态，以预防自杀和犯罪的发生。除此之外，用户可决定其他个人数据哪些可以被采集，并通过可穿戴设备或植入芯片等感知技术采集捕获个人的大数据，如牙齿监控数据、心率数据、体温数据、运动数据、视力数据、记忆能力、饮食数据、购物数据、地理位置信息、社会关系数据等。用户可以将其中的牙齿监测数据授权给牙科诊所使用，由他们监控和使用这些数据，进而为用户制订有效的牙齿防治和维护计划；也可以将个人的运动数据授权提供给某运动健身机构，由他们监测自己的身体运动机能，并有针对性地制订和调整个人的运动计划；还可以将个人的消费数据授权给金融理财机构，由它们帮你制订合理的理财计划并对收益进行预测。但是，个人数据中心的产生必然伴随着个人数据隐私被泄露的隐患，所以，未来在推进个人数据中心建设的进程中，需要解决的问题是如何通过有效的数据监管措施来保障数据的安全与合理利用。

第四节　大数据的趋势变革

一、大数据变革的主要领域

大数据带来的趋势转变将逐渐改变我们生活的方方面面，而其中有几个领域将率先面临颠覆。

（一）数据安全

随着大数据的广泛应用，数据安全日益引起关注。近几年数据安全事件频发，随着全球各国逐渐采用更先进的数据安全技术并制定更完善的数据保护法律，数据安全监管趋严将是未来的一大趋势。

在数据安全方面，与商业机密的保护问题相比，人们更注重的问题是如何守护个人隐私。数据安全意识提升的背后是人们对数据公开化及其风险的担忧。如果数据风险无法被有效管控，人们就无法在真正意义上信任数据，而这将在很大程度上阻碍日益发展的大数据产业。个人的隐私、公司机密乃至国家和国家之间的数据保护，将会是未来亟待完善的部分。而当数据成为商业重要且关键的资产时，像"首席数据隐私官"这样的职业也就应运而生了，数据安全与数据隐私保护成为数据应用中不可或缺的一部分。

（二）分析的简化与外包

数据分析工作的简化与外包预示着未来大数据将会向产业链分工的方向发展。随着数据信息的迅速膨胀和大数据应用的逐步落地，越来越少有企业可以独立完成从原始资料采集、加工、分析乃至落地应用的完整程序。未来数据的不同处理阶段都有机会发展出专门的技术公司协助企业完成大数据应用前的整备工作。大数据产业链上的每一个环节都有可能产生新的问题与创新，大数据产业革新的每一阶段都有可能激荡出新的问题与机会。新的问题不断地聚焦起来，对应的数据源也趋于集中，这时，一个新的产业链机会也就随之产生。中间层的服务与创新在大数据产业的发展过程中将扮演至关重要的角色。

（三）政府的数据态度

从大数据产业链的整体来看，政府拥有最多的数据。因为政府锁定了大部分公共服务领域的关键数据源，它是公共数据开放的大资源，也是一把驱动大数据的"金钥匙"。政府的数据涵盖金融、医疗、能源、食品、交通、治安、环境等多个方面，且这些数据是相对集中且十分关键的。政府数据的开放将是产业创新的催化剂，对于整体数据产业的发展也至关重要。2022年6月，《国务院关于加强数字政府建设的指导意见》明确提出有序推动公共数据资源开发利用，提升各行业各领域运用公共数据资源推动经济社会发展的能力。而各个行业也可以顺应政府数据政策的脚步，开始尝试进入大数据驱动乃至大数据变革的第三阶段。

（四）多屏时代

过去几年，手机极大地颠覆了我们的生活，但随着大数据的发展，可以预见，未来有两个新的屏即将改变我们的生活：一个是Smart TV，即家里的电视屏，搜集你看过节目的相关数据并且会向你推荐你爱看的节目，形成了自然数据闭环；另一个是物联网汽车，将来所有汽车的内部都会像特斯拉（Tesla）一样，中央显示屏控制每个部分、记录汽车行驶中的所有数据，信息的流动由此产生。可以根据时间分配和载具分配两个层次来思考这个问题：通常情况下，人在不同的时间会因为当时具体的环境状态对不同设备的依赖程度不同。在家时对Smart TV的依赖一般会比手机高，而离开家前往下一个目的地时，则更需要手机，如果是自己开车，车载导航或车载屏幕将会成为主要的关注对象。因此，未来互动的过程中我们应当更加关注如何采集到有价值的数据，并进一步对使用者的日常生活做出优化的回馈。

（五）数据行业化

互联网影响比较大的行业必然更容易数据化，因而大部分大数据应用的落地点都与特定行业相关，已经崭露头角的有金融、医疗、电商等行业。下一步的大数据应用应该会在不同的领域各自发展，并不存在适用于每一个领域的通用的解决方案，而零售、医疗、教育、金融等行业都将因"互联网+"的带动而发展。很多小公司在起步时产生了很多小数据，这是从0到1的过程，然后整合碎片化的数据，最后积累大量数据。这三个进程的时间点加上不同的应用，铸就了行业大数据。未来，大数据将从过去的浅层联结转变为深层联结。从大数据由浅而深的演变中可以观察到：从前习惯以行业为出发点，思考网络（数据）可以帮我们做什么，到了互联网和大数据时代，则转变为以网络（数据）为出发点切入思考，再把原行业的思维放进来碰撞，看看可以激荡出什么样的创新思维。Uber、Airbnb都颠覆了以往行业运用网络的概念，但只有这种思考与创新的方式才能将跨行业的东西提升出来。

二、大数据的产业变革

（一）数据的挖掘和存储：对应云技术的运用和升级

云计算是大数据存储和分析的重要基础设施，正是云计算的发展迅速推动了大数据产业的发展，原因有如下三点：一是云计算按需付费和资源共享的特性降低了企业产生和使用大数据的门槛；二是低门槛的特性又推动了大量中小企业使用云计算，从而提高企业信息化程度，加速了数据的产生；三是云计算的低使用成本和高计算能力提升了企业的大数据处理能力。

云计算促进大数据产业发展的方式如图 1-6 所示。

图 1-6　云计算大大促进大数据产业的发展

（二）数据的整理和分析：对应算法和 AI 的运用和升级

大数据算法及人工智能的迭代升级提升了数据分析能力。深度学习算法突破性地以更接近人脑的方式利用大量数据训练机器，通过训练使其自主掌握规律，并且结果将会随着数据量的不断增长而更加准确可靠。

（三）大数据技术的运用场景：对应政府、企业的开放，体量越大的传统行业，蕴含越大的大数据空间

《中国大数据发展调查报告（2018 年）》统计显示，过去制约企业大数据发展的首要因素是政策限制（如隐私保护），其次是数据资源和数据人才的短缺，随后是技术能力不足，最后是诸如应用模式不清晰等其他原因。政策方面，由于政策、法规的滞后性，数据跨部门、跨企业、跨行业甚至跨领域流动的需求被牢牢禁锢，这也使得政策限制成为摆在我国企业大数据应用面前的最大障碍。数据资源增长迅速，但是如何通过技术手段获取高质量的数据是企业面临的重要问题。

但随着政府对大数据战略的日益重视，政府和企业的数据开放流动正在开始。

政府拥有最丰富和优质的大数据资源，各个政府部门掌握着社会第一手的原始数据，

如房地产、医疗、教育、金融、交通、旅游、气象、电力、海关、司法、人口等各类经济和社会运营的基础数据。过去政府数据更新频率低且未向社会开放，因此社会并未充分利用这一块数据的价值，目前政府已经意识到数据的重要性并出台政策逐步开放大数据供社会利用。若政府大数据获得有效利用，将产生巨大的价值。

相应的，企业的经营中也将产生大量数据，包括用户信息、用户行为、产品运行数据等。根据《中国大数据发展调查报告（2018年）》显示，企业对大数据资源最大的需求来自企业信息公开，继而是政府所拥有的大数据信息，对市政管理、教育科研及交通服务类公共数据资源的需求也有所增强。过去，互联网数据已经进行了大量的应用，未来，随着企业销售、供应、经营的互联网化，企业与客户、供应商、中间商的互动互联网化将产生大量的数据。

（四）大数据变革下的三大关键行业机会

从大数据对传统行业的颠覆看，主要的机会在于中间层，尤其是在金融、医疗、零售这三个行业。

1. 金融与保险

用一个词概括金融在大数据时代的机会点，那就是"微（micro）"。过去很多的创新都受到技术和数据能力的限制。未来数据的采集、加工和应用都将实现个人化的价值，将会激发很多金融商业模式。数据动态的意义首先体现在金融保险体系里的客户监测。过往的个人信用评估结果都是滞后的，往往无法有效地反映最新的个人信用风险，导致银行或是保险公司不能提供最符合顾客需求和利益的服务；其次体现在将解决服务合理性的问题，也就是当客户使用了服务时，才向客户收取费用。

以汽车保险为例。过往我们对于汽车保险的保费设定是根据客户的驾驶肇事记录来调整保费费率，也就是说汽车保险的价格标准建立在投保车主的驾驶行为基础之上。但肇事记录通常具有滞后性，在大数据时代可以利用更便捷的数据采集系统收集更动态的数据来预测危险驾驶的风险。或许，未来的汽车都会像某些新能源汽车一样，通过车内安装的传感器，记录驾驶员如何踩油门（例如，习惯性的紧急刹车就是一种危险驾驶的信号）、换道时是否打方向灯、是否频繁地按喇叭等行为。这些资讯都可以推断出驾驶员是否拥有安全的驾驶习惯。如果再把驾驶员的行车路线数据与政府公布的危险肇事路段的数据做对比，就可以知道这辆车每天上下班的路线属于怎样的安全等级。综合以上两类数据，即便没有肇事记录，保险公司也能根据这些数据来动态调整风险评比，并随时调整保费的费率。同理，如果车险是为了确定用车人在驾驶期间的承受风险，那么通过车辆的传感器可以清楚了解这辆车有多少时间停在车库，又有多少时间处于被使用的状态，保费的计费也可以根据车辆实际承受风险的时间来对客户收费，这也就实现了前面所提到的动态计价。

2. 医疗

医疗领域当前所面临的最大问题是数据未能整合，不同医院之间未能实现数据信息的互通。比如，在 A 医院拿不到之前在 B 医院开的病历。第二大问题是中国人口老龄化严重，导致医疗费用负担沉重，因病返贫十分常见。只有降低医疗成本，减少滥用资源和药物，才能根本性地减少政府负担，将资源分配给真正需要的人。美国福特公司的 30 万名员工每年享有 30 亿美元的医疗保险预算，但这笔钱过去只有一个人在管。1997 年福特在这方面第一次引入数据应用，分析之后发现有人竟然 150 岁还在领医疗保险，有人一年领两次怀孕补助等不合理的情况。这些都是无谓的资源浪费，但如果不通过数据，可能永远也不会被发现。医疗是一个连续性的行为，一个人从健康、亚健康乃至于疾病的阶段都不是突发的，背后都有遗传或是生活饮食习惯的脉络可循。很多疾病的危险信号常常是因为信息未能互通而被忽略，像美国就曾经通过传染病传播数据预估要生产多少疫苗，以及各区疫苗使用状况，大大地提升疾病防治效果。

3. 零售

对于零售业，最重要的就是如何运用数据把供应与零散的需求做匹配。买家希望得到的是：我要什么？最快帮我找到我要的东西。给我最好的价格，用对我最方便的方式付款，在刚好的时间送达。供应方则希望知道：怎样才能满足消费者？怎样用最小的库存，最快的方法，最合理的利润率来服务顾客？供应链的处理怎样可以变得更好？怎样减少成本浪费？以数据驱动为基础的线上零售发展已经十几年了，但线下将会出现什么情况？当 POI 逐渐成熟，拿着手机，处处都能发挥大数据的连接能力，时刻都是机会点。人们懒得再特意下载一个应用程序购物，线上再发达，某些时候它也不是最方便的渠道。要想改善零售用户的体验，只有开展全渠道的服务。对零售业来说，最好就是线上线下都能覆盖到。只有线上的应用程序是不够的，最好连线下的渠道都能拿到，不然很容易就被别人"弯道超车"。线上线下一体化的新零售方式逐渐成为一种刚需。

"推荐"将是另一个爆点服务。现代人能在同一时间享受多种服务，浏览多种产品信息。但数十万款与你有关的商品摊在你的眼皮底下，你怎么选择？人主观上都希望自己可以选择，但面临太多选择时，选择本身反而变成了一种负担。所以未来的"推荐"应该是在"优选"与"逛"之间。大数据让手机变成个人消费助理，不断跟着你走，也不断领着你走，在商家和消费者之间成为一个媒介。最后，零售业的根本是"生产"问题。数据将成为产品创新和改良的依据，从设计到生产、包装、销售、售后的过程中观察并不断优化，最终能够帮助商家生产出符合顾客需求的商品。大数据时代对零售业来说不是一个单纯的转型问题，而是一个攸关存亡的生死问题。

三、大数据变革趋势

（线上阅读）

本 章 小 结

大数据概念的提出离不开特定的时代背景,技术进步、产业升级及社会历史的积淀都促使了"大数据"概念的诞生。本章首先从大数据概念的历史演变过程出发,讲述了大数据的主要发展阶段,以及国外主要发达国家和国内大数据的发展现状。其次从理论角度讲述大数据体量大、速度快、类型多、价值强、在线化等特征,并指出了大数据将带来变革时代的力量及未来可能面临的潜在挑战;从技术层面剖析大数据实现价值所经历的四个步骤,即数据采集、导入与预处理、统计分析和数据解释;从实践层面探讨互联网、政府、企业和个人的大数据价值体现,以便更深入地理解大数据的概念。最后阐述了大数据带来的产业变化趋势,行业颠覆及三大关键行业的变革,也揭示了数据市场的未来发展趋势和变革。

理解大数据的概念是实现数据价值的前提条件。只有深入理解大数据的概念,才能合理运用大数据技术,使其成为创新变革的动力和推动时代进步的力量。

自学自测　扫描此码

1. 大数据技术是为了应对产业界的哪些挑战而产生的?
2. "大数据"除了指数据量大还包含哪些含义?
3. 在"3D 数据管理"及其后的优化观点中,能总结出大数据的哪些特征?
4. 大数据统计分析具体可以概括为哪些方面。
5. 过去制约企业大数据发展的最主要因素是什么?为什么?

第二章 大数据思维

大数据不仅是客观存在，还是一种新的思维方式，将成为使用主体的竞争优势。我们只有主动学习大数据、利用大数据，才能在未来世界赢得先机，以创新驱动发展。大数据时代需要每一个个体、企业和政府采集数据、自动储存、客观分析及全面运用，决策者也越来越离不开大数据里蕴藏的巨大价值。而大数据中体现的思维方式也指导着时代前进的方向，对传统的思维惯性造成了巨大冲击。同时，这样的思维转变也将影响传统行业的未来发展前景，甚至对国家战略产生一定影响。

第一节 大数据思维的内涵与构成

当数据处理技术发生翻天覆地的变化时，人们对数据的观点、思维方式也随之发生转变。实际上，大数据与六个重大的思维转变有关，这六个转变相互联系、互为因果，并相互作用，带来了传统思维方式的变革。六个转变具体如下。

一、尝试用总体数据分析

数据技术的革新使得我们有能力，也有更大的需求去寻找所有的数据，利用全部数据进行分析，而不再仅仅依靠样本数据。

在过去，采样的目的就是利用最少的数据获取最多的信息，降低信息获取的成本。但是，当我们可以用更低廉的成本获得大规模数据时，采样方法就失去了其原有的意义。数据处理技术已经发生了巨大的改变，但我们的思维与方法无法跟上这种改变。

采样一直得到我们广泛认可但始终有意避开的缺陷，即采样忽视了细节的研究，但是现在这个缺陷越来越难以忽视。虽然我们别无选择，只能使用采样分析法来进行考查，但是在很多领域，从收集一些数据到收集尽可能多的数据的转变已经发生了。如果可能的话，我们会收集所有的数据，即样本＝总体。

正如我们所看到的，样本＝总体是指我们能对数据进行深度探讨，而采样几乎无法达到这样的效果。例如，用采样的方法分析整个人口的情况，正确率可达97%。对于某些事物来说，3%的错误率是可以接受的。但是你无法得到一些微观信息，甚至会失去对某些类别进行深入研究的能力。生活中真正有趣的事情常藏匿在细节之中，这是采样分析无法捕捉到的。

所以，我们现在经常会放弃样本分析这条捷径，选择收集全面而完整的数据。我们需要足够的数据处理和存储能力，也需要最先进的分析技术。同时，简单廉价的数据收集方法也很重要。过去，这些问题中的任何一个都很棘手。在一个资源有限的时代，要解决这些问题需要付出很高的代价。但是现在，解决这些难题已经变得简单容易得多。曾经只有大公司才能做到的事情，现在绝大部分的公司都可以做到了。

通过分析所有的数据，我们可以发现大量隐藏的信息。例如，信用卡诈骗是通过观察异常情况来识别的，只有掌握了所有的数据才能做到这一点。在这种情况下，异常值是最有用的信息，你可以把它与正常交易情况进行对比。这是一个大数据问题。而且，因为交易是即时的，所以你的数据分析也应该是即时的。

大数据技术的运用首先要数据全量在线。现在太多系统都是孤立的，银行的对公、对私，还有卡业务都是分开的，当把所有业务糅合在一起时，会发现很多客观规律。现在有了大规模的计算能力，我们就不需要再进行干预，完全让机器自己去找规律，让机器去找出海量数据中的建模规则，这完全是黑箱建模的思路。黑箱建模让我们发现了很多以前我们不知道的内容和规律。比如，以往认为反洗钱只存在40多种在线规则，而利用机器学习可以推翻这一结论，发现了1000多条在线规则。针对保险用户，我们也可以通过异于常理的现象发现商机。比如，在9000多万用户中有百分之零点几的用户的年收入为4万多元，但买了7万多元的保险产品。那么相应的销售人员是用什么样的保险理财理念去推销产品的，有什么样的经验，这都是需要探索的。

在无假设条件下，通过机器学习能发现用户的一些特征。这些工具、方式、方法，帮助金融用户非常清楚地了解以前未知的市场和未知的用户。就像互联网企业一样，通过这些了解，能够对这些用户进行有针对性的操作。

二、关注效率而不是精确度

大数据也标志着人类在寻求量化和认识世界的道路上前进了一大步，过去不可计量、存储、分析和共享的很多东西都被数据化了，数据体量迅速增大，而我们对数据的关注点也开始从精确度转变为效率，那些海量却不那么精确的数据为我们理解世界打开了一扇新的大门。大数据能提高生产效率和销售效率，原因是大数据能够让我们知道市场的需要、人的消费需要，使企业的决策更科学。

在互联网大数据时代，企业产品迭代的速度也在相应地加快。竞争是企业的动力，而效率则是企业的生命，效率低与效率高是衡量企业成败的关键。一般来讲，投入与产出比体现了效率水平，追求高效率也就是追求高价值。从手工、机器到自动机器、智能机器，效率正逐渐提高，尤其是大数据技术的推广使数据的智能分析更加便捷易行，甚至能够代替人脑的思维劳动。智能机器的核心是由大数据驱动的，因而大数据将成为企业未来竞争的核心资源。在快速变化的市场，快速预测、快速决策、快速创新、快速定制、快速生产、快速上市将成为企业行动的准则。也就是说速度就是价值，效率决定价值，而这一切都离不开大数据思维。

在大数据思维的指导下，企业将用效率的思维方式去思考问题、解决问题。大数据思维有点像混沌思维，确定与不确定交织在一起，过去的一元思维结果已被二元思维结果取代。过去寻求精确度，现在寻求高效率；过去寻求因果性，现在寻求相关性；过去寻找确定性，现在寻找概率性，对不精确的数据结果已不能容忍。以前我们了解一件事情，大多要求是非常准确、非常精确的，不允许有任何混杂性的操作，要完全匹配。而在互联网大数据时代，只要大数据分析能够指出可能性，得出相应的结果，就能为企业快速决策、快速动作、抢占先机创造条件，提高企业的运营、管理效率。

例如，当美国面对流感这一突发性疫情时，谷歌（Google）就利用推特（Twitter）及其他互联网上的信息，利用大数据技术通过搜索引擎技术对相关关键词进行主题跟踪，成功得到疫情分布。它是通过描述主题来完成数据分析解读任务的。我国暴发 H7N9 禽流感时也运用了类似的技术。天云大数据公司采用语义空间主题投影方式，跟踪了数百个相互关联的信息点，建立语义网络，在二度以上传播空间深度挖掘，从而发现了更多不为人知的事实。其中用到了上千个变量，有 H7N9、流感、豆粕、鸡、发热、口罩、医院等，每一个变量都有权重，每一个变量都有依赖关系，这些依赖关系和权重从海量的论坛、微博、专业资讯网站里抽取出来。以此为依据建立模型以后，就可以跟踪整个主题变化。其中，将主题热度与豆产品价格做比较时，就显示出明显的负相关性，这一信息可以转变为巨大的价值。对于期货公司而言。这些碎片化的公共信息一经分析、挖掘就可以指导其做出正确的市场操作，具有巨大经济价值。

那些以前我们认为碎片化、情绪化、难以量化的东西，现在都可以依靠大数据技术被合理量化，并运用大数据的思维实现它的价值。但是随着互联网时代的深入，社会发展的脚步越来越快，企业若能够根据数据信息做出预测、先一步采取行动，就能够抓住时代的机遇，因而对数据分析技术的高效性要求符合时代的趋势，是大数据思维下的必然选择。

三、关注相关关系而不是因果关系

大数据时代数据海量性、多样性的特征，以及对数据信息结果时效性的要求，都使得数据结果关注相关性而不是因果关系，也就是说，只需要知道是什么，而不需要知道为什么。在这个不确定的时代里，等我们去找到准确的因果关系，再进行决策的时候，信息已经失去了时效性而丧失了价值。因此，社会只把关注点放在相关关系上，放弃对因果关系的渴求，这就推翻了自古以来的惯例，那么我们做出决定和理解现实的最基本方式也将受到挑战。而大数据思维最核心的特征之一就是突破传统的因果思维并转向新颖的相关思维。

传统的因果思维是说我一定要找到一个原因，推出一个结果。而大数据不必深究原因，也不要求必须采用科学的方法系统性地论证两个事件之间必然存在的某种因果关系。大数据唯一的需求在于，针对某个发生的迹象，按照一般的情况，数据统计结果中的高概率情形就对应于该迹象会导致的结果。在这样的信息支持下，一旦该种迹象出现，人们就可以对其后果进行预测，并据此做出决策。基于此，人们的决策将可以免受人员、环境的干扰，单单由数据判断出相应的结果，提高了数据的客观性和可靠性，并且符合效率思维。

大数据时代的来临为我们带来了全新的思维方式，在挖掘相关关系的过程中，能够发现看似毫不相关的事件中隐藏的关系，并在实践中充分展示出其优势，使得全世界的商界人士都在惊叹。比如，一家超市从一位年轻女性的购物清单中发现了她已怀孕的事实，为她推送母婴产品的优惠信息；或者将啤酒与尿不湿放在一起销售，神奇地提高了两者的销售额。大数据透露出来的信息有时确实会颠覆认知。又比如，腾讯一项针对社交网络的统计显示，爱看家庭剧的男人是女性的两倍还多；最关心金价的是"中国大妈"，但紧随其后的却是"90后"。这些信息越是出乎意料，就越能为相关企业的未来业务调整带来启示。

当然，关注相关关系，不是不要因果关系，因果关系还是基础，是科学理论的基石。只是在高速信息化的时代，为了得到即时信息、进行实时预测，通过快速的大数据分析技术，寻找到相关性信息、预测用户行为，为企业快速决策提供支持，是一种更经济有效的处理方式。

寻找原因是一种现代社会的神论，大数据推翻了这个论断。当习惯用相关性的思维方式来思考问题、解决问题时，过去寻找原因的信念正逐渐被取代。当世界由探求因果关系变成挖掘相关关系时，我们怎样才能既不损坏建立在因果推理基础之上的社会繁荣和人类进步的基石，又取得实际的进步呢？这是值得思考的问题。

四、平等关系代替层级关系

平等性意味着各种数据的重要性是一致的，这与原来层级分明的金字塔式结构截然不同，突出了民主和平等的概念，形成了平起平坐的扁平式结构。在小数据时代更强调系统的层次结构，金字塔式的、不平等的等级结构更为实用，由此来强调系统要素之间的层级关系，突出结构中的重点。在等级结构中，从不同要素间的层级关系与相互联系可以还原出各要素之间的关系，并强调金字塔顶的基础作用及上下级的领导关系。而数据体量的增加使得这样的层级关系面临挑战。在大数据的海量数据中，某些数据的重要性不再那么突出，所有的数据更多的处于平等关系，因此不会特别突出某些数据的关键作用，每一个数据都具有价值。

相应地，数据的平等性特征也会反映到企业与社会关系中，越来越凸显出群众的价值。在大数据时代，企业组织架构由金字塔式趋向扁平化，这一改变能够提高企业的运作效率，使每个人都发挥出各自的价值。社会关系也趋向平等，借助互联网平台的开放性，每个人拥有平等的话语权，将推动社会民主化的进程。

五、开放创造更多的价值

大数据的开放和包容能够创造出更多的价值，一切数据都对外开放，没有数据特权，从原来的单位利益、个人利益变为全民共享。从过去的实践经验中可以总结，封闭会导致混沌和腐败，开放则带来有序和生机。以往受到数据处理能力的限制，在对研究对象进行研究时，往往把对象与环境隔离开来，以简化模型、总结规律。因而，在社会生活中，我们也将社会划分为不同的部门或利益共同体加以分别分析。然而在实际中，不同利益共同体为了自身的利益各自为政，不愿意把信息对外公布和分享。当然，过去受到技术条件的限制，即使想跟公众分享也难以实现。

但是，在大数据时代，互联网、云技术等信息技术的普及带来了更方便快捷的共享手段，使得数据的普遍共享与开放成为可能。遍地可见的电脑、智能手机、摄像头和许多其他信息收集设备及存储设备将大量数据存放于公共空间，为公众共享信息提供了基础。与此同时，数据的开放与共享也符合绝大多数人的利益与时代的趋势。大数据时代是一个开放的时代，数据的分享使得隐私的空间越来越小，分享与共享成为大众的共识，传统的小集团利益被打破，社会成了一个透明、公开的社会。消费者与企业之间、企业与企业之间的数据共享有利于打破信息不对称的局面，提高市场效率。而政府层面的数据信息整合与开放，能够提高公共部门的效率，进一步提高人民福祉，促进不同领域的合作共赢。更重要的是，开放与共享符合大众的期望，信息的公开与透明能够消除因封闭、封锁而导致的腐败，使开放与共享带来社会经济的勃勃生机。

六、关注事物的动态发展规律

万物都处在不断的变化发展之中，数据会随时间不断动态发展变化。大数据技术的发展使得人们可以对数据进行实时动态监控，对事物的整体认识与发展变化有了更深刻的了解。

在小数据时代，收集的数据都是特定时间点的静态数据。例如，传统的人口普查必须在特定时间点开始人口普查，通过一段时间到某个时间点结束，然后用几年的时间来处理得到的静态数据。但是静态的人口数据具有很长的时滞性，不能实时反映出每时每刻人口生生死死的动态变化，因此人口的真实状况不能得到反映。在大数据时代，数据采集变得更加便利，在线采集数据的形式大大降低了数据采集的成本，缩短了数据采集的时间，并能够迅速处理和反映当下的状态，因此能够反映出数据的实时状态。

互联网的普及涌现出各种智能数据采集设备，能够随时随地采集各种即时数据，并通过网络及时传输存储在云端，借助云计算技术进行即时的处理与分析，能够实现即时同步、不断更新。这些随时间流不断更新的数据正好反映了数据随时间的动态演化过程，并构成了一幅动态演化全景图，反映了数据的生长性。此外，系统可以根据即时的动态信息来随时调整系统的行为，从而体现出系统的适应性。

七、大数据思维下的其他原理

（线上阅读）

第二节　大数据思维对传统思维的影响

一、社会传统思维

在当今信息时代，大数据的应用对社会传统思维产生了重大影响，人们愈发重视利用大数据的意识和方法来处理遇到的新问题，这就是大数据思维，它给我们的社会传统思维带来了巨大改变。

首先，它使得社会传统思维变得全局化。大数据研究的对象是所有样本，而非抽样数据，关注样本中的主流，而非个别，这要求我们必须拥有全局和大局思维，并将之融入生活习惯。

其次，它使得社会传统思维更开放、更包容。数据分享、信息公开等一系列行为在分享资源的同时，也在释放善意，便于取得互信。在数据交换的基础上产生合作将打破传统封闭与垄断，形成开放、共享与合作的思维。大数据不仅关注数据的因果关系，还更多地关注其相关性，提高数据采集的频度，从而放宽了数据的精确度，用概率看待问题，使社会的包容思维得以强化。

再次，它打破了低效率的传统社会思维模式，形成了成本控制思维。在传统的社会治理模式中，用增量来配置社会资源，机构和人员不断扩大，成本不断加大。大数据让社会资源的存量得以精确配置、高效使用，避免忙闲不均，社会治理由劳动密集型转变为技术动态调度。

最后，它使传统社会思维更富有创造性。创造性思维是大数据思维方式的特性之一，通过对数据的重组、扩展和再利用，突破原有的框架，开拓新领域、确立新决策，发现隐藏在表面之下的数据价值，数据也创造性地成为可重复使用的"可再生资源"。

历来的变革都是从生产工具推动思维方式的转变开始的，旧的经济体制和传统理念在面临新思维逻辑的冲击时，如果不能与时俱进、吸收并顺应潮流转变为新思维，那么就会成为历史前进的阻力。作为最新的生产工具，大数据将成为治国的利器，通过新思维重组社会、国家、企业的战略、结构、文化和各种策略，可以实现治国理念、工具、目标的现代化，为推进国家治理体系和治理能力现代化提供强劲的动力。

二、政府管理思维

自十二届全国人大三次会议上首次提出"互联网+"的行动计划起，以移动互联网、云计算、大数据、物联网为基础设施的"互联网+传统行业"浪潮席卷全国，"互联网+政务"也成为政府创新战略。数据是互联网带来的本质改变，移动互联网加快了数据的流通速度，物联网拓展了数据的来源与规模，云计算提高了数据处理的速度、降低了数据处理的成本。数据技术时代的政府基于公共大数据的社会治理与大众创新，使政府在三维空间、一维时间之上又增加了数据这一维度。政务创新开拓重点转移到如何应用数据产生价值上，国民网络普及率逐步攀高，互联网平台型企业使用云计算、大数据的强大技术能力，汇集了远超传统企业规模的海量社会数据，与政府的历史权威统计数据形成优势互补，"互联网应用＋云数据平台＋政府治理"将成为代表未来社会的共治模式。

一方面，大数据将改变政府的执政理念。大数据技术在政务层面的普遍运用使政府得以横向打通不同部门的数据联系，实现数据公开与共享，打造一个更加开放、权力更加分散，更加民主的社会，这是大数据时代背景下电子政务发展的趋势。

当前信息发布与传播的及时与迅速、信息交流的便捷与多元有赖于互联网的普及，大多数公民通过互联网加入到推动"开放政府"与"开放社会"的进程。服务型政府的概念广为人知并逐渐被人接受，以往神秘的行政权力也逐渐变得公开透明。在处理政府数据时，应遵循区别对待不同的数据的原则；在处理关于民意社情、物理环境的数据时，因为其并不涉及公民个人隐私，所以应当遵循政府信息公开法则，坚持以公开为首要原则，将保密划归为例外；而对于政府业务中涉及公民个人信息等相关隐私的数据记录，遵循具体的情况和条件，在一个公开的范围内进行规定和管制。公众有获得任何不涉及国家机密及其他社会主体的隐私或应为保密数据的权利。

另一方面，大数据将改变政府的执政方式。通过量化角度的分析，政府可以更加关注微观数据而不仅仅是宏观数据。大数据具有精准性和科学性，促进政府改变管理模式，通过分析历史数据，实现事件的预先判断和解决，提高政府的执政效率。通过运用大数据技术，政府可以以互联网等为平台收集更多数据进行分析，更准确地了解社会和民众的需求，提供更加精准的个性化服务，增强服务能力。美国联邦政府认为，数据是一项有价值的国家资本，应对公众开放，而不是把其禁锢在政府体制内。数据公开共享能够促进政府部门管理方式和理念的转变，充分和透明的数据能够提高行政效率，增加行政决策的透明度。

将数据上升为国家战略发展的维度需要思路、方法、技术等方面的创新，更需要政府专门组织的，从中央、部委、地方三个层面，在政务云统一平台上实现全国政务大数据的汇总与交换。通过培养政务应用开发市场，凭借互联网集思广益、全民创业的力量，达到"大众创业、万众创新"，使以数据为中心的"第五维度"和其他"四个维度"深层次融合，大力开发并拓展政务数据的使用场景，拓展数据时代政务生态空间，使用高科技众包组建自助式市场化公共服务，构建五维的智慧政府。

三、企业商业思维

大数据思维对企业商业思维也产生影响，我们首先了解一下在企业商业思维发展的阶段过程中先后出现的以资源、竞争、顾客为本的思维模式及其特征，以及大数据思维下企业商业思维的变化，如表2-1所示。

表 2-1 以资源、竞争、顾客为本的思维模式、特征及大数据思维对其的影响

分析要点	以资源为本的思维	以竞争为本的思维	以顾客为本的思维
思维重点	企业独特的资源	竞争对手	顾客及顾客需求
评价指标	企业资产	行业吸引力	顾客价值
目的	充分利用企业的独特资源	比竞争对手做得更好或打败竞争对手	维系顾客或比竞争对手更好地满足顾客
大数据思维影响后的变化			
理念改变	大数据是核心资源	大数据改变了行业结构	互动改变价值创造模式
手段创新	基于大数据技术获得关于市场与竞争的独特认识	重新审视行业结构与市场力量	测量、控制企业和利益相关者的社会互动
目的革新	获取数据作为竞争优势	制定适应大数据时代的竞争战略	创造独特的顾客价值

（一）对以资源为本思维的影响

以资源为本的战略思维认为，一系列资源的集合形成了企业，企业获得持续竞争优势的关键是企业所控制的有价值的、稀缺的、不可模仿的、不可替代的资源和能力。企业的核心能力是其提供产品或服务的特殊能力，企业并不是简单的不同资源配置下形成的业务组合，而是隐藏于业务组合背后的、更深层次的核心能力的组合。企业要想获得可持续的竞争地位，必须基于其拥有的资源不断构建、培育和巩固其核心能力。以资源为本的战略思维模式的扩展和动态化形成了基于核心能力的战略思维，两者都突出了竞争优势的重要性。在以资源为本的战略思维指导下，企业决策者们越来越看重企业是否拥有异于竞争者的独特资源，是否具有能够赶超竞争对手的能力。

在大数据时代背景下，大数据无疑是现代企业的重要战略资源。如果企业以现代信息技术为基础，掌握所有利益相关者，尤其是客户的数据，将有助于获取和维护其竞争优势。以小米为例，这家成立于2010年4月的移动互联网公司提出了"为发烧而生"的经营理念，成为智能手机的领导者。小米的成功很大程度上归功于它的"为发烧而生"的经营理念。他们的想法是，小米为忠实顾客设计手机，并以较低的价格出售给他们。小米的创新体现在MIUI智能手机系统中，它具有高级的性质或优势，而这种优势来自其广泛的用户群。截至2021年12月31日，小米MIUI系统拥有月活跃用户5.089亿。该公司每周推出新版本的MIUI，一个先进性的智能手机系统，而系统升级的想法来自"向数百万人征求的建议"。掌握大客户信息数据，通过创建一个社区网络，实时收集客户的想法、意见并及时响应（每周发布一个新版本的MIUI系统），不断满足客户的不同需求，是小米能够快速发展的核心因素。因此，拥有和利用大数据可以使现代企业获得竞争优势并迅速发展。大数据的获取和大数据的利用是新经济环境下以资源为本战略思想的内容。

一些传统企业缺乏获取和利用大数据的想法，导致在新的竞争环境中失去原有的竞争优势。例如，在传统零售业中，许多零售企业的发票平台只是用来记录销售的不同数量的

商品、销售信息，缺少买家的信息收集、分析和利用。例如，许多零售商店的监控摄像头被用来防范盗窃，而不是记录客户信息，分析客户心理和行为。

在大数据的背景下，企业与外部环境之间的界限越见模糊，信息共享和知识溢出成为企业与利益相关者之间的主要合作竞争和协同演化。在大数据平台和外部社交网络的基础上，获取外部世界的宝贵信息是获取竞争优势的关键。因此，它是以资源为本战略思想的重点，强调大数据的战略资源，积极获取和利用这一战略资源以获得竞争优势。

（二）对以竞争为本思维的影响

根据竞争战略理论，行业的盈利潜力决定了企业的盈利能力，而行业的盈利潜力是由行业的竞争实力和行业背后的结构性因素决定的。因此，产业结构分析是建立竞争战略的基础，企业在战略制定时重点分析的是产业特点和结构。在这种战略理论的指引下，竞争成为企业战略思维的出发点，企业决策者会逐渐形成"企业成功的关键在于选择发展前景良好的行业"的战略思维。

随着大数据时代的到来，产业集成和细分协同演进的趋势日益显现。一方面，通过大数据技术，传统行业和无关行业之间有了内在关联。大数据平台的建设和大数据的挖掘和应用促进了行业整合。另一方面，在大数据时代，企业与外部世界的互动也越来越频繁，企业之间的竞争变得非常激烈。广泛而明确地对大数据进行挖掘和细分，能够找到垂直领域的商机的企业才会脱颖而出，是形成竞争优势的最重要方式。因此，企业需要重新审视行业结构，即潜在竞争者、供应商、替代品、顾客、行业内部竞争等力量，进一步制定适应大数据时代发展的竞争战略。

（三）对以顾客为本思维的影响

随着20世纪90年代工业环境动态和个性化客户需求的发展，客户的战略思维模式逐渐形成。它的核心是强调企业的发展必须以客户为中心，无论是提高自身能力还是扩大市场。研究客户需求、满足客户需求是该策略的出发点。在这一战略思想的指导下，企业决策者意识到，为了获得竞争优势，他们应该更好地利用和满足客户需求，创造出比竞争对手更独特的客户价值。

在大数据时代，以顾客为本的战略思维也需要有新的变革。围绕顾客需求和企业的产品价值链，大数据时代的一个突出特点是"社会互动"的深刻影响。从新产品开发、测试到新产品的投放，社会互动都扮演着日益重要的角色。例如，在新产品开发阶段，小米公司开创的MIUI系统开发与上千万MIUI用户进行了互动，是产品创新的重要智慧来源。在营销层面，当今的电商平台，无论是国外的亚马逊，还是国内的淘宝和京东，都极其重视其在网络上的口碑。网络口碑实质上就是消费者与供应商对产品的使用反馈和看法之间的交互，是消费者在之后消费决策过程中是否选择商品的基础，互动口碑已成为产品营销的战略手段。

大数据时代客户价值创造分析的一个共同特征是，价值创造主体变得模糊，社会互动变得越来越突出。传统的以客户为中心的战略思想强调企业需要深入了解市场，深入了解客户需求，设计新产品或改进现有产品以满足客户需求并创造价值。由于大数据技术的发展可以有效地观察和控制社会互动，因此，大数据对客户的战略思维的影响主要表现在社会交往中对企业和利益相关者的重视。比如，企业与供应商互动设计更好的零部件，与客户交互设计新产品，测试并推广新产品。企业与利益相关者之间的互动将创造价值，以更高的性价比满足客户需求，从而获得竞争优势。

四、个人行为思维

大数据背景下，社会个体的生存与思维模式都受之影响而被深刻改变，社会主体本身、社会主体的活动、社会主体的周边都得以通过"数据"进行演绎与记录。数据渗透到人们工作和生活的每个角落，深刻地影响着现实社会中的每一个人。个人通过大数据的整合与共享，也能享受到更方便、更迅捷、更个性化的服务。

在大数据思维的冲击下，个人想要利用大数据带来的便利，必须具备开放性思维、关联性思维、去中心化思维与个性化思维。

（1）开放性是指需要有开放、包容的思维方式，求同存异、兼收并蓄。

（2）关联性是指思维之间普遍存在各种关联，需要挖掘其中的数字间的关联。

（3）去中心化是指数据以及其他客观事物不存在人为的中心，需要用平等的思维对待它们。

（4）个性化，是指尊重个体的特征，从差异中寻求创新。

第三节 大数据思维对传统产业的影响

随着大数据的发展，传统产业加快信息化和工业化深度融合，以信息化技术来改造现有的产业，将传统生产力实现升级，形成产业信息化的新技术，大幅提升企业和产业的技术创新能力。大数据思维为传统产业的发展带来了冲击，也带来了巨大的发展机遇。

一、大数据思维对传统产业的冲击

（一）第一产业

大数据等信息技术不但颠覆了日出而作日入而息的手工劳作方式，也打破了粗放式的传统生产模式，转而迈向集约化、规模化、智能化和数据化，互联网电子商务及现代物流的出现使得整个农业等生产链重组，线上线下的耦合度空前提高，这极大地拓展了未来农业经营模式的想象空间。

例如，几年前，烟台阳光乔农业电子商务有限公司开始建立阳光乔规模农业电子商务服务平台。全国各地的农田数据、农产品贸易价格等都源源不断地经过网络流入阳光乔平台；这些数据再结合"平台专业服务团队＋本地专家会诊团队＋全国专家远程会诊"的方式，就能为全国各地的规模种植户提供全方位的精准农业决策服务。

由此可见，阳光乔平台充分结合线上与线下，双向流通，农户从与批发商打交道转换到直面消费者，他们开始比任何时候都更有条件关注消费市场的变化，关注数据。而这种转变直接推动了农业传统生产方式的升级。

大数据也促进了农业的信息化。美国正在利用谷歌眼镜、手机 App 等移动互联网终端，通过云处理技术实时为农民提供农业生产、价格等信息，使农民在田里工作时就可以通过移动终端得到土壤、天气等情况，软件同时可以向农民提供远期农产品价格，并向农民推荐最为适合这块田地的种子、肥料等信息，还可以通过"电商"的形式在网上购买生产物资并快速配送到田间。

（二）第二产业

传统的制造业往往都是封闭式生产，生产何种商品完全由生产商决定，生产者与消费者的角色是完全割裂的。但是，这种状态将在大数据技术的冲击下分崩瓦解，未来，顾客将会全程参与生产环节，由用户共同商量决策来制造出他们想要的产品。换句话说，未来生产者与消费者的界限会逐渐模糊，而传统的经济理论正面临崩溃，因此注定要诞生全新的 C2B 模式。

基于电子商务的生产方式中运用了大数据思维，互联网、大数据技术的相互合作使得生产商和消费者的联系更加紧密，消费需求的数据、信息能够更迅速地传达给生产者和品牌商，因而生产商能够及时根据市场需求变化组织物料采购、生产制造和物流配送。技术的革新替代了原先大批量、标准化的推动式生产方式，促进市场向需求拉动式生产方式转变。拉动式的生产并不一定要对市场需求进行精准的预测，关键是供应链各方面更紧密的协同，以实现更加柔性化的管理。

在大数据思维熏陶下，传统的制造业将难以为继，大规模投放广告到大规模生产时代宣告终结。未来的制造业会进入新的时代，体现个性化、定制化等特征，人人都是设计师，人人都是生产者，人人都在决策——这就是大数据的游戏规则。

（三）第三产业

大数据也大大促进了第三产业的转型和创新发展。例如，上海 1 号店负责生鲜业务的副总裁在某次采访中表示，他们通过海量数据分析、判断和整合，可以精准地预测第二天生鲜货品的订货数量，并据此向供货商下订单，产品在第二天早上 8 点进库，这位副总裁说，综合折算下来，仅在仓储环节的损耗率就可以控制在个位数，而传统线下渠道的损耗率一般是 30% 左右。

可以这样认为，是经济社会的高速发展造就了大数据，是科学技术的高速发展使大数据的思维付诸实践，我们相信这种思维对传统服务业无形地产生了极其深远的影响。其中，大数据给金融、财会行业带来的革新尤为突出。传统会计数据搜集渠道、源头和平台单一，数据类型单纯，一般为结构化数据。在大数据时代，数据搜集的渠道、源头和平台及数据类型多样化。目前，随着互联网的普及和发展，新型互联网的应用，大量的数据存在于社交网络、电子商务的视频、图片、文档、音频、网络日志等应用中，这些数据一般是非结构化数据。

在大数据时代，由于数据巨量和多样，因此要充分利用数据，需要建立大数据仓库。典型的大数据处理系统包括数据的收集、预处理、存储、分析、数据挖掘和价值应用。要完成这一系列的操作，企业要有意识地完成由传统关系型数据库管理系统向大数据仓库管理系统的转变。

二、大数据思维下向传统领域的拓展方向

互联网是大数据应用的起源，并逐步向以数据生产、流通和应用为核心的各个产业渗透。目前，电信、金融、零售、医疗卫生、公共管理等领域率先积极地探索和布局大数据应用，不同领域的发展主要呈现两种方向。

一种是积极整合行业和机构内部的各种数据源，通过对整合后的数据进行深度挖掘分析，开发大数据应用。譬如，大数据平台可以帮助一些新兴的大型百货商场整合 POS（point of sale）机、企业 CRM（customer relationship management）系统、客流监控设备、免费 Wi-Fi 等数据，进而对用户进行聚类分析，支撑包括客户群路径分析、客户习惯查询、打折信息投放、商品位置摆放、移动端营销等应用，从而实现客户图像刻画、精准营销，大大提高商场的营销额与营业效率。大数据还可以应用于智慧城市的决策系统，其可将来自人力、教育、经济、统计、民政、卫生等政府部门的内部数据，以及来自物联网、移动互联网等线上的外部数据进行整合，分析数据并建立经济社会运行的分析模型，以支撑智慧人口、智能物流、智慧医疗、智能环保、智慧教育等相关决策。

另一种是积极借助互联网等外部媒介收集数据以实现其他相关领域的应用。例如，借助互联网用户的微博数据、历史交易数据、社交数据等信息，金融机构就可以评估用户的信用等级；通过整合股票论坛、新闻、公司公告、行业研究报告、交易数据、报单数据、行情数据等公开信息，证券分析机构能够分析和挖掘各种事件和因素对股市及股价走向的影响；将社交数据、网页数据、网络新闻数据等信息与监管机构的数据库进行整合对接，监管机构可以通过比对结果及时提示风险并进行风险预警以采取相应的行动；根据互联网用户数据与电商平台的交易数据，零售企业可以分析商品销售趋势、用户偏好等。从目前发展的情况来看，不同领域的数据能够跨界融合，发挥出更大的作用。

从当前的大数据应用实际看，金融、零售和公共管理领域开展大数据应用时，两个方向都有所涉足，而电信和医疗卫生等领域更关注第一个发展方向。

三、基于国家战略的大数据产业发展思维

大数据产业发展的背后逻辑是中国经济悄然发生的"质变"。中国经济在增速放缓的

情况下，就业率不降反增，一个重要原因就是进行了政府的自身改革，推出一系列简政放权的措施，引发小微企业、个体户井喷式增长。而这些企业、商户中，多数的经营业务都是依托于互联网展开的，都与数据有关，大数据正在孕育出更多的新业态。国家总理李克强指出，13亿中国人，八九亿劳动力，其中如果有越来越多的人依托新业态发展，就会培育出中国经济发展的新"发动机"，也必将会对社会发展、人民进步造成深刻影响。

大数据不只是一个产业这么简单。它在社会的各个领域中都无所不在，可以与 N 个产业"相加"，形成"大数据＋"。"互联网＋"的本质是连接和数据。中国联通网络技术研究院首席专家唐雄燕说：数据已经成为一种新的经济资产类别，就像货币或黄金一样，将形成数据材料、数据探矿、数据加工、数据服务等一系列新兴产业。2014年3月5日，"大数据"首次被写入政府工作报告，受到了广泛的关注，李克强总理在政府工作报告中指出，要加快设立新兴产业创业创新平台，在新一代移动通信、集成电路、大数据、先进制造、新能源、新材料等方面赶超先进，引领未来产业发展。这一政策信号表明，大数据作为一种新兴产业得到国家层面的大力支持。

大数据时代，数据正在成为一种稀有资产和新兴产业。任何一个行业和领域都会产生有价值的数据，而对这些数据的统计、分析、挖掘则会创造意想不到的财富。

在大数据思维下，国家战略发生了翻天覆地的变化。我国应将大数据作为新一轮科技竞争和产业竞争的战略重点和制高点，充分认识"数据、技术、应用"三位一体、有机统一的内涵，掌握未来大数据发展主动权。中国制定国家大数据战略的主要内容包括：构建大数据研究平台，即国家顶层规划，整合创新资源，实施"专项计划"，突破关键技术；构建大数据良性生态环境，制定支持政策，制定行业标准；构建大数据产业发展平台，促进创新链与产业链的有效嫁接。为此，重点开展以下四方面工作。

（一）提升技术研发与软件水平

总体来看，大数据的技术门槛较高，目前在大数据领域展开竞争的信息技术企业多是在数据存储、分析等领域有着传统优势的厂商。我国正处于产业转型升级的关键阶段，必须牢牢把握住互联网、大数据的时代潮流，抓住机遇促进发展，因此，关键技术和新兴技术的开发和应用必须及早布局。具体来看主要分为以下五个方面。

一是以数据分析技术为基础，加强理论研究和人工智能、机器学习等领域的研究与发展，加快非关系型数据库管理技术、非结构化数据处理技术、可视化技术等基础技术研发，并和基础技术研发、移动互联网、云计算和物联网技术相结合，形成成熟可行的解决方案。

二是面向大数据应用，加快研发网页搜索技术、知识计算技术、知识库技术等核心技术，开发出高品质的单项技术产品，结合数据处理技术，为商业智能服务提供技术支撑。

三是推动以企业为核心的产学研用合作，加速提高软件发展水平，为大数据发展和应用奠定基础。利用产业发展引导资金，鼓励软硬件企业和服务企业应用新型技术，结合信息内容服务，面向实际的大数据应用提供具有行业特色的数据分析服务及系统集成解决方案。

四是整合当前的各大互联网企业，塑造大数据生态平台，牵头百度、腾讯、阿里巴巴等企业，基于开源、开放操作系统或应用平台，整合优势资源，聚集一批有实力、有特色的中小互联网信息服务提供商，加快开拓整合本土化信息服务，形成健康发展的生态系统。

五是基于数据处理软件的优势，整合所有数据和技术优势，形成完整有效的数据分析软件，提高服务内容的准确性和匹配度。同时，还培育了具有高集成度和强大市场容量的大型数据解决方案提供商，为各行业应用大数据提供了一个成熟的解决方案。

(二) 加速推进大数据的示范应用

加速推进大数据的示范作用主要分为以下五个方面。

一是面向医疗、能源、金融、电信等数据量特别大的领域，引导行业厂商参与，促进数据监测、商业决策、数据分析、横向扩展存储等软硬件一体化的行业应用解决方案的进步。

二是面向智慧城市建设和百姓日常生活需求，开展以"智慧交通""智慧旅游""民生服务"等为主要内容的"智慧城市"试点，整合信息资源，实现软硬件资源的共建共享。在智慧城市的建设及个人娱乐、生活服务等领域的应用中融合大数据技术，不断提升数字内容加工处理软件等服务发展水平。

三是推动行业数据深度处理服务。行业数据库应该深度加工，特别是与高科技领域相关的数据，将根据不同行业领域建立特殊数据库，提供内容增值服务。

四是选择重点领域、企业，鼓励其使用数据清洗等手段，对企业日积月累的数据进行初步分析整理，去除重复数据，减少噪声数据，提高大数据集合的建设质量。

五是推动电子政务及信息资源共享。继续实施和完善党委、政府系统电子政务工程及"金"字工程，推进政府信息公开和政务业务协同系统建设。加快建设并完善数据中心、电子文件（档案）备份中心、异地灾备中心，加快建设四大基础数据库和市场经营主体信用信息数据库。根据各部门信息资源共享的实际情况，整理其需求，建设跨部门、跨地区的信息资源目录体系与交换体系，推进信息资源交换与共享。

(三) 优化完善大数据发展环境

优化完善大数据发展环境主要有以下三方面。

一是要加强数据信息安全问题的研究，在大数据背景下，应对好大数据应用可能带来或面临的信息安全风险，基于大数据的情报收集分析工作的信息保密问题尤为重要。

二是要明确数据分析处理服务的价值和作用，推动数据加工处理企业发展，将税收优惠政策的享受范围扩展到具备一定能力的企业的数据加工处理业务。

三是完善相关体制机制，以政府为切入点，推动信息资源的集中共享，夯实大数据的应用基础。

（四）优化产业布局与产业发展模式

国家大数据产业以三大电信运营商数据中心为重要依托，推动实现物联网、云计算等管理平台的统一，网络、存储、计算、系统等软硬件资源平台的统一和"一站办理、一网连通、一号服务、一卡通行"等服务资源平台的统一，引导产业上下游的优势企业相互合作。大力推进智慧城市、网络金融、食品安全等领域的示范应用，带动大数据产业集聚发展。

大数据产业的发展模式也从云计算等技术的提升出发，向工业云服务、政府云服务发展。首先，提升技术水平，推动云计算服务发展，大力引进公共云服务龙头企业，促进电子信息企业转型发展和创新创业，集聚一批服务能力突出的云服务提供商，以提供高质量的云计算服务；其次，打造工业云服务平台，支持工业大数据应用开发和专业化云计算服务提供，推动企业利用云计算技术整合信息系统，提高运营管理水平和服务能力；最后，打造电子政务云服务平台，充分发挥政府在云计算服务应用中的引领作用，引导财政资金支持的信息化项目优先考虑和利用统一的大数据基础设施进行部署，逐步推进相关政府部门现有信息系统向平台迁移。

四、当前国家大数据战略

（线上阅读）

本 章 小 结

大数据不仅代表着一种新的技术手段，还代表着一种新的思维方式。大数据技术的发展不仅变革了生产力，也改变了我们的思维方式。本章讲述了大数据思维带来的六大转变，并讲述了在大数据思维方式的冲击下，社会、政府、企业、个人的传统思维发生了变化，并提出了全新的大数据思维方式。而这样的思维方式也改变了传统产业的发展，使得不同产业都重新焕发生机。大数据是未来的发展方向，国家层面也积极布局大数据产业发展战略，推动数据成为科技竞争和产业竞争的战略重点和制高点。

大数据的到来将给我们生活的方方面面带来改变，而其中金融领域十分抢眼，下面的章节将具体阐述大数据与金融相融合带来的创新与变革。

自学自测　扫描此码

1. 大数据因哪些思维转变带来了传统思维方式的变革？
2. 大数据思维给社会传统思维带来了哪些改变？
3. 试比较企业商业的三种思维模式及其特征，以及大数据思维影响下的变化。

第三章 大数据与金融的融合

大数据是时代的特征,大数据与金融本是两个不紧密相关的概念,但是随着现代移动互联网的广泛运用,以及大数据相关技术不断发展成熟,被越来越多地应用于金融领域,大数据金融概念应运而生。本章从大数据金融的特征、内涵、发展状况与趋势出发,详细叙述了大数据金融在新时代下的发展方向。

第一节 现代金融的大数据特征

大数据金融是时代发展的产物,是金融业和大数据技术发展到一定阶段的必然要求,两者的融合来自三个方面的推动力,分别是金融业应用大数据技术的优势、大数据技术的日臻成熟和金融业创新发展的必然要求。

一、金融业应用大数据技术的优势

金融业是一个典型的数据密集型产业。与其他行业相比,金融业的数据类型和自身各方面资源更适合大数据技术的广泛应用,所以大数据技术对金融业而言更具潜在价值。金融业在促进大数据技术与金融业融合发展方面具有以下优势。

一方面,金融机构沉淀着大量数据,在利用大数据技术方面具备显著优势。首先,银行通过日常业务可以积累海量用户数据,不仅包括所有客户的账户和资金收付交易等结构化数据,还包括客服音频、网上银行记录、电子商城记录等非结构化数据。金融机构在业务开展过程中积累了客户身份、资产负债情况、资金收付交易等大量高价值的数据,这些数据在运用专业技术挖掘和分析之后,将产生巨大的商业价值。其次,金融业务的开展离不开数据的支撑,金融机构通常拥有丰富的处理传统数据的经验,这些经验同样也可以运用到大数据处理之中,使金融机构更好地适应技术变革,增强自身的竞争力。

另一方面,金融机构的预算充足,能够提供优越的薪酬待遇,吸引大量的大数据技术人才加入到金融机构的大数据基础设施建设中,促使金融机构的数据处理技术加快升级,更好地促使大数据技术与金融业的深入融合。此外,大数据的决策模式也适用于金融业的日常决策过程。在大数据技术的推动下,金融业的管理模式、发展趋势、产业创新将日新月异。因此,金融机构利用大数据技术实现金融业与大数据的融合有其内在的合理性。

二、大数据技术的日臻成熟

大数据处理技术的日益成熟是推动大数据与金融业融合的重要因素,为"大数据金融"

概念从理论变成现实奠定了技术基础。

首先,大数据技术的深入发展和广泛应用离不开互联网的快速普及。近年来移动互联网呈爆发式增长,全球数据量以几何级数增加。数据的形式不再集中于可量化的、精确的结构化数据,而是出现了大量非量化的、非结构化的数据,使数据类型更加复杂,处理分析难度增大。数据类型的增加也对大数据技术处理数据的速度和获取数据价值的能力提出了更高的要求。经过多年的发展,大数据领域已经涌现出了大量的数据处理技术,它们成为大数据采集、存储、处理和呈现的有力武器。与大数据相关的技术和工具层出不穷,新的技术和工具,如 Hadoop 分发、Spark 平台、下一代数据仓库等成为大数据领域的创新热点。同时,云数据分析平台趋于完善。大数据的分析工具和数据库也在向着云计算方向发展。云计算为大数据提供了可以弹性扩展、相对便宜的存储空间和计算资源,使得中小金融机构也可以像大型金融机构一样通过云计算来完成大数据的分析应用。

此外,随着数据分析集的逐步扩大,企业级数据仓库将成为主流。大数据技术的成熟发展不仅为金融业带来了数据处理技术,而且凭借大数据思维影响着金融业的进一步发展。金融业只有在运营中积累独一无二的数据资源,变数据为"黄金",方能迎来更大的发展。随着大数据技术的成熟,其在金融领域的应用也越来越广,最终促成大数据金融的蓬勃发展。

总之,大数据技术的发展成熟是实现大数据在金融行业广泛应用的基础。如果没有大数据处理工具的运用,大数据金融只能停留在概念阶段,只是一个空想。而如今,大数据金融已经变成现实,其无时无刻不在影响着经济的运行,影响着金融机构的决策方式。

三、金融业创新发展的必然要求

创新是事物发展的源泉,需求是事物发展的内在动力。随着互联网时代的飞速发展,物联网、云计算、数据挖掘等技术的逐渐成熟,利用最新技术提高自身的竞争力成为金融机构的内在需求。如图 3-1 所示可以看出金融机构与大数据紧密相连的关系:金融机构利用大数据技术的根本目的在于提高金融服务水平,提高金融数据的运用效率,创造更大的价值,更好地促进金融资源与实体经济的有效结合。

图 3-1　金融机构与大数据的关系

(一)提升金融服务水平

随着后金融危机时代全球经济的逐渐复苏,金融业正进入一个全新发展阶段。各种新型的金融机构层出不穷,如征信公司、小额信贷公司等,金融行业的竞争越发加剧,严重挑战着传统金融机构的运营模式。传统金融机构亟待寻找突破，寻找新的创新点，而大数据技术正是金融机构推动业务创新和产品创新，进而提高金融服务效率的重要支撑。

通过大数据技术，金融机构可以精确地刻画出客户画像。客户画像主要分为个人客户画像和企业客户画像。个人客户画像包括人口统计学特征、消费能力数据、兴趣数据、风险偏好等。企业客户画像包括生产、流通、运营、财务、销售和客户数据、上游和下游相关产业链数据。通过大数据技术对客户个人情况等静态信息和交易记录等动态信息的综合分析，金融机构可以得出客户的消费偏好、风险偏好等内在的客户行为数据，从而投其所好，为客户提供个性化的服务。所以客户画像可以帮助金融机构更加了解客户，根据客户的需求，量身定制金融服务，从而提高客户的满意度、忠诚度。

同时，在拥有了客户画像的基础上，银行还可以有效地开展精准营销。精准营销最大的优点就是可以实施个性化推荐，即金融机构可以根据客户的偏好进行服务或者对银行产品进行个性化推荐，如根据客户的年龄、资产规模、理财偏好等，对客户群进行精准定位，分析出其潜在金融服务需求，进而有针对性地进行营销推广。利用大数据技术得出的客户行为信息是金融机构从事个性化服务的基础。提供针对性的服务可以使客户的需求得到最大限度的满足，进而促进金融服务和产品的创新，提高金融机构服务水平。精准营销的一个典型实例就是实时营销，它根据客户的实时状态来进行营销活动。比如，根据客户当时的所在地、客户最近一次交易记录等信息来有针对地进行营销；或者将改变客户生活状态的事件，如改变居住城市等，视为营销机会。一方面，实时营销可以提高营销的成功率；另一方面，也方便了客户使用服务，提高金融机构的服务水平。

大数据技术也在金融客户生命周期管理上发挥了重大作用。客户生命周期管理包括新客户的获取、现有客户的防流失及失去客户的赢回等。大数据技术可以建立一系列的监测模型，分析客户在金融生命周期的哪个阶段，客户对企业的价值如何，从而帮助金融机构提供差异化的服务。针对处在不同生命周期阶段、不同价值的客户采取差别性对待策略，以更好地发挥现有客户的价值，提升服务质量，同时培养潜在客户，从整体上改善金融机构的服务水平。

总之，金融机构的发展需要大数据的支撑，大数据技术的应用促使金融机构整合各方面的信息，形成客户画像，并在此基础上进行精准营销，提供个性化的定制服务，从而提高金融行业的服务水平。大数据技术的运用可以使金融机构更加贴心地为客户服务，增加客户的认同感和归属感，提高客户的满意度。

（二）提高金融机构管理效率

当前随着我国经济发展进入新常态，传统金融机构管理效率低下、运营成本和风险控制成本过高、盈利能力下降等短板越发凸显。大数据技术的出现迎合了金融机构迫切需要紧跟时代趋势、转变经营战略的需求，使得金融机构能够提高管理效率，降低运营和管理成本，提高风险控制能力，降低整体风险，从而提高盈利水平，形成自身的核心竞争力。大数据技术通过对大量金融相关数据的分析整合，可以更加清晰地指出当前金融机构存在的关键问题,从而更好地对症下药,提高金融机构的管理效率,以弥补当前金融机构面临的不足。大数据技术的应用有利于提高金融机构管理效率,主要体现在降低金融机构运营成本和提高金融机构风险控制能力两个方面。

一方面,大数据技术能够降低金融机构的管理和运行成本。大数据技术可以提高金融机构的内部管理水平,其通过减少组织纵向层级,增强横向联系来推进组织机构扁平化,使金融机构内部管理信息的传递效率和质量均有所提高。同时组织纵向层级的减少,也精简了管理机构,降低了管理的成本,提高了管理的效率。通过大数据技术,金融机构还能够得到精确的客户画像,使金融机构能够更好地了解客户的消费特征和行为习惯,及时、准确地推荐合适的产品或者服务给合适的客户,提高营销的成功率,降低人力物力成本。在大数据技术的支持下,金融机构改变了以往靠提高业务覆盖面、占据市场份额取胜的传统管理模式,改为提供精确服务、以服务质量取胜的新型模式,从而降低运行方面的成本,提高盈利水平。

另一方面,大数据技术能够增强金融机构抵御风险的能力。大数据可以帮助金融企业更好地实施风险控制与管理。金融机构可以通过大数据技术建立征信体系来提高风险管理效率,降低业务成本。征信体系是指按照一定的数据采集标准,对信用主体的信用信息进行采集、加工、核实和更新,以实现信用信息在体系内互联互通的一种信用管理运行机制。征信体系主要包含的信息由三个部分组成:第一部分是个人或者机构的基本信息;第二部分是客户与金融机构的交易记录;第三部分是与非金融机构的交易信息,包括金融机构以外的交易记录。征信体系通过大数据技术对上述信息进行综合分析,判断客户违约的概率,提高管理客户的效率,通过采集更广泛、更真实的数据,使用大数据分析和处理技术,可以更深刻地分析客户或项目的风险,从而更好地监控风险,改善风险决策,提高风险管理效率。大数据技术有助于降低信息的不对称性程度,增强风险控制能力。金融机构可以摒弃原来过度依靠客户提供财务报表获取信息的业务方式,转而对客户的资产价格、账务流水、相关业务活动等流动性数据进行动态和全程的监控分析,从而有效提升客户信息透明度,更加有效地控制经营中的各类风险。

(三)互联网金融发展的推动

近年来随着互联网的深入普及,互联网金融异军突起,已演化成不可阻挡的时代趋势,互联网金融公司如雨后春笋般纷纷出现,冲击着传统金融机构的地位,对传统金融机构运行构成潜在威胁。在互联网信息平台上,互联网金融企业能够借助网络对大量分散主体展开标准化、自助化的服务,降低金融服务的边际成本,直至其趋近于零,从而实现规模经济和范围经济。互联网金融的进步有益于降低小额分散零售客户的金融服务风险与成本,极大地提高了金融服务的效率。同时,互联网技术大大降低了信息获取成本、信息清算成本、风险识别成本、客户管理成本,从而大大地提高金融服务的价值创造能力。

大量非传统金融机构切入金融服务链条,从客观上降低了金融业的准入门槛。非金融机构利用自身的技术优势和监管盲区在金融业的大碗中分得一杯羹,冲击了传统金融机构的服务模式。阿里巴巴和腾讯是这类企业的典型，它们利用原有平台的用户交易数据，分析用户的消费偏好、行为模式，进而为用户提供个性化服务。同时，它们利用平台的协同效应，为用户提供多样化的理财服务。此外，一些新兴金融机构也紧跟时代趋势，率先利用大数据技术进行业务创新，其中小额信贷公司就是其中的典型代表。小额信贷公司一般依托于互联网和大数据技术，为客户提供一定金额数量下的"金额小、期限短、随借随还"的纯信用小额贷款服务。其通过对大量数据的分析处理，将传统的抵押贷款模式转变为信用贷款模式，为优质顾客的小额贷款提供更加便利的服务。小额贷款既方便又实用，节省了人力物力，是对传统金融机构的有益补充。同样还有如火如荼的征信体系建设，无论是芝麻信用还是腾讯信用，都对传统金融机构的业务产生了一定的冲击。大数据与金融的融合已是时代的趋势，率先转型金融机构的成功已经说明了大数据金融的发展趋势不可阻挡。传统金融机构如果不借助大数据技术进一步发展，最终将被时代所淘汰。所以，传统金融机构必须充分利用大数据技术，转变自身的思维，积极变革，提高自身在金融业的竞争力。无论是从金融机构自身来看，还是从其他企业对金融业的介入来看，金融与大数据的融合都已是既成事实。金融机构优化利用大数据技术，可以进一步提高自身的竞争力，顺应时代的发展趋势。

第二节　大数据金融的理论内涵

一、大数据金融的界定

大数据金融是运用大数据技术开展金融服务，即集合大规模结构化、半结构化、非结构化数据，通过互联网、云计算和数据挖掘等信息处理的方式进行实时分析，向客户提供全方位的信息，并通过分析和挖掘客户交易和消费习惯的信息，预测客户的行为。

首先，当代金融机构的发展离不开大数据的支撑，大数据金融有利于金融机构进行精准营销，大大提高其金融服务效率。大数据技术的运用可以提供更为周到的金融服务，增加客户的认同感和归属感，在客户心目中树立起良好的企业形象。其次，大数据金融迎合了当前金融机构迫切需要转型升级的内在需求，提高了金融机构的盈利水平，逐步形成了自身的核心竞争力。最后，在互联网企业涉足金融和传统金融机构触网的双重夹击下，传统金融机构必须顺应时代发展潮流，积极变革，转变自身的思维，大力发展大数据金融，提高自身在金融业的竞争力。

此外，大数据金融对传统金融行业的革新、产业链的价值重构、互联网金融生态圈的建设等起到了重要的推动作用，我们将在后面章节进行详细介绍。

二、大数据金融的特征

大数据技术与金融领域相结合，将彻底改变传统金融服务模式，重构金融产业价值链。与传统金融形式相比，大数据金融具有以下几个明显不同的特征。

（一）数字化

2016年1月，中国人民银行（以下简称"央行"）公开宣布尽快推出数字货币。央行在2022年下半年工作会议上明确提出，要有序扩大数字人民币试点。2022年9月19日，央行副行长范一飞在"第二届长三角数字金融产业创新周"开幕式上表示，对于开展试点最早的深圳、苏州、雄安、成都四地，央行将适时推动试点范围逐步扩大到全省。这标志着数字人民币试点进一步扩容。2022年10月12日，央行数字货币研究所刊发《扎实开展数字人民币研发试点工作》，从发展历程、试点应用场景、产品研发和服务升级、国际交流合作和标准制定、未来发展方向等多个维度阐述了数字人民币的新进展。这是央行继2021年7月份印发《中国数字人民币的研发进展白皮书》之后，又一次系统阐述数字人民币的相关进展和展望，数字人民币产业有望进入发展的"快车道"。

2023年6月，江苏省工信厅提出在全省工信系统、工业和信息化领域重点企业和产业园区推广数字人民币应用。由此看出，全国数字人民币试点已经由准备阶段迈向机制建设更健全、应用场景更深入的推广阶段。

从长远来看，数据化和网络化全面深入的发展将极大地改变金融行业，大数据的应用将改变传统的金融机构的资金中介的职能，使其表现出虚拟化和电子化的交易特征，整个金融行业未来的发展方向将是虚拟化，全面颠覆当前的金融服务形态。具体体现在三个方面。

（1）产品的虚拟化。传统的资金流将逐渐体现为数据信号的交换，电子货币等数字化金融产品在经济生活中将成为主流。

（2）服务的虚拟化。传统的人工服务将逐渐被移动互联网、全息仿真技术等科技手段所替代，银行通过完全虚拟的渠道更广泛地向客户提供金融服务。

（3）流程的虚拟化。银行业务流程中各种单据和凭证等将逐渐由传统的纸质形式转变为数字文件的形式，将极大提高工作效率和便利性。

可以合理地预见，在大数据时代，传统金融机构将在涉及管理理念和运营方式的多个方面面临着诸多挑战。未来金融机构的整体运作将是一个数据的洪流，"数字金融"得以全面实现。

（二）开放性

传统金融机构拥有两项基础功能：一是资金中介，即传统金融机构通过专有技术达到规模经济，降低资金融通的交易成本；二是信息中介，即传统金融机构采用专门的信息处理技术，解决资金借贷双方之间由于信息不对称而引发的逆向选择和道德风险问题。

在大数据时代，金融机构将不再自然而然地拥有社会经济信息中心的地位，企业不再仅通过向金融机构提供信息来获取信用。新兴技术如社交网络、物联网、搜索引擎、移动互联网、大数据、云计算等改变了信息产生、传播、处理并运用的方式，尤其是以互联网与移动支付技术为基础的互联网金融降低了信息不对称和物理区域所带来的障碍，通过信息流、数据流引导各类资源的全面有效分配，甚至资金供需双方可以直接通过网络获取信息并参与交易，促使传统的生产关系发生变革，形成了各机构主体间关系的相对平等。这对传统金融机构业务发展提出了巨大挑战，金融机构将改变过去自然的、被动的社会经济信息收集中心的角色，以开放的方式与客户平等交流，主动收集客户信息。

（三）高生产力

在未来的经济活动中，大数据将与物质资本、人力资本一起，成为生产过程中的一个重要生产要素。它可以转变成现实的生产力，并创造出巨大的经济价值。随着大数据的广泛应用，开放的、数字化的金融机构可以实现更高的生产力，主要体现在以下几个方面。

（1）降低经营成本。信息技术发展带来金融产品交易的虚拟化，使金融供应链对外延伸，降低了全社会融资成本和财务费用，提高了整个市场的生产效率。

（2）提高营销的精确度。大数据的积累使得金融机构可以通过全面分析自身内部数据和外部的社会化数据，获得更为完整的客户信息，避免因客户信息不对称而导致错误认知，使金融产品和服务销售更具精准性。此外，银行还可以通过现有客户和他们的社交网络或商业网络找到更有价值的潜在客户，并发起精准营销。

（3）提高风险控制能力。随着科技的进步和数据类型的扩展，越来越多的半结构化的数据利用大数据技术能够整合结构化和半结构化的交易数据、非结构化交易数据，开展全面的模式识别、分析，帮助银行实现事前风险预警、事中风险控制，建立动态的、可靠的信用系统，并识别各种交易风险，有效防范和控制金融风险，深度挖掘高价值的目标客户。

（4）促进业务产品创新。金融机构可以利用大数据分析技术对海量结构化、非结构化数据进行深度分析和挖掘，更好地了解客户的消费习惯、行为特征、客户群体及个体网络行为模式，并基于这些有价值的信息为客户制定个性化、智能化的服务模式，设计开发出更贴近用户需求的新产品。

（四）科学决策

大数据的客观性和价值性将彻底重塑传统的银行决策机制，大数据时代为金融机构经营管理提供了全面及时的决策支持信息。金融机构可以从每一个经营环节中挖掘出数据的价值，通过大数据分析，更好地了解客户的行为特征、客户群体网络行为模式，优化运营流程，并进行业务创新。

传统金融机构的决策模式依赖于样本数据分析和高层管理经验，而大数据时代的全量数据分析使得分析结果更具客观性和决策支持性，金融机构的决策过程将以数据为核心进行决策判断。对于金融机构的管理者来说，这是一场管理革命，能够极大地改变思维习惯。我们知道全数据分析是大数据的一个显著特征，在大数据金融体系下，金融机构数据获取、分析和运用的渠道机制都和传统金融运行方式截然不同。金融机构通过大数据分析技术对海量结构化数据和非结构化数据进行分析、判断和提取后，能够及时准确地发现业务和管理领域可能存在的机会和风险，为业务发展和风险防范提供重要决策依据。

第三节　大数据与金融的融合

（线上阅读）

第四节　大数据与互联网金融的关系

（线上阅读）

第五节　代　码　实　例

（线上阅读）

本　章　小　结

如今，大数据思维日益融入人心，大数据与政府的融合已是大势所趋，并很可能在未来上升为国家重要的发展战略之一。

本章第一节主要从金融行业应用大数据的优势、大数据技术日臻成熟和金融业创新发展的必然要求三个方面阐述了现代金融的大数据特征，探寻了大数据与金融业融合的动因。第二节从大数据金融的内涵界定入手，分析了大数据金融的四个基本特征，即数字化、开放性、高生产力和科学决策，同时也比较详细地阐述了每个特征的含义。

大数据金融的未来是美好的，值得每个人去憧憬，但唯有通过创新才可以达到美好的未来。大数据金融这一新思维让我们突破了传统思维的桎梏,大大提高了当代企业的创新意识。那么下一章中,我们将具体阐述大数据金融所引发的商业模式创新。

1. 金融业应用大数据技术的优势有哪些?
2. 大数据金融的定义是什么?
3. 大数据金融的特征有哪些?
4. 未来大数据金融应用的重点在哪些方面?
5. 大数据与互联网金融的关系是什么?
6. 互联网金融时代大数据面临哪些挑战?

第四章 大数据金融的商业模式

2021年全球大数据市场规模已达到649亿美元，2019—2021年复合增长率约为14.4%。据预测，全球整体市场规模有望在2024年超过800亿美元。基于大数据发展的良好前景，全球各大公司、企业和研究机构对大数据商业模式进行了广泛的探索和尝试，大数据的未来价值受到了广泛的关注，十分值得期待。本章从大数据金融商业模式的选择出发，从企业、产业与行业三个维度具体论述大数据时代下金融业务商业模式的创新之处及其未来的发展趋势。

第一节 大数据金融商业模式的选择

大数据时代渐行渐近，大数据对经济的贡献在于提升各行各业满足需求效率的同时，以新的业务形态颠覆旧经济体。就大数据的行业特征看，其进入壁垒不高，谁掌握了数据，谁就能够进入大数据领域。但是与一般行业相比，其成长发展的壁垒很高，表现为大数据需要三个方面的综合能力——IT、数学及行业经验，而且其规模化发展的壁垒随时间积累越来越高，掌握数据越多、理解数据越深、利用数据产出越多就越能通过规模化经营形成自身的竞争优势。

大数据时代下，互联网从媒体、零售和内容开始，逐步向金融、医疗、教育、电视、建筑等行业渗入，融合形成新的商业模式，并有效提升行业的竞争效率。接下来将简要概括分析商业模式创新对金融行业的影响。

一、商业模式创新有利于提升金融行业的运营效率

金融交易形式的电子化和数字化具体表现为支付电子化、渠道网络化、信用数字化，使得金融行业的运营效率大大提升。金融中介体现出虚拟化和电子化的交易特征，其职能逐渐发生了变化。金融数据平台的升级及数据的整理能够提升整个金融市场及金融体系的生产力，其主要体现在以下几个方面。

一是计算机技术的发展带动的商业模式创新使金融供应链外延，降低了全社会的金融融资成本和财务费用，给整个市场带来高效率；二是商业模式中大数据的积累使得金融机构销售更具有精准性，金融机构能够发现更多具有价值的潜在客户，并对其展开精准营销；三是商业模式创新中硬件的开发和数据平台建设推动不同系统中分散化的、面向最底层的交易数据实现完整的模式识别和模式分析，有助于事前预防、事中控制；四是有利于促进

金融机构进行产品创新。金融机构通过对用户的分类和信用能力分析，可以高效快捷地建立并管理由不同品种、不同数量组合的金融产品，还可利用计算机语言编写复杂的交易策略，处理海量的市场信息，捕捉短暂的市场波动，把握交易机会，提升金融机构的盈利水平。

二、商业模式创新有利于提升金融行业的结构效率

互联网和大数据打破了信息不对称和物理区域壁垒，通过信息流、数据流引导各类资源的充分有效分配，促使传统的生产关系发生变革，F2C 模式成为重要趋势，这将大大提高传统金融行业的结构效率，对中国经济结构调整和产业转型升级具有非常重要的意义。

目前，我国金融市场提供两种融资方式（图 4-1）：一是间接融资方式，即银行系统的信贷，这也是当前中国主要的资金融通方式；二是直接融资方式，即通过证券系统的股票或债券上市交易。这两种资金融通方式对促进我国经济增长和资源配置起到了重要作用，但也产生了很大的交易成本。

图 4-1　传统金融市场资金融通方式

在新的商业模式下，未来的金融模式将会实现资金供求双方的自由匹配，且是双向互动社交化的，如图 4-2 所示。但在金融业中，信息不对称的现象与知识不对称的现象同时存在，因而金融产品具有风险性，个性化的解决方案在未来将会面临极大的市场。借助技术手段可以将人类的知识结构化，且随着机器学习、IT 智能的发展，传统金融作为服务中介的部分功能也会逐渐被 IT 智能支持所取代，整个行业将面临变革。

图 4-2　未来金融市场资金融通方式

第二节 大数据金融商业模式的维度分析

商业模式是一套整体的解决方案,旨在实现客户价值最大化,整合企业运行所需的内外各要素,形成一个完整的、高效率的、具有独特核心竞争力的运行系统,并以实现客户价值为核心理念,以一个最优的实现形式呈现在客户面前满足客户的实际需求,并能实现系统的持续盈利目标。

麦肯锡的研究显示,金融业在大数据价值潜力指数中排名第一。将大数据技术与金融行业相融合,能够促进金融企业商业模式的创新,塑造企业的核心竞争力。大数据能够使企业改善、创新产品及服务,创造全新的商业模式,这是大数据创造价值的方式之一,也将成为未来企业竞争的关键。大数据的应用将使得产业链中的各个环节联系更加紧密、高效。据此,下面将从企业、产业和行业三个层面来具体阐述大数据金融的商业模式创新,并简要论述大数据对金融行业商业模式创新带来的影响与意义。

一、企业维度

从微观角度可以将商业模式理解为企业获取价值的逻辑,也就是企业如何利用价值链中的具体环节及在价值链中的定位来获取利润。商业模式主要专注于以下问题:哪些是企业的顾客,他们的价值在哪里,如何获取这些价值,如何以合适的成本传递价值。其主要构成要素包括市场、企业、客户和盈利模式。一方面,大数据能帮助企业解答如何利用商业模式创造价值的问题;另一方面,大数据金融改变了原有金融市场的市场格局、企业运营模式、客户关系管理和盈利模式,甚至创造了全新的商业模式。

本章从企业层面将大数据技术影响商业模式创新的关键因素划分为组织、产品、客户、业务、财务五个方面进行阐述(图 4-3)。

基于大数据的组织创新,从管理和经济这两个层面出发。

基于大数据的产品创新,包括价值主张、技术革新和产品定价策略。

基于大数据的客户创新,主要集中在客户细分、渠道通路和客户关系管理方面。

基于大数据的业务创新,包括关键业务、核心资源、营销策略、风险控制、重要合作和流程再造。

基于大数据的财务创新,包括成本结构和收入来源。

图 4-3 企业维度的大数据金融商业模式创新框架图

二、产业维度

大数据的广泛应用也使得大数据产业链中的各个环节之间的联系更加紧密，提高运作效率，使得大数据发挥更重要的作用。

在大数据的背景下，一个企业的商业模式往往由其在大数据产业链中所处位置决定。人们看到的通常是大数据应用的结果，它不是单一的没有联系的大数据产物，而是大数据产业链环环相扣的结果。大数据产业链由四个部分构成，它们分别是数据采集、导入与预处理、统计与分析、解释与应用（图4-4）。这些环节在第一章中已经有了较为详细的技术层面解释，在这里，仅从产业链的角度对其进行解释与补充。

图4-4　大数据产业链层面的商业模式创新框架图

数据采集是指对企业的内部经营数据、管理数据和企业外部的用户行为数据等进行挖掘、整合的过程。数据源是互联网、物联网、企业数据等。

导入与预处理，是指通过ETL、提取、转换、加载等方式将数据导入到数据处理平台中，从而进行数据存储的工作。数据的预处理是在数据导入的基础上对数据进行的批处理、交互分析和流处理的过程。

统计与分析是指通过数据仓库、OLAP、商务智能等方式对数据进行深度挖掘，所以也称为数据挖掘。数据的统计与分析有利于寻找数据的价值，但在这一过程中往往体现了大数据价值密度低的特征。

解释与应用是指将可视化数据应用到行业中，数据产品将有利于企业主体进行决策，提高企业运营效率。

数据采集、导入与预处理、统计与分析和解释与应用，是层层递进与环环相扣的，它们共同组成了大数据产业链。一方面，从大数据产业链的过程看，不同环节正在催生不同的商业需求，也会涌现出相应的新兴产业，如数据供应商、数据分析商、数据集成商、大数据硬软件技术供应商等不同的企业，使得大数据产业链蕴含巨大的市场和利润空间；另一方面，从大数据产业链的行业应用看，产业链上每一环节的应用都可以向不同行业无限延伸，突破行业界限，进行互联结合，使得行业内部发生数据化变革浪潮，能够在传统的基础上创造出新的成果。

以上只是对大数据产业链的构成进行了大致描述，下文第四节将以产业链上从事不同环节的数据资源提供商、大数据分析咨询提供商、大数据处理服务提供商和大数据解决方案提供商这四个方面出发，详细分析商业模式在大数据产业链层面上的创新与实践应用。

三、行业维度

目前国内很多金融机构的数据量级已经达到100TB以上。而且，非结构化数据量正在以更快的速度增长。金融业不仅是大数据的重要生产者，也是大数据的重要消费者。数据即资产，这在金融业表现得尤为明显。

大数据在行业维度上的表现比上文中的企业层面、产业层面更为宏观，大数据在金融行业中不同机构的广泛应用催生了金融机构与产品的创新，也推动了企业内部的数据整合，共同构建平台式的商业模式，以疏通数据采集、分析、应用、反馈的通道，提高数据流通效率，充分挖掘与发挥大数据的价值。在建立大数据平台的基础上，以数据为媒介整合和控制产业链上下游，占据平台金融的核心位置，从而利用聚集效应为用户提供金融服务，实现数据驱动跨界的模式。数据连接起了不同行业，拉近了市场、企业和客户之间的距离，最终实现了价值关系的重组。

第三节　大数据金融的企业商业模式创新

一、基于大数据的组织架构创新

大数据对组织构架的创新体现在管理层面和经济层面这两个方面。

在管理学上，邓荣霖和罗锐韧（1998）认为，组织架构即为展示组织各部分排列次序、空间位置、聚集状态、联系方式及各要素之间相互关系的一种模式，是进行经营管理活动的体制。组织架构拥有三大核心要点：一是其决定了正式的报告关系，包括层级和管理者的管理幅度；二是其决定内部形成机制，即个体如何构建出部门，在此基础上部门如何构建出组织；三是其保障交流体系，以保证部门之间的有效沟通、合作与整合。

在管理层面上，大数据使得组织的层级结构改变，使其趋于扁平化，减少了管理层级，扩大了管理者的管理幅度，加快了信息的迅速传递和横向传递，借助大数据技术，通过管理信息系统，传统的、单一的上下级报告关系变为底层业务信息也可直接输送给决策者的网络报告模式。

在经济学上，布里克利（2004）提出，组织架构具体是指公司组织中的三个关键方面：公司内部决策权的分配、个人奖励的方法、个人和业务单位业绩评估系统的结构。他指出组织架构的部件正如一个凳子的三条腿，变动其中一条腿而不考虑另外两条通常是错误的，只有统筹考虑，"凳子才能平衡"。

在经济层面上，大数据技术使得企业内外部资源和数据得以统筹规划，可以改善企业决策模式，使得企业决策模式从高管决定转变为大众参与，从业务核心转变为数据中心，从事后归纳转变为事前预判。传统金融业由企业高层管理人员依据现有业务状况、经验和市场调研来做出决策。而大数据使得企业基于各个管理层和业务层提供的全面的市场、客户、产品信息，利用管理信息系统，如高管支持系统，收集和分析非结构化数据，从而预测企业的未来发展。此外，工作人员的登录操作日志、线上业务处理时间等数据也可以被大数据技术处理，纳入个人考评体系。海量的数据和全面的信息及管理信息系统可以帮助企业完善个人和业务单位业绩评估，并比较各种奖励方法的优劣，选择出最优的奖惩制度。

二、基于大数据的产品创新

（一）价值主张

价值主张即企业为满足客户需求而生产的产品或服务向客户提供的价值。价值主张是企业在市场中树立形象、获取客户、吸引消费的核心内容。价值主张一般与企业所能提供的产品或服务相吻合，这些产品或服务是依据顾客属性和需求生产的，它是企业所能提供的产品或服务的集合。价值主张可以是全新的，能够为客户提供区别于原有产品或服务的体验，也可以是对现有产品服务的完善与改进。

在大数据时代，由于大数据的可得性，包括企业内外部的业务数据、客户数据、各类环境数据等易于广泛获取和高透明度的特性，企业可以通过对这些数据进行更加科学深入的挖掘与分析之后，再决定其主张的价值。

企业对大数据进行收集、存储、处理和分析，整合分析企业内外部署，使得企业在生产成品或提供服务之前，就可以通过开展各类可控的数据实验，预判其价值主张是否能够切实满足客户的具体需求。通过对大数据的挖掘与分析，企业能够更加准确地把握客户的真实需求，解决存在的问题，生产出更加适应客户和市场的产品或服务。因此，这项产品或服务能够给客户带来的价值将远高于传统时代的产品或服务的价值。

此外，在大数据时代，数据成为企业迫切需要的战略资产，具备收集、存储、处理和应用海量大数据的企业还可以将数据成果进行加工，进而将大数据作为可交易的产品出售。未来数据市场有可能会出现数据现货交易、期货交易，甚至是数据衍生品交易。到那个时候，数据将成为企业的主要资产，为企业创造新的收入来源，甚至进入企业的资产负债表。

大数据在未来的发展中必将成为企业创新发展的驱动力。

（二）技术革新

在大数据时代，技术革新是企业利用大数据的基石。在数据采集方面，由于数据量大且结构多样,需要离线采集和在线采集技术并行;在数据计算方面,为了提升数据质量和效率,需要开发、计算和存储资源及离线计算和在线计算技术;在数据服务方面,不仅需要利用大数据技术使数据服务化,还必须保证数据交换不共享,以确定数据的安全性;在数据产品方面,必须使得数据产品在商业理解、数据披露和数据解读中价值最大化。为了达到以上要求,大数据技术必须保证数据的准确性、及时性、机密性和可用性。

大数据技术的出现和应用使得一些以往被忽略、难以使用的数据也有了用武之地,为企业开发新的功能奠定了基础。用户的登录和操作行为是一种系统日志。过去,由于缺乏大数据技术对数据资产进行长久管理,这些系统日志数据无法利用,只能被抛弃。现在,很多证券公司都意识到了日志数据管理的重要性,他们通过大数据技术来管理日志数据,对股价趋势进行预测。

此外,大数据技术使得企业供应链和客户关系管理更加信息化。大数据技术可帮助我们判断供应链上的企业资金供需量的变动和变动的规律,对目标客户进行资信评估、风险控制等,从而改变传统的供应链金融商业模式。银行的客户经理可以借助大数据平台上源源不断的数据来源和数据分析结果成为客户的顾问,向客户提供当地最新的市场信息、个性化产品,提升服务水平和客户满意度。

(三) 定价策略

1. 产品定价策略

为产品制定合适的价格是企业获取利润的基础。如今,大数据为公司提供了难得的机会,可以基于数据分析做出更合理的定价决策,对那些能够井然有序地应对复杂的大数据的公司而言,蕴含着巨大价值。

传统时代,企业往往根据规模和销量来制定产品价格,而不是科学合理地制定价格。传统定价方法只能根据过于简单的因素来制定价格,如产品制造成本、标准利润、类似产品的价格和批量折扣等。对于不同产品,依赖"久经考验、屡试不爽"的历史方法。比如,所有产品的价格普遍上调10%,这是一种几乎不可能看到的、可以完全释放价值的定价模式。而大数据可以很好地解决这一问题,可以充分利用海量数据,甚至商业引擎的其他方面。比如,"动态交易评分"提供了单笔交易层面的价格指导,还提供了决策逐级上报点、激励机制、绩效评分及更多方面,立足于一系列相似的盈亏交易来制定价格,从而释放利润。

2. 平台定价策略

传统的双边平台模式中,定价策略是向买卖双方收取不同的交易费用确定的。根据交易费用来源的不同,可分为会员费制、佣金制和二部收费制三种情况。然而,近年来,国内企业采用的双边平台定价策略经历了从买卖双方的免费到其中一方免费一方收费的转变。对买卖双方(即顾客和供应商)承诺一定期限的免费政策,由此带来的网络外部性效应正好推动了平台的快速发展和扩张。逐步采取了对顾客免费而对供应商收取一定费用的价格结构策略。随着大数据技术的飞速发展,企业可以在满足多边群体和不同细分市场需求的基础上,拥有更多自主营销决策与价格策略的选择与确定,不再依赖于经验直觉判断,而是通过对海量数据进行严谨的数理统计分析,从而预测顾客实际行为的变化,实施多边协同定价策略。

三、基于大数据的客户创新

(一)客户细分

客户细分即根据客户的属性,包括自然属性和行为属性,从不同的角度,深层次分析客户、了解客户,以此增加新的客户,提高客户的忠诚度,降低客户流失率,提高客户消费。它主要描述了企业的目标客户群,在同一个客户细分中的人往往具有某些共同的属性,使得企业可以根据这些属性为这个客户细分提供针对性的价值主张。一般而言,企业客户细分描述了可以传递价值主张的客户群体,即一个企业期望接触和服务的不同客户群体。企业通常对不同地域、不同类型、不同属性的人群采取相应的营销方式,提供个性化的产品或服务。

通过对商业模式的研究和实践,可以看出商业模式的核心就是客户。只有依靠可以使企业获益的客户,企业才能长寿。客户越来越个性化且其水平越来越高,企业为了能够提高销售产品或服务的效率及满意度,就会对客户进行细分,有针对性地满足他们的需求。

在传统的非数据时代,企业一般只根据客户的基本属性进行细分,因此,传统金融机构长期面临着一个很尴尬的局面,就是它们不知道客户的真实想法,无法挖掘客户的潜在需求,也无法对客户需求的满足程度进行精确分析。而进入大数据时代后,企业通过收集与客户有关的各方面的数据,利用大数据技术分析挖掘现有客户消费行为背后隐藏的真实需求,以及发掘更多的潜在客户群体,并以此为依据对客户进行细分。在这样的模式下,可以更加科学、有效地辨别企业的客户群体特征及需求,对客户群体的优先级做出准确的排序,从而将企业的价值主张传递给这些最需要的客户细分群体,针对特定的客户群体创造符合需求的新产品、新服务来实现企业价值最大化。

除此之外,依托大数据海量性和实时性的特征,企业可以实时反馈用户的各项数据,从而为用户实时提供定制化产品或服务,全面提升企业的效率和客户细分群体的满意度。因此,大数据能使企业创造高度细分的市场,并精确调整产品及服务来满足具体的需求。营销部门利用社会媒体信息,改变传统的客户抽样分析,将其转变为全数据集分析,以一对一营销取代按人口特征进行细分的市场营销方式,从依靠历史数据进行长期趋势预测转变为对突发事件实时反应。这一改进大大提高了预测客户行为的准确度和拟采取方案的有效性,催生了新的商业模式。

(二)渠道通路

渠道通路即企业向其客户销售产品或服务并维系关系的各种途径。每个企业都需要通过其自身的渠道通路向客户传递价值主张。没有渠道通路，企业就不能接触到客户，其商业模式也无法维持。渠道通路是企业与客户沟通的关键要素，对提升客户体验非常重要。大数据技术对渠道通路的创新，一方面在于大数据可以开拓新的渠道通路，另一方面在于利用大数据技术，企业可以很好地调节渠道冲突的问题，主要是线上渠道和线下渠道冲突。

以银行业为例，通过大数据，银行可以监控不同市场推广渠道，尤其是网络渠道推广的质量，从而进行合作渠道的调整和优化。同时，也可以通过数据分析哪些渠道更适合推广哪类银行产品或者服务，从而进行渠道推广策略的优化。

（三）客户关系

客户关系即企业与其特定客户细分群体所建立的关系。首先，企业受到客户获取、客户维系及提高销售额这三个动机的驱动，需要明确所需建立的客户细分群体的关系类型，其客户关系的范围也可以从个人到自动化。商业模式所要求的客户关系将很大程度上影响着整体客户体验。

在建立客户关系方面，大数据思维下的客户被放在公司战略的核心位置上。客户信息能够在交互网站、政府、在线社区及第三方数据库中获取，并利用先进的分析工具更快、更有效、更低成本地进行数据处理，并创造出开发新洞察力的能力。由此，企业在逐步满足客户差异化需求、提供具有前瞻性的服务等手段的过程中，建立了更加稳固、亲密的客户关系。

在传统金融业，从决策、生产到最终客户消费、反馈的链条拉得很长，过长的内部时滞和过低的信息传递效率导致价值流失严重。在大数据时代，企业通过获取、收集、分析大量内外部数据，提炼出全方位、有价值的信息，为管理者提供决策支持和缩短决策时间。信息的迅速传递和横向传递可以减少从决策到消费反馈的中间环节，精简组织构架，从而使客户关系紧密化、亲密化，减少客户价值流失。

此外，客户对使用过程中的问题、产品的使用建议、产品的开发建议都可以通过大数据处理技术直接提交给企业，客户甚至可以参与企业设计和创造金融产品和服务的过程，客户不仅是价值消费者，也是价值的创造者。

四、基于大数据的业务创新

（一）关键业务

关键业务是指让商业模式成功运营所必需的经营活动。只有通过这些活动，一个公司才能创造并提供价值内涵，得到市场，保持客户关系，并获得收入。其主要包括生产产品、提供服务、解决问题、构建平台等。一般而言，仅仅依靠一项关键业务并不能撑起一整个商业模式，一个成熟的商业模式需要多种关键业务相互配合。这些关键业务可以是研发、销售、售后服务等任何一个环节。可以说，一个企业的关键业务就是企业运作、管理和发展中最重要的一项任务。

在传统时代,技术研发、产品销售、售后支持等方面是企业的关键业务,企业运营主要依靠经验者的"经验"或"直觉",主观性较强。进入大数据时代后,基础数据分析成为企业运作活动的中心,企业的决策、管理、运营、销售等都将由数据驱动。因此,在大数据时代,企业要想有所作为就必须将数据的收集、存储、处理和分析当作关键业务看待。只有在大数据方面的业务得以成功运作,企业的商业模式才能发挥其该有的价值,而企业的其他关键业务都将围绕数据业务展开,由数据业务进行指导和驱动。这也增加了企业商业模式运作的科学性、严谨性和有效性。

(二)核心资源

核心资源,即商业模式成功运营所必需的资源是指企业运作、管理和发展中最重要的内部和外部因素。核心资源是生产和传递价值主张,与客户细分群体相互作用从而获得收益的关键因素,任何商业模式的有效运作都离不开核心资源。这些资源可以是实体的,也可以是虚拟的;可以是自有的,也可以是租借的或合作方提供的,如实物资产、知识产权、人力资源、金融资源等。

在传统时代,尽管很多企业也会进行大量的数据分析,但是相对而言,企业的核心资源仍然是实体资产、金融资产等。进入大数据时代后,企业能够通过大数据的收集、存储、处理和分析来提高企业决策水平、管理水平,提升企业产品或服务的质量,并节省企业各项成本,甚至企业运作的一切活动都建立在大数据的基础上。因此,企业商业模式运转的最核心的资源是数据资产,其包括企业内外部的各种结构化、半结构化及非结构化数据。在大数据时代,任何对数据这项核心资源不够重视的企业都将落后于其竞争者,最终被市场淘汰。为了在大数据浪潮中提升竞争力,每个企业都需要尽可能多地收集、存储各类数据,并且对这些数据进行高效、科学的处理与分析。

大数据浪潮来势汹汹,然而高层次的大数据分析专业人才却极为紧俏,因此适应大数据时代的数据专家人才成为每个企业所必须具备的核心资源。要想最大限度地挖掘大数据中潜藏的价值,就只有将数据与具备相关处理能力的人才相匹配。目前,国内能极好地利用大数据的金融公司很少,主要原因就是人才跟不上,特别是交叉复合型人才。

(三)营销策略

从营销视角来看,企业可以利用大数据分析提供的信息,针对具体的客户,满足他们的个性化需求,设计和提供不同的金融产品和服务,提高营销的成功率。具体来说,企业可以利用大数据实现精准营销。

精准营销通常建立在客户画像的基础上。值得注意的是,金融机构拥有的客户信息往往有些片面,基于自身拥有的数据很难得出理想的结果,甚至会出现偏差,因此需要与其他外部数据相融合,通常包括以下几点。

(1)客户在社交媒体上的行为数据。以光大银行为例,其建立了社交网络信息数据库,通过打通银行内部数据和外部社会化的数据可以获得更为完整的客户拼图，从而进行更为精准的营销和管理。

（2）客户在电商网站的交易数据。以建设银行为例，其将自身的电子商务平台和信贷业务结合起来，以电子交易数据弥补企业数据不全面的短板。而互联网电商平台涉足金融业务时，在数据方面具有先天的优势。阿里巴巴集团旗下有淘宝网、天猫商城、聚划算等平台，为其开展金融业务提供了大量的数据基础。通过对用户过去交易行为数据的分析与判断，能够对客户的信用水平做出评级，使用户获取相应的无抵押贷款。

（3）企业客户的产业链上下游数据。如果银行掌握了企业所在的产业链上下游的数据，就可以更好地掌握企业的外部环境发展情况，从而预测企业未来的状况。

（4）其他有利于扩展银行对客户兴趣爱好的数据。比如，网络广告界目前正在兴起的DMP数据平台的互联网用户行为数据。

而基于客户画像开展的精准营销一般包括以下几点。

（1）实时营销，即根据客户的实时状态来进行营销。比如，根据客户实时的地理位置、最近一次消费等信息进行有针对性的营销，或者将改变生活状态的事件，如改变工作、婚姻状况、购置房产等，视为营销机会，向客户推荐相对应的符合客户需求的产品。

（2）交叉营销，即不同业务或产品的交叉推荐。比如，招商银行可以根据客户交易记录分析，有效地识别小微企业客户，然后用远程银行来实施交叉销售。

（3）个性化营销，主要是为了迎合客户越来越多变的需求，实时了解客户的需求变更，及时为客户提供其最需要的服务，提升企业的服务水平和效率。这需要企业能够实时获取客户的数据信息，并且企业内部各部门之间整合、共享数据资源，分工协调，确保信息传递的畅通、高效。以一个具体事例来说明：当客户需要住房贷款时，银行通过大数据就可以在客户提出贷款要求之前，及时为其提供相应服务。在交易之前，银行与客户的交流渠道进行了整合，只要某个客户在网上点击查询了有关房贷利率的信息，系统就会提示呼叫中心在电话交流时推荐房贷产品。如果发现顾客确实对此感兴趣，销售部门就会发送推介信息给客户，如果这位顾客到银行网点办事，业务人员就会详细介绍房贷产品，开始只有少量的线索，但通过多渠道地与顾客交互接触，在这个过程中，令顾客体验了银行精准、体贴的服务，其结果是营业收入大为增加，成本大幅降低。

（4）客户生命周期管理，包括新客户获取、客户防流失和客户赢回等。比如，招商银行根据用户数据构建了客户流失预警模型，为了挽留流失率等级前20%的客户，对其发售高收益理财产品，有效降低了客户流失率，金葵花卡和金卡的客户流失率分别降低了7个和15个百分点。

（四）风险控制模式

大数据技术在金融行业的应用使得银行信息获取、分析和运用的渠道和机制发生了彻底的改变，为信息化风险监控创造技术条件。一方面，客户交易行为迅速增加，使得运营过程中积累了海量数据，借助有效的数据清洗和数据挖掘技术，信用风险管理过程中的关键信息可以被有效地识别出来，提高了数据的价值和利用效率。另一方面，随着互联网的普及，社交媒体、电子商务等越来越多地与银行业务紧密融合起来，大量的非结构化数据信息广泛存在于互联网、电子商务等媒介，整合结构化和非结构化的信息，可以打破边界数据，减少信息不对称的风险，使银行能够对客户进行行为立体化的跟踪评估，以期望构建更为深化的信用风险管理全景视图。金融企业通过推进对大数据的应用，可以创新风险决策模式。一方面，通过多种传感器、多渠道采集数据，更加全面、准确、实时地掌握借款人信息，有效降低信息不对称带来的风险。另一方面，利用大数据技术可以找到不同变量间的内在关系，形成更准确的决策模型。这方面，国内外金融机构已取得不少成功经验。例如，利用客户积累在阿里巴巴企业对企业（B2B）、支付宝、淘宝等电商平台上的信用及行为数据，构建网络数据模型和在线视频资信调查模式，通过交叉检验技术，并借助第三方验证提高客户信息的真实性，就能够衡量那些通常无法在传统金融渠道获得贷款的客户群体的信用水平，以此为依据向他们发放"金额小、期限短、随借随还"的小额信贷。依靠大数据而不是担保抵押来进行风险的决策与抵御，这使阿里金融获得了向传统银行发起挑战的核心竞争力。至于金融机构面临的其他风险，包括市场风险、操作风险、流动性风险等，也可以依靠大量基础数据进行有效的监控和管理。

风险控制的环节一般包括信用分配、风险评估、实施授权、风险干预和欺诈识别等。以下，我们将一一说明大数据在各个环节中的创新作用。

1. 信用分配

通过大数据分析，提供个人信用评级服务。将电商支付平台，如支付宝等累积的大量交易支付数据作为最基础的材料。而其他数据，如银行流水账、水电缴纳历史等，作为辅助材料，数据汇总后，利用模型进行信用评级。

大数据在信用分配中最重要的贡献在于征信系统。数据的存储、管理和维护是数据处理中首先要考虑的，而这些问题可以由数据库技术来解决，但数据库技术不是征信公司所特有的核心技术。征信公司的核心技术有两个：一是个人信用数据的配对技术，即识别某人的信用数据，集中到一起形成整体；二是个人特征变量生成技术，即把有关某人的大量原始数据进行加工后形成几个中间变量，最终形成"特征变量"供商业运作及商业数据模型开发，使得该人的风险特征和价值特征这些变量可以被准确、完整地描绘出来。

2. 风险评估

我们以中小企业贷款的风险评估为例进行说明。银行可通过企业的生产、流通、销售、财务等相关信息结合大数据挖掘方法进行贷款风险分析，量化企业的信用额度，更有效地开展中小企业贷款。

3. 实施授权

金融企业可以将信用评级等授权给专业的大数据公司，利用第三方的数据对客户进行评级，从而实现有效的风险控制。

在线金融搜索服务融360推出了"天机"大数据风控系统，它是一组会根据身份认证、还款意愿和还款能力三大维度,给申请贷款的用户进行信用评分,依据分值来决定是否放款的模型。现在大概有二十多家小贷公司在用这个系统,一些银行也在与融360洽谈,希望可以授权给"天机",由他们进行信用评级和放贷。

4. 风险干预

在传统的非大数据时代,一旦感觉到风险增加的压力,一些金融企业往往为弥补损失而不得不提高金融产品的价格,采取提高贷款利率等行为。然而,在金融业竞争日益加剧的现况下,被动地接受风险已经显得不合时宜。这不仅增加了客户的经济负担,更由于金融产品的价格高于行业内的平均水平而导致市场竞争力下降,影响公司的经营效益。此外,因拒绝加高费用,金融公司和客户的冲突时有发生,使很多客户在不明真相的情况下,利用社交网络散布不利消息。借助大数据,我们可以采取有效的风险干预措施。比如,依据交易信息和客户信息,为客户设计并推荐合理的消费方式。

5. 欺诈识别

银行可以利用持卡人基本信息、卡基本信息、交易历史、客户历史行为模式、当前发生的行为模式(如转账)等,结合智能规则引擎,进行实时的反欺诈分析。比如,从一个不经常出现的国家为一个特有用户转账或从一个不熟悉的位置进行在线交易,这些反常的交易就会重点关注。例如,摩根大通银行就利用大数据技术追踪盗取客户账号或侵入自动柜员机(ATM)系统的罪犯。

(五)重要合作

重要合作主要描述了企业为了能够有效运作其商业模式而与其他企业形成的合作伙伴关系。一般来说,战略联盟或战略伙伴关系是最常见的企业合作伙伴关系之一。重要合作随着经济全球化的不断发展,已逐渐成为商业模式体系的坚实基础。通过构建重要合作伙伴关系,企业可以获取自身不具有的资源,降低企业运作的风险,完善其商业模式。

在大数据时代,企业应当加强与各大电商的合作。当前各大电商平台上,每天都有大量交易发生,但这些交易的支付结算大多被第三方支付机构垄断,传统金融企业处于支付链末端,从中获取的价值较小。为此,金融机构可考虑自行搭建数据平台,将核心话语权掌握在自己的手中。另外,也可以与电信、电商、社交网络等大数据平台开展战略合作,进行数据和信息的交换共享,全面整合客户有效信息,将金融服务与移动网络、电子商务、社交网络等融合起来。从专业分工角度讲,金融机构与数据服务商开展战略合作是比较现实的选择,如果选择自主开发电商平台,由于缺乏专业优势和先发优势,不仅费时费力,还可能丧失市场机遇。

(六)流程再造

流程再造即对企业的业务流程做根本性的再思考和彻底性的重新设计,其根本目的是保持或获取核心竞争力,达到企业能够持续发展的目的。从实践中可以看出,信息化技术的发展与企业流程再造相辅相成,大数据时代的到来是信息化不断发展的直接产物,大数据不仅带来了 IT 技术上的又一次挑战和飞跃,更使得管理理念和商务决策模式获得了全新化、智能化的改变。企业要想通过变革来顺应大数据时代的潮流,企业流程再造就是其中不可或缺的一步。

在传统时代,企业流程再造的方法主要有两种:一是全新式再造法,就是从企业的目标出发,逆向倒推,对企业流程进行彻底的重新设计;二是系统再造法,就是从企业原有的流程出发,通过移除非增值任务,再对其他任务进行简化、整合及信息化完成优化再造的过程。

在大数据背景下,企业要进行流程再造就要考虑许多新的问题,包括如何判别企业在大数据浪潮中的位置,以及基础设施、人才、大数据本身的发展和变化等,这就需要我们寻求更适宜的方法来指导企业在大数据背景下的流程再造活动。为紧跟时代的步伐,企业必须不断地开展信息化、数据化改造,不断推动自身从管理理念、商务运营模式、决策模式、组织形式、人才取向等方面进行调整和变革,发挥企业流程再造的最大价值。大数据时代带来的各种革新触发了企业进行流程再造的需求,相应地,合理的企业流程再造也帮助企业更好地应对大数据时代带来的各种挑战。

五、基于大数据的财务创新

(一)成本结构

成本结构主要描述了企业商业模式运作而产生的所有成本,任何企业在生产和传递价值主张、与客户细分群体交互从而获得收益的过程中会产生各种各样的有形或者无形的成本。成本结构与商业模式相对应,不同的商业模式下,就会形成成本驱动型、价值驱动型等不同的成本结构。成本结构的主要经济特征有规模经济效应、范围经济效应、固定成本和可变成本关系等。在任何一个商业模式中,成本结构都扮演着比较重要的角色,合理的成本结构是企业进一步发展的强有力支撑。

在非大数据时代,企业的成本往往在更大程度上基于生产产品或服务、销售产品或服务等活动产生。在大数据时代,数据量极速扩张,传统数据存储、处理能力上限迅速被超越,因此,为了更好地适应大数据的需求,企业必须在大数据收集、存储、处理和分析方面投入更多的资源和能力。这些资源和能力的成本将成为基于大数据的商业模式的主要成本,使得企业原有的成本结构发生了巨大的变化。因此,企业只有在此基础上优化其成本结构,才能够创造更加适应大数据时代的商业模式,使企业立于不败之地。

大数据可以优化企业的成本结构,这体现在大数据改变了企业价值活动的衔接、协调方式,由此导致企业成本结构发生变化。以生产一种新的金融产品过程中的成本控制为例,某金融企业想为高净值客户提供一个新的信托产品,在设计产品之前,需要进行市场调研,可以利用大数据技术对调查结果进行分析,减少调查过程中的信息流失,甚至可以利用大数据技术对过去客户的购买记录或反馈数据进行分析，节约调研成本。利用大数据技术对整个生产流程进行实时监控，并邀请高净值客户随时参加产品设计，了解每个环节的执行情况，快速地发现异常或不符合高净值客户需求的环节，进行有针对性的改进，从而最大限度地降低企业的运营成本。

通过对大数据的应用和分析，金融机构能够准确地定位内部管理缺陷，制定有针对性的改进措施，实行符合自身特点的管理模式，进而降低管理运营成本。例如，在传统金融业，很多管理层对企业经营发展的分析只停留在简单业务信息层面，对客户需求、产品设计、市场需求的分析数据不足，从而限制了决策者的思维。另外，从决策到营销的链条拉得很长，过长的内部时滞和过低的信息传递效率导致价值流失严重。在大数据时代，企业通过获取、收集、分析大量内外部数据，提炼出全方位、有价值的信息，为管理者提供决策支持和缩短决策时间。信息的迅速传递和横向传递可以减少从决策到营销的中间环节的管理层，精简组织架构，从而减少内部成本。

（二）收入来源

收入来源主要描述了企业从不同细分客户群体中获得的各种收入。企业存在的根本是获取盈利，因此，收入来源是企业商业模式的关键部分。每个企业都必须生产符合客户需求的产品或服务来吸引客户消费，从而创造收入。

在大数据时代，企业的价值创造方式从实体经营转向虚拟经营，价值创造空间也从企业内部转向企业外部。在这样一个多维的价值网络体系下，合作伙伴网络就处于一个极其重要的位置。在网络合作界面中，企业必须考虑如何选择合作方式与如何设计合作机制。在选择合作方式时，企业可以考虑将非核心活动或业务与核心业务剥离开来，外包给合作企业，利用比较优势获取各种互补性资源，并最大限度地减少资产性投入，也可以通过虚拟运营实现合作网络内企业的协同运作。设计合作机制时，大数据背景下维持合作网络稳定、有效运行的关键是信任机制与利益分配机制。通过搭建大数据信息平台，使得数据信息通道畅通，实现合作伙伴之间内部大数据的沟通共享，从而形成稳健的信任关系。

同时，企业可以利用大数据资源和技术更加精准地评估合作网络中不同利益主体的贡献值，以此为基础设计基于贡献率的利益分配机制。

第四节 大数据金融的产业商业模式创新

一、数据资源提供商

数据作为大数据时代的核心资源，是产业链上的关键起点。而数据资源提供商因具备大量的数据资源或者拥有获取数据资源的平台与渠道，能够为后续企业提供数据支持，具有天然的优势。

（一）数据拥有者

自身拥有大量数据的企业可以分为两类。一类公司没有将大数据作为其主流业务，只是将其置于从属地位，帮助公司提高运营效率、增加业务收入或者创造新的收入。目前，大部分银行、运营商等仍处于这一类型，虽然在信息获取能力方面拥有得天独厚的优势，但并没有对自身积累的大数据进行重复利用与挖掘。另一类公司将大数据视为其业务核心，并对大数据进行重复利用，扩展产业链下游的分析与运用环节，以此来赚取公司利润，可以概括为数据自营模式。这类企业往往拥有海量数据并具有很强大的大数据技术能力，同时具备一定的分析能力，因而可以涉足产业链上多重角色，既为新的数据开源，又钻研技术、提供服务。这样的商业模式能够降低生产与研发成本，并能够及时获取最新的数据资源，使企业在大数据带动的商业浪潮中更容易占领高地、获取利益。但是，数据自营模式对企业自身有着极高的要求，它要求企业首先要拥有海量的用户数据，其次要不断更新坚实的大数据技术，继而具备完善可信的数据统计和分析能力，最后是能够将数据分析结果精准运用于实践。

数据自营模式在阿里巴巴、谷歌、亚马逊和脸书等企业身上得到了成功的运用。就阿里巴巴而言，它的并购活动和其内部大数据产业链的构建是紧密联系在一起的。其投资动作主要围绕大数据产业链的纵轴展开，有的放矢地补充产业链短板，把并购重点放在了社交、地图、移动工具和垂直应用中。2013年11月19日，移动应用服务平台友盟宣布，阿里巴巴已完成对其收购流程。收购后，友盟将作为独立公司运作。阿里巴巴收购友盟能够完善产业链中对用户信息的收集，而这只是阿里巴巴当年众多投资并购项目中的一项。同年，阿里巴巴以2.94亿美元购买高德软件公司28%股份，并购入新浪微博股份，近期多次具有战略意义的收购为其在大数据产业链上的布局迈出坚实的一步。除上述投资，阿里巴巴投资的项目还包括陌陌，对UC浏览器的增持，以及旅游社区穷游网、音乐社区虾米网、旅游移动App在路上等。并购能够为大数据产业链的构建引进海量数据，实现上溯产业链的目的。为了实现产业链中游的畅通无阻，企业通过资源的整合迅速提升产业的技术发展，加速了大数据的处理和分析过程。同时，越来越多的企业和人员参与大数据蓝图，拓宽了大数据的应用，为大数据向产业链下游延伸奠定了基础。

目前，国内主要的大数据交易机构对比分析如表4-1所示。

表4-1　国内主要大数据交易机构对比分析

序号	大数据交易所（中心）	运营厂商	交易所（中心）特点	运营厂商优势
1	贵阳大数据交易所	九次方	具有全国先发优势及标杆影响力。由于具有贵州省政府的强力支持，因此在政府数据公开方面具有先导作用	九次方在金融大数据行业积累了大量成功经验，在全国企业征信平台的基础上，能够为平台企业提供信用分级、风险评估、投资研究和数据服务。九次方还受邀参加工信部《大数据产业发展规划（2016—2020年）》的编制工作，具有先发优势

续表

序号	大数据交易所（中心）	运营厂商	交易所（中心）特点	运营厂商优势
2	长江大数据交易中心	亚信科技	以市场需求为导向，目前以企业数据交易为突破口	具有丰富的电信支撑软件提供商经验，提供覆盖电信运营商信息化运营全部环节的700多个解决方案和300多个软件产品。亚信本身也拥有自身的大数据产品团队，能够为企业提供大数据应用层面的服务
3	东湖大数据交易中心	中润普达	以个人数据交易为突破口，交易方式灵活	独创的中文大数据分词矩阵、信源矩阵和规则矩阵技术。公司已战略性布局数据交易领域，除了武汉、江苏、浙江、北京等地的大数据交易中心也已启动布局
4	京津冀大数据交易中心	数海科技	借助数海科技的行业经验，交易中心在数据资产评估方面具有优势，同时具有服务于京津冀的地域优势	数海科技建立了全国第一家数据交易平台，其在大数据资产评估层面拥有较多的积累。目前正在运营的中关村数海大数据交易中心、京津冀大数据交易中心均由北京数海科技进行运营
5	北京国际大数据交易所	国资主导公司制	基于区块链的"数字交易合约"，涵盖交易主体、服务报价、交割方式、存证码、数据、算法和算力等	与北京政务资源网和金融公共数据专区的对接。与北京市政府对接，开放公共数据，企业可在北数所内免费或有条件地使用数据登记平台数据开发数据产品
6	上海数据交易所	国资主导公司制	全数字化数据交易系统，保障数据交易全时挂牌、全域交易、全程可溯。提供数据产品登记凭证。通过登记凭证和交易凭证的发放，实现一数一码、可登记、可统计、可普查	按照"市场引导、安全有序、公开公平"原则实现政府数据资源授权运营，建立组织架构健全、职责边界清晰的数据授权架构，明确数据提供方、监督方、运营方和相关方的职责分工，建立多层次、相互衔接的运行机制

数据来源：易观智库、国海证券研究所、国脉研究院。

（二）数据流通平台

拥有获取数据资源平台与渠道的企业也能够作为数据资源的提供商占有一席之地。其本身不具有创造数据的能力，而是一个数据交易与流通的平台，从各种地方搜集数据进行初步的整合，然后再提取有用的信息进行利用。此类企业在实际操作中主要采用数据租售模式与数据平台模式。

1. 数据租售模式

数据租售模式是指通过媒介将精心筛选的数据包出租或者售卖给别人，体现了"数据即资产，你就是猎物"的思想。在大数据的世界里，每个人都是由数据集构成的一个画像，各种数据显示出爱好、个性、消费习惯、生活习惯等，而这些数据就是每个人独特的资产。该种模式下，企业需要具备众多获取数据的渠道，同时也需要具备良好的数据分析和甄别能力。

数据租售模式使数据实现了增值的目的，也为企业获利增加了新的渠道。该种模式适合自身拥有海量数据的企业，因为它们只需稍加分析和整理，便可将海量数据打包成数据库，并且每年更新，以出租来获得报酬。

数据租售模式非常常见。例如，Inrix 在交通信息领域，面向 GPS 生产商、交通规划部门、物流公司等，出售完整的当前甚至未来的交通状况的模式图或者数据库。数据租售模式的代表之一就是广联达，它通过销售"建筑材料价格信息"来盈利。广联达的主营业务在建筑领域，因而其在经营过程中能够接触到大量实时产品数据，通过简单的数据分析与加工，一些建筑公司、研究院所需的价格信息就能被有效筛选用于销售获利。通过把主营业务中的信息变成有价值的数据，广联达毫不费力地拓展了新的盈利空间。

2. 数据平台模式

数据平台模式是指通过平台就能够实现数据的分析、分享和交易等功能，其商业模式是为用户提供快捷方便的个性化平台服务以获取利润。按平台实现客户目的的不同，可以分为数据分析平台模式、数据分享平台模式和数据交易平台模式。

（1）数据分析平台模式是指通过灵活租赁的方式为用户提供数据存储、数据运算和数据分析的平台服务。在数据分析平台模式下，用户只需将数据上传到平台上，并掌握一定的数据分析技能，便可利用平台上面的分析工具进行数据分析。

（2）数据分享平台模式是指平台服务商凭借其拥有的数据资产，为用户提供云数据库、数据推送、数据集成等服务，同时开放数据接口、提供开发环境，通过向开发者提供应用开发所需的数据从而获取利润的商业模式。在数据分享平台模式下，数据平台服务商必须具有强大的数据采集能力和分析能力才能为用户提供满意的服务。

（3）数据交易平台模式是指第三方平台提供商为数据所有者和需求者提供数据交换、交易的服务平台。其交易的顺利进行需要完善的平台技术作为保证，数据的拥有者将数据上传到平台上，需求者便可从平台上下载。技术创新型企业是数据平台模式的最佳应用领域，因为其拥有先进的平台技术，能够自如地利用平台进行数据处理和交易。这种模式主要是由技术驱动的，只要技术不断创新，未来将不可估量。

当前已经有了一些关于数据平台模式的尝试。在线数据分析平台 Big Query 即由谷歌提供，用户可以直接上传大量数据并通过大数据产业链进行交互式分析，不必投资建立自己的数据中心。Big Query 为用户提供了方便快捷的服务，还节省了时间和成本。广告交易平台"品友互动"也是大数据交易平台中的一种，其拥有海量数据，利用数据处理与分析能够判断出用户感兴趣的、出价最高的商家信息，及时反馈到平台上，以供广告交易平台将相应的广告投放到用户所打开的网页上。数据交易平台模式让消费者、广告主和媒体的利益都得到了最大化。

以上商业模式都主要面向企业和政府部门，而面向个人的数据来源提供商则主要提供基于数据分析结果的服务。例如，Inrix 提供一个免费的智能手机应用程序，一方面它可以为用户提供免费的交通信息，另一方面它自己就得到了同步的数据。

二、大数据分析咨询提供商

大数据分析咨询提供商主要提供数据分析和决策支持工作。数据分析商与纯粹的技术提供商还是有很大区别的，前者是基于大数据基础设施的大数据处理手段，而后者则更倾向于大数据基础设施的构建与完善。大数据分析公司提供数据分析解决方案、数据可视化、统计计算、社交媒体、舆情分析、分析服务及 IT 分析等。数据分析咨询提供商在大数据产业链中担任着十分重要的角色，大数据只有通过具体的分析处理，才能转换为有用的结果。

大数据分析公司主要采取数据仓库的模式经营是指通过整合所有类型的数据为企业提供决策支持，从而达到获利目的。运用该模式的企业需要有高素质的数据分析人才和数据挖掘技术，因为该类企业通常提供分析性报告和决策支持。数据仓库模式定位在某一具体行业，通过大量数据支持，对数据进行挖掘分析后预测相关主体的行为，以开展业务。

这类企业凭借擅长的数据挖掘分析技术，协助银行、运营商等拥有海量数据的企业开展新的业务，一般拥有很快的成长速度。数据仓库模式在金融投资领域应用广泛，特别是证券投资公司，该类企业往往需要帮助客户快速做出决定，实现投资回报率最大化。数据仓库模式可以帮助企业借助外在技术资源提高自身业务运营质量。

数据仓库模式有多种模型运用，其中最常用的是星型模型。图 4-5 是关于银行贷款的模型设计，从图中可以看到，数据仓库从不同角度对业务主体的情况进行评价。

图 4-5　银行贷款业务的数据仓库模式

目前，在数据分析商的领域中，Wind 咨询公司处在行业领先地位。在国内市场，超过 90%的中国证券公司、基金管理公司、保险公司、银行和投资公司等金融企业都是 Wind 资讯的客户；而在国际市场，Wind 资讯的客户包括合格境外机构投资者中高达 75%的机构。同时，国内众多知名金融学术研究机构和权威监管机构也十分青睐 Wind，Wind 资讯数据受到诸多中英文新闻媒体、学术论文、研究报告的采用。

在财经数据领域，Wind 资讯已拥有国内最为全面、精准和卓越的以金融证券数据为核心的财经与金融工程数据仓库，覆盖了多种证券、外汇、期货、保险，以及宏观经济等方面的多种数据和新闻，新的信息内容在第一时间进行更新以满足机构投资者的需求。

Wind 资讯开发了一系列围绕信息检索、数据提取与分析、投资组合管理应用等领域的专业分析软件与应用工具，以满足不同客户的需求。用户可以借助这些终端工具，及时从

Wind 资讯获取到准确、完整的财经数据、信息和各种分析结果。

Wind 咨询成功运用大数据的案例告诉我们，要紧密跟随金融市场的发展，以数据为起点，深入挖掘与分析，向新的领域发展，向新的产品和服务战略延伸。

三、大数据处理服务提供商

大数据处理服务提供商能够有效整合大数据产业链的上下游，承担数据集成的角色，进行数据价值的深入挖掘与加工，它们运用数据资源与数据分析的成果，进行成果转换与服务输出，是大数据产业运用的前沿阵地。目前主要代表有两类企业，一类是新兴互联网企业，一般从事 IT 行业、电子商务等；另一类是传统运营商企业，负责提供网络服务。

（一）互联网企业

互联网企业依靠电子商务平台和电子支付工具逐步向金融领域的其他产品和服务渗透，依靠大数据技术的发展，创新金融理财产品，如活期宝、余额宝等。

大数据首先在互联网平台上得到了广泛的运用。阿里巴巴是互联网金融行业的领先者，阿里巴巴从最初的支付宝，到阿里担保、阿里小额贷款到后来的阿里小额金融服务集团，已是电商巨头的阿里巴巴已经完成了从在线支付、担保到专业金融服务的华丽转身。其中，大数据的应用功不可没。大数据分析和挖掘技术利用海量用户数据实现了风险控制的创新。比如，IPC 技术受到了很多互联网金融服务平台的青睐，它有效地保证了服务平台资金流充足，可通过控制流量、排名等技术方式控制借贷者的行为。电商从在线平台入手，通过用户和数据积累，能够较为轻易地向金融服务转型，实现金融理财产品和服务的创新。

然而，随着技术的发展和移动设备、智能穿戴、智能家居等的逐步普及，智能终端将由台式电脑逐步转换为移动设备。而紧接着就是对金融服务的需求不分时间不分地点，互联网金融就是要实现小额金融产品的"自金融"需求，而移动端的普及正好能够实现点对点的服务。

基于以上数据平台，主要的商业模式包括以下两种。

1. 数据众包模式

数据众包模式是指企业在线发布问题，大众群体（专业或非专业）提供解决方案，为赢者获取报酬，且其知识成果归企业所有，是一种在线、分布式问题的解决模式和生产模式。数据众包模式提供在线 E2E 大数据技术或者解决方案，其最后的知识成果归企业所有，是对知识产权的新诠释。该模式特别有利于创新驱动型企业，核心是用户创造数据，优势在于强调了社会的差异性、多元性带来的创新潜力。由于这种模式倚重"草根阶层"，大大降低了企业运营成本，因此使产品更具创造力和适应性。

众包本身就是一种创新的合作模式，它提供了企业最接近市场的一种方式，以顾客需求为导向，进行创新与研发。其中，宝洁（P&G）、星巴克（SBUX）、戴尔（DELL）、耐克（NIKE）都建立了自己的网络平台来吸引业余爱好者解决企业技术难题、设计新产品和提供新创意。

2. 数据外包模式

外包是指企业为获得竞争优势，把核心资源以外的其他资源借助于外部最优秀的专业化资源予以整合，达到降低成本、提高绩效水平、提升企业核心竞争力和增强企业对环境的应变能力的一种管理模式。

而数据外包模式是指数据收集、数据处理等业务环节被企业剥离出来，外包给专业的数据处理机构，通过资源整合与优化配置，达到降低成本、增强核心竞争力的目的。数据外包模式主要有两种：一是决策外包，要求企业拥有一定的大数据知识背景、先进的数据处理技术和卓越的分析应变能力，能够游刃有余地解决各种类型企业的决策问题和技术问题；二是技术外包，适用于经验型企业，这种模式不仅能够帮助用户缩短决策周期、缩减业务流程，而且可以降低运营成本，使用户集中精力做核心业务，不断增强其核心竞争力。

（二）传统运营商

传统运营商负责提供网络服务，但是在市场需求的推动下，也开始以大数据与互联网思维重新规划发展战略，开始注重开发线上平台，采取新的营销策略、风控方式，利用数据了解客户需求，开发新产品。

在移动设备的竞赛中，中国移动凭借其先发优势，多年占据超过 2/3 的市场席位，但是在大数据时代的争夺赛中，更为活跃的则是联通一方。中国联通自 2012 年就成立了集团的数据中心，并在此基础上建成了一个覆盖全国 4 亿用户数据的人数据平台。截至 2017 年，该平台包含 4500 个数据节点，数据量已达 85PB，是目前国内乃至国际运营商中规模最大、处理能力最强的平台之一。2019 年 10 月 31 日，中国移动、中国电信和中国联通三大运营商公布 5G 商用套餐，并于 11 月 1 日正式商用，运营商用实际行动向世人宣告 5G 时代的到来。中国联通致力于向客户提供全面、高品质的宽带通信和信息服务，积极促进并专注于向以客户为中心转型运营。基于大数据平台，中国联通为改善客户体验和提升服务质量已实施了若干客户体验管理解决方案。至今，该平台应用已取得显著效益，基于大数据支撑开展的自动化存量维系营销活动，维系用户数已达 1.45 亿，营销精准度提高了 7 倍，营销收入达 1191.5 亿元人民币。通过专注于网络、销售、服务、产品、消费和应用 6 个维度的一体化客户体验改善计划，客户流失率降低了 12%；通过开展精准营销，中国联通 2014 年的移动市场份额增加了 5.3%，销售成本同期降低了 21%。同时，中国联通通过挖掘潜在的用户需求，为进一步实现企业转型和创新发展推出了实时竞价广告服务、在线金融服务及智能交通和智能城市服务等一系列新的数据服务和产品，积极扩大了业务范围。

通过联通成功运用大数据的企业案例，可以看出大数据分析应用已成为企业降本增收、增加用户黏性、提高用户服务水平、挖掘客户潜在价值、拓展现有业务范畴、创新收入流的关键要素之一。联通的商业模式创新是大数据思维运用于实践中的创新，大数据思维体现的是利用数据开展大规模定制，让传统行业更好地了解客户需求、提供个性化服务。大数据是庞杂的，甚至可以说是混乱的，但是海量数据中存在极大的相关关系，而企业就是从这些相关性中开展精准营销等活动。

四、大数据解决方案提供商

大数据解决方案提供商主要为大数据企业提供软硬件设施等技术产品方面的支持及运营维护服务。这类公司以技术占据市场，凭借技术承担起连接大数据产业链的功能，贯穿于大数据产业链的各个环节，是大数据产业链中最基础的一环。此类企业大部分并不具备数据资源，而更应该称为技术公司，而非大数据公司。它们着重于大数据基础设施的建设，例如 NoSQL 数据库、Hadoop 相关产品、NewSQL 数据库、MPP 数据库、管理监控等。

2022 年中国十大金融 IT 软件排名位居前五的分别是北京软通动力信息技术有限公司、中科软科技股份有限公司、恒生电子有限公司、北京融美科技有限公司和深圳市金证科技有限公司。这些公司主要负责提供金融信息领域中的 IT 外包服务、承接大型行业应用软件开发及系统集成项目、网络通信及办公自动化系统设计等。这些公司在行业领域中各有侧重。

当前我国金融信息化建设取得了很大成绩，先进技术的应用基本与国外持平，但运行效率、信息综合程度和信息服务水平与发达国家相比还有较大差距，亟待提升。但技术并不是本章讨论的重点，将不在此赘述。

第五节　大数据金融的行业商业模式创新

一、数据驱动跨界模式

金融和大数据的相互作用诞生了一种全新的跨界融合力量。数据在跨界融合中发挥极大的作用。金融和大数据的融合将促进金融机构和互联网企业形成技术和数据上的互补，通过加强数据资源上的合作，将为大数据价值的发挥开辟新的空间。随着互联网技术的发展，互联网金融日益受到关注。它们不仅改变了人们的消费习惯，更深刻地影响着金融产业格局。

同时，越来越多的传统金融交易和服务因互联网技术得以升级和替代，最直接的表现是支付方式的不断创新，电子支付系统不断完善并仍在继续发展。互联网技术为大数据下的跨界合作提供了平台和技术基础。

大数据金融大大降低了金融交易的成本，减少了信息不对称而导致的道德风险和逆向选择问题，同时大数据金融也在无形中弱化了金融中介的作用。传统金融中的银行业，如五大国有商业银行及部分股份制商业银行等纷纷开通了手机银行等，商业银行逐步减少物理网点，着力于完善对线上平台的功能设计。而其他行业，如电商、电信运营商、钢铁企业、IT企业等也纷纷利用大数据金融涉足金融领域，发展跨界经营。

电商、电信运营商、钢铁企业、IT企业等跨界经营企业有个共同特点，就是自身都具备海量数据资源，或为获得大数据资源，整合和控制产业链上下游，占据平台金融或供应链金融的核心位置，从而利用聚集效应为用户提供金融服务。

数据驱动跨界与大数据思维无边界的特征是紧密相关的，大数据的特征是海量数据，正如上文所述，大数据庞杂且价值密度低。拥有大量数据之后，只有注重数据之间的相关性，也就是数据内部之间的联系，才能实现数据的量变到质变。数据之所以能够驱动跨界在于数据能够被重复利用，发现大数据之间的相关性并对之进行再处理，使得数据在多个领域都具有价值。

在大数据时代，开展大数据金融服务成为众多企业企图占领行业制高点的抉择。越来越多的行业工作者发现，必须结合大数据的思维和技术创新商业模式和盈利模式，想要基业长青，必须掌控大数据金融，获得在产业链中的核心地位。

下面简单介绍一下各行业跨界经营大数据金融的模式。

很多电商企业根据所处的产业链上下游，充分整合供应链资源和客户资源，通过布局大数据金融来发展和掌控整个产业链；在大数据金融的支持下，电信运营商纷纷发展起跨界消费金融，抢占移动支付等金融服务，中国电信、中国移动都积极筹备发展移动支付业务，充分挖掘和利用大数据抢占金融市场；IT企业的DNA中包括大数据的基因，它们可以更便捷地利用大数据金融发展跨界经营。很多IT企业不惜重金将同样具备大数据金融并可以带来现金流的互联网金融公司收入囊中。

二、价值关系重构

大数据金融的商业模式最重要的一个创新点和趋势是价值环模式。

传统金融通常是价值链模式，即由上游供应商（主要是银行、基金公司等）首先从市场获取基本资源，如客户存款等，再根据客户存款和需求设计金融产品，如基金产品、理财产品等，最后分销商将这些产品销售给客户。客户在使用完产品后，其信息和使用的产品就失去了价值，从而被丢弃。

与传统金融业不一样的是，大数据金融将客户在交易前的基本信息，交易时的相关信息，包括产品信息，以及其他信息，在交易完成后，被作为数据存储下来，并对其进行分析、提取，用于下一次交易或其他类型交易。从而帮助企业根据这些信息设计新产品，提高客户消费。此外，客户对使用过程中的问题、对产品的使用建议、对产品的开发建议都可以通过大数据处理技术提交给企业，参与企业设计和创造金融产品和服务的过程。客户不仅是价值消费者，也是价值创造者。这样可以实现价值共创，为价值链中间环节增值，促进金融的健康良性循环，大数据重构的金融价值环模式如图4-6所示。

无论是的哪一种商业模式，其价值来源都是利用大数据缩短了从战略规划到产品成功销售的时间，从而获取资金的时间价值，大数据金融最重要的特点正在于此。

图 4-6　大数据重构的金融价值环模式

第六节　大数据金融商业模式的未来趋势

（线上阅读）

本　章　小　结

从公司战略到产业生态，从学术研究到业务实践，大数据深刻影响着金融产业。其中，商业模式的创新是突出表现之一。本章从产品企业、产业、行业这三个维度具体论述大数据带来的商业模式创新，并提出了商业模式创新带来的金融行业运营效率与结构效率的提高，以及在企业战略、产业生态和社会运用等方面的前景。

巨大的经济利益驱使企业不断扩大数据处理规模，提升数据处理效率，大数据逐渐成为企业关注的重点。借助大数据技术，商业决策更加清晰，商业成果更为丰硕，能够帮助企业领导者、行业主导者乃至国家战略规划者从更广泛、更全面的途径关注他们所需的信息，获取决策和行动智慧，并创造、管理和治理数据驱动组织的、迎合国家战略的新型商业模式，同时为新的商业模式创造良好的生态环境。

我们应当保持谦虚和探索的精神，在大数据时代的背景下，去迎接日新月异的金融业和金融企业，互相协作、共同分享，改革与创造商业模式，实现大数据金融的美好未来。

简答题

1. 请分析商业模式创新对金融行业的影响。
2. 大数据金融的企业商业模式创新可以从哪些方面去讨论?
3. 自身拥有大量数据的企业可以分为哪几类?
4. 大数据处理服务提供商主要代表有哪几类企业?
5. 大数据金融的商业模式最重要的一个创新点和趋势是什么模式?

第五章 大数据金融机构与产品创新

大数据对金融行业的影响还体现在传统金融机构的大数据应用与基于互联网的新型机构与产品。本章从银行业、证券业、保险业、信托业、融资租赁业和中央银行这些传统金融机构的大数据应用实践与创新谈起,论述传统金融机构如何利用大数据技术紧跟时代潮流,并对基于互联网的大数据产品——大数据征信体系、众筹和大数据指数做详细介绍。

第一节 金融业大数据应用现状

一、传统金融业大数据应用

(一)银行业大数据应用

近年来,银行业的交易数据、客户数据、管理数据等均呈爆炸式增长。大数据对传统银行业的影响尤为突出,其中股份制商业银行是拥抱大数据最为活跃的群体。目前银行业大数据应用主要集中在客户营销、产品创新、风险控制和运营优化等领域。银行业在大数据应用方面具有以下先天优势条件:一是海量数据存量,即银行拥有大量结构化和非结构化数据;二是大数据技术日新月异,银行拥有雄厚的财力可支撑大数据技术的研发和应用。

大数据应用对银行业务革新作用主要体现在以下四个方面:一是通过加强对客户数据的分析和洞察,得到客户的全景视图,提高新客户的获取率和留存率,以及潜在客户的激活率和活跃度,提升客户的整体价值;二是通过交叉营销分析、精准营销分析和个性化推荐分析的应用,改善金融业务营销;三是利用大数据技术下的市场风险分析、中小企业风险评估、实时欺诈交易分析和反洗钱活动分析等手段,提升风险管控水平;四是通过增加渠道优化分析、市场分析、热点分析、舆情分析等多维分析方法,提升产品运营质量,加速产品创新。

(二)证券业大数据应用

大数据对证券业也有着深远影响。在大数据时代,证券信息的形式、数量和质量等都对证券市场参与者的大数据分析处理能力提出了前所未有的要求。在大数据趋势的影响下,国内外主要交易所都加强了信息产品研发,有针对性地推出了市场信息分析、市场情绪分析和机器可读新闻等产品,部分交易所还推出了供市场参与者使用的大数据"云平台"。此外,部分证券交易所还加强了大数据证券产品的研发,众多投资机构已经将大数据因素纳入自身投资分析框架中。

(三) 保险业大数据应用

大数据与保险业有着天然的关联性。众所周知，保险业通过上门、柜面、电话、信函等多种渠道，积累了大量的客户交互数据。近年来，保险业基于大数据的创新实践层出不穷。其中最具突破性的当属2014年由中国保险保障基金有限责任公司出资20亿元人民币成立的大数据保险信息公司——中国保险信息技术管理有限责任公司，催生出中国保险行业首家数据共享平台。该平台将成为整个保险行业在大数据发展方面的有力支撑，因为数据的整合与共享是发展大数据保险的基础，而这一点却是任何保险公司都难以独自实现的。多家保险公司已经进行了大数据布局，主要领域包括产品创新、风险控制和运营优化等。除此之外，近年兴起的互联网保险也成为保险业搜集数据的新平台。

(四) 信托业大数据应用

虽然信托业在国内起步较晚，但最近几年发展非常迅速，信托业资产规模急剧攀升，截至2021年年末，全国信托资产规模高达20.55万亿元。20多年的快速发展使信托业内部积累了一定的数据资源，信托业大数据的应用主要在于内部数据的深度挖掘分析。对大数据的深度挖掘不仅是为了实现高净值客户的开发和维护，而且是为了强化信托公司内部风险控制、支持业务精细化管理、助力服务和产品的创新等。

(五) 融资租赁业大数据应用

融资租赁又称现代租赁是指实质上转移与资产所有权有关的全部或绝大部分风险和报酬的租赁。截至2020年年末，中国融资租赁企业（不含单一项目公司、分公司、SPV公司、港澳台当地租赁企业和海外收购的企业）总数约为12156家，较上年增加了26家，增长0.21%；截至2021年年底，融资租赁行业注册资金约为32689亿元人民币，较上年年底的32884亿元减少195亿元，下降0.6%。融资租赁资产的所有权在合同期截止时可以转移，也可以不转移。目前大数据与融资租赁业的融合也日渐显现，主要集中于融资租赁企业的风险管理和市场营销方面。

(六) 担保业大数据应用

担保是指法律为确保特定的债权人实现债权，以债务人或第三人的信用或者特定财产来督促债务人履行债务的制度。截至2012年年末，全国融资性担保行业共有法人机构8590家；在保余额方面，截至2017年，全国融资性担保行业在保余额约2.72万亿元，同比增加约1300亿元，增长约5.02%。大数据在担保方面的应用与融资租赁业非常相似，两者都强调对债权的风险管理，所以在风险管理和数据挖掘方面有着广泛应用。

二、基于互联网的机构与产品

近年来，互联网金融的发展如火如荼，而大数据则是互联网金融发展的一剂强心针，对传统金融行业格局产生了巨大的冲击，推动着传统金融体系的重塑。大数据与互联网金融的结合主要体现在以下几点。

（一）金融征信体系

金融征信体系是金融业征信系统及信用管理运行机制的总称，以金融业主管部门为主导进行建设。其主要用户是金融机构，主要征信对象是授信申请人，其主要目的是实现信用信息在金融业内互通互联、共同防范信用交易风险。

我国的金融征信体系有两个基本特点，即行业征信与准公共征信。行业征信是指金融机构传递的信用信息是我国金融征信体系主要的信息采集来源，金融机构就是其主要服务对象，即征信是在行业内部进行的，征信的结果也主要为本行业服务。而准公共征信就是金融征信体系首先要在金融业内进行信息的共享，其次才是有选择地以有偿或者无偿的方式对外公开一些数据与信息，而公开这些信息的前提是不影响金融行业的安全。

大数据技术在征信领域的应用使得非金融行业的信用数据也能够运用于金融征信体系的建设，弥补了传统金融征信体系中数据来源单一、局限于行业内部的不足，能够提高征信数据的质量。同时，大数据技术使得实时获取用户信息成为可能，形成对用户信用水平的动态衡量，改变了以往仅根据过去的信用信息进行评估的状况，这是征信体系的一大进步。

（二）P2P 平台

近几年，我国互联网金融的发展成就显著，其中 P2P 行业的发展速度尤其惊人。但是由于我国个人征信系统尚待完善，P2P 平台仍然无法进行准确的线上信贷审核。现阶段，识别信用风险，解决 P2P 网络借贷平台线上信贷审核问题的有效方式就是建立基于大数据分析的征信体系。基于大数据的前瞻性应用，P2P 网络借贷平台有望实现两大突破，这也是其相对传统商业银行的核心竞争力。

其一，网贷机构通过及时、准确、海量的网络数据挖掘，能更真实地反映客户当前及未来的还款能力和还款意愿，提高信贷服务的覆盖面。完全基于个人征信系统进行授信的个人信用报告只能反映借款人的历史信用记录，无法反映当前及未来信用的真实情况，存在一定的局限性。另外，个人信用报告只能反映拥有个人信用记录客户的信用信息，而实际上很多人在个人信用体系中没有任何信用记录，这些"漏网"的客户就无法获得融资。

其二，银行的审核严格程度与贷款便捷性往往存在负相关关系。商业银行在服务借款人时，要经过较长时间严格的信贷审核后，才能对客户的贷款申请进行答复。而过于快捷的信贷审核流程又可能意味着银行对风险把控不严。但网络贷款机构可通过分析客户的网络搜索记录，更真实有效地预测借款人的借款需求，有望在强化风险把控能力的同时，提高信贷的便捷性。

（三）众筹

众筹作为一种新型的互联网融资方式，与传统的融资方式相比更为开放，更具普惠性。

能否获得资金也不再是以项目的商业价值作为唯一标准,只要是公众喜欢的项目,都可以通过众筹方式获得项目启动的第一笔资金,且一般首次筹资的规模都不会很大,为更多小本经营或创业人提供了无限的可能。

大数据在众筹领域的应用在于能够降低运营成本。开展众筹业务的互联网公司在积累数据之后可以利用大数据分析技术,自动给中小企业进行信用打分,减少成本,借助互联网快捷的网络信贷、众筹等模式,快速抢占中小企业融资市场,这给互联网金融企业和中小融资企业都带来不同的盈利模式和融资渠道。而对于传统金融机构,其复杂烦冗的风控体系和征信模式也会受到一定的冲击,迫使其在保证安全的同时进行系统的创新和转型。

(四)大数据指数

大数据指数的最大创新点在于将互联网与大数据技术引入到指数编制中,利用大数据对市场主体情绪进行刻画和量化,为目前市场上的指数投资带来了全新的视角和参考体系。这是大数据技术在指数编制上实现的创新,也开创了大数据时代的投资新策略。

传统金融领域和新兴金融领域的"两地开花"给大数据的发展孕育了无限可能,传统金融借助大数据的力量紧跟时代,新兴金融依托大数据的发展完善金融服务。大数据的运用为各个金融机构在产品创新、营销方式、运营方式、管理效率、风险控制等方面均带来了改变和革新。下文将选取银行业、证券业、保险业中具有代表性的创新方式,具体探讨大数据时代金融机构的伟大变革。

第二节 银行业大数据金融

总体来看,大数据在银行业的应用与创新主要体现在四个方面,如图5-1所示。

图 5-1 银行大数据应用与创新

一是对客户画像的准确刻画,从而深刻了解客户的需求特征、消费习惯、信用水平等信息,为金融业务开展奠定了数据信息基础;二是精准营销,在准确刻画客户特征的基础上，挖掘客户的需求方向，预测客户的消费行为，提高产品创新能力，完善信息反馈与改进机制，提升客户体验，增强客户黏性和活跃度；三是风险管控，在贷款风控、反欺诈、反洗钱等领域进行大数据分析，利用数据信息分析整合客户的信用水平、实时掌控客户的交易行为，从而提高银行对风险的预判与控制能力；四是运营优化，大数据将致力于优化银行的组织结构，提高银行的管理效率，打通银行与市场的沟通渠道，提高银行在资本市场中的活跃度。

具体到不同规模、不同类型的银行，以上银行业四个方面的大数据应用都将有所体现，但也会存在一定的差异，各有侧重。下文将从不同银行规模角度进行具体分析。

一、大型商业银行

（一）风控体系创新

大数据在金融领域的核心作用在于提高金融机构的风险定价能力，为金融机构提供全面、动态的风险控制体系，并推动金融体系变革。

征信是风险控制体系的核心。我国征信体系发展比较滞后，一直都缺乏充分的数据来源和有效的技术手段。2004 年，央行建成全国统一的个人信用信息基础数据库；2005 年，原有的银行信贷登记咨询系统升级为企业信用信息基础数据库。2022 年年底，央行征信系统已收录 11.6 亿自然人和亿家企业及其他机构的征信数据。但是，央行的征信数据是来自商业银行等金融机构上报的数据，存在信息量少、准确率低、时效性差等缺点，尤其是个人用户和小微企业，无法真正有效识别其信用状况。

大型商业银行拥有大量的客户，由此产生的客户数据也是海量的。大型商业银行在金融方面具有数据优势，但是其短板在于个人和企业的交易数据。在传统的业务模式中，受限于信用数据的不足，大型商业银行往往较少为小微企业、个人用户提供信用贷款等金融服务。为解决个人和小微企业信用数据不足的问题，大型商业银行采取的举措之一就是建立电子商务平台。从 2011 年开始，中国银行、建设银行、交通银行、工商银行、农业银行等大型国有商业银行均成立了自己的电子商务平台。中国银行于 2011 年 5 月 5 日正式上线"银通商城"，该电商平台由中国银行的网上支付合作方——通联支付网络服务股份有限公司运营，仅向中国银行持卡客户提供网上消费服务。交通银行于 2012 年年初上线的"交博汇"定位于大而全的银行系电商平台，推出生活出行、商品、金融、企业经营四类服务，功能全面。建设银行"善融商务"于 2012 年 6 月上线运营，其个人商城是典型的商对客电子商务模式（B2C）平台，企业商城是典型的 B2B 平台，此外还设有房地产平台——"房 e 通"，提供房产交易和贷款服务。工商银行的"融 e 购"平台上线较晚，于 2014 年上线，与"交博汇"类似，提供全面的产品和服务，但以金融产品、黄金珠宝、进口商品、汽车等投资品或高消费品为主。

这些电商平台不仅模仿京东、苏宁易购、天猫、当当等电商网站，推出各种食品、化妆品、日用品等商品，涵盖普通消费者生活的方方面面，有些电商平台还开展理财产品、贵金属制品、房地产、汽车等业务。大多数银行自行筹建电商业务，而一些银行，如中国银行，采用与其他平台合作共建的方式参与电商业务。例如，中国银行的"海淘业务"是与境外第三方电商企业合作，中国银行卡持有者可以选购海外品牌，并且享有一定的刷卡优惠。

目前，银行系的电商平台在客户和交易量级远远比不上传统电商，还不能保证稳定的盈利水平。大型商业银行做电商不仅是为了拓宽其非利息收入的渠道，更看重的是这些电商平台背后的数据。银行通过收集电商平台上个人和企业的网络交易数据，丰富其掌握的客户生活数据方面的不足，以便更有效地开展个人消费贷款业务和小微企业贷款业务，显著提高了贷款业务的广度和深度。

国内的大型商业银行出于安全性、可靠性等考虑，较少参考第三方征信公司的信用评分，往往首先通过自有的电商平台积累个人和小微企业的信用大数据，其次是与第三方公司合作，由拥有数据优势的第三方公司提供更多数据，用以识别个人和企业的信用风险，扩大个人消费和小微企业信贷业务。

（二）业务经营与客户关系管理创新

大数据时代，"新型客户"已经形成。客户比以往有更多的选择和更自主的要求，需要银行提供更加多元化的金融产品和服务。在大数据时代，每一个客户都能够清晰地发出声音。客户有更多的话语权、更强的自主选择意愿和更多的选择权利。这类新型客户不仅要求银行能提供满足个人偏好或需求的、跨渠道的、一致的、良好互动的客户体验，还要求银行的服务能力和运营效率同步提升。银行推出一个金融产品或服务就能满足大多数客户需求的时代将不复存在，发现并留住最有价值的客户也变得越来越困难。

银行通过电商平台获取的数据不仅能用于个人或企业的信用评价，完善风险控制体系，同时也能提高客户黏性和活跃度，预测客户的消费行为，进行精准营销。银行将金融服务和生活服务结合起来，对客户的数据分析更为精确和立体，由此得出的策略也更具有针对性。对客户交易和消费行为更准确地预测和客户群体更精确地细分，能够帮助银行做出更优化的决策，提供更具差异化和竞争力的服务。银行搭建电子商务平台不仅采用B2C模式为个人客户提供服务，还采用B2B模式为企业客户提供服务。例如，中国建设银行的"善融商务"企业商城，从事电子商务的企业供应商可以在平台上进行商品发布、在线交易、供应链融资等，而采购商也可在平台上进行批量采购，发布求购信息及申请融资贷款等。

相较于传统互联网电商，多数银行都选择将电子商务模式与金融服务相结合，在网上商城内都设有"金融馆"或"金融超市"，并下设基金、理财产品、贵金属、保险、外汇等多个与金融产品和服务相关的子栏目，如交行的"交博汇"、建行的"善融商务"。除了金融产品，消费者还可以通过银行的电商平台直接购车、购房并贷款。除了作为交易中介提供第三方支付服务，商业银行同时还开展电子商务平台分期业务，众多在售的产品都可以使用分期付款进行购买。与传统电商平台相比，银行提供分期服务的产品多、范围广、价格局限小，即使百余元的产品在银行网上商城也可以利用贷款购买。通常银行都采取限制加优惠的措施，消费者在持卡消费的过程中，只能使用该行的信用卡或者借记卡进行消费，但会有一定的优惠，以提高客户的忠诚度。

尽管上述业务的开展并非直接运用大数据技术，却是金融大数据的重要来源。大型商业银行正通过自身强劲的实力，获取底层数据，降低不必要的数据购买成本和风险。但在信息时代的潮流下，企业之间的合作共赢将是主要趋势，大数据难以被垄断。未来银行应与互联网企业、电子商务平台、社交网络平台等合作，进行信息整合与数据共享，促进金融服务与移动网络、电子商务、社交网络等的融合。

（三）管理决策方式创新

大数据的显著特征就是全数据分析。在大数据体系下，相较于传统的方式，银行数据获取、分析和运用的渠道机制已经发生了巨大改变。商业银行使用大数据分析技术和工具，对海量结构化数据和非结构化数据进行分析、判断和挖掘，能够及时准确发现业务和管理领域的风险和机会，为业务发展和风险防范提供全面及时的决策支持。

大数据金融的本质特征之一就是决策模式的不同：大数据决策建立在牢固的数据证据基础上。传统商业银行的决策模式依赖于样本数据分析和高层管理经验，片面性和主观性较强。而在大数据时代，使用全量数据进行分析将使分析结果更具客观性和决策支持性。银行的决策过程将以数据为核心，这对银行的管理者来说是一场改变思维习惯的管理革命，大数据的客观性将对现有银行决策机制产生历史性革新。

二、中小型银行

（一）精准营销创新

当前，我国商业银行服务同质化，产品差异性小，因而产品和业务创新是中小型商业银行提高核心竞争力的重要手段。从商业银行的角度来看，在提升效率、降低成本、加强风控、精准营销等方面，大数据的应用对银行业务发展的贡献日益显现。随着竞争的加剧，大数据推动着银行的变革：根据数据智能分析向前台提供服务与反馈，支持实现以客户为中心的服务模式与体验；整合日益互联互通的各种服务渠道；形成从广泛的数据源持续获取、量度、建模、处理、分析大容量多类型数据的能力；在流程、服务、系统间实时共享数据，并将经过智能分析与加工的数据用于业务决策与支持；智能分析与预测客户需求。商业银行不断推出以大数据为核心的创新业务，将拓展银行的业务发展空间，在客户能够享受到优质金融服务的同时，银行自身运转也更加高效和顺畅。中小型商业银行面对的客户多为个人和小微企业，利用大数据技术开展精准营销是众多中小型商业银行的主要方向。

光大银行于 2012 年推出了"阳光理财·资产配置平台"，该平台的特点是能够根据客户需求提供合理、个性化的资产配置建议，持续跟踪客户的持仓资产，并根据宏观市场环境变化动态调整客户的资产配置方案。截至 2014 年 3 月，该平台直接和间接促成的理财产品、代销基金、代销保险和其他产品的销售总额达到 84.28 亿元，其中，直接促成的销售额为 28.73 亿元。光大银行"阳光理财·资产配置平台"的研发思路和服务理念是大数据思维的一次成功运用,并实现了国内银行零售金融服务支持系统的示范。民生银行基于IBM大数据方案部署建立了精细化的交叉协同销售平台,以及智能化的产业链金融平台等,根据数据智能分析向前台提供服务与反馈,并将经过智能分析与加工的数据用于业务决策与支持。

利用Greenplum数据仓库解决方案,中信银行信用卡中心构建统一的客户视图,结合实时、历史数据进行全局分析,将营销活动配置的平均时间从两周缩短到2~3天,全面提升了运营效率。2013年10月,中信银行与银联商务有限公司合作,推出POS网络商户贷款业务。依托银联商务所拥有的丰富商户资源和终端资源,综合评估在这些商户终端上的交易信息、风险监控信息、商户入网资质等数据,以期更真实地反映商户的信用情况,为中信银行的小额短期信用贷款提供数据支持。数据挖掘分析技术不仅将中信银行的小微企业融资服务能力提升到新高度,也提升了其对银联商户的增值服务能力。兴业银行运用大数据进行初步分析,已经能够通过对还款数据的分析比较,区分出优质客户,根据客户还款数额的差别,提供差异化的金融产品和服务方式。为进一步应用大数据,兴业银行还通过不同角度的筛选分析,支持企业的业务运作。

不难看出,当前中小型商业银行运用大数据开展精准营销,尚处于大数据挖掘的起步阶段,其核心策略是拓展数据来源,并进行深度分析。未来应加强小微金融服务与社交网络的融合,通过社交媒体等新渠道获取尽可能多的客户信息,从这些数据中挖掘更多的客户价值。最终通过将银行内部数据和外部社交数据互联,获得更加完整的客户视图,更能高效地进行客户关系管理,创造性地利用社交网络数据等进行产品创新和业务创新。

(二)小微信贷业务创新

商业银行早期开展的数据分析系统大多分布在信贷管理、风险管控领域,而在产品研发、市场营销、客户服务、商业模式创新等领域应用较少,而后者往往代表着大数据的应用重点和未来方向。

小微信贷是中小型商业银行应用大数据分析的一个重要方向。从2012年各大国有银行和股份制银行的年报可以看出,商业银行对小贷市场的关注度不断提升。截至2020年三季度末,小微贷款余额达14.6万亿元之多,其中过半来自中小型商业银行,可以看出,中小型商业银行已经开始战略转型,占据了小贷市场的较高份额,未来会更加重视小微信贷市场。目前,中小型商业银行在小微借贷领域覆盖面有限,与其他平台竞争时亟须提高效率,降低成本。与电商金融平台相比,有着更为丰富的产品和从业经验,而且有着一套相对完善的风险管理体系,因而在业务开展方面更具优势。商业银行通过构建大数据金融平台,以弥补在"小微贷"业务方面的经营短板,利用智能化和多样化的手段,结合自身优势,积极主动推进小微金融产品创新、业务创新、服务创新、流程创新和管理创新。同时,建立智能化的小微金融服务模式,通过技术挖掘数据的潜在价值,为小微金融业务中客户终端交叉营销、营运流程优化、风险模型控制及市场预测等各环节提供科学分析与决策依据。

小贷业务的开展往往受到股份制银行的重视。如平安银行提出的"供应链金融"概念，帮助小微企业实现价值附加。与小额贷款公司相比，小贷市场中的高端市场被银行占据，银行往往拥有雄厚的财力、成熟的体制，贷款额度较高，多在10万元以上。传统商业银行对小微信贷市场的竞争威胁和行业整合将在未来几年加剧。2013年12月11日，浦发银行正式发布了"电商通2.0"产品以发展大数据金融，升级该行服务小微电商企业的能力。小微电商经营于虚拟网络空间，金融服务模式必须与电商经营模式完全契合，才能符合电商经营的需要。浦发银行"电商通2.0"着手搭建大数据平台，包括线上经营、线上数据、线上审批与线上贷款，尝试变革商务企业融资方式。以授信评审为例，升级后的浦发电商业务以自动评审为核心，简化操作流程，客户经理只上门一次、客户来银行一次即可完成所有业务流程。招商银行成立了互联网金融部，转变传统相对低效的贷款方式，利用大数据全面分析客户行为，简化步骤筛，选出业务和信用良好的中小企业，为其提供急需的资金，缓解中小企业客户融资难。江苏银行与网盛"生意宝"平台合作，贷款客户成为网盛"生意宝"B2B平台的会员，就能在线提出贷款需求，通过银行审核与授信，建立互助基金，交纳保证金，由专业公司提供担保，贷款客户"无抵押、无担保"即可获得小额短期信用融资。

（三）与第三方征信公司的数据合作

中小银行在数据采集方面有明显的不足，而如果采取自建电商平台、自主进行数据采集、自主开发数据分析平台的方式则耗资巨大，因此可以通过数据合作的方式弥补自身不足，紧跟大数据时代的潮流，实现双方的共赢，充分发挥数据作为一种重要资产的价值。北京银行成立了信用卡中心，并与独立第三方信用评估及信用管理机构"芝麻信用"签约，开展信用信息查询和应用、产品研发、商业活动等多个方面的合作。双方的合作开启了商业银行应用互联网征信的先河，探索互联网征信大数据批量化应用于传统金融。

三、互联网银行

从20世纪90年代起，互联网技术得到广泛应用，银行就开始通过电子信息渠道来接受交易指令，为消费者提供服务，即我们常说的互联网银行服务。国际上关于互联网银行的概念主要有以下几种表达方式：electronic banking, PC banking, internet banking, online banking, cellphone banking 和 virtual banking 等。互联网银行的类型主要包括三个层次：第一个层次是提供信息的网站，主要是向消费者和公众发布银行产品和服务的信息；第二个层次是简单的交易网站，可以实现银行服务提交请求、查询其账户情况、向银行下达交易指令，但不允许资金转移；第三个层次是功能较高的交易网站，消费者可以在不同账户之间进行资金转移，可以支付账单及在线进行其他的银行业务。传统互联网银行都建立在线下实体的基础之上，即传统银行业务的互联网化。然而在大数据时代，出现了没有线下网点，成立之初就完全依赖线上业务的新型互联网银行，本节若不做特殊说明，论述的均为此类互联网银行。

互联网银行建立在大数据分析的基础上。在大数据时代，美国人克里斯·安德森提出了"长尾理论"。他认为，在产品存储和流通的渠道足够大的前提下，之前需求不旺或销量不佳的产品可以和那些少数热销产品占据相当的市场份额，甚至更大，即众多小市场汇聚可产生与主流相匹敌的市场能量。在金融领域，传统商业银行等较大的金融企业80%的利润来自20%的重要客户，其余20%的利润则来自80%的普通客户。互联网银行的定位即是依托大数据优势，服务80%的普通客户，充分挖掘中低端客户的价值。互联网银行，尤其是资深电商企业设立的互联网银行，在征信方面有更为可靠的私有数据库，结合央行的征信体系，可以更有效地开展信用贷款等业务，显著提高金融业务的广度和深度，帮助互联网银行低成本、高效率地服务低收入人群和小微企业。互联网银行应当充分利用现有的优势与机遇，严格遵守国家金融法律法规和监管政策，以依法合规、审慎经营为基础，以持续发展为目标，不断创新。

（一）美国互联网银行的发展模式及其启示

经过十几年的发展，美国已经形成较为成熟的互联网运营模式。目前，美国的互联网银行主要有互联网平台模式、直销银行模式、银行服务商模式等，这三种发展模式各具特色，各有优势。

1. 互联网平台模式

该模式以 Bank of Internet USA 为代表，是一家纯正的美国本土互联网银行，于2000年7月开业，通过互联网在全美范围内提供互联网消费领域的银行服务，未设立任何物理网点，这与网商银行、微众银行的运营模式类似。其采取线上与线下相结合的方式。在线上利用大数据分析技术，针对客户群体特点开展精准营销，提供有针对性的产品，并以较高的利率、较少的收费项目吸引目标群体；线下则与连锁超市等结成互联网合作伙伴，通过提供快捷的支付方式，吸引此类客户。同时，通过线上线下客户端收集数据，利用数据分析技术，开展交叉销售，牢牢锁定客户，提高服务水平与效率，提升企业的核心竞争力。

2. 直销银行模式

以 ING 美国直销银行为代表，这是荷兰 ING 银行主动结合互联网的一种典型运作模式。ING 美国直销银行面向零售客户，产品和服务流程简单、标准化，也便于网上操作和数据采集。其风险控制依赖"硬信息"和"大数法则"，充分结合大数据技术，能够提高银行的风险管理水平和效率，从而更快捷地为客户提供服务。

3. 银行服务商模式

以 Simple 为代表，其本身不是银行，而是一家通过网页和手机移动客户端提供个人综合金融服务的银行服务商。合作银行提供一个受 FDIC 存款保险的可转让支付命令（NOW）存款账户，而 Simple 则在此账户的基础上，结合大数据技术，明确目标客户定位，为个人客户提供包括综合理财在内的个人金融服务。

美国互联网银行发展的启示主要有以下几点。

（1）规模经济是互联网银行盈利模式的主要特征。互联网的优势主要是成本节约，因此可以容忍更低的息差，"薄利多销"是其主要特征。互联网银行"轻资产、弱网点"的发展模式能够降低运营成本，以网络为基础分布，意味着银行可以不需要设立分支机构进行业务扩展，提供了更大的潜在增长空间。其管理模式也更趋于扁平化，避免因层级过多而效率低下，有利于管理效率的提高。并且线上经营的模式更便于数据的采集与分析运用，凭借大数据技术能够提高管理决策水平，提高运营效率，进一步降低运营成本，实现规模经济。

（2）互联网银行必须重视客户体验和现实需求。互联网银行主要服务于个人消费者和小微企业客户，其对金融服务的需求范围更广、个性化更强，并且风险控制方面需要考虑更多。运用大数据技术，可以从客户需求出发去开发产品，实现精准营销。从美国互联网银行的发展来看，互联网银行往往提供标准化的产品和有限的产品选择，集中在储蓄产品和抵押贷款产品。标准化的自助银行产品，客户易于尝试，并可由消费者独立管理。这样的模式也更适应于大数据采集与分析，能够尽快运用于产品反馈和客户需求分析，从而提高客户体验。

（3）互联网银行与传统银行的错位竞争与合作。互联网银行主要面对长尾市场，客户数量众多，单个客户金融交易的金额很小，因此能够承担的融资成本也非常小。互联网银行是对现有银行体系的有益补充，两者存在竞争与合作的关系。互联网银行与传统银行在小微贷款的基础上进行有效的合作，合作模式包括：①共同设立项目资金池，构建银团性质的循环授信贷款，共同承担客户风险，均分溢价；②构建结构化产品、分级产品，根据自身风险偏好程度高低，选择适合自身的收益率产品，互联网银行成为银行的资产管理中介机构；③互联网银行采取输出信用模型的纯中介模式，根据外部银行目标授信群体的特征、大数据模型参数进行筛选，或直接提供客户的信用评分报告。当然，传统银行也可以借鉴互联网银行的优势来提高自身零售贷款的服务效率，通过建立自己的直销银行或者与银行服务商合作的模式进入互联网金融领域。

（二）国内互联网银行发展现状

随着大数据浪潮的到来，基于电商或社交平台的企业成立互联网银行具有独到的优势。目前国内互联网银行的主要代表是：腾讯、百业源、立业共同出资成立的深圳前海微众银行，阿里巴巴和万向出资成立的浙江网商银行，以及百度和中信银行近期共同出资成立的百信银行。

作为首批试点的民营银行之一，浙江网商银行在经营模式上将以纯互联网方式运营，不设物理网点，不做现金业务，也不会涉足传统银行的线下业务，如支票、汇票等。网商银行定位于服务"长尾"客户，尤其是广大的小微企业、个人创业者和普通消费者，特别是其中的农村消费群体。网商银行将采取"小存小贷"模式，具体指主要提供20万元以下的存款产品和500万元以下的贷款产品。

网商银行之所以能够采取"小存小贷"模式,是因为阿里电商平台的大数据处理能力和征信体系的建设。网商银行将普惠金融作为自身的使命,希望利用互联网的技术、数据和渠道创新,帮助解决小微企业融资难、融资贵、农村金融服务匮乏等问题,促进实体经济发展。网商银行也是中国第一家将核心系统架构在金融云上的银行。基于金融云计算平台,网商银行拥有处理高并发金融交易、海量大数据和弹性扩容的能力,可以利用互联网和大数据的优势,给更多小微企业提供金融服务。其中,蚂蚁小贷将运用大数据技术为淘宝、天猫上的小微企业、个人创业者提供小额贷款。2015年年初,蚂蚁金服推出了芝麻信用,其基于阿里巴巴的电商交易数据和蚂蚁金服的互联网金融数据,可对用户进行信用评估,这些信用评估可以帮助互联网金融企业对用户的还款意愿及还款能力提供结论,继而为用户提供快速授信及现金分期服务。

2014年12月12日,深圳前海微众银行由银监会批准成立,2015年1月18日对外试营业。微众银行也以"普惠金融"为概念,主要面对个人或企业的小微贷款需求。其创新了金融业务模式和金融交易方式,将结合互联网平台,凭借大数据技术,提供高效和差异化的金融服务。微众银行既无营业柜台和营业网点,也不需财产担保,主要通过大数据信用评级和人脸识别技术发放贷款等。2015年5月,微众银行推出了首个互联网银行产品——微粒贷,尚处于体验和测试阶段。"微粒贷"属于小额信用贷款产品,具有"无抵押、无担保、随借随还、按日计息"特点,额度为2万~20万元,日息万分之五,7×24服务,最快15分钟贷款完成。该产品暂时植入在QQ钱包的功能模块之中,未来或可进一步放入腾讯现有的一些流量较大的产品之中,如微信,以及一些电商、游戏的平台之上。

互联网金融产品的本质是传统银行个人信用贷款或者是循环贷款的互联网化。传统业务模式将借款人的综合信用和收入、流水及一些资产证明作为发放贷款的依据,而互联网银行的信用合规方式与传统银行有较大差异,主要利用线上的消费、支付、理财、社交等多维度的大数据,通过建模分析出具信用报告。阿里的芝麻征信、腾讯征信等公司都已经逐渐开始开发互联网第三方的征信市场,互联网银行可以借此获取用户的征信数据,作为评估贷款发放额度的主要依据。

(三)国内互联网银行面临的风险与挑战

没有物理网点和服务柜台,国内互联网银行如何规避经营风险、保证储户存款安全等都将是其持续稳定发展面临的重要问题,具体体现在如下几个方面。

1. 竞争压力较大

互联网银行主要面对来自传统商业银行与非银行类互联网金融企业的竞争压力。互联网银行的目标客户为小微企业和个人消费者,这与当前的众多理财类产品既有的生态体系会存在一定重合,因此互联网银行与众多互联网金融企业将在线上展开直接竞争。而改革开放30多年来,中国的主流商业银行几乎都是由中央政府或地方政府及大型国有企业共同管理,进行控股经营。相比之下,民营银行的发展规模较小、资本实力较弱,经营范围有限，因而在整个银行业中的市场竞争力通常处于不利地位。此外，大中型商业银行同样抓住了互联网和大数据带来的机遇，因此互联网银行力求在国有银行占市场大部分份额的情况下，通过差异化经营分享市场份额，逐步发展用户规模并占据一定的金融市场空间，对其存贷款等业务产品的创新性提出了很高要求。

2. 业务经营信用风险较大

互联网银行除了需要面对宏观经济环境、金融环境等系统性风险，还须面对以信用风险为主的非系统性风险。因为互联网银行的主要用户是个人消费者和小微企业，这些客户的信用水平往往不高或信用信息不完善，银行往往面临着更高的信用风险。国有银行有长期的业务经营积累，具有庞大的业务规模、雄厚的资金链和国家信用为保障，因而具有良好的信用基础。与国有银行相比，互联网银行则刚刚起步，发展规模较小，面临着外部较大的监管压力，其利用大数据创新建立了市场化的经营运作模式和风险控制模式，但其可靠性尚待检验。

3. 网络技术安全风险

在信息化时代，网络安全是一个必须重视的问题。具体到金融领域，网络技术安全是决定一家互联网金融企业能否长期、稳健发展的直接因素。因此，互联网银行必须把风险控制（包括网络技术安全风险）放在首位，需要在保证互联网用户体验和兼顾金融安全性之间寻求一个平衡点。目前大数据技术的广泛运用也带来了数据信息的安全性和保密性等问题，这也是互联网银行必须面对的挑战。

第三节　证券业大数据金融

一、证券行业创新

现代证券业具有资本密集、信息密集、智力密集和技术密集等特点。在大数据时代，数据信息不仅在量上剧增，而且数据的产生、传播、内容、速度、形式等方面都更加多样、复杂，越来越呈现出细节化、多维化、立体化的特点，这些都对证券业务发展产生深远影响。

与其他行业相比，证券业务更适合大数据的思维方式。在多年的电算化运营中，证券公司的电算化系统中已经积累了大量碎片化的标准数据，构成了海量的数据资产，这将在后期的数据挖掘和客户服务中发挥重要作用。互联网大数据金融模式在证券业的应用能大幅减小交易成本和信息挖掘处理成本，而同时券商的海量客户信息将成为新的生产要素，进一步促进证券业大数据的发展。因而，大数据将推动证券行业的继续革新。

在大数据时代，数据作为一种重要资源，将发挥越来越重要的角色。为了提高证券行业的整体效率，券商的数据中心首先要从半封闭的状态走向全开放的模式。而这样的转变将对证券行业的技术架构、业务架构和管理架构将产生非常大的影响。

（一）技术架构改变

大数据时代，只有一小部分数据是以结构化的形态存在，大部分数据是以"非结构化"形式存储在数据库中。传统用于数据分析的商业智能已经不再适用于目前的异构数据类型，包括电子邮件、图片、视频和机器生成的日志等。银河证券唐沛来谈道：我们的目的是找到一种能够对所有数据存储进行搜索、发现和分析（SDA）的解决方案，为企业提供及时和具有成本效益的数据总体访问能力和洞察力。

大数据技术的日新月异使得证券行业中的信息搜集与分析反馈更加便捷高效。以银河证券为例，其从提供基础搜索的应用程序和通过类似商业智能报告的挖掘开始，首先为客户提供关键字搜索加上发现功能（如聚类、建议和分类），以帮助客户更快地找到具体内容，实现大数据和有疑问的实际用户发起的点到点实时数据访问的结合。其次，在大数据可行的搜索技术中，强大的关键字搜索及发现和导航能力将为企业提供在极短时间内对海量数据进行更深入的数据挖掘和分析能力，同时运用数学、统计学知识，通过更长时间的数据累积，发现和创造更多更大的价值。此外，系统还能够将客户搜索和企业分析信息反馈回来，以供系统进行不断的改善，从而提高系统的整体有效性。当然，这对证券公司的数据分析能力也提出了更高的要求。

（二）业务架构改变

目前，我国券商的中介服务职能深陷同质化竞争的泥潭中，相互间甚至引发了价格战。在大数据与互联网信息技术的冲击下，券商的金融中介职能将有所改变。如果标准化、同质化服务不能给券商带来正常利润，那么最优选择要么从竞争中彻底退出，要么转变经营思路，将原先的通道业务转变成包含增值服务的金融服务商。因此，券商必须提前布局自身的职能转变，成为综合类金融服务产品的提供者。

券商作为金融服务商，面对的是不断变化的客户需求、市场竞争、监管要求和自身商业价值体现。在大数据背景下，券商将有能力快速收集传导大量的高质量信息，以设计出符合客户需求的产品组合，并不断根据客户偏好的改变而调整。券商与客户的距离越近，其发现价值和实现价值就越发便利，也就越方便告别低级的通道竞争，开展财富管理服务，帮助客户成长的同时实现自身业务增长。

在大数据的冲击下，券商现有的业务将有所调整。其中，传统经纪业务首当其冲，将面临转型压力。网络化冲击必将导致经纪业务出现全行业的萎缩，但最先着手整理历史客户数据和建设标准化服务平台的大券商，则有望借机完成市场份额的新一轮扩张。另外，投行通道中介职能的重要性逐渐衰弱，历史上作为投行收入核心的 IPO 业务利润贡献度将有所下降。投行部门需要转型，强化非通道方面的服务力度，如后 IPO 的跟踪服务。最后，券商资管的下一个爆发点在于集合理财业务、资产证券化和信用业务。大数据将进一步加深资管业务的精细化和专业化，助力这些板块获得新的突破。总之，随着大资管时代的来临，证券、基金等金融机构迫切需要打通渠道通路，平衡渠道体系格局。低成本高效率的网络渠道有助于证券、基金实现这一目标。

(三)管理架构改变

鉴于社会主义市场经济和国内证券交易所建立均不久,国内证券公司起步较晚,证券公司的内部控制环境建设存在很多不足之处:一是证券市场存在诸多问题,证券市场是证券公司赖以生存与发展的环境基础,缺乏一个良好的制度环境就难以获得发展;二是证券公司缺乏合理规范的法人治理结构,内部难以形成有效的制衡机制。当前证券公司对风险的内部控制意识薄弱,亟待完善。而大数据技术的到来正可以弥补这方面的不足,利用数据的实时分析与反馈使得内部风险的控制变得更加便捷和高效。

近20年来,随着我国证券市场的迅速发展和网上证券交易量的蓬勃增长,市场监管者和经营者充分认识到开展信息化建设的必要性与紧迫性,证券行业信息化建设任重而道远。证券公司希望构建一个完整的证券信息服务平台,用于支持公司内部的市场、行业、金融工程等方面的研究,为客户的理性化投资提供更好的服务,满足公司在资产管理、风险控制、投资决策等方面的数据支持需求。在可预见的未来,证券业在建立了企业级数据中心后,随着云计算的落地和应用的深化,企业级的数据中心必定向社会化数据中心进行演变,从而构建行业平台数据中心,实现数据资源的共享。

二、证券投资决策和业务模式转变

信息拥有量决定着证券投资决策的成败。因此,信息传播对证券市场走势的影响一直是金融学研究的核心问题。长期以来,由于信息不对称造成的投资决策错误是投资失败的主要因素,因此,如何有效地获得和分析信息并进行市场预测是产业界和学术界共同的研究热点。互联网技术的飞速发展使得证券市场从信息匮乏转变为信息过剩,信息的快速增长为股票分析与预测带来了宝贵机遇和严峻挑战。

一方面,当前传递信息、沟通交流的主要平台是各种新兴的网络社会媒体,如论坛、社区、博客、微博、微信等,平台上的海量信息为投资决策提供了丰富的数据支撑;另一方面,大数据信息的有效分析和利用也面临着来自互联网的挑战和困扰。当前,互联网已经成为股市投资信息传播的主要渠道,投资者利用网络搜索金融信息、与他人交流投资经验的现象越来越普遍。同时,资本市场的信息传播方式也产生了重大变化,互联网的广泛推广能够有效缓解证券市场的信息不对称问题。与此同时,新的市场信息结构也影响着投资者的行为方式,进而影响了股票资产定价和金融资源的配置。

未来,传统证券业金融机构与互联网、大数据将加快渗透和融合,并与金融系统内的其他金融机构和互联网公司处于相互渗透、相互合作竞争的状态,如果不及时改变,最终将会被淘汰。证券业的经营模式可能会发展成以下三种类型。第一种是为小型微企业和低收入群体服务,实现相互之间对接的网上模式来代替传统的营业部模式。第二种是中产阶级的综合服务模式,这种模式也是通过深度挖掘从互联网平台收集的数据,在对客户跟踪分类的基础上提供类精准化服务。第三种是面对机构客户和高净值个人客户的专业化综合模式,这些客户涉及多种专业化定制服务需求,如合理避税、多元化投资等。

三、大数据时代的量化投资

（一）大数据时代中量化投资的优势与特点

通常所说的"投资"是指定性投资，它属于主观判断型。例如，看到俄罗斯出兵乌克兰的新闻时，我们的投资经理可能就会想：接下来国际金价可能上升，于是购买黄金以待升值。这种基于现象的预判而进行的投资就是典型的主观判断型投资。主观判断型投资或定性投资的一个最大问题就是，投资过程中人的情绪会显著影响投资进程——这是因为人的本性是趋利避害，这个本性直接导致整个投资过程对风险并不能做到客观的准确度量，而只能"跟着感觉走"。

基于大数据分析的量化投资，最显著的作用就是把人的情绪排除到投资进程之外——整个投资进程完全按照人预先设定的程序进行操作，以确保投资进程的客观性。因为构建量化投资策略是基于大数据分析总结出来的客观规律，它们具有客观的精确性（如风险的准确度量等）。这是通常的定性投资所不拥有的，也是量化投资极具吸引力的一个本质原因。

构建量化投资策略时，通常通过分析历史数据，获得经验规律，然后把此规律用于预测市场的未来走势，以便从中获利。这里的一个科学依据是：历史往往会重复。其实，不仅股票市场的历史会在未来重复，同期来看，一个国家的股票市场的某些规律也可能在另一个国家的股票市场中重复出现。

（二）大数据时代中量化投资的挑战或问题

1. 对象方面：数据陷阱

海量数据增加可能会让量化投资者切实感受到"不识庐山真面目，只缘身在此山中"式的迷茫。这里所说的"数据陷阱"就是说"尽信数据不如无数据"。

可以用淘宝网络营销的数据作为举例，数据分析发现新疆和内蒙古销售出去的泳衣远远超过广东等沿海省份，那么就可以得出结论"泳衣广告的重点应该放在新疆和内蒙古，而非广东等沿海省份"吗？实际情况是，诸如新疆和内蒙古等内陆省份，当地超市不太乐意销售泳衣等非常用物品，消费者就只能到网上购买了，而在广东等沿海省份，超市里有大量的泳衣，相对而言，到网上去购买泳衣的人自然会少很多。从这个角度看，拘泥于数据本身作分析，其结论有时看起来并不靠谱，或不经推敲。

2. 方法方面：先天缺陷

众所周知，当我们透过蓝色眼镜看一张白纸，我们眼中看到的将是"蓝纸"而非白纸。与此类似，在当前关于大数据的研究中，大数据就似铺在我们眼前的"白纸"，而我们使用的很多统计分析方法就似我们佩戴的"蓝色眼镜"。也就是说，基于这些统计方法分析大数据得到的结果通常依赖于统计方法本身，这就导致这些结果可能与事实不符。例如，统计学界常用的 P 值检验方法于 2014 年被偶然发现它其实"不靠谱"，以致经济学家史蒂芬说，

P值没有起到人们期望的作用，因为它压根就不可能起到这个作用。

3. 结果方面：针尖对麦芒

基于大量数据的实证分析，以诺贝尔经济学奖得主法马（Fama）为首的主流经济金融学家们认为"风险越大、收益越大"。但是，美国麻省理工学院金融学家鲍曼（Bowman）则得到一个截然相反的结论"风险越大、收益越小"——这个发现后来也获得很多例证，以致今天的学界为鲍曼的这个发现专门取了一个名字，叫"鲍曼悖论"。

第四节　保险业大数据金融

一、业务经营技术创新

（一）基于 NoSQL 数据库的保单管理

保单管理是保险公司业务经营的重要方面。在传统的关系数据库中，从保单号出发，通过一系列关联操作，可以将绝大部分的业务数据串联。在关系数据库模式下，1∶N 的关系往往被拆解为多个表进行保存，其优点是能够通过消除冗余，保证很好的数据一致性，同时降低了存储的容量；但是其缺点也十分明显，就是需要不断通过 join 操作进行多个表之间的关联才能实现基于保单号的保单视图查询，这就会复杂化后续应用过程。

在数据可视化时代，基于 NoSQL 数据库的数据模型设计可以以多结构化的模式进行存储。其优点是各条记录之间的格式可以不同；对于 1∶N 的关系，可以采用表中表的方式来存储；列式数据库增加了表的字段数，使得所有业务数据存储在一张表中成为可能。

（二）基于 NoSQL 数据库的历史数据查询

随着保险公司日常业务经营的开展，其内部 IT 系统中存有大量历史数据。作为一个低成本解决方案，NoSQL 数据库将承担起查询历史数据的功能。有两种方式可以实现历史数据的查询。一是数据整合法，将不同版本的历史数据迁移整合到一个统一的模型和数据标准下，并在此基础上开发历史数据查询应用。这种方法的要求在于掌握各个版本历史数据的迁移规则，并且适合那些有明确查询需求的应用情形，以及针对应用而运作的历史数据查询平台。二是同源设计法，各个版本的历史数据按 1∶1 迁移到 NoSQL 数据库，并且数据保留其原有的属性和排列方式而无须改动，原先在传统数据库中搭建的应用也按 1∶1 迁移至新的平台。在这种方法下，不需要掌握各个版本的区别和转换规则，有助于减少历史应用管理成本，推动历史数据查询平台的运作以数据驱动的方式演进。

（三）基于语音数据识别的自动质检

近年来我国保险业产品销售渠道格局发生重大改变，电话销售日益成为保险产品销售的一个重要渠道。在电话销售管理中，一个主要的手段是通过质量检测发现销售人员通话过程中存在的问题。传统的质检方式是质检人员抽查听取销售人员的电话录音，这样的模式效率低下，抽查比例低，难以反映市场的全面性。同时质检结果主要由质检人员主观决定，其准确性难以保障。

而大数据技术的进步推动了语音数据识别技术的发展成熟，自动化的语音数据识别技术能够全方位提高质检的准确性。中国平安率先实施基于语音数据识别的自动质检应用，以替代传统的人工质检。在保险公司的电话销售自动质检中，违规词检测、服务忌语检测、标准欢迎语检测、标准结束语检测、健康告知检测、免责声明检测和十天犹豫期告知检测等规则都可以自主定义。

（四）基于内外部数据结合的地址信息标准化

人工录入的保险单证上的客户信息是当前我国众多保险公司积累原始数据的一个重要来源。以地址信息为例，我国目前对地址信息还没有一个统一的标准，同一个地址会呈现出不同的填写方式。因而，客户填写信息状况会影响保险公司录入数据的完整性和准确性。而从行业以往的数据看，数据质量在完整性和准确性方面都不尽如人意。

借助大数据技术，将人工信息与外部的标准化地址库进行匹配，可以以标准化地址替代既有的录入地址，进而与地图引擎结合，进行地址标注，从两方面提升业务能力：一是客户服务，有了标准化的地址信息，就可以按照区域合理划分服务人员的服务范围，同一地址或邻近地址的客户将由同一服务人员进行保单分配、递送各种通知等服务；二是营销活动，标准化的地址有利于进行客户划分，将同一地址的客户归为同一个标签，统一策划上门营销活动，提高营销活动的效率。

（五）数据标签化与数据补充

当前，电商、零售和电信行业已开始通过标签化来提炼客户特征，对已有数据进行加工和分析，并取得了良好的实践效果。由于保险业务较为低频，保险公司缺乏对客户的深入了解和洞察，给保险公司在设计产品和开展营销活动方面带来了挑战。目前，保险公司已经通过利用大数据提炼客户特征、形成客户标签，但现有的客户标签无论在标签的数量还是数据的丰富度、准确性上都有较大的提升空间。这也将激励保险公司与第三方公司合作，继续补充、完善既有客户的标签。

二、产品营销方式创新

传统保险公司常常采用扫楼、陌生拜访、陪同拜访等营销方式开拓客户、销售产品，但在大数据营销的新时代，取而代之的是通过大数据分析发现潜在客户的精准营销。此种营销模式对代理人素质的甄别和选拔也具有推动作用，也可以提高保险从业人员的素质，给予客户专业、周到的保险规划，对于保险业的形象重塑也有着相当积极的意义。

大数据营销会彻底重塑传统保险产品的销售方式，而且保险公司的销售支持系统也可能迎来一次重大变革。就客户资源而言，客户不再局限于代理人自己的个人资源，客户的质量将成为更重要的考核指标,与代理人的业绩评估、综合水平紧密相关。从公司提供的佣金来说,将客户名单统一上传至数据库,方便代理人直接使用,能够大大降低代理人开拓新客户的成本,因而佣金比例将会下降,能够降低公司的运营成本。从销售管理角度来说,海量数据能够为代理人提供强大的后援,保障保单的签单量和质量。实际上,一些国内保险公司利用大数据技术在保险营销的方式和客户挖掘的技术等方面已经走在了市场的前列。

2010年,阳光保险集团建成的数据挖掘系统,在保险行业是第一家。利用该系统开展了许多保险大数据智慧应用的项目,获得了一些成果,同时培养出了国内保险行业的第一批数据挖掘师。2011年,中国财产再保险公司全面启动客户关系管理,着手数据分析。通过深度挖掘和开发数据资源,提供可以用作产品定价的、承保口径的逐单数据,系统的行业终极赔付分析及符合中国本土市场的财产险风险曲线,直保公司可以根据这些数据来分析某类风险的保险费率水平,了解公司与行业合理定价水平的差距,促进理性分析经营。同时,分析结果还可以应用到营销、业务拓展等方面,为直保公司决策提供参考。2013年,中国财产再保险公司行业数据分析中心正式挂牌成立,这是保险企业追赶"大数据"时代浪潮的一次标志性事件。早在1996年,中国财产再保险公司就利用与直保公司的非竞争关系,积极对数据进行集约化管理,拓展与直保公司在数据分析领域的合作。

第五节 信托业大数据金融

当前中国经济正面临增长速度换挡期、结构调整期和前期刺激政策消化期"三期叠加"的严峻形势,实体经济下行风险不断向金融领域传递,个别产业的风险呈上升趋势,信托行业资产管理规模增速开始下降,信托项目兑付压力进一步加大,风险预警频发,亟须依托现有的资源优势及大数据技术进行创新和转型。

大数据是一种工具,也是一种理念。信托业在大数据应用方面有着非常广阔的前景,有望成为新的蓝海,它既是一种工具的创新,也是人类历史上认识世界方法论的一次创新。大数据时代,人们不再受限于传统的思维模式,伴随着思维方式脱胎换骨似的变革,信托行业的理念、营销方法势必也将被刷新。信托公司在业务最核心的流程中引入了大数据的方法,对借款人的净值调查采用了大数据分析,发现很多借款人在原来的净值调整过程中发现不了的问题,取得了很好的效果。未来还将使用大数据的方法做信托项目运行过程中的风险监控。

一、战略性结合

信托公司可以凭借灵活的制度优势,主动探索如何将大数据基因与金融元素整合起来。要想从战略层面分析信托公司对大数据的主要需求,就要明确信托公司在转型时期核心竞争力的构成要素,分别体现在产品研发、风险管理、财富管理及运营决策水平几个方面。

（一）产品研发

信托公司的业务领域横跨资本市场、货币市场与实业市场，产品类型丰富，产品设计灵活，不同类产品之间的组合具有很大的空间。通过大数据手段，可以在以下三个方面提高信托公司的产品研发水平。

（1）传统业务的专业化。利率的不断下行、优质资产的匮乏使传统信托融资业务面临一定困难，但在信托业的转型过程中，这类业务仍将在一定时期占据相当大的比重。用投资思维做融资类业务，是传统业务的专业化发展方向。这就要求无论在房地产领域，还是在地方基础设施项目上，都要用更专业的眼光进行判断。大数据有利于传统业务沿这一方向的改造升级。例如，在房地产领域，通过大数据支持，可以对项目所在城市的房价走势、所在地段的未来发展前景、区域人口流动及对房地产的需求、当地物价及收入水平等多因素进行全面分析，得到更科学的结论；在地方基础设施项目方面，利用大数据对地方财政偿债能力、交易对手财务状况等做出综合判断，有利于确定项目的规模、价格等因素，进行科学的产品设计和决策。

（2）提高资本市场的业务能力。信托公司转型的一个重要方向是资本市场，主要业务不仅包括股票、债券等金融产品投资，还包括定向增发、FOF、MOM等多个方向。在传统的金融产品投资方面，通过大数据手段可以提高对金融市场走势的判断水平，有利于弥补多数信托公司在证券投资能力上的不足。在 FOF、MOM 等产品组合投资方面，也可以通过大数据分析，对不同基金的投资能力做出更合理的判断。

（3）探索创新业务模式。大数据本身就是资产，通过合理的产品设计，大数据可以产生超出想象的商业价值。在信托公司鼓励业务创新的趋势下，利用大数据的商业价值，可以进行多种新产品和新业务模式的尝试。

（二）风险管理

在经济下行阶段，信托公司的风险项目时有暴露，对风险管理的要求不断提高。通过大数据手段，可以为风险管理提供更多先进工具。

（1）提高风险管理的全面性。大数据的典型特征就是海量数据资源，一方面，可以通过结构化的手段对目标特征进行描述；另一方面，在数据数量和类型足够的情况下，也可以通过非结构化手段对目标特征进行描述，后者的结论很可能超乎预料，从而发现通常可能忽视的问题。因此，通过大数据对交易对手的风险进行分析，对信托公司掌握更多更全面的风险信息将会有一定帮助。

（2）提高风险管理的动态性。加强存续项目的过程管理是多数信托公司提高风险管理水平的重点。但是，信托公司项目众多，每一个项目的融资方、抵押物、担保方的情况都处于不断变化的过程中。而信托公司负责过程管理的人手十分有限，仅通过相关人员的定期调查回访很难发现潜在的风险和问题。利用大数据，建立每一个项目的过程管理数据档案，对抵质押物的价值变化进行动态监测，对交易对手、担保方的经营情况、资产负债和现金流等信息进行及时分析,可以提高风险管理的及时性和动态性,提高项目管理水平。

(3)提高舆情预警能力。声誉风险也是信托公司必须面对的重要风险。信托公司的舆情监测往往是事后进行,应对措施较为被动。而银行等金融机构利用大数据等手段,对舆情风险进行预警,在这方面的做法已有一定探索。一些领先的大数据服务商通过非结构化手段已研发出先进的舆情预警工具,这些先进手段都有助于提高信托公司的舆情预警能力,使信托公司更为主动地化解声誉风险。

(三)财富管理

尽管信托公司拥有渠道、产品等多方面优势,但是在互联网和泛资管时代,提升财富管理能力成为信托公司面临的共同课题。大数据对包括信托公司在内的金融机构的财富管理业务将起到重要的推动作用。

(1)助力产品营销。一方面,利用大数据技术,信托公司可以更为精准地细分客户群,根据不同类型的客户,了解其投资与风险偏好,为其提供不同类型的产品,更好地满足客户需求。另一方面,对于产品而言,通过大数据分析,可以对产品进行更为全面的评级,衡量其风险与收益的匹配程度,进而对产品进行合理定价。

(2)助力资产配置。财富管理业务发展到一定阶段,重点将从产品营销转为针对客户需求和偏好的资产配置。利用大数据,信托公司不仅可以帮助客户选择收益率适当、风险可控的多样化产品,而且可以更准确地了解客户的风险和收益需求,为其量身定制资产配置方案提供帮助。

(3)助力客户拓展。信托公司的财富管理业务将来有两个发展趋势:一是围绕更高净值的客户,开展家族信托服务;二是对接互联网,扩大客户范围和数量。对于后者,大数据可以在风险偏好、行为习惯等方面对客户进行更为细致的描述,帮助信托公司更有针对性地开发与维护客户。

(四)运营决策

尽管与银行、券商等机构相比,信托公司人员规模较小、管理流程较简单,但越来越多的信托公司开始重视系统建设,不断提高运营、管理和决策水平。大数据在这方面也可以发挥一定积极作用。

(1)帮助信托公司及时掌握内部经营管理状况。在经营管理过程中金融机构本身也会产生大量数据。运用大数据思维,信托公司可以对经营活动中的数据进行有效利用,为管理层和相关部门提供具有较强价值和时效性的信息,并能帮助管理层和相关部门对公司内部经营管理情况进行及时了解。

(2)帮助信托公司提高决策水平。大数据不仅强调多样化和海量特征,其本身的存在也代表了一定的客观性。用大数据思维和工具对公司经营管理的各方面进行描述,可以为公司的各项决策提供客观依据。此外,大数据的即时性特征可以将相关信息迅速传递给管理层,有利于提高决策效率。

二、产品创新

由于传统信托产品的非标准化、私募化的特性使其与互联网"流量为王"的优势并不契合,相对其他金融行业来讲,目前信托业与互联网、大数据的结合相对较慢。不过在业务转型压力与互联网金融的冲击下,信托业基于互联网和大数据开发产品的案例也在逐渐增多,并衍生出诸多特色鲜明的新产品体系。

信托业大数据应用的主要代表之一就是消费信托。作为近年来新兴的信托创新产品,目前已有中信信托、西藏信托、长安信托、北京信托等多家信托公司推出消费信托相关产品。消费信托与传统的投融资类集合资金信托不同,投资者购买信托产品的同时可获得消费权益,直接连接投资者和提供消费产品的产业供给方,从而将投资者的理财需求和消费需求整合起来。

消费信托的投资收益主要是通过消费权益来实现。消费权益的增值主要体现在三个方面,一是帮助消费者遴选可提供更好消费权益的商家和服务机构;二是借助"集中采购"获取消费权益认购的"折扣优惠";三是在信托机构的监管下,保证预付资金的安全。例如,2014年1月17日,首款消费信托产品"中信消费信托嘉丽泽健康度假产品系列信托项目"正式向投资者发售。首期"中信招商嘉丽泽健康度假产品"分为H类和G类两种产品,期限均为五年。H类产品客户交付资金8.8万元,其中7.5万元为保证金,五年后到期全额返还,另外1.3万元作为会籍费一次性收取,每年会籍费2600元,按年度扣减;G类产品的门槛则是18.8万元,其中15万元为保证金,3.8万元为会籍费。以H类产品为例,在度假消费权益方面,客户每年拥有14天云南嘉丽泽健康岛度假公寓居住权,另外附赠嘉丽泽项目健康消费卡。又如西藏信托发行的"BMW X1消费信托",该信托的认购本金为150万元,存续期限3年,投资者在认购产品后可获得市价为39.8万元的BMW X1 Zoi Line汽车使用权,并在3年期满后收回150万元本金。同时,在信托到期后,投资者可以进行消费权选择,继续使用车辆或者由万宝行(中国)融资租赁公司以15万元价格回购。

此外,信托行业继续积极地开展产品创新,家族信托与土地流转信托的研究与实践已初见成效,公益信托、养老信托、股指期货业务、资产证券化受托业务等也已取得突破。在信托产品研发过程中,大数据的作用主要体现在客户的定位和消费权益的设计上。在大数据背景下,信托公司可以发现投资者的偏好,高净值的投资客户对优质的服务产生了极大的需求。信托公司借助自身及合作方采集的客户信息样本,通过大数据分析来挖掘人与人之间、行业与行业之间的隐性联系,并利用信托的方式进行金融对接。简言之,就是打通产业链的前端融资需求和后端消费需求。信托公司还可以与其他金融机构合作。例如,保险公司通过健康大数据,开发某种保险产品,并与信托进行对接,对特定人群进行细分营销,通过信托的收益投资于保险产品,所得保费也可以再投资信托,从而实现资产的跨领域配置。

三、互联网信托平台

互联网信托平台是信托业与大数据的另一个结合点。在开放式产品平台上,客户不仅可以获得各信托公司发行的优质信托产品资讯,还可获取证券公司资产管理计划产品、基金子公司资产管理计划产品、银行理财产品及私募股权投资产品等各类产品资讯。例如,平安集团 2014 年 11 月推出的"平安财富宝"主要依托移动客户端平台,集中多种投融资服务。截至 2015 年 7 月,该平台累计用户数近 70 万人,平台交易量近 450 亿元,交易客户户均资产达 15 万元。这些产品服务过程中积累的海量数据成为大数据分析的基础。

推行类似的开放式平台对于大部分信托公司来说是比较困难的。平安财富宝有平安集团的支撑,其推出的面向不同需求的投资品种能吸引到流量,而其他平台则难以获得类似的支持,此外还存在同业竞争、企业支持力度不足、内部认同等问题。一些信托公司开始建立私有平台,作为海量数据的获取途径。例如,中信信托的"中信宝"平台是其消费信托的官方平台,旨在为消费者提供更为完善便利的消费服务,通过后台的大数据分析和处理,匹配客户的消费需求。

第六节　融资租赁业大数据金融

近几年我国融资租赁行业资产规模不断增长,成为国内金融细分行业快速发展的一个典型。实践证明,融资租赁是解决中小企业融资问题的有效途径之一,已经成为我国金融市场的重要融资工具。2013 年年初,国外近 20% 的设备投资通过融资租赁完成,而在国内只有 5%。ELFE 研究发现,截至 2015 年,全球范围内,64% 的企业已经在大数据的一些方面有所投资,或者说它们打算投资。这其中就包括想要从集体中分离的设备融资租赁公司。随着税务制度、法律环境的逐步成熟,"一带一路"倡议的提出,以及互联网、大数据等新理念、新技术的渗透,融资租赁迎来了新一轮的快速发展。大数据与融资租赁业的结合主要体现在风险管理、行业分析及融资租赁平台建设等方面。

一、风险管理

及时、精准、有效的数据搜集和大数据分析技术的有效结合是融资租赁平台的风险控制和信用保障的重要方法和渠道。例如,国内融资租赁互联网金融平台"陆金所",其"融资租赁+互联网金融"的 A2P 模式将大数据技术引入了风控体系,通过构建多元化的风控模型,使项目风险维持在可控水平。

然而在具体的融资租赁风险管理方面,由于融资租赁公司面对的融资需求复杂性高,缺乏足够的海量数据,所以大数据的应用仍面临较大的局限性。金融租赁公司依托于银行,往往有着成熟的风控系统。而对于专注于特定行业的中小型融资租赁公司,大数据风控已初显成效。未来,通过挖掘自身积累的数据和数学模型计算客户的信用等级和违约风险,可以大大降低审批的成本。

二、行业分析

大数据技术在行业分析方面发挥着行业指引投放的作用。对融资租赁业而言，行业周期分析主要有两个方面，一是产业本身盈利能力的周期，二是设备更新和添置的周期。前者是还款付息的保证，后者是业务的来源，两者并不同步。通过行业数据库分析预测成本、单价、利润率、需求量等重要指标的走势，可以有效预测客户未来的经营状况，识别特定的风险。在第一届全球租赁业竞争力论坛上，上海租赁协会推出的数据分析系统有效地反映了业界的经营情况。通过大量具有代表性的数据采样和科学分析方法，从市场角度，运用投资思维分析，得出了融资租赁的产业集中度、利润增长点以及四种主流业务领域等具有重要投资价值的分析结果。

三、融资租赁平台建设

大数据在融资租赁平台方面也发挥着重要作用。原有的融资租赁模式与当下先进的互联网平台相结合，将个人、融资租赁公司与中小企业相结合，建立起一个成体系的互联网融资租赁平台。融资租赁与互联网金融服务平台合作带来租赁项目成交额的大幅上升，"互联网+融资租赁"已进入高速发展期，未来将会有更多的互联网金融平台与融资租赁公司融合来做大做深这一市场，并实践探索这一模式的可持续发展方向与专业化细分领域。

在互联网融资租赁平台下，大数据整理与云计算分析显得至关重要。首先，承租人的融资需求需要被融资租赁公司有效地了解，并且融资租赁公司能够引导承租人进行信息披露。通过了解承租人、供应商的信息，能够将承租人的信息（客户信息、信用信息）借助于互联网渠道公布给投资人，运用互联网信息技术多方位全面分析客户的资料，识别项目风险，为投资人遴选出优质项目。除此之外，融资租赁公司需利用互联网对企业的相关信息进行跟踪分析，利用云计算进行实时动态解析。例如，对企业经营、销售情况、资产负债率、流动比率、速动比率、应收账款周转率等重要动态指标进行监控，在项目周期内对监控指标进行实时预警分析。利用相关风险控制模型对大数据进行深入的挖掘分析，建立起行业内认同的信用等级机制，实现信用审核标准化。在一定的体系形成后，通过成熟的算法对计算系统进行及时合适的调整，可以极大地降低操作误差引起的人为风险。互联网融资租赁模式形成后，从长远来看，对中小企业带来了极大的便利，为融资租赁公司带来了安全、可靠、低风险的收益。

除了小额信贷，服务中小型企业的融资租赁也是 P2P 行业的主流业务。此外还有只做融资租赁业务的 P2L（person to leasing）交易平台模式，即个人投资对接融资租赁项目，P2L 平台与融资租赁公司、经销商、第三方支付机构等进行合作，提供各种融资租赁项目信息给合适的投资者，促成个人经过平台对融资租赁项目进行投资，而融资租赁公司和投资人共同持有融资租赁项目的收益权。基于融资租赁公司成立专门的融资租赁互联网平台（如普资华企、e 租宝等）及已有的 P2P 网贷平台，通过和线下融资租赁公司进行合作并在平台上新增融资租赁项目，是目前融资租赁平台的两种主要形式。在 P2L 模式下，互联网平台一般充当中介人的角色,主要负责构建信息平台,对融资租赁公司的项目进行审核发布,引入第三方支付和多重担保,降低融资违约风险,同时降低融资门槛。大数据在其中主要发挥风控及客户关系管理的作用。

第七节 中央银行大数据应用

大数据与中央银行的结合主要体现在其履行金融监管职责的过程中。从跨平台、跨部门共享和收集征信数据,到建立早期的提前预警监管指标体系;从采集各种统计口径下的数据,到甄别追踪可疑的洗钱交易;从监测分析跨境外汇资金流动,到适时适度调整和优化货币政策,中央银行都需要掌握运用大数据分析的技术和能力。

中央银行若能充分利用各大数据源,如金融监测数据系统、国库数据系统、征信数据系统、反洗钱数据系统、清算中心数据系统等,关注不同统计数据的关联性,提高统计数据的综合利用能力,便可发挥大数据在预测和分析上无可比拟的优势,及时捕捉经济金融运行中的热点、难点问题。现阶段,我国中央银行应用大数据的前景主要体现在统计预测、征信体系建设、反洗钱监测和外汇管理等领域。

一、提高统计预测能力

中央银行可以依托大数据挖掘技术从社交网络中人们的情绪表达和事实陈述语句中,提前掌握房屋销售变化趋势等信息,提高其统计预测能力。大数据技术改变了传统的信息不对称结构,能够为中央银行核心业务进行"精确制导",新的逆周期的宏观审慎监管模式需要尽快从依托信息不对称转为依托数据不对称。

二、完善征信体系

成熟的征信系统是金融体系良性运转的重要保障。未来中央银行应该加快与金融机构数据接口的对接,实现或加强与公安身份、海关进出口、税收征收管理、工商注册、电信运营商、民政注册、法院审判文书公开等信息系统的信息共享,降低信息收集时滞,甚至可以利用第三方支付系统和电商交易平台采集和生成信用数据。作为央行征信系统的补充,拥有海量丰富行为数据的互联网第三方征信公司正试图通过对长期积累的数据进行挖掘和分析并构建一个更复杂、全面的征信模型,对每一个人的信用进行评估。而在互联网金融、智能移动终端和大数据普及之前,这几乎无法实现。创新的征信服务将为实体经济发展、小微企业融资和之前难以覆盖的人群创业提供了有力的支撑,大数据时代的中国征信业呈现出新的变革趋势。

三、加强反洗钱监测

中国反洗钱监测中心的数据主要来源于各金融机构总部直接向其报送的可疑交易数

据。2012年，中央银行组织37家金融机构开展大额交易和可疑交易报告综合试点改革，通过研发新的异常交易监测指标和异常交易监测模型，使可疑交易报告数量较上年同期下降98.96%，而反洗钱调查次数同比上升42.4%。试点金融机构防御性报告问题得到了很好的解决，可疑交易报告的有效性、准确性大幅提升。通过将反洗钱监测自主分析第一道防线前移和落实到各个金融机构，实现了分层次、多关口的监测，降低了可疑交易报告分析的漏警率和误报率，既过滤了大量垃圾信息，又分离出真正有价值的可疑交易和洗钱线索。

四、提高外汇管理能力

国家外汇管理局通过整合互不兼容和互不共享的业务系统，最大限度地压缩银行端和企业端的数据报送系统个数，避免数据的重复采集，并通过制定统一的数据采集标准实现多平台应用系统之间的数据共享。这一改革举措可以大幅提高数据一致性，减少数据冗余，这使得在外汇管理业务中广泛应用大数据技术成为可能，也为跨境外汇资金流动监测提供了高质量、高时效的数据源。

第八节　基于大数据金融的征信产品

一、大数据征信的概念

征信体系主要是指在相关主管部门的推动和组织下，按照一定的数据采集标准，采集、加工、核实和更新关于信用主体的各项信用信息，以实现信用信息在体系内互联互通的一种信用管理运行机制。征信体系建设是我国社会经济发展的必然要求，是社会主义市场经济的最新组成部分，也是我国创新社会管理的重要内容之一。

我国的征信体系建设经过十几年的发展探索已经初有成效，在政府部门、行业组织和地方政府等层面逐渐发展，扮演着不同程度的角色。根据数据来源和应用领域的不同，我国征信体系可以划分为金融征信体系、行政管理征信体系和商业征信体系。

（1）金融征信体系建设由金融业主管部门主导，目前我国已经形成了以中国人民银行征信中心为核心的初具规模的征信体系。中国人民银行征信中心全面收集企业和个人的信息，其中银行信贷信息是其核心内容，此外还包括社保、公积金、环保、欠税、民事裁决与执行等公共信息。全国各地的金融机构网点都能够使用征信系统的信息查询端口，形成了一个以企业和个人信用报告为核心的征信产品体系。

（2）行政管理征信体系建设由政府及其主要职能部门主导，其主要用户是政府及其各职能部门，征信对象是企业和个人，其主要目的是构建信用信息在政府及其各部门间互通互联、实现统一的信用惩戒与预警监管的政府行政管理征信系统及运行机制。当前我国尚未形成完整统一的行政管理征信体系，政府职能部门、地方政府，特别是与经济活动相关的政府职能部门独自建立了独立的行政监管征信数据库,互相独立、互补共享是其主要原因。同时,不同部门间的数据质量和规范程度等虽存在差异,但都辅助了行政管理职能的发挥。为了构建此类数据之间的联系与交互机制,执行统一的失信惩戒和守信奖励是十分关键的。

（3）商业征信体系建设主要由行业协会组织及其会员主导进行,主要用户是政府、企业、个人,征信对象是企业和个人,其主要目的是构建信用信息在组织内部及相应市场范围内互联互通、共同防范信用交易与管理风险的商业征信系统及信用管理运行机制。征信机构、信用评级机构等信用服务中介机构是商业征信体系的主要组成机构,对个人或企业的信用信息进行采集、筛选和评估等。市场化是商业征信体系的最明显的特征,这意味着它将按照市场化的方式运作,并由独立于政府之外的民营机构组织运营。其信息来源一般是交易性交换或有偿性提供的,因而较为广泛。

图 5-2 显示了我国征信业的发展现状。从图中可知,我国征信体系的特征是:由中国人民银行及国家金融监督管理总局进行监管,制定相关政策法规,央行征信体系和民营征信体系并存,共同为政府部门、金融机构、普通工商企业和个人提供服务。

图 5-2　我国征信行业发展现状

日新月异的大数据分析技术极大地拓展了信用数据的来源,并使得原有的三种征信体系呈现出相互融合的趋势。大数据征信可以实现综合多方信用信息,进而通过复杂的建模分析,生成个人或企业的信用评价,可靠性和应用效率都得到了很大程度的提升。大数据征信的数据来源有如下三个方面的优势。

首先,征信对象覆盖面广泛,可作为征信体系建设的有效补充。人民银行征信中心积累了大量的征信数据,有效地解决了信用风险问题,帮助金融行业持续健康发展,大大提高了金融服务的可获得性。同时我们也看到,截至 2022 年 8 月末,在央行征信系统有信用记录的自然人数虽然已达 11.5 亿，但还有大部分人缺乏信用记录数据，这使得他们在获得金融服务时仍存在一定的阻碍。截至 2022 年 6 月，中国有 10.51 亿网民，覆盖面十分广泛，对他们在网络上留下的踪迹进行数据挖掘及分析，能够有效补充目前的征信体系状况，让更多的人得到完善的金融服务。

其次，信息更加多维，如图 5-3 所示。现有征信记录主要是个人信息加信贷记录，而互联网上的行为记录非常多，可以用大数据的方法计算上万个变量，将更多信用记录以外的信息纳入征信体系，包括行政管理、行业共享、自主上传、网络共享等多方面的数据源。结合现有身份记录和信贷记录，以及生活类数据，再加上互联网数据，可以得到更多广谱信息来刻画信用。

行政管理	行业共享	自主上传	网络共享
学历学籍 工作单位 工商执照	通信 工资收入 婚恋 信用消费记录 租借记录 典当记录	房产 车辆 证书 信用卡账单 收入 风险测试	电商消费 支付转账 物流信息 人脉

图 5-3　用于大数据征信的信用信息广谱多维

最后，数据的实时性强。大数据的两个主要特点是存量大和实时性，不再是离线的事后分析数据，而是在线实时的互动数据。如果某个人有违约行为记录，则会立刻被计算进来，使当前业务的快速决策更加有效。

按照具体对象的不同，征信可以分为个人征信和企业征信。大数据时代的个人征信和企业征信与以往相比有着截然不同的特征。对于个人用户而言，用户在互联网上的行为被系统所记录，其中包含大量的价值信息，如社交类数据、电商类数据、支付类数据、生活服务类数据等，这些数据将成为描绘个人征信情况的基础信息，通过大数据建模得出信用评级。与企业用户相比，大量的小微企业开始使用 B2B 平台、B2C 平台、融资平台、辅助交易平台、云服务等互联网应用，小微企业的经营情况和现金流情况会被记录下来，而这些数据能够通过构建模型成为小微企业信用评级的依据。

（一）个人征信

个人征信是指收集个人信用信息、提供个人信用服务的业务行为。我国的个人征信系统建设启动的标志是上海资信有限公司开展个人征信业务试点活动。1999 年，中国人民银行批准在上海和深圳开展个人征信试点。同年 7 月，上海市政府发起成立上海资信有限公司，该公司主营个人信用信息服务，其主要行政主管部门是原中国人民银行上海分行和上海市信息办。初步的试点之后，直到 2004 年年初，中国人民银行才开始组织商业银行建立全国统一的个人征信系统。当年年末，个人征信系统在全国七个城市成功联网，在 15 家全国性商业银行和 8 家城市商业银行成功试运行。2005 年 8 月，个人征信系统完成与全国所有商业银行和部分有条件的农村信用社的联网运行，并于 2006 年 1 月在全国正式运行。建设企业和个人信用系统在参考国际最佳实践的基础上，采用了一个集中的数据库模型，全面收集企业和个人正面和负面的信用信息，按照"统一制度、统一管理、统一标准"的原则，实现在中国的商业银行体系的企业和个人信用信息交换和共享，系统效率高，实现信用评级报告查询秒级响应。2015 年 1 月，中国人民银行印发《关于做好个人征信业务准备工作的通知》，要求 8 家机构做好个人征信业务的准备工作，准备时间为 6 个月。8 家机构包括：深圳前海征信、芝麻信用、中诚信征信、腾讯征信、考拉信用、鹏元征信、北京华道征信及中智诚征信。在这之前，我国提供个人征信服务的机构只有央行征信中心及其下属的上海资信公司，而首批 8 家第三方征信机构具有一定代表性。从背景来看，芝麻、腾讯、考拉征信在互联网大数据征信方面有优势，鹏元、中诚信、中智诚是传统的征信企业。腾讯征信主要是基于 QQ 和微信平台上用户所积累的数据来进行分析和评级，除了金融数据模型，还有社交数据，目前已和浦发银行、广发银行等传统金融机构合作；芝麻征信是基于淘宝、支付宝用户所积累的数据，囊括衣食住行等各方面，侧重于消费领域；前海征信也推出了"好信度"信用分，此外还推出了针对贷款全流程的全套服务，主要以中小金融企业为主，如小贷公司、P2P 等。

  2015 年 7 月，8 家机构中，拉卡拉信用的"考拉分"、中诚信征信的"万象分"、阿里旗下的"芝麻信用分"、前海征信的"好信度"、华道征信的"猪猪分"、腾讯征信的信用评级产品等已陆续上线或开始内测。但 8 家企业均未能达到中央银行的要求，2017 年 11 月百行征信应运而生，2018 年 2 月获得我国首张个人征信业务牌照，5 月正式营业，由互联网金融协会牵头的百行征信通过股权将原 8 家试点公司纳入征信体系内，拧成一股强劲的力量，从而形成了央行主打基础业务、百行征信主导增值业务的中国个人征信行业的格局。

  目前，可被用于大数据征信的数据来源可以分为 6 类，如图 5-4 所示。

图 5-4　金融风险控制（征信）的大数据来源

一是电商类网站大数据，以阿里巴巴为例，它已利用电商大数据建立了相对完善的风控数据挖掘系统，并通过旗下阿里巴巴、淘宝、天猫、支付宝等积累的大量交易数据作为基础数据输入网络行为评分模型，进行信用评级。

二是信用卡类网站大数据，此类大数据以信用卡申请年份、通过与否、授信额度、卡片种类、还款金额等作为信用评级的参考数据。国内典型企业是成立于2005年的"我爱卡"，它利用自身积累的数据和流量优势，结合国外引入的FICO（费埃哲）风控模型，从事互联网金融小额信贷业务。

三是小贷类网站大数据，目前可充分利用的小贷风控数据包括信贷额度、违约记录等。由于单一企业信贷数据的数量级较低、地域性较强，业内共享数据的模式正逐步被认可。

四是社交类网站大数据，典型企业为美国的 Lending Club，它基于社交平台上的应用搭建借贷双方平台，并利用社交网络关系数据和朋友之间的相互信任聚合人气，平台上的借款人被分为若干信用等级，但是不必公布自己的信用历史。

五是支付类网站大数据，支付是互联网金融行业的资金入口和结算通道，此类平台可基于用户消费数据做信用分析，支付方向、月支付额度、消费品牌都可以作为信用评级数据。

六是生活服务类网站大数据，包括水费、电费、煤气费、物业费交纳等，此类数据客观真实地反映了个人基本信息，是信用评级中一种重要的数据类型。

大数据征信模型与传统信用评估体系有着较大差别。以芝麻信用为例，大数据征信融合了传统信用评估与创新信用评估，开创了大数据征信模型。具体地，大数据征信模型包含五个维度：信用历史（比重最高）、身份特质、履约能力、行为偏好和人脉关系（比重稍低）。通过这五大维度来刻画个人信用的全貌，如图5-5所示。

图 5-5 大数据征信模型——以芝麻信用为例

在大数据时代，个人征信业也面临着不少挑战。

一是大数据采集存在法律风险。目前我国新兴的第三方征信公司获取非传统信贷数据的方式主要通过互联网线上采集，数据多为网购交易、第三方支付、网络借贷、社交网络等平台上产生和沉淀的多类别结构化和非结构化的行为数据和关系数据。虽然这些数据可以被视为对银行等传统信用数据的有益补充和大数据个人征信的基础，但大部分数据将涉及用户个人隐私和信息安全。因此，信用业务开展最大的瓶颈是在法律允许的范围内，如何尽量把握用户完整、丰富的数据信息，并能更好地保护用户信息安全和隐私。

二是有限的征信数据开放共享。首先，新兴的互联网个人征信企业并没有实际有效地接入央行征信数据库，对数据的筛选、清洗和交叉验证造成了困难，通过大量的数据挖掘和分析技术降低了实时动态预测个人信用状况的效率和价值。其次，不同类型的互联网个人征信机构间的合作空间有限。不同类型的网络金融企业与不同类型的大数据资产类型各异，目前我国开展互联网金融企业多以各自平台上沉淀的非传统信贷数据为核心竞争力来进行信用风险评估和控制，如阿里巴巴、京东等以电商交易类大数据为特色，人人贷和信用宝则以网络借贷类大数据为优势，新浪微博和腾讯等掌握了大量的网络社交数据。但由于我国互联网数据产权缺少法律上的清晰界定，各机构平台在大数据共享和接口提供上存在瓶颈，征信机构之间的合作困难，削弱了个人信贷业务在我国应用的有效性和推广力度。

三是第三方征信企业缺乏金融业务经验。除了缺乏金融数据，不同机构间数据共享存在壁垒，现有的互联网征信企业的主业均为非传统金融借贷业务，在数据转化、信用评估模型设计及应用场景开发方面将面临不小的挑战。因此，现阶段互联网征信机构如何将海量的行为和关系性数据通过特定的算法模型转化为信用评估数据，设计出接受程度较高的信用评估框架，以及开发出专业化细分的应用场景都将是这些新兴征信机构急需解决的核心问题。

四是大数据技术基础薄弱，专业人才储备不足。与欧美等发达国家相比，我国的大数据个人征信业务尚处于摸索阶段，大数据处理技术基础薄弱，总体上以跟随为主，特别是在数据分布式存储、分布式数据挖掘算法、虚拟化环境和大数据分析平台等方面还存在不小差距，加之缺少掌握大数据技术的复合型金融人才，这都为我国新兴互联网个人征信企事业利用低成本和可扩展的大数据方式开展征信业务、减少主观判断、提高信用风险评估的准确性设置了技术障碍。

五是征信业监管技术和水平有待提高。目前我国对征信行业的监管主要依赖央行及国家金融监督管理总局，以《征信业管理条例》和《征信机构管理办法》为监管依据。随着大数据时代的到来，征信监管水平要能跟上大数据征信的发展水平，监管政策要符合大数据的基本规律，这都将对以央行征信为主导的监管模式、征信行业自律监管及具备大数据知识和能力的监管人员的培养等提出更高的要求。

（二）企业征信

我国企业征信系统建设大致可分为以下三个阶段。

第一阶段是探索阶段（1991—1996年）。征信系统早期雏形的标志是纸质贷款证的出现。20世纪90年代初，原中国人民银行深圳分行为了解决企业多头贷款和拖欠、逃废银行债务的行为，适应银行对贷款信息共享的需求，首先开始施行"贷款证"制度。它统一由央行颁发，对象是具有法人资格的所有企业和事业单位，贷款时由银行在贷款证上如实登记，偿还贷款后作还款记录。1992年，多个省份在辖内选取地级市进行试点探索，全国范围内的"贷款证"制度初步展开。1996年，试点成功的"贷款证"制度在全国得到推广。

第二阶段是起步阶段（1996—2005年）。IT技术的发展使纸质贷款证变为电子贷款卡成为现实。1996年，厦门、宁波等地开始试行贷款证电子化管理，贷款卡所关联的企业信贷信息通过电子方式记载成为银行信贷登记咨询系统的发展雏形。1997年，央行银行信贷登记咨询系统开始筹建。2002年，银行信贷登记咨询系统建成地级行、省级行、总行三级数据库，并实现全国联网查询。

第三阶段是发展阶段（2005年至今）。银行信贷登记咨询系统升级为全国集中统一的企业征信系统。2005年12月，企业征信系统实现主要商业银行的全国联网运行，并在天津、上海、浙江、福建四个省份开通查询用户试运行。2006年6月末，企业征信系统实现所有中资、外资商业银行和有条件的农村信用社的全国联网运行，并于2006年7月末完成全国范围内与银行信贷登记咨询系统的切换工作。

2012年被称为互联网和大数据元年。随着大数据广泛而深入的应用，企业征信也进入了一个全新的发展阶段。基于大数据应用的互联网金融模式，正在凭借互联网开放平台的信息收集优势与数据挖掘能力，通过缓解小微企业的信息不对称，降低征信成本，增强借贷的风险可控性，突破小微企业的融资约束。

二、大数据征信的应用优势

与传统征信体系相比，大数据征信弥补了个人和小微企业信用评价的不足，其应用优势主要体现在如下三个方面。

（一）个人信用贷款（消费金融）

与个人征信公司合作，商业银行可以识别个人用户的信用风险，扩大个人消费信贷业务。截至2019年年末，我国消费金融市场整体规模高达122473.17亿元。我国消费金融尚处于起步阶段，未来还有很大的挖掘空间。

至于对个人消费贷款的潜在不良风险进行预警的问题，可以基于决策树方法建立多因子数据挖掘模型，通过深入分析影响个人消费贷款的风险因素，预测和定位个人消费贷款的高风险客户群，并根据预警结果建立针对性的、分层次的信用风险防控措施。在利用决策树进行数据建模之前，首先需要指定目标变量（因变量），在风险预警中目标变量通常是客户是否发生不良违约事件。其次应当划定输入变量范围，根据业务情况挑选一些特定指标纳入范围，并基于模型从中筛选出可以预测客户未来不良的某些因子。随后再次进行数据清洗，按照事先设定的比率将样本数据以随机抽样的方式分配给训练集和验证集。最后运用统计分析软件对模型进行估计。决策树根据筛选出的预测因子细分出叶节点，基于各个叶节点得出不同客群的规则。基于模型估计结果，风险客户较为集中地聚集在部分叶节点，再通过对预警模型效果滚动进行验证并不断优化，待模型稳定后即可根据预测结果进行事前风险控制。

（二）信用卡申请

在传统的信用卡申请模式下，银行通常根据客户的申请材料、央行征信和银行内交易信息对客户进行申请评分，从而为信用卡办理等业务提供参考标准。同时，银行所掌握的信息是较为局限的，会对申请者的风险预判带来困难。而在先前的线上办卡模式中，审核和验证信息等环节具有诸多漏洞和较高程度的信息不对称，会使得银行无形之中承受更大的风险。

大数据技术的广泛应用充分具备化解上述问题的能力。通过将客户的浏览和购买行为等非结构化的信息进行有机整合，并将结构化的数据进行梳理之后，可对信用卡用户的网上行为数据和信用卡风险特征加以统计分析。针对各用户差别化的浏览和消费等行为特质，数据挖掘模型承担了风险评估和预测的关键作用。基于模型的分析结果，网上行为与信用卡风险之间的内在联系得以被揭示出来，对这些分析成果和申请者评分结果加以适当运用，有助于为信用卡办理及额度等相关指标的确定提供良好的判断基础。

（三）小微企业信用贷款

商业银行或小额贷款公司可以主动寻求与第三方征信公司合作，由拥有数据优势的第三方征信公司通过建模识别小微企业的违约风险，为商业银行小微企业信贷提供信用验证。

大数据征信与传统征信业务不同，其面对企业数以 TB 计的数据进行实时、自动的挖掘和计算，并加密传递至管理系统；通过对数据的归类、剔除、清洗、分析、检验、纠偏等自动化处理，将经营交易数据转化为可量化分析的信用数据。通过客观信用评价体系，把已处理完毕的数据形成指标，再通过相应的数学模型计算出评价结果和信用额度，作为贷款额度审批的依据。

采用大数据征信的小微企业贷款模式具有明显的创新性。一是摆脱仅仅依赖财务数据的局限性；二是尽量降低人为分析的主观性，最大限度地保证评价过程中的客观性；三是突破评估者的能力限制，运用计算机开展 7×24 的贷后风险监控。这样的模式正适合我国小微企业众多，融资期限短、规模小、频率高、需求急的特点，可极大地提高企业融资和银行贷后监管效率。

三、大数据时代征信业发展相关建议

近年来，基于欣欣向荣的互联网和蓬勃发展的大数据、云计算技术，数据资源日益丰硕，高效的信息研究工具不断涌现，为征信业发展提供了优良的前提条件，也使得征信产品开发过程中对其功能和应用的定位发生了深刻的改变，引领未来的征信业紧随时代趋势。

与发达国家相比，我国征信业仍在创设初期阶段，有较多方面亟须加快建设，尤其是在个人征信方面，需要把规章制度、技术支持、应用领域、监管保护等各个角度作为切入点，对其进行不断的创新和改善，推动征信业整体更上一层楼。

首先，完善个人征信业务相关法律法规，基于大数据征信的需求和影响促进科学的规章形成。《征信业管理条例》是我国一切征信活动的首要指挥和监管基础，应基于该条例着眼于针对安全和隐私的法律建设，界定信息产权，明确各个信息关联方所对应的权责，维护信息所有者的合法权益。

其次，加快央行征信基础数据库建设，促成征信机构分享大数据并携手拓展业务。在完善的大数据征信业务规章体系之下，央行的关键性征信数据得以在不同业务和各个层面上充分贯通。同时，促进社会上各家征信机构之间的密切联系，提升数据共享度和使用效率，创新各自业务发展方式，巩固并深化各自对大数据处理分析和深入研究的成果，强化对传统信用和网络行为的挖掘技能，提升将数据用于信用风险评估的能力。

再次，鼓励征信产品创新，引导征信业差异化竞争，促成完善的征信产业链。互联网征信机构在风控方面往往缺乏操作经验，应当通过协助传统金融机构深度学习并弥补此类缺陷。具体而言，互联网征信机构可以尝试从设计、销售网络信贷产品并提供配套金融服务做起，在此过程中不断累积用户借贷数据等信息，为其进行数据分析提供良好的基础。此外，大数据征信机构应基于其拥有的资源，构造极具预测性的专业评估模型，全面评估用户信用，从而使得相关风险得到更为精准高效的估测与控制。同时，针对各个类型的用户，可以充分挖掘其特质，顺应不同层次用户的特点，设计出适合不同人群的征信产品，在个性化发展思路中引导市场差异化竞争。

最后，提升征信业监督管理水平。有关部门应严格按照《征信业管理条例》《征信机构管理办法》对征信市场实行监督和管理，密切关注征信业务的最新状况和发展趋势，加强对专业人士的培育和提拔，进而全方位强化其监督管理能力。同时，应尽快针对数据安全、用户隐私等问题提出合理的解决方案，依据征信业发展状况不断完善有关法律规章，建立起多部门协作的监管机制，同时也注重对行业自律的宣传，从而推动个人征信业不断发展壮大。

第九节　基于大数据金融的指数化产品

一、大数据指数

（一）中证百度百发策略 100 指数

2014 年 7 月 8 日，广发基金管理有限公司联合百度公司、中证指数有限公司开发的中证百度百发策略 100 指数（CSI Baidu Baifa Strategy 100 Index，简称"百发 100"指数）正式发布，首次将互联网大数据技术引入指数编制方案中，是目前国内首支利用大数据技术开发的股票指数和首个可直接反映市场情绪的指数。

"百发 100"指数以 2008 年 12 月 31 日为基日，以该日收盘后所有样本股的调整市值为基期，以 1000 点为基点。在样本的选取上，其以中证全指为样本空间，将样本空间的股票按其综合财务因子、综合动量因子和搜索因子计算的综合评分降序排列，选取排名前 100 名的股票作为"百发 100"指数成分股。

单个股票的综合评分计算因子如下。

（1）综合财务因子：选取净资产收益率（ROE）、资产收益率（ROA）、每股收益增长率（EPS）、流动负债比率、EV/EBITDA、净利润同比增长率、股权集中度、自由流通市值共八个财务因子，采用因子分析模型，计算每期个股的综合得分，记为综合财务因子。

（2）综合动量因子：计算最近一个月的个股价格收益率和波动率，得到风险调整后的动量指标，按照大小从高往低排列，取前 30%记为动量因子，后 30%记为反转因子，中间 40%部分记为稳定因子，根据量化模型计算的评分记为综合动量因子。

（3）搜索因子：对样本空间的股票分别计算最近一个月的搜索总量和搜索增量，分别记为总量因子和增量因子；对搜索总量因子和增量因子构建因子分析模型，计算每期个股的综合得分，记为搜索因子。

（4）综合评分：对综合财务因子、综合动量因子和搜索因子计算个股内在价值，选取排序最大的 100 只股票作为成分股。

与传统指数每半年定期调整一次样本不同，"百发 100"指数每月会对成分股进行调整。中证百度百发 100 指数每月审核一次样本股，并根据审核结果调整指数样本股。样本股调整实施时间为每月第三周的星期三。从结果看，"百发 100"指数所选成分股大部分集中于基本面优良、契合市场或行业轮动特点等具有稳定业绩汇报和投资价值的股票。

"百发 100"指数是金融机构和互联网公司在权益投资领域的首次合作，也是业内首只基于互联网大数据应用编制的策略指数。传统的指数选股方式主要将股票市值、股票成交量、财务指标等作为选股因子，而"百发 100"指数则以百度互联网金融大数据为基础进行指数成分股选择，模型的构建主要依托于百度大数据技术。通过百度互联网金融大数据，融合传统金融数据，构建量化选股模型，从而实现指数成分股的选择。"百发 100"指数的选股思路源于互联网金融大数据，是基于行为金融学理论——有限关注度概念，通过百度互联网金融大数据构建的综合情绪模型（BFS 模型），其结果能够更为直接和精确地反映投资者对具体某只股票的关注程度。

（二）南方新浪大数据系列指数

2014 年 9 月 12 日，深圳证券信息有限公司、南方基金管理有限公司和北京新浪互联信息服务有限公司也联合发布了三方合作编制的南方新浪大数据系列指数，包括南方新浪大数据 100 指数（代码 399415，简称"i100"指数）、南方新浪大数据 300 指数（代码 399416，简称"i300"指数）。两只指数基于对互联网"大数据"的挖掘，均以 2010 年 1 月 29 日为基日，以 1000 点为基点。

新浪财经有着良好的数据来源，其股票频道、财经新闻、股吧论坛和新浪微博对上市公司有着及时全面的资讯覆盖，其财经数据的互动信息来自资深的投资者，更具指导意义。新浪财经的数据平台隐含海量的投资辅助信息，而南方基金量化团队的工作就是利用新浪在财经领域的大数据，深度挖掘网民关注度、新闻点击率等数据与证券市场潜在的趋势性联动信息，为指数编制提供决策参考依据。通过对大数据的定性与定量分析，找出股票热度预期、成长预期、估值提升预期与股价表现的同步关系，构建策略因子，精选出具有超额收益预期的股票，构建、编制并发布策略指数。

（三）中证淘金大数据 100 指数

2015 年 4 月 9 日，博时基金、蚂蚁金服、恒生聚源及中证指数共同发布了全球第一个电商大数据指数——中证淘金大数据 100 指数（简称淘金 100 指数）。同时，基于淘金 100 指数开发的相应的公募基金产品随后也将在市场推出。

淘金 100 指数也是一个股票指数。与其他传统指数不同，淘金 100 指数是基于海量的电商交易数据，经过大数据与金融的深度融合后，产生的全球首个电商大数据指数产品。淘金 100 指数依托蚂蚁金服的大数据平台，基于海量的互联网电商交易大数据，预期一个行业未来盈利状况、预判一个行业的繁荣程度，并在此基础上选取 100 只股票形成投资组合。由于时效性的大幅提升，淘金 100 指数同样每个月审核一次样本股，并将样本股调整周期缩短至一个月。在市场上，绝大部分的传统指数，如沪深 300 指数，则每半年调整一次指数成分股。

（四）北京大学互联网金融发展指数

2015 年 12 月，北京大学互联网金融研究中心联合上海新金融研究院和蚂蚁金服集团，编制了"北京大学互联网金融发展指数"，其基于蚂蚁金服及其他代表性的互联网金融企业的海量数据，通过编制互联网金融的全国总指数，以及分属性、分业务、分地区指数，揭示了我国互联网金融发展的现状和趋势，为互联网金融企业家、监管部门官员和学术专家提供了有益的参考，并在 2016 年 4 月发布的第二期指数中，特别编制了城市互联网金融发展指数。

金融发展指标体系的设置遵循代表性、可操作性、独立性、可拓展性的原则，既考虑业务的通用性，又考虑业务的个性化，整体指标体系共分为四级六大业务，如图 5-6 所示。六大业务的通用性指标又可以分为广度指标和深度指标。广度指标是指反映各业务发展规模的总量指标，深度指标是反映各业务发展质量的平均指标。其中五项业务（互联网支付、互联网货币基金、互联网信贷、互联网保险和互联网投资理财）的通用广度指标为最近一个月的交易渗透率，通用深度指标为最近一个月的人均交易金额和人均交易笔数。而互联网征信业务由于是互联网金融的基础设施，并不直接产生交易，而是协同其他业务产生交易，为其他业务提供风控、定价服务，所以其广度指标为最近一个月被调用互联网征信人数渗透率，深度指标为最近一个月人均被调用互联网征信的次数。

图 5-6　互联网金融发展指数指标体系框架图

（五）北京大学互联网金融情绪指数

虽然在互联网金融发展的进程中有大量的结构化数据与指数可以度量，但对于新闻报道这种非结构化信息，尚无有效的量化分析。而北京大学互联网金融情绪指数就进行了相关研究，构建一个指标体系以衡量互联网金融及其重要组成部分在不同时期的受关注情况，同时，描绘新闻媒体对于它们的正负评价情况。

指标体系的构建工作其实可以分为三个步骤：第一步，从海量新闻中寻找与互联网金融相关的新闻；第二步，将这些新闻归类至互联网金融的不同子类中；第三步，构建对新闻的正负情感的量化描述。其中，前两步对指数的正确性有着很重要的影响：一方面，其需要一个高效的算法来处理大量数据；另一方面，需要实现在一定规模的数据量的计算中，收敛至一个较为精确的结果，因而设计了如图 5-7 所示的流程。

按照功能划分，上述流程可以被视为三个部分：一是对数据进行准备，从网页抓取到生成分词完毕的待处理数据；二是对数据进行主题过滤及其结果的筛选，这部分为该流程的核心，完成了识别文章主题并正确归类的任务；三是对归类完毕的文档进行指数化，刻画关注度指数。

图 5-7 关注度指数计算流程图

（六）北京大学数字普惠金融指数

2013 年 11 月，党的十八届三中全会通过《中共中央关于全面深化改革若干重大问题的决定》，第一次在中央的重要文件中提出发展普惠金融的理念。2015 年年底，国务院在《推进普惠金融发展规划（2016—2020 年）》（简称《规划》）的通知中首次在国家层面明确了相关的定义：普惠金融是指立足机会平等要求和商业可持续原则，以可负担的成本为有金融服务需求的社会各阶层和群体提供适当的、有效的金融服务。该《规划》还提出将在未来定期发布"中国普惠金融指数"。由此可见，普惠金融正日益成为中国金融业发展中的重要概念。

而且，在传统金融机构加大普惠金融实践的同时，依赖信息技术、大数据技术和云计算等的创新性，互联网金融进一步拓展了普惠金融的触达能力和服务范围。互联网金融通过信息化技术及数字金融产品创新，提升了触达能力，降低了金融服务的成本，扩大金融服务的覆盖范围，努力实现互联网金融机构和客户的共赢。然而，目前关于普惠金融的讨论，以及普惠金融的指标体系的构建主要依赖于传统金融的产品和服务等，没有充分考虑到互联网金融及其带来的数字普惠金融的优势——更广泛的覆盖和更便捷的触达等。因此，北京大学互联网金融研究中心、上海新金融研究院联合蚂蚁金服集团，利用蚂蚁金服关于数字普惠金融的海量数据，构建了一套北京大学数字普惠金融指数体系，以期能够科学、准确地刻画我国数字普惠金融的发展现状。该指数的空间跨度包含省、市和县三个层级，并在总指数基础上，从不同维度细分数字普惠金融指数，如覆盖广度、使用深度和数字支持服务程度，以及支付、保险、货币基金、征信、投资、信贷等业务分类指数，如图 5-8 所示。

按照以上综合性、均衡性、可比性、连续性和可行性等原则，本项目设计指标体系的思路是：在现有文献和国际组织提出的传统普惠金融指标基础上，综合传统金融服务和互联网金融服务新形势特征，结合数据的可得性和可靠性，从互联网金融服务的覆盖广度、使用深度和数字支持服务三个维度来构建指标体系，一共包含 24 个指标，以期能更客观、全面地反映数字普惠金融的实际发展状况。在覆盖广度方面，不同于传统金融机构触达用户的直接体现为"金融机构网点数"和"金融服务人员数"，在基于互联网的新金融模式下，由于互联网天然不受地域限制，互联网金融服务供给在多大程度上能保证用户得到相应服务是通过电子账户数（如互联网支付账号及其绑定的银行账户数）等来体现的。

在使用深度方面，本项目主要从实际使用互联网金融服务的情况来衡量。就金融服务类型而言，包括支付服务、信贷服务、保险服务、投资服务和征信服务。从使用情况来看，既用实际使用人数，也用人均交易笔数和人均交易金额来衡量使用情况。在数字服务支持方面，便利性和成本是影响用户使用金融服务的主要因素，切实体现了互联网金融服务的低成本和低门槛优势。互联网金融服务越便利（如较高的移动化程度）、成本越低（如较低的贷款利率），则金融服务需求越多，反之则越少。数字普惠金融指标体系框架如图 5-8 所示。

图 5-8　数字普惠金融指标体系框架图

（七）其他大数据指数

大数据指数正逐渐成为行业产品创新的前沿阵地。中证指数有限公司于 2015 年 8 月 24 日正式发布首批基于银联旗下大数据平台开发的策略指数，分别是：中证银联智惠大数据 100 指数、中证银联智策大数据 100 指数与中证银联智策消费大数据指数。三个指数分别由博时、中欧与鹏华三家基金管理公司定制开发。

根据编制方案，三个指数均以银联刷卡数据所覆盖的相关行业所有上市公司为样本空间,中证银联智惠大数据 100 指数根据个股量化因子与行业大数据因子选取综合评分最高的 100 只股票作为样本股,并采用等权重计算。中证银联智策大数据 100 指数根据经济指标、行业大数据因子及其他投资研究指标,对宏观板块及行业进行轮动配置,并结合个股量化模型选取综合评分最高的 100 只股票作为样本股。中证银联智策消费大数据指数在选取市值最大的 100 只股票的基础上,利用行业大数据因子对指数行业权重进行优化。其中,行业大数据因子分别基于银联旗下银联智惠与银联智策两家机构提供的消费领域交易型趋势统计数据进行加工后得到。三家基金公司正在开发基于上述指数的基金产品。

二、基于大数据指数的产品设计

从未来发展趋势上看,国内发布的大数据指数均开发或即将发布指数基金,如广发中证百度百发策略 100 指数型证券投资基金和南方新浪大数据指数基金。

广发 100 指数自从上市以来就经历了空前的抢购,可见其受到了市场的热捧。截至 2015 年 4 月 13 日 15 时,广发中证百度百发策略 100 指数型证券投资基金 E 类份额第二次打开申购,线上销售超过 20 亿元,远超 5 亿元募集上限,最终确认的配售比例为 24.6%。400 万元申购额度一经开放就销售一空,1 小时申购额突破 4 亿元,3 天申购额达 20 亿元,大数据基金的互联网销售业绩远远超过了传统线下渠道。同样地,南方新浪大数据指数一经发售便售卖一空。

广发百发 100 指数基金和南方新浪大数据指数基金的成功也让电商大数据基金有望成为继余额宝之后,新一代互联网基金的代表。这也开启了基金公司与互联网企业相互借力、资源共享的合作新模式。大数据基金不仅让 BAT 成功摆脱互联网销售渠道的标签,而且能够深入互联网金融的上游——产品开发设计,其大数据分析与运用也成为金融机构器重的核心。

广发百发 100 指数基金为普通投资者参与大数据投资提供了一条可行的通道。之后,广发基金还将联合百度及中证,推出绝对涨幅类产品、增强型指数产品、量化对冲产品等。未来将有更多的产品开发设计基于大数据技术,大数据将成为行业中不可或缺的一部分。

第十节 代 码 实 例

(线上阅读)

本 章 小 结

本章概述了大数据时代的金融机构与产品创新。第一节简要介绍了大数据在各传统金融行业的应用现状,并列出了一些典型的基于互联网的机构与产品创新。第二节主要介绍了银行业大数据金融创新,分别从大型商业银行、中小型商业银行和互联网银行三个角度出发予以具体分析,认为在大数据时代,大型商业银行的创新体现在内部风控体系、业务经营与客户关系管理和管理决策方式等方面;中小型商业银行应着力于进行精准营销创新、小微信贷业务创新、与第三方征信公司的数据合作;国内互联网银行发展尚处于"星星之火,正待燎原"之态,面临着竞争压力较大、特定客户群信用风险较大、网络技术安全分析等问题。第三节阐述了大数据技术促使证券业技术架构、业务架构和管理架构发生革新,证券投资决策和证券行业格局也随之改变。第四节分析了大数据时代的保险业务创新、营销方式创新,以及大数据与保险业融合发展的路径。第五节和第六节分别介绍了信托业和融资租赁业大数据金融创新,重点阐述了信托业与大数据的战略结合,并认为融资租赁业大数据金融创新主要集中在风险管理、行业分析和融资平台建设等方面。对于货币当局中央银行而言,大数据同样有着广阔的创新应用前景。因此第七节主要阐述了大数据有利于中央银行提高统计预测能力、完善征信体系、加强反洗钱监测、提高外汇管理能力等。征信体系作为整个金融系统的基石,是金融体系有效运转的重要组成部分。而大数据分析能够弥补传统征信体系的不足,更好地促进金融服务实体经济发展。第八节从介绍大数据征信概念入手,分析了个人征信和企业征信的发展现状和面临的问题;认为大数据征信在个人信用贷款(消费金融)、信用卡申请和小微企业信用贷款等领域具有比较优势,并结合现实提出了大数据时代征信业发展的一些相关建议。此外,第九节分析了基于大数据指数的产品创新,指出当前金融市场推出大数据指数的创新之处在于融合了市场行情、财务状况、投资者关注度、社交舆情等多维度的数据,选取最具投资价值的股票编制股票指数,并以远远短于传统股指调整成分股的时间间隔进行调整,能够实时地反映市场动态。基金公司基于此推出了追踪大数据指数的指数基金,大数据极大地提升了资本市场的活跃度。

总之,大数据分析作为基础的、底层的新兴技术,给金融机构带来的是一场从微观业务到行业格局的深刻变革。大数据金融的快速发展将激活更多的金融机构与产品创新,为金融体系良性运行注入源源不断的生机和活力。

扫描此码 自学自测

简答题

1. 说说银行业在大数据应用方面的优势,以及大数据应用对银行业务革新的作用。
2. 大数据在银行业的应用与创新主要体现在哪些方面?
3. 大数据可以从哪些方面帮助信托公司转型?
4. 我国中央银行应用大数据的前景主要体现在哪些方面?
5. 大数据征信的数据来源有哪些方面的优势?

第六章 大数据与供应链金融

在新时代科技力量的推动下，企业的生存模式也在随着时代的变化而做出改变。在信息化网络时代，科技和大数据处理是第一要素，只有将大数据转化为自己需要的战略信息，才能在生产过程中创造更高的企业价值。企业只有将大数据与供应链金融相结合，将数据处理加工使之信息化，才能发挥出最大的作用。大数据和供应链金融的发展模式是相辅相成的，二者缺一不可。通过将大数据和供应链金融结合，可以将金融风险控制在可控范围内，同时又可以提高效率。此外，也可以帮助企业管理者、企业融资方和投资人更加直观地分析数据，实时掌握资金流动的方向，从而在瞬息万变的企业竞争中拔得头筹。

第一节 供应链金融的发展现状

一、供应链金融发展的背景

供应链金融是指基于真实贸易背景，依托核心企业，运用自偿性贸易方式融资，通过应收账款质押、货权质押等手段封闭资金流或者控制物权，对供应链上下游企业提供综合性金融产品和服务。供应链金融以核心企业为出发点，重点关注供应链中位于核心企业上下游的中小企业的融资诉求，通过供应链系统信息、资源等有效传递，实现了供应链上各个企业的共同发展、持续经营。

供应链金融起源于供应链管理，传统的供应链管理强调"6R"，即将顾客所需的正确的产品（right product）能够在正确的时间（right time），按照正确的数量（right quantity）、正确的质量（right quality）和正确的状态（right condition）送到正确的地点（right place），并使总成本最小。然而，随着经济全球化与网络化进程的加速，不同地区、国家、产业、公司之间的隔离逐步被打破，大企业与强国在供应链中占据主导优势地位，而落后地区的小企业则处于劣势地位，成为全球供应链中的短板，制约了全球供应链的发展。为了增强供应链的稳定性和减少供应链整体的财务成本，新时代的供应链研究和探索开始强调提升资金流效率，重塑商业流程。在此背景下，供应链金融开始产生。

供应链金融的发展与壮大是因为这种全新的产融结合模式解决了传统供应链中的参与主体的痛点。对于中小企业来说，供应链金融模式为在全球激烈竞争环境中处于资金支持弱势、降低成本能力弱势、风险管理弱势的中小型企业提供了低成本的融资平台与高效率的运营平台；对于大型核心企业，供应链金融模式降低了整体的供应链成本并探索出新的收入增长点；对于传统的金融机构，供应链金融模式探索出全新的风险管理与流动性管理路径，为利率市场化后的金融机构找到了丰富收入来源的通道。随着供应链金融的发展，物流、信息流与资金流将"三流合一"，供应链整体的资本结构、资本成本、资金流转周期改善的问题都将有一个整体解决方案，供应链整体绩效将得到有效提升。

全球一体化与网络化背景下的供应链金融是一种独特的商业融资模式，也是一种全新的产业组织模式。供应链金融的模式通过产业数据的底层渗透，能够对产业链整体企业进行全面把控，提供全面金融服务，促进供应链上企业资金流与"产—供—销"链条的稳固和流转顺畅，降低整个供应链的运作成本。同时，供应链金融模式也对企业间的关系，以及企业与银行之间的关系进行改造。一方面，由于银行的介入使供应链上的企业合作能够更加紧密；另一方面，企业与银行之间突破了单纯的资金借贷行为，基于企业真实业务的资金链维护与监控的全程合作，形成了实体经济和金融企业共生发展的新模式。因此，供应链金融的本质是通过金融资本与实业经济的协作，构筑银行、企业和供应链的互利共存、持续发展的新型产业生态。

（一）供应链金融产生的宏观基础

1. 供应链全球化与金融全球化

经济全球化具体表现为生产全球化、贸易全球化、金融全球化。在此宏观背景下，生产领域的国际分工开始出现，国际分工由同一产业同一行业不同品种之间的分工演化为同一生产流程内部各个零部件之间的国际分工与交换。国际之间的分工与交换逐步走向细化与纵深化。同时，跨国公司的经营使得全球经济活动趋于同步，截至 2006 年，近 7 万家跨国公司贡献了世界总产值 40% 的份额，并贡献了世界贸易总额 60% 的份额。随着分工的细化与纵深发展及跨国企业的壮大，全球经济体现出"生产—研发—销售"一体化的特色。传统产品的价值链更加碎片化，每一个地区或者每一家企业都有可能成为全球生产化链条中的一环，产品的价值链可能由不同国家或地区的不同企业分工完成。

随着产品价值链条的重构，国际贸易也呈现出贸易总量、贸易金额增长，贸易品种增加及贸易范围扩大的特色。贸易领域的全球化推动了世界市场的进一步完善，国际贸易开始从地区性的互惠互利向多边贸易体制转变，统一的全球化大市场逐步形成。国际贸易的全球化趋势必然伴随着资金流动的全球化。在此基础上，国际贸易开启了金融全球化的进程。金融全球化不仅使资金在全球范围内进行高效流动，更重要的是，使得资本在世界范围内寻找收益更高的国家、地区、行业、公司、项目。通过资本向更高效益地区流动，促进全球经济效率的提高。

就目前的趋势来看，基于生产链的全球化运作，供应链金融服务的全球化也相应地成为大势所趋，共同的发展方向在很大程度上使两者的联系日趋紧密。以此为基础，为了顺应国际贸易的全球化趋势，金融市场中必将围绕供应链发展而诞生出更为高效、便捷、风险可控的金融产品和融资模式。供应链金融正是在这种背景下应运而生的。

2. 中小企业面临信贷摩擦

随着全球产业分工链条深化，越来越多的中小企业参与全球分工，由此它们的生产、采购、贸易、融资需求逐步增加。然而，由于中小企业处在产品价值链末端，无法掌握定价权，为了走向价值链顶端，中小企业面临着不断发展壮大自身规模的压力。这就带来了中小企业的贸易融资需求。由于我国直接融资市场的相对不发达，从目前的中小企业融资渠道来看，绝大多数的融资只能依靠银行信贷。然而，由于中小企业的资信状况较差、财务制度不健全、抗风险能力弱、缺乏足够的抵押担保，根据商业银行的风控与监管要求，商业银行为了尽量减少呆账、坏账，并且考虑到成本收益比，商业银行不愿意贷款给中小企业。中小企业很难从商业银行那里获得贷款，即使获得了贷款，贷款成本也相对较高。因此，中小企业在信贷市场上面临着严重的信贷摩擦。

3. 传统金融机构需要新的利润增长点

目前，在我国的商业银行体系中，存贷利差仍然是收入的主要来源。这主要是由于存贷利率管制导致的高利差环境使得商业银行能够"躺着赚钱"。2015年10月，形式上的利率市场化已经达成。但是央行仍然继续公布存贷款基准利率，作为金融机构利率定价的参考。商业银行长久以来赖以生存的高利差环境将逐步消失，商业银行之间的竞争更加市场化。

根据海外经验，利率市场化之后，存贷利差收入在商业银行整体占比中将下滑，参考海外发达国家商业银行利润来源，将近一半的收入来源于中间业务，即银行为客户办理各种委托代理业务。银行作为信用关系的中间人，既不是债务人，也不是债权人，它只提供金融服务，受托处理各类业务并从中抽取一定的服务费用和佣金。从宏观金融环境来看，随着国内投融资体制的深入改革和金融深化，直接融资市场的逐步完善与壮大，多层次资本市场的构建，一些实力雄厚的大型公司客户能够自行发行股票和债券进行直接融资。未来金融活动将越来越不依赖于银行，银行在融资市场中的份额会越来越小。

市场竞争下的创新压力加上新形势下企业需求的变化，越来越多的商业银行开始对供应链金融服务进行尝试和发展。各商业银行纷纷以创设自有供应链金融品牌的方式进军相关领域，深圳发展银行是最典型的例子，另有包括广东发展银行、上海浦东发展银行、华夏银行在内的多家其他银行也逐步搭建起相应的平台生态圈。目前，国内已经有十多家商业银行表明了即将大力推进供应链金融相关业务的立场。

（二）供应链金融产生的微观基础

1. 结构性融资需求

现代供应链是一个复杂的经营和管理过程。几乎供应链的每一个运营环节都会涉及资金流动，同时也产生流动性与融资需求。然而，由于现代供应链的复杂性，企业支出与收入的资金通常发生在不同时刻，这就产生了巨大的资金缺口，也带来了结构性融资需求。比如，上游大型企业在下达订单与接收货物之间存在着资金缺口，下游中小型企业与原料供应商也存在着资金上的压力，经销商销售产品和终端客户支付现金之间也存在一定程度的资金缺口，整个供应链链条上存在着支付现金和实际接受现金之间的差异，产生了现金转换周期，从而对上游企业产生资金压力，对企业的现金流产生不利影响，使正常的生产经营活动出现困难。

为了解决供应链条上的资金缺口，结构性融资应运而生。作为一种金融创新形式，结构性融资在美国金融市场融资总量中的占比达到 30%。结构性融资的要义在于把企业资产中能够在未来为企业带来现金流的部分资产与其他资产区别并提取出来，再以该部分资产为标的从事融资活动。换句话说，用流动资产将企业的某一部分资产从其资产负债结构中置换出来，从而在维持原有资产负债率的基础上，配置了更高比例的高效资产。之所以被称为"结构融资"，主要是因为从财务报表的结构考虑资产的置换。结构融资创造性地运用各种传统的和创新的融资方式。目前比较常用的结构性融资方案有三种：应收账款担保融资、存货担保融资、预付款融资。

2. 供应链各成员之间的非良性竞争

由于上述客观资金缺口的存在，供应链参与成员存在着利益冲突。中小型企业尽管有着更灵活的运营成本，但由于其依赖于大型企业而生存，通常不掌握定价权，一旦大型企业拖延现金支付，中小企业容易产生较为严重的现金流问题。同样，大型企业尽管掌握着供应链中的核心优势，但由于面对着数量众多的中小供应商或者经销商，通常会因为弹性支付产生信用、账单、收集和坏账等问题。资金链、信息流、商/物流无法融合，供应链系统效率低下，市场需要一个能够整合供应链各个成员的生态系统的出现。而供应链金融正是这样一种产融结合的新型生态系统。

二、供应链金融的发展历程

国际供应链金融的产生源于大型物流企业集团的发展，其业务介入金融领域，将传统金融推向新的领地，从传统金融的有价物抵押到大型企业的供应链中存货的质押，再到应收账款的质押，最后形成综合性的金融服务，供应链金融经历不同时期，也在不断地完善与丰富，与国内丰富的模式和参与主体相比，国外的形式还比较单一。国内的供应链金融经过三个时代的发展，现在已经形成了多种形式和多个主体参与的具有不同属性和组合的供应链金融。

（一）1.0 时代：线下"1 + N"，核心企业 + 多家上下游企业

在互联网技术还未开启的时代，银行根据核心企业"1"的信用支撑，完成对一众核心企业提供服务的中小微型企业"N"的融资授信支持。这样的融资服务受诸多因素影响。首先，银行对存货数量的真实性不好把控，较难核实重复抵押的行为；其次在于经营过程中的操作风险。这是互联网技术实现之前的传统金融企业的做法，围绕核心企业的授信贷款，有一定风险，也是供应链金融最初始的模样。

（二）2.0 时代：线上"1 + N"，核心企业数据 + 多家上下游企业

当传统的线下供应链金融在线上开展时，核心企业"1"的数据能够迅速传递到银行一方，从而使得供应链上下游企业和中游核心企业的采购、交付等环节进程在银行端触手可

及。依靠互联网技术的强大支持，供应链金融能够在网上高效开展业务，实现多方线上合作，提升业务处理速度。但这种大数据只涉及了关键的核心企业，对其上下游中小企业的控制力不足，虽然已经取得了核心数据的支持，但对于真正借款的中小企业尚未完成实际的数据收集和掌控。

（三）3.0 时代：线上"N + N"，核心企业 + 多家上下游企业 + 全数据

电商云服务平台的搭建颠覆了过往以融资为核心的供应链模式，转为以企业的交易过程为核心。出现了货物质押之外的方式，通过在企业交易过程中应收账款的质押等方式，银行要搭建一个服务平台，让中小企业的订单、运单、收单、融资、仓储等经营性行为都完整地呈现在系统中，同时引入物流、第三方信息等企业，搭建服务平台，为企业提供配套服务。在这个系统中，核心企业起到了增信的作用，使得各种交易数据更加可信。现在不仅仅是银行系统在努力做，有更多的关联企业参与进来，都试图以自己的优势为基础，构建整个供应链上的服务平台，这也是目前供应链金融形式多样的原因。现在银行虽然还是主角，但已经不是"一家独大"的局面了。

三、供应链金融新模式

根据供应链金融的定义可以看出：一般而言，商业银行才是供应链金融综合性产品和服务的提供主体。但供应链金融的发展模式并不只有商业银行主导这一种。供应链金融在国外的发展比较成熟，主要的模式有银行主导型、核心企业主导型及物流企业主导型三种。按照融资所需的资产不同，供应链金融模式可以分为应收账款融资模式、融通仓融资模式及保兑仓融资模式。这三种融资模式的依据资产分别为：应收账款等应收类资产、存货及预付账款等预付账款类资产。

虽然我国供应链金融的发展时间较短，但是发展较为迅速，这一特点在"互联网+"发展背景下得到了充足的展现。我国供应链金融在"互联网+"浪潮的带动下呈现出新的发展特点与发展模式：①平台公司；②行业信息咨询公司；③信息服务提供商；④供应链服务提供商；⑤行业核心公司等。

（一）电商平台发展模式

电商平台发展模式主要是批发零售电商以在互联网交易中获取的客户交易记录与流水为基础，针对客户实际要求，为其提供金融产品与服务。以该种模式运作的典型公司之一是苏宁云商。该公司通过线上零售所汇集的客户资源、信息和人性化的顾客服务，构建了围绕电商平台的生态产业链，并借助其推出的网络借贷产品苏宁小贷为供应链上下游企业提供便利优质的配套服务。

2015 年，作为线上零售商，苏宁云商通过 O2O 模式运作维系了与众多客户之间的友好关系，并且获得了交易客户的交易数据，为其完善金融服务提供者的角色打下了坚实的

基础。同时，为了进一步壮大客户群体，扩充客户资源，苏宁启动了与阿里巴巴公司的合作，汇聚双方实力，贯通线上线下，拓宽业务渠道，为苏宁云商在零售领域大展身手、打造苏宁生态产业链创造了不可多得的机会。

（二）行业资讯公司发展模式

行业咨询公司转型模式主要是一些主营行业信息咨询的互联网公司，借助长期积累的信息优势所形成的大数据支持与客户认可，通过先前设立的网站或者重新创建交互性渠道为上下游企业提供金融产品和服务。上海钢联是采取这一模式转型的典型公司。

上海钢联是集钢铁信息技术服务、电子商务等为一体的综合性企业，会员培训服务与信息服务构成其主要收入来源。基于"互联网+"的盛行，公司推行线上模式的供应链金融服务，丰富了业务范围，拓展了收入渠道。上海钢联之所以能够利用钢银平台发展供应链金融主要是得益于长时期的信息收集与积累，大数据的支撑，采用寄售模式背景下的平台交易量不断增加、闭环的钢银电商模式的构建及公司大股东的强力支持。

上海钢联的资金来源主要是银行贷款和股东支持。在互联网发展背景下的供应链金融的种种举措下，不能忽略的就是供应链金融的资金来源问题。目前钢银平台向客户提供融资服务的资金主要来源于自有资金和银行贷款。但是随着钢银平台交易量的不断增加，钢贸企业的融资需求也在不断增长。因此，上海钢联陆续通过向控股股东申请贷款、增资扩股等形式扩充资本。同时，上海钢联平价将复星持有的股权进行回购，也说明了大股东对上海钢联的支持力度。上海钢联于 2015 年 8 月 8 日发布公告，称其子公司钢银电商拟申请挂牌新三板，如果顺利实现，将有利于钢银平台更好地开展供应链金融业务。

（三）信息化管理服务提供商发展模式

信息化管理服务提供商发展模式主要是一些软件开发商借助企业管理信息系统，辅助企业基于信息分析结果改进生产经营活动安排，在提升企业运作效率的同时扩充了开发商的顾客资源。开发商通过其客户资源和自身声誉为上下游企业提供融资服务及其他相关金融服务。汉得信息是运作该种模式的典型企业之一。

近十年来，汉得信息在运作信息服务方面取得了突飞猛进的发展，该公司自主创设了租赁管理平台、移动业务管理系统、财务共享平台、精益制造管理系统、费用控制系统等多元化企业管理系统，同时也为诸多此类产品的云共享使用方式做出了更新和完善，为企业管理实现精细化和敏捷化运作提供更多行之有效的管理手段。得益于领先的软件开发能力和顾客资源优势，汉得信息得以实现企业的跨越式发展以及其供应链业务的巩固。

在供应链金融供给端，汉得信息通过与银行达成合作来开展供应链金融业务。2015 年 6 月，汉得信息与平安银行签署了供应链金融战略合作协议，对接汉得信息的供应链金融平台与平安的保理云平台，汉得信息负责向其大数据平台输入数据并评估风险，平安银行则掌管资金的发放。基于双方的顺利合作，平安银行除了对核心企业的贷款业务提供配套服务，还直接给予汉得信息保理公司资金支持，帮助其拓展保理业务，进而推动公司供应链金融的整体发展。

（四）供应链服务提供商发展模式

一般而言，主流的供应链服务提供商发展模式是指供应链服务提供商对采购、分销、交付等环节中的各方信息进行收集和运用，从而为上下游企业提供供应链金融产品和服务。怡亚通是运作这种模式的典型供应链企业之一。

怡亚通是一家承接企业非核心业务中外包部分的整合型服务商，其业务合作方主要是O2O金融、供应链网贷和P2P小贷，资金来源是与之达成协议的商业银行。O2O金融根据怡亚通供应链的商业模式，把该公司380消费供应链平台中庞大数量的下游小微企业作为服务主体，针对顾客独特的资金需求，与商业银行合作开发融资业务，打造信息共享、资源协同的高效优质金融服务。

（五）行业核心公司模式

在供应链金融的蓬勃发展态势下，传统型企业也对其保持密切关注并力图借以实现企业转型。该类企业往往是所属行业的领头羊，在新常态经济和供给侧结构性改革的浪潮下面临发展瓶颈，遂整合业内上下游资源，运作供应链金融模式。事实上，这样的典型公司不胜枚举：安源煤业通过旗下江西省煤炭交易中心发展跨区域多品种电商；金叶珠宝借助对丰汇租赁的收购涉足金融领域；道氏技术凭借其设立的供应商电子商务公司经营陶瓷采购和供应商互联网平台业务；传化股份收购大股东资产传化物流，助力形成"互联网+物流供应链+金融服务生态圈"；钢铁行业先锋宝钢股份坐拥东方钢铁网和上海钢铁交易中心两大电商平台；智慧能源逐步创立起电缆网的电商平台，并参股了北京随时融公司，有助于其拓展融资渠道，促进资金周转。上述公司的发展脉络有着较多相似之处，即依靠自身力量搭建或者从外部并购线上交易平台，从而为其业务流量提供充足保证，紧接着承接其业务基础，拓展其在保理、物流、交付等环节的服务，同时投资于金融企业以形成基于供应链的稳定金融支持，为公司本身提供融资便利。

行业核心公司进入金融领域的难度要大于前述的平台类或信息服务类公司。公司本身是产业里的竞争主体，与同业存在竞争关系，因此能否吸引到行业内足够多的流量转移到自身平台上是一个问题，且受制于行业自身发展空间的天花板；同时，资金流集中后会在核心公司层面放大本行业的周期性风险。

第二节　大数据对供应链金融的影响

一、大数据对传统供应链的影响

（一）变革车货匹配

在物流园区常常能看到大量车辆停在园区的停车场候着，有时候存在等上两三天也配不上货的现象，这种情况大大浪费了资源。而大数据的运用就能够建立起车货匹配的信息平台和 App，通过运力池的大数据分析，将公共运力的标准化和专业运力的个性化需求之间进行良好的匹配，同时，结合企业信息系统进行全面整合与优化。基于大数据实现车货高效匹配，不仅能减少空驶带来的损耗，还能减少污染。同时，大数据的应用还能有效解决公共信息平台上没有货源或货源信息虚假的问题，构建车货匹配的运行体系。

（二）运输路线优化

以美国联合包裹服务公司（UPS）运用大数据优化送货路线为例，UPS 采用 Orion 系统可实时分析 20 万种可能路线，3 秒找出最佳路径。UPS 通过大数据分析规定：卡车不能左转，原因是左转会导致货车长时间等待。未来，UPS 将用大数据预测快递员将做什么，并及时控制和纠正问题。通过运用大数据，物流运输效率将得到大幅提高，大数据为物流企业间搭建起沟通的桥梁，物流车辆行车路径也将被最短化、最优化定制。根据往年的数据显示，因为执行尽量避免左转的政策，UPS 货车在行驶路程减少 2.04 亿千米的前提下，多送出了 350000 件包裹。可见，运用数据合理规划运输路线能够大大提高运输效率。

通过大数据分析进行合理的运输管理、道路运力资源管理，能够建立起高效的运输与配送中心管理，提高企业对业务风险的管控能力，改善企业运作和客户服务品质。

（三）精准需求预测

供应链上的企业存在着紧密的关联关系。终端消费量的变动必然会引起上游各环节的变动。大数据时代海量数据分析能够帮助我们判断一系列变动的规律。同时，我们还可以把一定时期内的流通和消费看作一个常量，而在地区、方向、渠道、市场的分配作为变量，通过对以往数据的分析，对未来需求量做出精准的预测。

需求预测是整个供应链的源头，是市场需求波动的直接反映。销售预测的灵敏程度直接关系到库存策略、生产安排及对终端客户的订单交付率。企业需要借助大数据分析手段，通过有效的定性和定量的预测分析模型，并结合历史需求数据和安全库存水平，综合制订精确的需求预测计划。

更进一步，借助互联网技术和商业模式，可以实现从生产者直接到顾客的供应渠道的改变。这样的改变从时间和空间两个维度都为物流业创造新价值奠定了很好的基础。借助大数据，通过从需求变动、安全库存水平、采购提前期、最大库存设置、采购订购批量、采购变动等方面综合考虑，建立优化的库存结构和库存水平设置。不断优化库存结构和降低库存存储成本，运用大数据分析商品品类，系统会自动调用哪些商品是用来促销的，哪些商品是用来引流的，同时，系统会自动根据以往的销售数据进行建模和分析，以此判断当前商品的安全库存，并及时给出预警，而不再是根据往年的销售情况来预测当前的库存状况。成熟的补货和库存协调机制能够消除过量的库存，降低库存持有成本。

通过互联网技术的变化，可以让全国物流业的布局相应地发生一系列调整。从过去生产者全国布局配送中心逐步演化为个性化订单，从顾客的需求向上推移，促使整个配送模式的改变。过去是供给决定需求，今后越来越多地从需求开始倒推，按照需求的模式重新设计相应的供给点的安排。这些都是因为大数据时代到来所产生的变革。

（四）风险预警

运用大数据与预测性分析可以实现问题预测与风险预警，即在问题出现之前就做好解决方案的准备，并及时预警，避免突发情况造成的经营灾难。同时，还可以应用到质量风险控制，如 UPS 从 2000 年就开始使用预测性分析来检测整个车队的状况，以及时进行防御性的修理。6000 辆车规模的车队通过监测车辆的各个部位，只需及时更换旧零件就能保障运行，大大缩减了维护成本，同时也提高了整个车队的运行效率与安全。

（五）供应链协同管理

高效地发挥数据的最大价值，能够简化供应链计划流程。一个有效的供应链计划系统把包含需求评估、库存管理、资源配置、设备维护、生产规划、物料盘点等一系列企业经营活动组合成一个有机整体，彻底变革企业市场边界、业务组合、商业模式和运作模式等，借助与供应商之间的密切合作，促成双方资源共享和数据互递。制造商与供应商之间的友好协作在降低双方信息不对称、建立信任机制的过程中扮演着极其重要的作用。一旦两者之间启动对库存与需求数据分析的共享并逐步搭建 VIM 机制，将对制造过程中的货物不足问题及其不良影响带来重大改善。部署供应链管理系统，要将资源数据、交易数据、供应商数据、质量数据等存储起来用于跟踪供应链在执行过程中的效率、成本，从而控制产品质量。企业为保证生产过程的有序，为达到最佳物料供应分解和生产订单的拆分，需要综合平衡订单、产能、调度、库存和成本间的关系，并需要大量的数学模型、优化和模拟技术为复杂的生产和供应问题找到优化解决方案。

（六）变革思维方式

物流行业的人们不再认为数据是静止和无价值的，对数据也有了重新认识，但片段性的、短期的数据似乎并未发挥出立竿见影的价值！也许，有的企业会死在追求大数据的道路上，当然出现这种结果也是悲壮的！企业管理人员如果没有大数据的理念，就会丢失掉很多有价值的数据，譬如，某专线货车价格并不完全依赖于起点和终点，也不完全依赖于公里数，太多影响其价格变动的因素了。

如今，大数据逐渐成为投资公司热衷的领域，也逐渐在成为一种商业资本，未来大数据还能创造更多出乎意料的价值存在，短期看也许是"虚"的，但一旦转变思维，大数据就能激发出更多新点子，创造更多新产品和新型服务，大数据的奥妙只为一直追求、愿意聆听且掌握了学习手段的人所知。

加速大数据产业链，需要更先进的分析技术，"互联网＋物流"的本质是物流行业经过互联网改造后的在线化、数据化，其前提是互联网作为一种基础设施的广泛安装。"互联网＋"依赖的新基础设施可以概括为云（云计算和大数据基础设施）、网（"互联网＋物联网")、端(直接服务个人的设备)三部分,这三个领域的推进将决定"互联网+"计划改造升级物流产业的效率和深度。大数据时代的来临,首当其冲的是思维的变革,随之而来的将是商业模式的改变。

二、大数据时代供应链金融的变革

(一)互联网对供应链金融的影响

1. 互联网为供应链金融发展提供助力

虽然我国供应链金融发展的时间较短,但是发展较为迅速,这一特点在"互联网+"发展背景下得到了充足的展现。我国供应链金融在"互联网+"浪潮的带动下呈现出新的发展特点与发展模式。

首先,银行不再是供应链金融产品与服务提供的绝对主体,更多的是市场主体参与产品与服务的提供。在"互联网+"浪潮的冲击下,更多的企业有机会利用自身的信息优势、交易资源优势及客户资源优势,转型成为供应链金融产品与服务提供主体。

其次,在供应链金融的链条架构上,模式由"$1+1+N$"变为"$N+1+N$"(如图6-1、图6-2所示)。原来在以往供应链金融主要是采用"$1+1+N$"的架构模式来发展,其中"1"是银行及核心企业,"N"是上下游多个企业,而银行主要是对核心企业进行授信,伴随着互联网浪潮的冲击,更多的上下游融资企业已经可以直接与核心企业进行接触,由核心企业对上下游融资企业进行授信。而核心企业既可以利用自身资金,也可以通过外部融资补充资金,这样就使得链条构架变为"$N+1+N$",而且更加凸显核心企业的作用。

图6-1 供应链金融"$1+1+N$"模式架构图

图6-2 供应链金融"$N+1+N$"模式架构图

再次,提供供应链金融产品和服务的方式从线下向线上迁徙。过去主要以一种线下的方式来进行。随着互联网金融概念的普及与强化,供应链金融在产品和服务的提供上已经转变为以线上和线下相结合的方式来进行。线上供应链金融的提供方式可以有效降低交易和融资的成本，提高融资及整个供应链交易的效率。

最后，互联网和大数据使得供应链金融覆盖众多小企业成为可能。在供应链金融服务对象多样性方面，原来的供应链金融只针对核心企业，并通过核心企业为该核心企业的上下游企业提供金融产品或者服务。但是"互联网＋"下的供应链金融能够很好地将以前供应链金融无法覆盖的企业涵盖进来，能够很好地利用"长尾效应"，扩大自身的市场份额。可以说，"互联网＋"下的供应链金融产品和服务的对象更加多样化。

2. 发展互联网供应链金融的必备因素

在"互联网＋"浪潮下，并不是所有有热情的公司都能分得互联网供应链金融的一杯羹，结合以上分析，发展互联网供应链金融还是需具备以下几种因素。

1）积累足够的信息优势

发展供应链金融前掌握大量的客户交易信息，拥有上下游客户的交易数据，能够为公司了解客户的交易习惯、资金需求程度奠定很好的基础。只有真正了解客户的金融需求，才能从客户本身出发设计出适合的融资工具并提供恰当的综合性金融服务。

2）数据的整理和分析运用能力

在积累足够的客户信息后，如果不能够很好地对客户信息进行分类整理并分析，则难以有效地开展供应链金融服务。大数据平台的建设是在互联网浪潮下的另外一个发展的趋势，大数据平台的建设可以很好地帮助企业进行数据的整理和分析，能够帮助公司节省成本，提高信息利用效率和融资服务的实现效率。

3）公司整体业务生态圈的构建

发展互联网供应链金融业务绝不仅仅是将网上平台搭建起来，寻找有融资需求的客户那么简单。特别是在互联网热潮下，仅仅是发展互联网来支撑整个公司的发展是不现实的。所以在互联网供应链金融发展的同时，其他业务也要相互配合。因此，企业应当在努力构建整个业务体系的基础上，实现交易、咨询、物流、支付、其他服务的整体业务生态圈。构造整体业务生态圈能够在不断发展上下游客户的同时保持客户的黏性。如果企业仅仅是依赖互联网，而没有在实际业务中使客户得到便利，得到客户的认可，这样的互联网供应链金融即使发展起来，也会是昙花一现。

4）资金端足够的支撑

互联网供应链金融业务的开展主要是给予上下游企业资金支持，但是给予支持的这部分资金如果完全由公司自身承担，对于公司来说则是一个不小的压力与挑战，这在供应链金融业务规模不断扩大的时候更为显著。从企业开展供应链金融业务的实践中可以看出，企业并没有完全由自身承担这部分资金，而是将资金来源端扩展到了商业银行、小额贷款公司等。其中，金融机构赚取的虽然只是利息差，但是这能够保证其供应链金融业务的长足发展。此外，还有公司通过股东的支持获取足够的资金。这些公司通过自身的资金支持及第三方的资金支持，可以使得公司在保证供应链业务发展的同时，也能够赚取足够的利润。

5）公司战略的支持

发展互联网供应链金融并不像生产产品一样有着固定的生产流程，随着互联网技术的不断更新，互联网供应链金融模式也在不断地发展。这就需要公司能够在不断变化的情况下，根据实际情况制定不同阶段的发展战略。如果发展互联网供应链金融只是借助这波市场行情炒概念、讲故事，公司本身并没有制定长远且完善的发展目标与战略，那么当市场行情退去，终究会被抛弃。

（二）区块链对供应链金融的影响

1. 区块链重塑供应链金融模式

区块链技术在短时间内能够受到业界重视的原因是它被很多人看作是可以改变现有交易模式、从底层基础设施重构社会的突破性变革技术。马尔科·扬西蒂，卡里姆·拉哈尼在《哈佛商业评论》中发表了题为"The Truth About Blockchain"的文章，对区块链的运作原理进行了系统性的总结，他指出，区块链本身是一种开源分布式账本，能够高效记录买卖双方的交易，并保证这些记录是可查证且永久保存的。该账本也可以通过设置自动发起交易。其运作原理可以具体概括为：分布式数据库、对等传输、透明的匿名信、记录的不可逆性、计算逻辑。

软件及咨询公司 Thought Works 认为，区块链的这些特征使之在供应链金融领域具有独一无二的优势，显示出了解决现有供应链金融存在的问题的潜力。

（1）建立 P2P 的强信任关系。作为一种分布式账本技术，区块链采用分布式部署存储，数据不是由单一中心化机构统一维护，也不可能按照自己的利益来操控数据，因此具备较强的信任关系。

（2）建立透明供应链。区块链保存完整数据，使得不同参与者使用一致的数据来源，而不是分散的数据，保证了供应链信息的可追溯性，实现供应链透明化。

（3）金融级别加密安全性。由于对交易进行了加密，并具有不可改变的性质，所以分类账几乎不可能受到损害。

（4）个性化服务。区块链本身的可编程性可以从本质上满足各类消费者的个性化需求。

（5）可审计性。记录每次数据更改的身份信息，可以进行可靠的审计跟踪。

区块链是一项基础性技术——它有潜力为供应链金融行业的经济和交易制度创造新的技术基础。可以肯定的是，区块链技术将深刻改变供应链金融行业的商业运作，这种改变远远大于供应链行业的改变。区块链应用不仅是传统业务模式的挑战，更是创建新业务和简化内部流程的重要机会。

根据 IDC 发布的《全球区块链支出指南 2020》(*Worldwide Blockchain Spending Guide*, *2020V1*) 报告预测，到 2023 年，全球区块链市场整体支出（仅统计联盟链或分布式账本技术支出，已剔除虚拟货币相关支出）将达到 144 亿美元；从行业支出来看，金融行业在区块链解决方案上的投入是最大的，具体的应用场景方向则集中在跨境支付和结算、贸易融资、交易后结算和监管合规等方面。2024年，中国区块链市场整体支出规模将达到22.8亿美元，年复合增长率高达51%。

2. 区块链在供应链金融领域的应用

区块链的特性和优势可以帮助我们创新性地解决问题，并促进供应链金融价值链的重塑，这些创新应用千变万化，或许在现在看来，有很多应用我们都难以想象和预测。可以从下面四个角度来描述区块链如何应用于供应链金融领域。

1）提高整个行业的透明度

类似于RFID的技术很早便被用于提升供应链的透明度，区块链则能够确保物品从物理世界向虚拟世界映射的透明度和安全性。区块链将分类账上的货物转移登记为交易，以确定与生产链管理相关的各参与方及产品产地、日期、价格、质量和其他相关信息。由于分类账呈现分散式结构特点，任何一方都不可能拥有分类账的所有权，也不可能为谋取私利而操控数据。此外，由于交易进行过加密，并具有不可改变的性质，所以分类账几乎不可能受到损害。

这对于供应链金融具有重要的意义。整个供应链金融企业将据此重新评估风险控制模型。可以明确的是，由于整体透明度的提高，行业风险将被极大降低，参与各方均将从中受益。

区块链为供应链提供了交易状态的实时、可靠视图，有效提升了交易透明度，这将大大方便中介机构基于常用的发票、库存资产等金融工具进行放款。其中抵押资产的价值将根据现实时间实时更新，最终将有助于建立一个更可靠和稳定的供应链金融生态系统。

目前，已经有尝试利用区块链技术来改善供应链管理的先例。例如，IBM推出了一项服务，允许客户在安全云环境中测试区块链，并通过复杂的供应链追踪高价值商品。区块链初创企业Everledger正在使用该项服务，希望能够利用区块链技术来推动钻石供应链提高透明度；伦敦的区块链初创企业Provenance致力于为用户提供一个网络平台，使品牌商能够追踪产品材料、原料以及产品的起源和历史；BlockVerify同样是一家位于伦敦的初创企业，该公司主要利用区块链技术提升行业透明度，从而打击产品假冒行为；Skuchain公司正在为B2B交易和供应链金融市场开发基于供应链的产品；在主要金融模块领域,Fluent正在朝着为供应链管理使用区块链盈利方向努力。

2）降低整体供应链金融交易成本

充满潜在区块链应用的领域在于降低交易成本。区块链技术可以弥补不同交易主体之间的信任鸿沟。例如，当甲乙两家公司在国际上发送高价值和大批量的货物，如铁矿石。甲为发货方，乙为收货方，双方约定到货30日后付款。甲方找到金融中介机构A为其提供供应链金融服务，B为其增信。在这个方案中，甲乙两家公司及中介金融机构A、B同时面临着不可预知的运输风险。现在，我们通过签署复杂的纸质文档来试图规避上述风险，当事方必须管理托运人中介金融机构和接收方的中介金融机构之间的协议，同时被管理的还有记录货物价值和装运方式的大量协议。大多数时候，我们需要用原始合同文档来验证信息真伪。

使用区块链应用程序，公司可以将所有文档都放到区块链上，基于区块链的运行机制，这些数据不能够被更改。一旦出现问题，当事方可以通过区块链技术快速定位在特定日期处于特定版本的合同文档，这对于处理纠纷非常关键。区块链上的所有文档对所有人提供完全平等的访问权，参与方可以快速访问目标材料，这种访问基于高度的信任关系和对于所有交易记录的可追溯性和可验证性。事实上，区块链包含对供应链金融至关重要的所有必要组件：时间戳、不可逆性和可追溯性。

一旦完成合同文件的发送和接收，当事方公司可以通过区块链上的智能合同进行支付。交易双方可以事先约定合同的处罚条款。例如，当满足条件 X 时，乙方将支付 N 给 A。通过这种方式，在给予借/贷双方更加个性化的服务的同时，区块链也实现了文件的交换和价值的交换。

Barclays 公司试验了这种可能性。2016 年 9 月，他们已经完成了基于区块链的供应链金融的第一次现场试验；另一个例子是农业合作组织 Ornua 和塞舌尔贸易公司（一家食品产品经销商）基于区块链完成黄油贸易有关的文件，虽然本身的支付仍然是"传统的"，但使用区块链交换文件能将贸易时间从 10 天减少到几个小时。其他机构也在尝试：汇丰银行和美银美林正在使用 Linux 基金会的 Hyperledger 平台，在重金属贸易融资领域进行类似的实验和测试。

3）催生新的商业模式

区块链技术不仅仅是一项技术变革，它最终会影响供应链金融交易过程中的合同、交易及其记录，进而改变现在的商业模式。随着信任壁垒的去除、交易透明化，区块链会催生真正意义上的供应链金融平台。

新型供应链金融平台的主要参与者包括平台本身、保理机构、金融中介机构、企业、个人甚至算法公司。供应链金融平台负责提供供应链信息、客户信息等基础服务；第三方中介机构可以基于平台信息进行整合，提供更加定制化的供应链金融服务，这种服务将更加精细化、个性化。比如，传统意义上我们可以将应收账款抵押，在未来的供应链金融平台，我们可以将应收账款细分，根据不同的节点状态建立金融模型，进而产生不同的金融产品。未来随着可追溯能力的增强，所有的金融模型将根据供应链的实时状态进行数据更新，对标的资产或者是借款人进行持续评估。算法公司可以基于平台提供的 API 接口开发金融模型，并出售给第三方金融机构和保理公司。

最终，区块链将增强市场中抵押资产的流动性，改善当前最常用的供应链金融工具，如保理、采购融资、供应商管理库存融资等，并为深层融资提供机会，催生新的商业模式——供应链金融及服务。

4）简化交易过程，提升客户体验

设想这样一个场景：李琳在北京经营一家黄金首饰店铺，在黄金珠宝市场的销售旺季到来之前，作为下游的终端店铺想提前囤点货，她手上资金紧张，但是作为终端店铺的老板，她知道这个旺季把货销出去后一定可以大赚一笔，她找到供应链金融平台，平台虚拟助手通过触摸屏为她提供了多种金融方案（比如，通过品牌商的担保或反担保的增信措施到平台来获取融资借贷），所有的方案都是为李琳量身定做的，因为第三方金融机构已经通过平台提供的 API 接口了解了足够详细的李琳的个人和商业信息，如征信记录、违章记录、处罚信息等。所有上述信息都是通过区块链存储的，这也确保了李琳的个人信息不会泄露。同时，基于李琳在区块链上的实时数据映射，她还可以得到外部机构对她的信用评级信息。

李琳通过触摸屏选择最佳选项。触摸屏读取她的指纹，并且通过系统区块链验证她的身份。通过后，金融机构的银行账户向李琳的银行账户划款，接下来，系统设置每月从李琳的银行账户向放款的金融机构直接划款，这些行为通过智能合同触发。

几个月后的一天，李琳购买的黄金首饰在运输途中丢失，安装在运输外箱上的智能传感器通过区块链触发了丢失通知，保理公司和中介金融机构第一时间收到了丢失信息，并通知李琳去保理机构。在去保理机构的路上，她非常担心，不知道该如何处理索赔和退款，以及这些会如何影响她的还款合同。当她到达保理机构后，李琳惊奇地发现索赔已经通过区块链提交，并且保理公司已经批准了索赔。

这个例子向我们很好地说明了区块链技术如何提升用户的体验，只要我们稍加留意，就会发现很多类似的应用场景。

最后，技术和场景是互联网和 IT 行业发展的重要推动力，我们相信，随着区块链在供应链金融应用场景的不断丰富和实践，终将会颠覆整个供应链金融行业。

（三）金融科技对供应链金融的影响

供应链金融的难点在于防范中小企业融资难所产生的金融风险，而 Fintech 则可以帮助改善这一情况。Fintech 改变供应链金融主要体现在以下三个本质层面：交易征信解决中小企业评价问题；大数据解决核心企业与贸易伙伴的关系，供应链金融的开放性问题；区块链解决链式信任关系。

1. 交易征信与自动贷后解决贸易真实性、自偿性和中小企业评价问题

金融科技对供应链金融的提升主要基于交易数据的征信及自动贷后，能够把原来单纯依托静态的、事后的、有可能会人为加工过的财报类的数据延伸到交易数据层面。以前的财报基本就是平面上的一个点，现在拿到的则是一个立体的数据，这样就可以从更多的维度去观察和分析，造假的难度和人为加工的难度非常大，从而真正解决人工确权、贸易真实性和自偿性问题。

利用大数据，可以对供应链上的客户的生产安排、研发能力、盈利水平、投资配置与收益等贯穿企业生产经营活动的各个环节开展深入透彻的分析，公开化的各类信息可以全面而直观地反映企业发展现状，提高资信评估和放贷速度，提高业务效率。

通常来讲，在企业自愿的情况下，数据经过脱敏的处理之后再到中心端，中心端基于数据进行进一步的分析。在本质化效率提升的数据基础上，结合行内数据及其他外源数据，把模型分析做好，就能够真正做到量化授信、分级预警。在这当中不只有实时监控，甚至在模型里面还有一些预测性的指标，帮助金融机构更早、更及时地解决相关问题。

2. 大数据：解决核心企业与贸易伙伴的关系，供应链金融的开放性问题

供应链金融首先解决的是以核心企业为依托的上下游问题，但本质上供应链金融的目的是解决中小企业的问题。在很多传统的解决方案中，仅仅依赖供应链上核心企业的配合和数据，而核心企业往往只掌握部分交互类的数据，如下游预付渠道融资中的客户订货数据。

新的金融科技发展采用交易网关数据工具部署在中小企业，可以智能适配到中小企业进销存 ERP 的系统，或从云端获取额外的交叉数据。只有真正建立基于授信主体的全方位数据才能真正掌握，结合行业大数据，摆脱以往挤占核心企业额度，要求核心企业硬性担保等问题，才能真正发展依托中小企业的更开放的行业性供应链金融体系。

3. 区块链：解决与链式非信任关系问题

区块链所解决的是核心的问题，即信任问题，来自多方的数据，比如，供应链金融的货押业务会涉及金融机构、企业、仓储、服务提供方、仓储监管方等，在这当中获取数据和数据之间的来回确认相对会比较麻烦，由于它们各自都有信息记录的方式，所以一起去对账会非常烦琐。

产业之间本身也有上下游的关系。比如，汽车的主机厂和汽车零配件产业就是上下游关系，这也会有相关的纵向协同。更好的方式是大家各自都往区块链记载分布式的账本，最终达成共识，所以，区块链解决的就是供应链金融在非信任的体制下怎么达成一个信任关系。

传统的供应链金融因为存在着核心企业沟通、操作成本高昂、贷后管理复杂等一系列问题，结果就是花费很大精力却无法产生合理收益，金融科技的发展将真正改变传统供应链金融，不只是简单在线化，而是通过交易征信、大数据和区块链等技术推动供应链金融更加自动化和智能化，为实体经济创造更大价值。

第三节　大数据时代供应链金融的发展趋势

（线上阅读）

本 章 小 结

在大数据时代下，供应链金融实现了物流、资金流、数据流的结合。本章从供应链金融发展的背景出发，介绍了供应链发展的三个不同阶段，以及在当前大数据、信息化的趋势下,供应链金融产业出现的新模式。具体论述了大数据对传统供应链、互联网、区块链和 Fintech 对供应链金融的影响。同时,新时代下供应链金融的风险类型、风险成因也有了一些变化,因而其风险管控机制及手段也做出了相应的改变。最后,展望了大数据时代下供应链金融发展的新思潮及具体的发展趋势。

自学自测　扫描此码

1. 请试着说出供应链金融产生的宏观和微观基础。
2. 国内供应链金融经历过哪几个时代?
3. 请描述区块链是如何应用于供应链金融领域的。

第七章 大数据金融服务平台

近几年来,随着移动互联网时代的到来,传统的网上银行模式已经逐渐被淘汰,取而代之的是各个金融机构的 App 应用。因而,与传统网上银行模式相对应的传统数据处理方法也难以适应新的市场需求。为了收集并分析移动 App 终端中的用户行为信息,帮助金融机构实现更好的决策和发展,大数据金融服务平台应运而生。本章就大数据金融服务平台的概念与分类进行了介绍,并突出大数据金融服务平台带来的革新和将会面临的风险与挑战。

第一节 大数据金融服务平台的界定

大数据金融服务平台就是一个利用大数据、云计算等技术,分析各类结构化和非结构化的数据,得出所需的某一方面信息,以支持金融机构决策,为交易双方提供信息支持的平台。大数据金融服务平台通过收集用户的行为数据,结合金融行业自身的数据,以及外部的数据,帮助金融机构实现大数据的变现。

大数据金融服务平台的架构主要分为四个部分,如图 7-1 所示,分别为数据使用层、数据分析层、数据存储层和数据集成层。这四个部分在平台管理的整体控制下,自下而上地完成数据的处理,最终得出所需的信息。

图 7-1 大数据金融服务平台架构图

数据集成层的主要功能是汇总收集所有渠道的、可用于分析的数据,包括金融机构日常的营业数据、App 应用数据、日志,以及其他各类结构化和非结构化数据。通过数据的集成形成一个完整统一的数据库，方便数据的查询和调用。我们通常称此数据库为数据源。

数据的存储层负责从数据源获取数据，并且在必要时将它转化为适合数据分析方式的不同格式。数据存储层的主要任务就是根据合规性制度和数据处理的要求不同，为不同的数据提供合适的存储方式。

数据分析层主要是通过读取数据存储中的信息，分析找出所需的信息。在某些情况下，数据分析层也可以直接从数据源中提取数据。在分析数据前，必须经过认真的规划，明确分析的目的、数据来源，以及所需的工具及算法。

数据的使用层是对数据分析层所得出信息的输出。信息的使用者可以是可视化的应用程序、平台用户、金融机构等主体。通过对数据的使用，可以实现大数据的变现和大数据平台的最终价值。

第二节 大数据金融服务平台的分类

当今社会已经全面进入移动互联网时代，市面上的大数据金融服务平台层出不穷、种类繁多，以下从不同角度对其进行简单的分类。

一、按数据来源划分

数据资源是大数据金融服务平台的基础，因此可以按照数据的获取来源和使用者的不同来划分其类别，可以大致分为两类：第一方大数据金融服务平台和第三方大数据金融服务平台。

（一）第一方大数据金融服务平台

第一方大数据金融服务平台是指私有的金融大数据平台，是用户自身创建的大数据金融服务平台且服务于其本身。此平台用于搜集、分析平台创建者自身的数据，并经过一定的处理过程，使数据结果服务于自身的目标。这样的平台相对具有高度的保密性和安全性。在第一方大数据金融服务平台的理论下，各金融机构能够独立地分析处理自身的数据，不对外界透露自身数据，但也同时难以获取其他金融机构的数据，缺乏数据的全面性。数据是金融机构珍贵的无形资产，创建者所拥有的数据信息越多、越全面，也就越能够在数据中挖掘出更多的价值，平台所产生的价值就越大。然而，大数据的价值不仅在于拥有多大体量的数据，而在于对数据进行有效的分析、管理和运用。第一方金融大数据平台强调的就是既能实现大数据的价值，又要保证其自身数据的安全性。

第一方金融大数据平台适用于分支机构较多、规模庞大的金融机构。一方面，大型金融机构资金力量雄厚，拥有大量经验丰富的专业人才，能够建立健全大数据金融服务平台；另一方面，大型金融机构希望维持其领先地位，对数据的安全性、保密性要求较高，因而更希望通过自身运作数据，不假于他人之手，以保障数据的安全。

第一方大数据金融服务平台最大的优点在于其具有很强的针对性，它是针对开发者所在的金融机构的业务量身定制的金融大数据平台。通过收集和处理数据，可以更好地帮助金融机构认识自己营销活动的效果，了解自己业务的合理性，提出有针对性的解决方案。同时内部处理数据可以保证商业机密不外泄，维持金融机构自身的竞争优势。但是，第一方大数据金融服务平台的数据源大多来自金融机构本身，数据的全面性无法保证，难以适应市场的快速发展变化、容易与市场脱节。因此，在实践中，第一方大数据金融服务平台的应用较少，各金融机构通常会将外部数据与自身数据相结合，以真正反映行业的真实状况，密切关注时事的变化，避免出现脱离实际的分析结果。

（二）第三方大数据金融服务平台

第三方大数据金融服务平台是指公用的金融大数据平台，是独立于数据使用者的由运营商搭建的大数据平台。数据的控制和使用权归运营商所有，对数据的使用者来说，数据属于第三方数据。第三方大数据金融服务平台的运营商能够根据金融机构的数据分析要求，整合内外部数据进行分析，为金融机构的决策提供依据。第三方大数据金融服务平台认为数据自身很重要，但是数据的开放程度更为重要，只有在不断的互联互通中才能更好地发挥数据的价值。大数据的价值不仅在于其体量大、包含的信息多，更在于其能够形成一个多维度的数据链条。随着数据链条的不断延伸，数据之间互联互通，使数据之间的相互关系更加丰富完善，数据应用的效果也将越来越好。

第三方金融大数据服务平台的数据来源虽然广泛，但能够实现数据的集中处理，适合分支机构较少、业务简单的中小型金融机构。一方面，中小型金融机构由于自身没有条件搭建平台或者搭建平台的成本太高而求助于第三方大数据运营商；另一方面，中小型金融机构的技术一般并不处于领先地位，在行业中没有很强的竞争优势，为提高行业竞争力，更需要密切关注市场的发展，紧跟市场变化，因而需要开放的大数据平台提供信息支持。

第三方金融大数据服务平台相对于第一方大数据金融服务平台的优点是费用低，免去了独立搭建平台的巨大开支；同时，数据的来源更加广泛，包含了金融机构内外部的各方面数据，使数据之间的联系更加紧密；最后，由专业人员管理平台，使数据的分析结果更加全面，决策更加科学有效。而其主要的缺点就是数据的安全性和保密性差，大量的数据存储于平台的数据库中，一旦外泄，将会对整个行业造成极大的混乱。同时第三方大数据金融服务平台由于兼顾了普适性，因而针对性较差，难以对不同金融机构的具体业务单独进行数据收集与分析，同时得出的结论也需要根据各个金融机构的实际进行具体的分析。第一方大数据金融服务平台与第三方大数据金融服务平台对比如图7-2所示。

二、按服务内容划分

大数据金融服务平台也可以按照其提供的服务内容进行分类，就是针对顾客某一方面的需求进行数据采集与分析，提供最优的解决方案。就当前已经在市场上出现的金融服务平台而言，主要分为大数据征信平台和小额信贷平台两大类。

图 7-2 第一方与第三方大数据金融服务平台对比

（一）大数据征信平台

大数据征信平台就是通过对客户行为、交易记录等大量数据进行分析整理，提供客户信用评级服务的平台，其中的客户既包括个人客户，也包括机构客户。征信平台就是针对金融机构对客户信用信息这一单方面的需求而创建的大数据金融服务平台。该平台通过对数据的综合处理，得出客户的信用等级，并以此为依据为顾客提供差异化服务。这里提及的大数据征信平台就是征信体系的一种实现方式。

征信体系是指在相关牵头部门的推动和组织下，按照一定的数据采集标准，对信用主体的信用信息进行采集、加工、核实和更新，以实现信用信息在体系内互联互通的一种信用管理运行机制。当前我国的征信体系主要由三方面构成：金融征信体系、行政管理征信体系及商业征信体系。而与大数据金融服务平台关系最紧密的就是金融征信体系，其以金融机构为主导，以授信申请人为主要对象，以信用信息在平台内实现互联互通、防范信用交易风险为主要目的。金融征信平台主要包含的信息由三个部分组成：第一部分是个人或者机构的基本信息，包括个人身份信息、机构信息、地址信息、收入信息等；第二部分是客户与金融机构的交易记录，包括贷款信息、担保信息等；第三部分是与非金融机构的交易信息，如缴费信息、参保信息等。金融征信平台利用大数据技术对上述信息进行综合分析，得出客户的信用等级，判断客户违约的概率，为客户提供相应的服务。这样的业务模式大大降低了客户违约的风险，减少金融机构的坏账率，促进了整个金融体系的良性发展。

随着金融行业的发展，以及互联网、大数据技术的进步，我国金融征信平台已经初具规模，但仍待完善。其主要不足在于数据来源以金融信贷的信用信息为主，证券、保险、信托等其他金融信用交易记录涉及较少，以客户与金融机构的交易记录为主，缺少信息的互联互通。总体来说,缺乏数据的全面性,在一定程度上影响信用信息的准确度。

(二) 小额信贷平台

顾名思义,小额信贷平台就是为了解决客户小额贷款的需求而创建的大数据金融服务平台,其通过对大量数据的分析处理,将传统的抵押贷款模式转变为信用贷款模式,为优质顾客的小额贷款提供更加便利的服务。目前市场上的小额信贷平台种类繁多、层出不穷,比较知名的有阿里小贷、拍拍贷、开开贷等。小额信贷平台的主要目标客户是小微企业主和自主创业者,这类客户大多出于自身条件的限制,难以从银行等传统金融机构获得贷款,或者获得贷款的利息过高。在"大众创业、万众创新"的大背景下,此类小微企业、创业企业的数量急剧增多,融资需求大增,而融资难、融资贵的局面并未改善,小额信贷平台的涌现就有助于解决这样的困境。

小额信贷平台在一定的限额下提供"金额小、期限短、随借随还"的纯信用小额贷款服务。平台借助大数据技术通过对用户的信用数据进行分析,能够对不同顾客实行差异化的贷款政策,降低了信贷业务的风险,提高业务效率,填补了小额贷款这一领域的空白,同时极大地方便了小微企业和个体业主的资金融通,实现了双方的互利共赢。

根据小额信贷的运作流程,可以将我国现阶段的小额信贷分为四个具体的运作模式。值得一提的是,大多数小额信贷平台并非采用单一的运营模式,而是根据实际情况综合运用多种运营模式。

(1)传统模式——搭建网站、线上撮合,如图 7-3 所示。模式优点:能够迅速积累数据、实现品牌的独立,线上的交易模式使得借贷双方用户不受地域限制,符合监管要求,是最正规的小额信贷平台。模式缺点:前期需要着力培养平台的竞争力,如果没有用户基础,就很难实现盈利。

图 7-3 传统模式下小额信贷平台的框架图

(2)担保模式——在传统模式的基础上,引入保险公司或小贷公司为交易双方提供担保,如图 7-4 所示。担保模式的优势:确保资金安全,顺应大多数中国人的投资偏好。担保模式的缺陷:参与主体众多,小额信贷平台的定价权和话语权岌岌可危。

图 7-4 担保模式下小额信贷平台的框架图

（3）债权转让模式——搭建平台，攫取线下购买债权与线上转让之间的利差，如图7-5所示。债权转让模式的优势：线下购买便利，并可显著增加线上交易量。债权转让模式的缺陷：业务程序烦琐且有政策风险，由于需要地勤人员，受地域限制，不利于扩展业务。

图 7-5 债权转让模式下小额信贷平台的框架图

（4）平台模式——搭建网站，与小贷公司达成合作，将多家小贷公司的融资需求引入平台，协助其进行风险审核，如图 7-6 所示。模式优点：成本小、见效快。模式缺点：核心业务已经脱离金融范畴。

图 7-6 平台模式下小额信贷平台的框架图

三、按平台目的划分

按大数据金融服务平台的目的对其进行分类，可以大致分为六大平台：大数据金融战略管理平台、大数据金融信息应用平台、大数据金融业务拓展平台、大数据金融经营创新平台、大数据金融风险控制平台及大数据金融行政管理平台。

（一）大数据金融战略管理平台

大数据金融战略管理平台是基于金融机构整体建立的，是管理金融机构总体战略规划目标的平台。具体来说，其构建首先需要经过认真的规划和商议，确立整个金融机构在一定时间内所要实现的总体目标，明确各时间段的分期目标和各分支机构的具体任务。其次，根据实现目标的要求，在大数据金融战略管理平台的统一指挥下，收集整合各方面的数据，改变原先各分支机构之间分立、分散的联系方式，将各分支机构的客户信息、交易信息、资产负债信息等整合为一个统一的数据库，方便数据的调用和存储。大数据金融战略管理平台不仅可以整合多方数据，实现金融机构内部的数据共享，还可以通过平台管理对金融机构内部的资源进行统一的调用与分配，实现资源优化配置，从而更好地达成总体的战略目标。同时，通过实时监测各分支机构返回的数据，可以监督各分支机构的任务完成情况，确保总体战略目标的实现。

大数据金融战略管理平台不仅可以整合金融机构的内部资源，而且具有协调上下游企业关系的功能。其通过专业的数据技术人员，分析处理整个产业链上下游企业的相关数据，找出谁是我们最忠诚的合作伙伴,谁最有能力帮助我们完成总体的战略目标,从而有针对性地寻求合作伙伴。

用大数据金融战略管理平台进行总体的战略规划可以提高决策的科学性,防止形而上学、拍脑袋决策。制定战略目标时拥有数据的支持,就可以预先通过数据分析其可行性,并严格监督目标的实施。整体战略规划决定着企业的生存与发展,一旦出现偏差将会危及企业的生存。大数据金融战略管理平台能够从一定程度上避免决策错误,促进金融机构的可持续发展。

(二)大数据金融信息应用平台

大数据金融信息应用平台就是在整合的大数据信息的基础上,根据不同的目标,分析调用相应数据的应用平台。要建立此平台,首先需要有一个统一完整的数据库,其中包含金融机构客户和历史交易信息等静态数据,以及客户的实时搜索和在线提问等动态数据,形成数据挖掘分析应用的基础。具体来说,对待个人客户,根据客户的年龄、所在地域、从事职业、总体收入、与金融机构的交易记录、与其他机构的交易记录等,分析得出客户的消费能力、风险偏好、投资偏好等个性化信息,进行客户的金融需求分析,从而为客户提供更加高效的、便捷的、量身定制的金融服务,提高顾客的满意度和对金融机构的忠诚度。对待企业客户,根据其经营地域、行业领域、经营状况、政策导向、交易记录等方面,分析企业客户的发展前景、盈利状况、风险大小等方面的信息,根据其对金融服务的需求,为其提供专属的金融服务。采用大数据金融信息应用平台分析客户行为,既能对症下药,提高金融服务的满意度,又能有效地控制经营风险,降低违约概率。

大数据金融信息应用平台除了可以通过数据分析为单个客户量身定制金融服务,还可以根据现有的金融服务为其匹配最理想的客户,提高金融服务的成功率。"二八理论"是这一领域最常用的理论,即公司中20%的客户会带来80%的利润。这就要求金融机构通过分析以往客户的交易记录,对为其带来不同等级利润的客户进行精准区分和差异化处理。从海量的客户中筛选出最能带来利润的重要客户,以及一般客户、潜在客户等。大数据金融信息应用平台可以提供客户关系管理系统,帮助金融机构实现金融服务和有需求客户的匹配,并开发潜在客户,提高销售成功率,从而提高利润率和金融机构的竞争力。

(三)大数据金融业务拓展平台

大数据金融业务拓展平台就是通过对客户行为数据、基本资料的整合,分析客户的金融服务需求,针对不同客户的特点提供不同的金融服务,采用线上线下相结合的方式,拓展金融机构业务范围的应用平台。大数据金融的线上、线下两种业务拓展模式各有其特点与利弊,两者相辅相成,互为补充。

线上的业务拓展模式适合个人客户、小微企业及自主创业者。线上业务的特点是资金规模小、客户众多且比较分散,相应的违约风险较小,逐一考察客户浪费资源,甚至得不偿失。因此,借助大数据金融业务拓展平台可以借鉴互联网金融的成功经验,利用平台优势与客户进行线上沟通、线上成交，节约人力物力。线上业务比传统网点形式的业务服务更加便捷，且不受时间和空间的限制，因此吸引了大批客户。

线下的业务拓展模式主要适用于规模庞大、风险较大的机构客户。线下业务的特点是资金规模庞大、经营风险较大、客户数量少且便于跟踪管理。由于线下业务的客户一般资金需求量大，业务合同签订时间较长，因此违约风险较高。一旦此类客户出现违约，将会对金融机构的正常经营带来严重的影响，因此必须谨慎对待。大数据金融业务拓展平台作为线下业务的有力支撑，能够根据平台处理得出的信息，为客户提供一对一的专业定制服务，平衡收益和风险。具体来说，平台利用大数据技术，掌握客户的需求信息，制定分阶段的服务目标，再由线下的客户经理跟踪调查服务实现的效果，监督客户履行义务，双管齐下，保证金融服务的效果，有效控制经营风险。

在实践中，线上线下两种模式是密不可分、相互促进的。大数据金融业务拓展平台充分利用大数据技术，线上了解客户需求，线下监测重大风险，针对不同客户的特点提供不同的服务方式，拓展业务链条，提升客户的满意度和忠诚度。

（四）大数据金融经营创新平台

大数据金融经营创新平台就是利用大数据技术，推动传统金融机构的经营业务模式革新、新型金融机构涌现和传统商业模式转变的应用平台。大数据金融经营创新平台有助于实现金融机构的可持续发展，创造行业新的核心竞争力。

随着大数据、云计算等技术的成熟，大数据金融经营创新平台对传统经营模式创新的推动体现在金融机构通过该平台可以分析处理更多的数据信息，从而对客户需求有了更准确的了解，开发出更多的新业务来满足不同客户的需求，提高金融服务的效率。商业银行的精准营销就是很好的例子，即在数据分析的支持下实现市场细分、客户精准定位，并建立个性化的顾客沟通服务体系，在充分了解顾客信息的基础上，针对客户偏好及消费习惯，有针对性地进行产品营销，包括实时营销、交叉营销、个性化推荐、客户生命周期管理等。这是一种将直复营销与数据库营销结合起来的营销新趋势，能够实现企业可度量的低成本扩张，帮助企业取得竞争优势。

大数据金融经营创新平台也催生了新型的金融机构。例如，电商金融服务公司、电子商城原本属于实体经济的范畴，但是其依托已有平台积累的大量用户，拥有海量的数据沉淀，通过这些数据分析用户的行为信息，为传统电商提供了从实体经济向金融服务转型的桥梁，催生了新型的金融机构。如今，电商平台能够提供支付服务、个人理财、众筹、保险、消费金融等各项金融服务。

大数据金融经营创新平台能够转变传统金融机构的商业模式，通过整合海量数据信息，催生新的商业模式，促进金融机构的发展。例如，以京东商城为代表的供应链金融模式通过整合产业链上下游企业的现金流、物流等各种信息，而形成以大数据为基础的金融模式。以 P2P 小额贷款为代表的平台金融模式是建立在 B2B、B2C 的基础上，通过资金流、物流、信息流等组成的大数据将供需方利用一个平台对接起来的金融模式。

（五）大数据金融风险控制平台

大数据金融风险控制平台是利用大数据技术进行金融机构风险管理的平台。金融风险是指任何可能导致企业或机构财务损失的风险，代表着企业未来收益的不确定性与波动性。大数据金融风险控制平台通过对各类风险进行衡量与识别，能够采取相应的措施与处置方案实现风险最小化和利润最大化。金融风险控制是平衡金融投资安全性与收益性的一种金融管理方法。

当前，监管部门对金融机构的监管与审查强度持续增加，市场的波动率增大，股东、消费者、商业伙伴及供应商的需求不断增加，互联网、手机银行等科技的进步促使银行创新，银行必须管理和应对的风险范畴正在不断扩大。经济时报智库的调查显示，金融机构出色的风险管理表现与大数据工具的使用有一定关系，而缺乏数据则是提高风险管理成果的最大障碍。传统的风险控制方法是金融机构将每天发生的数据整理成报告，提供给后台的专家，以供他们研究最新的市场趋势，从而控制风险。而大数据风险管理平台则可以从移动设备、社交应用、网页访问及第三方获取数量巨大、形式多样且具有瞬时性的海量数据，包括信用消费等方面的数据。通过大数据分析可以揭示那些连专家都不易察觉到的潜在消费习惯，从更细致的层面上发掘潜在的风险，可以细致到单一客户、产品及投资组合水平，甚至达到信用审批及定价层面。

大数据金融风险控制平台通过对金融机构面临的市场风险、流动性风险、操作风险等的识别、计量、检测和处理，利用数据挖掘技术评估信用风险，对金融机构财务危机进行预警分析，并进行供应链风险评估，极大地降低了金融机构的风险，提高其竞争力，促进企业的长足发展。

（六）大数据金融行政管理平台

大数据金融行政管理平台是利用大数据技术创新行政管理方式，改善行政管理效率，为金融业的快速发展提供良好环境的平台。当今社会已经全面进入"互联网+"的时代，以数据作为社会治理的核心维度，形成累加在三维空间、一维时间之上的"五维政府"。

最近几年，国务院常务会议多次提到"大数据"这一概念，随后以移动互联网、云计算、大数据为基础设施的"大数据+政务"也成为政府创新战略。互联网的本质就是数据源的拓展，移动互联网让数据的流通速度更快，云计算让数据处理更便捷、实时。而大数据金融行政管理平台综合运用以上技术，汇聚了远超传统金融机构规模的海量数据并进行分析挖掘，使政府能够更加方便、实时地检测社会经济运行情况。通过直观的数据，能更真实地反映行政管理的效果，缩短金融机构与政府部门之间的距离。

大数据是社会的"观象台"，通过对数据的刻画可以使政府直观地感受到社会经济运行的真实图景。大数据是大众的"显微镜"，从数据的产生到数据之间的相关性分析，可以帮助政府"防微杜渐"，有效打击数据造假，维护金融生态环境。大数据是政府的"水晶球"，对历史数据的预判为行政管理提供决策支持，具有危机预警、智能处理的功能。大数据在行政管理方面的运用都能有效地监督公共权力,通过让数据说话,使权力运行"处处留痕"。

四、按服务对象划分

按照服务对象划分,大数据金融服务平台可以大致分为三类:为政府提供服务的平台、为企业提供服务的平台及为公众提供服务的非营利性平台。

(一)为政府提供服务的平台

为政府提供服务的大数据金融服务平台是指搜集各方面的金融数据并进行分析,为政府的决策提供数据支持的大数据金融平台。政府的决策关系着国计民生,一旦决策错误,将会造成难以挽回的损失。因此,政府决策更加应该充分利用大数据技术,做到有据决策、科学决策。这类金融大数据平台通常并不仅仅为政府服务,还会兼顾金融机构。

为政府提供服务的大数据金融服务平台通常包含行政管理中多个方面的业务,涉及民生、军事等多个领域,能够为提高行政效率提供信息支持。例如,对于工商部门来说,大数据金融服务平台可以整合分析工商部门的大量市场主体信息、年检情况、个体户信息、执法数据和12315热线电话信息等数据,帮助工商部门理解和预测市场走向和经济形势,提高市场的运行效率,更好地管理市场、服务民众。

同时,政府的决策关系国计民生,数据的保密性格外重要,这就对为政府提供服务的大数据金融服务平台的安全性提出了更高的要求。一旦数据泄露,可能威胁整个国家的安全。有军事专家曾评论,斯诺登泄密事件相当于美国损失了10个重装甲师。由此可见,大数据的价值和"杀伤力"是如此之大。大数据的危险可能会出现在一个不起眼的小细节上,一个微小的失误就有可能造成无法挽回的损失。因此,保障数据的安全性和保密性是此类大数据金融服务平台的首要标准。

(二)为企业提供服务的平台

伴随着互联网、大数据热潮,越来越多的企业凭借自身积累的海量数据,并采用大数据金融服务管理平台,开始涉足金融业务。大数据金融服务平台通过数据分析与挖掘,产生了为企业决策提供数据支持的金融信息。在以往,企业的经营决策经历了"拍脑袋"决策、Excel、报表工具、传统商业智能四个阶段,但是传统分析决策方式价格昂贵、操作烦琐。大数据技术的出现颠覆了之前的处理技术,使数据的处理分析更加高效、便捷,提高了企业决策的效率。

按照数据的来源划分,为企业提供大数据金融服务的平台具体可以分为以下三类。

1. 电商平台

电商平台所积累的数据主要来源于平台上的交易数据。随着移动互联网走进生活,各大电商的发展如火如荼,线上交易量迅速增长,数据规模实现井喷式增长。但是,电商平台之间的相互竞争也日趋激烈,如何更好地进行顾客行为分析,了解顾客需求,成为各大电商新的关注点。因此,用于分析顾客需求的金融大数据平台也如雨后春笋般涌现。其通过客户在电商平台的交易记录分析顾客的收入情况、消费偏好,对顾客的消费能力、信用水平做出评价;通过实时用户访问数据,分析用户的喜好来推荐对应的产品,实时调整运营方案,提升销售。同时,电商平台还逐渐涉足金融业务,除了基于平台交易的支付方式,还推出了理财服务、个人征信、小额信贷等多样化的金融服务。通过运用大数据平台,电商提高了服务效率,扩展了业务范围,有助于其提高企业竞争力,实现长期发展。

2. 搜索平台

搜索平台所处理的数据主要是实时检索数据。实时检索分析平台旨在为公司大数据分析业务提供一套实时的、多维的、交互式的查询、统计、分析系统,为公司各个产品在大数据的统计分析方面提供完整的解决方案,让万级维度、千亿级数据下的秒级统计分析变为现实。其主要实现步骤是设定分析逻辑,快速统计客户群人数规模。然后瞄准客户群,详细对比分析客户群特征。最后通过多维度交叉分析,深入挖掘、识别有价值的客户,进行针对性营销,以达到更好的营销效果。

3. 传统金融机构平台

传统的金融机构为了应对来自互联网企业的挑战,也纷纷开始运用大数据技术。传统的金融机构平台所处理的数据主要是营业网点、互联网和移动应用上的用户金融消费和服务的信息。传统金融机构平台可以将线上线下的客户数据信息相结合,综合分析客户的行为信息,这也是电商平台和搜索平台无法比拟的优越性。传统的金融机构可以通过线下的方式面对面接触客户,通过直接沟通反映出的数据更加真实可信,提高数据分析结果的准确性。

(三)为公众提供服务的非营利性平台

为政府提供服务和为企业提供服务的大数据金融服务平台都属于营利性的金融服务平台,其最终目的都是提高收益。与其相对应的是为公众提供服务的非营利性服务平台,此类平台大多是由平台技术开发公司提供的,其最终目的并不是获取平台自身的收益,而是作为一个数据共享的开放系统,促进数据的互联互通,使大众共享大数据分析的成果,开启数据民主时代,充分实现数据的价值。

非营利性的大数据金融服务平台一般提供大数据营销、大数据预测、大数据统计、大数据工具、大数据推荐、行业应用等多种功能,帮助社会大众利用大数据技术,更加精准地查询所需的信息,更加高效便捷地处理问题。同时,平台可以通过收集用户的信息需求,了解社会热点,丰富自身的数据库,更好地服务社会民生。

五、按定价机制划分

目前,从世界范围来看,可以用于大规模推行的商用数据交易模式尚未形成。组织大数据交易一般按照交易所模式，该机制也正处于探索中。数据交易价格的影响因素主要包含：数据品种、时间跨度、数据完整性、数据样本覆盖性和数据时效性等。考虑买卖双方的信息是否对称及交易地位等因素，大数据定价参考以下三种模式。

（一）买卖方一对一的协商模式

买卖方一对一的情形是指买卖双方进行协商，其中数据交易平台参与整个协商过程的观察与控制，在两者之间提出要约、反要约、再要约及承诺的整个过程中逐渐明确产品价格，而数据交易所则在协商过程扮演着撮合者的角色。

这种协商模式发生在给定的双方之间，目标性较强，在对有关规定严格遵守的前提下，买卖双方在价格敲定的过程中发挥较大的自主权。

（二）买卖方一对多的系统自动定价模式

买卖双方如果不是特定的，那么进入交易所交易系统后，在交易平台提供的资源查询及挂牌中锁定交易，借助交易系统实现自动成交。

例如，贵阳大数据交易所中的数据被分为能源、医疗、金融等共30个品种，不同方面的数据对应着配套的固有计价公式。通过实时的交易系统，数据买方能够准确观测各种数据波动情况，及时掌握市场信息，提出合理的报价。当数据买方报价大于等于卖方申报价时，交易系统就会按照买方的价格在系统中自动撮合交易。对于那些无法匹配直接成交的应约，卖方往往会从中选取最满意的进行匹配，成交价为买方应约价。这与先前讨论的一对一的协商定价方式是一致的，只是把操作行为放在了线上。与之不同的是，最初的卖方要约价作为基准成交价来说，一般与卖方预期相差不大。当然，数据价格的合理性拟定更加依赖于卖方。

（三）动态应用效果定价模式

大数据包括两种基础应用，一种是支持宏观决策的全局或局部统计；另一种则应用于微观业务的具体实施。基于数据价值转化为货币价值的市场意图，第二类应用为分析数据终端的应用对数据价格的影响提供了便利。

例如，典型的自动化定向广告，一个投向飞利浦剃须刀广告位的流量价值为1万元。通常，面向的女性用户对剃须刀的购买潜在可能性比较小。而假如区分流量，把飞利浦剃须刀的广告全部投放给男性用户，广告商只要花5000元，有效用户基本不会受到损失，而剩下的女性流量可以再用于投另一个化妆品广告。后面的方案产生的多盈利就是数据价值。这个例子告诉我们，在一定的规模化下，数据能够带来盈利效应。知道性别这一信息就可以多赚取一定数额，也说明知道的信息越多越细，带来利润就会越多，这是数据在市场上应用的反映。

根据数据赚钱的效益，可以为数据交易定价提供有效的参照和测算。目前数据需求方包括数据分析服务商及不同的行业用户，涉及公共服务、医疗健康、娱乐、经济金融、人力资源、能源等。不同的用户对数据的应用领域和效果会有所不同,我们可以在行业用途分类之后,选择中位数值定价的方法,然后由市场优胜劣汰或调整。

第三节 大数据金融服务平台的革新

大数据金融服务平台种类的不断创新、应用领域的不断拓展不仅改变了传统的数据处理方式,更为整个金融业带来了新的发展与变革。

按照大数据发展的趋势,未来大数据金融服务平台必将围绕建立新的金融环境而发展,表现为主要围绕着生态圈、战略和产品等三个层面展开竞争,并由此确定其市场地位及竞争力。未来大数据金融服务平台对金融行业带来的革新可以分为三个层面:首先是竞争策略的变革,表现为金融产品的革新、金融行业机构进行竞争的具体行为,也是目前金融机构展开竞争的主要形式;其次是战略规划的改变,在大数据、互联网发展的进程不断加速的背景下,金融机构参与市场竞争的层次和内容都有所革新;最后是价值链的重构,进而建立金融生态圈,从制定行业运行规则的角度展开市场竞争。

一、竞争策略的革新

大数据金融服务平台的出现直接引发了竞争思维的改变,传统的商业竞争是销售者之间的竞争,而在大数据金融服务平台加入后,就成为生产者与销售者之间的竞争。生产者可以通过线上的方式,打通所有流通环节,直达消费者,减少价值链的损耗。在传统的供应链中,上游供应商、中游制造企业、下游客户关系密不可分,往往是前者收入的主要来源。但是在大数据金融服务平台加入后,这一供应链被彻底打破,传统的垂直价值链转向平台发展模式。平台是对产品生产者和产品消费者双边收费的,所以可能出现反传统的对消费者免费,而对产品提供者收费的新现象。在开放、交融的平台发展模式下,新的竞争思维更注重生产者与消费者之间的关系,以消费者的需求为指导。

在传统的竞争模式下,金融机构推出的新产品层出不穷、眼花缭乱,但通常会陷入同质化竞争。而大数据金融服务平台通过整合不同金融服务、不同交易场景下的信息,能够更全面地获取消费者的需求信息,以推进竞争策略的实施。在大数据技术的帮助下,通过金融服务平台的整合与分析,能够专注于特定领域开发新产品,注重产品细节与客户投资需求,并及时进行意见反馈与改进,提高营销成功率及客户满意度,更容易获得市场的认可,从而在竞争中占据优势地位。例如,在传统模式下,测试新产品的市场接受度一般是通过试点进行的。此种方法费用昂贵,同时测试周期长,使用结果传递慢,难以实时反映市场需求状况。而大数据金融服务平台可以预先分析预测市场反映情况,同时通过网上销售和用户点评测试市场接受度,耗费资金量较少,同时节约人力物力,缩短需求信息的反馈时间,使金融机构能够更好地改进业务,满足用户的需求。

二、战略规划的革新

为了具体竞争策略的顺利实施,金融企业在战略层面上也应当做出一些调整。具体如下所述。

(1) 重视数据的积累。大量高质量的标准化交易数据将是企业的核心资源,从目前来看,平台自有数据的积累仍是其主要的数据积累方式。原因在于:一方面,自身积累的数据真实性较高,平台上的金融业务数据由真实客户的历史交易行为产生,同时会有相应的资金流动记录印证支持,真实可靠;另一方面,金融机构自身积累的数据密度更高,更容易从中挖掘出有价值的信息,因而适用性更强,其成本也相对不高。

(2) 积极提高平台的产品开发能力。首先要不断更新后台数据处理技术,这是大数据金融平台开展大数据业务的基础。平台要充分利用互联网、大数据这两项"有力武器",凭借技术,密切关注瞬息万变的市场需求并开发出日益完善的产品,提升创新能力,使得企业在纷繁的市场竞争中脱颖而出。

(3) 稳步推进资本金准备的充足配置。在未来,资产管理将是金融业发展的一大支柱板块,而资管领域的突破业务将主要围绕信用业务展开。但是金融机构始终受到资本金准备的约束,因而发展边界受限。此外,对于它们而言,大数据基础设施的建设亟须其储备充足的资金,在此基础上才能着眼于可靠的融资支持,这就迫使资本金准备得到更高程度的重视。

(4) 利用大数据积极向互联网金融发展。大数据金融平台可以利用海量数据和前沿科技进行创新,逐渐拓展电子商务、线上支付、互联网金融产品和服务营销等业务,凭借一体化业务系统的构建来满足市场多元化的需求,建立互联网金融服务体系,拥抱作为时代潮流的大数据战略,也为自身提供更广阔的发展机遇。

三、产业链的革新

大数据金融服务平台最大的创新点在于它塑造了全新的产业模式,促使金融业由传统的单边市场转变为新兴的双边市场。单边市场模式是指一个卖家仅把商品卖给买家,买家就是卖家的主要市场,整个产业链是单向的、直线的。就传统银行的借贷业务来说,资金供给方将闲置资金交给金融中介,获取利息收入如图 7-7 所示。而金融中介根据资金需求方的具体融资计划和信用状况提供一定的资金,并向其收取贷款利息。金融中介以借贷息差为利润来源。

图 7-7 传统银行业务的价值链条

而大数据金融服务平台所创建的产品价值链是"弯曲"的,是一个卖家和买家的双边市场。双边市场是指利用大数据技术构建一个平台，利用不同的定价策略分别向资金需求方和供给方提供服务。资金需求方是平台的市场，供给方也成了平台的市场。以 P2P 借贷平台为例，通过平台进行借贷业务可以将产业链的两端，也就是投资者和融资者直接连接起来，跳过中间的环节。融资者可以通过平台直接发布借款需求，投资者也可以通过平台寻找适合自己的理财方案，如图 7-8 所示。平台起到了撮合双方直接交易的作用，减少需求信息的传递偏差，拉近了投资者与融资者的距离，使产品价值链重组，实现了多元化的供给与多样化的需求相匹配。

图 7-8　P2P 平台下的金融价值链

大数据金融服务平台改变了传统垂直单一的价值链，使投资者和融资者可以直接交流。通过平台的大数据分析，可以了解投资者与融资者的行为偏好，更加快速准确地了解他们的需求和自身平台及其产品的不足，满足消费者多样化的需求，提高行业竞争力。通过整合分析产业链上下游的数据，改变传统的单一行业数据分析方法，可以使企业获得更加及时准确的客户动态。同时可以分析出现有产品、业务方式的竞争状况，制定出适合自身企业的发展战略，谋求长足发展。

产业链的重构有利于利用双边市场的优势，对其中一边的市场加以免费或补贴，转而通过另一边的市场来获利。这种模式可以最大限度地吸引用户，并将产品的销售和平台的盈利区分开来。事实上，大数据金融服务平台能够将多边群体的供给和需求拉拢起来，并对其进行投资，建立一个相当于互动媒介的体系，以达到共赢的目标。

通过产业内价值关系的重构，形成了以大数据金融产业为中心，数据延伸到其上下游产业的一个完整的经济产业链平台，让大数据不再以单独的点的形式存在，而成为连接产业上下游的纽带。

全球各大公司、企业和研究机构都在对大数据进行广泛的应用和尝试，大数据平台在产业链方向的运用在未来主要有以下几个方面的价值。

第一，变革当前的管理模式。大数据能切实增强算法与机器分析的影响力，一些生产型企业基于算法分析生产线的传感数据，使用自动调节功能降低生产过程中的损耗，有效规避手动处理带来的费用，促使产出的增加。

第二，提高数据的透明化和可获取性。制造商可以通过集成多种系统的数据，甚至从外部第三方获取数据来决策产品的生产。

第三，提高企业决策的准确性。大数据会使决策的制定产生本质的变化，借助大数据技术利用可控实验、公司可验证假设、分析结果指导投资决策及运作改变。

第四，改变企业英才计划。英才在企业发展过程中的关键性不言而喻，英才所具备的丰富资源是企业宝贵的隐形财富，如人脉、经验、技巧等。然而在大数据的浪潮中，企业的关键所在已经开始向着与以往不同的方向演进，数据日益成为企业最关注的核心资产。企业的所有信息都可以通过各种录入终端以数据的形式进行存储，然后通过有效的数据管理模型进行分析、导出。因而，大数据技术人才成为企业下一步发展亟需的人力资源。而在数据支持下，企业管理决策的效率都能得到很大程度的提高。

第四节　大数据金融服务平台面临的风险与挑战

随着技术的发展，国家政策的扶持，金融大数据平台蓬勃发展，为经济的进一步发展提供了有力的推手。但是我们也必须看到，金融机构与大数据融合的过程中也面临着诸多挑战和风险，大数据金融服务平台的发展仍然困难重重。

一、从数据质量来看

随着移动互联网时代的到来，大数据金融飞速发展，已经融入我们生活中的方方面面。然而大数据真的如我们想象的这般美好吗？如何保障数据的真实可信呢？当美好的设想回归现实时，大数据背后存在的问题成为我们新的关注点。

（一）数据的真实性难以保证

大数据金融是基于对大量数据的分析来支持金融机构的决策活动。因此，数据的真实可信程度就显得尤为重要。如果源头的数据就产生了错误，那么之后得到的结论也是可想而知，大数据分析就失去了其最初的意义。可是，要保持大数据的真实准确性并非易事。官员要政绩，学者要成果，商人要名利。无论是提供大数据的人员，还是使用大数据的人员都有其自身的利益，为了满足一己私欲，就难以避免对大数据的造假。但凡数据造假能获利，造假的情况就不会少见。同时，当今网上数据繁多，鱼龙混杂，各种网站都会提供所谓的数据资料，各种软件也会推送所谓的第一手资料，但是其真实性缺乏必要的监督，质量无法保证。如何辨别数据的真实可靠性也就成了很大的问题。为了构建和谐稳定的大数据金融生态环境，相关部门对发布数据的真实准确性的监督必不可少。

（二）数据的代表性存在质疑

即使数据是真实的，得出的结论也未必是准确的。数据多就一定意味着数据可以真实代表事物本身吗？会不会我们搜集的海量数据都只描述了事物某一方面的情形，而忽略了其他方面？如果是这样，利用此种数据得出的结论也必然是有失偏颇的，难以代表我们要研究事物的真实状态。正如网上民意和现实民意的问题。微博上的言论并不代表最广大民众的意思，豆瓣上的评分也只能是少数人的意见。但是在现实的处理中，我们往往把网上的言论看作现实的民意，从而出现决策错误。

（三）数据的相关性存在误差

数据的相关性误差也是数据分析错误的重要影响因素。相关性的误差可能会使逻辑上明显不成立的变量之间表现出显著的相关关系。一个经典的案例就是一个产品搜索的网页数量越多，就说明这个产品越受欢迎。虽然统计数据的确显示了网页数量和产品销量之间的正相关关系，但是这种结论不一定符合现实的逻辑。网页数量的暴增也有可能是受负面消息的影响导致的。同时，在处理数据，舍弃异质点时也必须格外小心，保证数据的误差在合理的范围之内，只有这样，得出的结论才能真实有效。控制数据的误差是保障数据质量十分关键的一环。

二、从金融业的应用来看

大数据金融服务平台的蓬勃发展为金融业带来了新气象，同时也对金融业提出了新的要求和挑战。

（一）大数据基础设施建设有待加强

在大数据的时代，除了传统的报表类数据，还有大量的非结构化数据，如音频、视频、图片等。传统的数据分析方法已经不能适应时代的发展要求，相应的软硬件基础设施落后，难以充分利用非结构化的数据信息。因此，大数据的时代要求全面加强软硬件基础设施建设，如基础通信设施和计算机网络，以支持大数据金融服务平台的建设。采用新的数据分析方法，充分利用金融大数据平台的优势，全面整合分析内外部数据，为企业提供决策信息支持。

（二）技术选择与运用存在风险

目前，我国的大数据技术仍然处于起步阶段，分析型的数据库尚未成熟。对大数据的分析能力仍然主要面对结构化数据，对非结构化数据处理能力较差。在此基础上，金融机构将面临很大的决策风险。过早地大量投资与大数据金融服务平台建设可能会由于知识和经验的缺乏，而选择和自身不相适应的软硬件，难以达到预期的目标。相应的，过晚地引入大数据金融服务平台可能会错失发展的良机，未能取得先占优势，形成被动的局面。

因此，关于如何引进与开发大数据金融服务平台的决策至关重要，是企业今后运用大数据的基础。这就对金融机构的决策能力有了更高的要求，也存在一定的决策风险。

（三）金融业竞争格局面临重构

随着信息技术的进步，金融业的开放程度不断加深，监管政策明显跟不上形势的发展，这就从客观上降低了金融行业的准入门槛，使更多的非金融机构切入金融服务链条。非金融机构利用自身的技术优势和监管盲区在金融业的大碗中分得一杯羹。例如，阿里巴巴和腾讯集团等，冲击了传统金融机构的服务模式。而传统的金融机构由于原有的组织架构和管理模式的限制，短期内变革困难，无法充分发挥自身潜力，难以快速反映市场的变化，反而可能在激烈的市场竞争中处于下风。这将会导致整个金融业竞争格局的变革，增加市场波动，不利于金融业的稳定发展。

三、从监管的角度来看

目前市面上的大数据金融服务平台数量众多，鱼龙混杂，如何科学有效地监管成为大数据平台发展的又一挑战。

（一）数据安全问题难以保障

随着大数据的繁荣发展，大数据的安全问题也日益凸显。大数据平台包含的信息量巨大，一旦处理不当，就会遭受巨大损失。有的学者认为：在大数据时代，我们都会成为透明人。这个结论听起来让人又惊又怕，却是当下大数据生态环境中亟待解决的问题——我们的个人隐私如何保证。我们都曾看到过网上人肉搜索的案例，仅仅通过用户 ID 的搜索，就可以轻松查到对方的姓名、住址、爱好等一系列私人信息，为当事人的生活带来了诸多不便。近年来，随着大数据的发展进步，此类网络暴力行为层出不穷。从更大的层面上来说，数据的保密性还可能威胁整个国家的安全。一旦出现数据泄露，对个体本身造成的损伤都会是非常大的。因此，大数据的安全监管不可懈怠。

（二）平台的正确使用需要引导

近年来，我国一直在保障大数据安全方面增加投入，但是随着业务链的拉长、云计算模式的普及、自身系统复杂程度的提高等，大数据的风险隐患被进一步放大。大数据的危险可能会出现在一个不起眼的小细节上，一个微小的失误就有可能造成无法挽回的损失。除了要从技术上保证大数据的安全，还要引导民众正确使用大数据技术，科学合理享受大数据技术带给我们的生活便利，避免出现人肉搜索等危害社会安全的行为，理性看待大数据技术。

四、从市场的角度来看

（一）大数据应用思路单一

当前，我国金融行业大数据应用模式和方向较为单一，倾向于抄袭或者模仿国外现成大案例。例如，国外如 ZestFinance 等公司超越行业惯用的美国个人信用评级法（FICO）模型，引入征信对象更为全面的信息并开发新的模型评估个人信用等级，国内 P2P 网贷企业也以此为参照，引入各类网络信息，试图以自动化方式取代耗时耗力的针对贷款企业的实地调查，在一定程度上忽略了数据覆盖面、技术积累和征信对象类型等种种不同。

另外，国外金融行业的案例也包括引入网络数据、清洗现有数据、基于先进架构提升欺诈识别效率、实时采集网点数据、转化客服音频数据等各种不同的切入角度和实现思路，都是基于自身的业务痛点做出的。而我国大数据金融行业几乎集中在信用评估、业务分析和客户画像上，思路较为单一，缺乏创新，特别是缺乏原创的平台和分析技术，对国际主流开源社区的贡献度不够。

总体来说，我国现有的大数据工具有着技术门槛高、上手成本高、和实际业务结合较差及部署成本高、小微企业用不起等特点。

（二）大数据市场人才紧缺

在美国，R、NoSQL 和 MapReduce 方面专业人才的薪水达到了每年约 11.5 万美元。对比来看，我国大数据人才一将难求，创业公司难以招到大数据技术人才，即使招到，人才方面的支出也较高。人才方面的支出包括高薪、期权和股票等。

据中国商业联合会数据分析专业委员会统计，未来我国基础性数据分析人才缺口将达到 1400 万人，而在 BAT 企业招聘的职位里，60%以上都在招大数据人才。数联寻英 2016 年发布的《大数据人才报告》称，全国的大数据人才只有 46 万人，仅在未来 3~5 年，大数据人才缺口就将高达 150 万人。截至 2019 年第二季度，AI&大数据的人才需求是 2015 年第一季度（Q1）的 11.75 倍。

第五节　代　码　实　例

（线上阅读）

本　章　小　结

大数据金融服务平台目前在我国仍然属于新鲜事物，还在成长阶段，大数据金融服务平台的建设还有十分漫长的路要走。本章首先提出了大数据金融服务平台的界定，并从不同的角度对其进行分类。然后论述了大数据金融服务平台在竞争策略、战略规划及产业链层面上的革新。最后提出了大数据金融服务平台在数据质量、金融业的发展、监管等方面面临的挑战。

我们可以看到大数据技术的发展是势如破竹，不可阻挡的，不同种类的大数据金融服务平台正在悄悄地改变着我们的生活。我们也期望可以看到大数据金融服务平台被用于更多的领域，创造更大的价值。

自学自测　　扫描此码

1. 什么是大数据金融服务平台？
2. 大数据金融服务平台有哪些分类？请列举出来。
3. 大数据金融服务平台会给金融行业带来哪些革新？

第八章 大数据金融算法

大数据的挖掘是从海量的、不完全的、有噪声的、模糊的、随机的大型数据库中发现隐含在其中有价值的、潜在有用的信息和知识的过程，也是一种决策支持过程。金融是数据化程度最高的行业之一，也是人工智能和大数据技术的重要应用领域。随着大数据收集、存储、分析和模型技术日益成熟，大数据技术逐渐应用到金融的各个环节。同时，对于某一问题，可能不同算法的处理效率常常相差很大，这种效率上的差距影响往往比硬件和软件方面的差距还要大。随着计算机性能的不断增长，可以利用各种算法来解决比以往更大更难的问题。

第一节 大数据体系构建

在大数据时代背景下，完善大数据体系构建是一个长期的、持续迭代的过程，需要技术与算法的大力支持。基于算法的角度，大数据体系构建的基本过程主要包括数据采集与预处理、大数据存储技术和数据分析与指标构建这三个步骤。

一、数据采集与预处理

大数据的源头质量是决定指标质量与算法策略优劣性的最关键的部分。目前，国内相关金融数据来源主要分为四类：第一类是上交所和深交所等交易市场的公告、财报、监管信息等；第二类是财经新闻网站，如新浪财经、第一财经、东方财富网、中国证券网、金融界、雪球财经等的个股新闻、行业新闻、宏观经济等；第三类是社交媒体，如微信、微博、贴吧及股票论坛等；第四类是关注数据。比如，百度、搜狗等个股的每天搜索数量及分析师研报提及次数等。一个真实可靠的数据源头是数据体系成功构建的基础。

大数据采集则是通过网络爬虫或网站公开 API 等方式从上述相关网站上获取所需的数据信息，将非结构化数据从网页中爬取下来，并解析相关信息，将其存储为统一的本地数据文件，并以结构化的方式存储在数据库中。

数据采集的具体过程主要包括爬取网页组件、监控组件、控制中心、应用服务器及数据库等。其框架体系如图 8-1 所示。

接下来就是数据预处理的过程。在大数据应用中，数据来源非常广泛，数据质量良莠不齐，出于数据质量和数据安全的考虑，这些数据并不能直接用于分析，而是需要经过一定的预处理过程。数据预处理主要是去除无法解析的错误网页，删除重复的数据，去除无效的数据等。经过预处理之后,将不同的数据源爬取到的数据统一存储,建立数据仓库,以备后续使用。

图 8-1　数据爬虫系统框架体系图

二、大数据存储技术

大数据即意味着数据体量的极速增大。为了满足大数据访问的效率与要求,大数据处理需要合理地存储与组织各种数据,以减少网络和存储 I/O 的开销,提升系统性能。目前主流的 MySQL 大数据存储技术主要采用分表和分区技术。

分表技术包括垂直分表,即一个表字段数量控制在一种范围,过多的话应该适当拆分成几个表。在设计阶段就应该考虑好数据库表字段。分表技术还包括水平分表,即把数据过多的表拆分成多个表存储。分表后,逻辑上已经是不同的子表,操作时,要指定子表操作。

分区是指将表分离在若干不同的表空间上,即把一个大表分割成若干个小表。将大表分割成较小的分区可以改善表的维护、备份、恢复、事务及查询性能。目前分区主要包括四种。①RANGE 分区:基于属于一个给定连续区间的列值,把多行分配给分区。②LIST 分区:类似于按 RANGE 分区,区别在于 LIST 分区是基于列值匹配一个离散值集合中的某个值来进行选择。③HASH 分区:基于用户定义的表达式的返回值来进行选择的分区。④KEY 分区:类似于按 HASH 分区,区别在于 KEY 分区只支持计算一列或多列,且 MySQL 服务器提供其自身的哈希函数,必须有一列或多列包含整数值。

以上技术应用于小型大数据还可以完美解决,但是超级大型数据则无能为力。目前有以下几种典型的大数据存储技术解决方案。第一种是采用 MPP 架构的新型数据库集群,重点面向行业大数据,采用 Shared Nothing 架构,通过列存储、粗粒度索引等多项大数据处理技术,再结合 MPP 架构高效的分布式计算模式,具有高性能和高扩展性的特点,在企业分析类应用领域获得极其广泛的应用。第二种是基于 Hadoop 的技术扩展和封装,围绕 Hadoop 衍生出相关的大数据技术,应对传统关系型数据库较难处理的数据和场景。第三种是大数据一体机,这是一种专为大数据的分析处理而设计的软、硬件结合的产品,高性能大数据一体机具有良好的稳定性和纵向扩展性。

三、数据分析与指标构建

通过市场情绪分析、财经文本分析、新闻热点捕捉、主题挖掘等从这些大量的新闻中挖掘出有效信息。利用数据挖掘技术，即利用各种方法分析我们需要处理的数据，发现隐藏在海量数据背后的知识和规律。挖掘步骤简单的可以概括为：一是前期数据的准备，即从相关数据源中以一定的规则筛选所需的数据，整合成数据集；二是利用数据挖掘方法挖掘出数据背后的规律；三是以可视化方式直观地展示梳理和总结出的规律。

数据挖掘常用的几种方法为分类分析、聚类分析、关联分析、预测分析、异常分析等。分类分析首先从已有的数据中选出已有的分类，再把所有的未分类且需要分类的数据按照事先设好的类别进行分类。聚类分类不被归结于预测性的问题，该算法主要解决的是把一群给定的对象划分成若干个组的问题。划分样本的依据是聚类问题的核心点。聚类分析主要解决当要分析的数据缺乏描述信息或者是无法组织成任何分类模式时的数据处理。关联分析主要应用于对象相关度或者他们之间的关系研究。预测分析主要包括一元线性回归、多元线性回归和 Markov 预测模型等。

第二节　数据挖掘经典算法

一、人工神经网络——自动编码器

现在假设我们只有一个未标记的训练集 $\{x(1), x(2), x(3),\cdots\}$，其中 x 是 n 维的。自动编码器神经网络是一种采用反向传播的无监督学习算法，让目标值和输入相等，即让 $y(i) = x(i)$。自动编码器试图学习函数 $hW, b(x)\approx x$。换句话说，它试图学习恒等函数的逼近，使得输出 $\hat{x}$ 与 x 类似。这个将要学习的恒等函数看起来是个特别无关紧要的函数；但通过在网络中做些限制，例如，限制隐藏单元的个数，我们可以发现数据中的有趣结构。具体地说，假设输入 x 是 10×10 图像的像素强度值，$n = 100$，然后 $L2$ 层有 $s2 = 50$ 个隐藏单元。注意到 y 也是 100 维的。既然只有 50 个隐藏单元，网络不得不学习输入的一个"压缩"表示，即给定隐藏单元的激活值 $a(2)$ 只有 50 维，它必须"重构"100 个像素的输入。如果输入是完全随机的，即每个 x_i 与其他特征值是高斯独立同分布的，那么这次压缩任务会非常困难。但是如果数据中包含结构，例如一些输入特征是相关的，这个算法可以发现这些相关性。事实上，这个简单的编码器经常用于学习低维度表示，很像 PCA（主成分分析）。

以上的论点是根据隐藏层单元小数目 $s2$。不过即使当隐藏层单元数目大时（也许甚至比输入像素数目还大），通过对网络施加其他限制，我们依旧能发现有趣的结构。特别地，如果我们对隐藏层单元施加"稀疏"的限制，那么我们依旧在数据中能发现有趣的结构，即使隐藏层单元数目多。

非正式地说，如果输出接近1，我们会认为神经元是"激活的"（或者"点着了"）；如果它的输出接近 0，我们会认为神经元是"未激活"的。我们希望限制神经元在大部分时间是未激活的状态。这个讨论假设用的是 sigmoid 激活函数。如果使用 tanh 激活函数，且它的输出接近–1，我们会认为神经元是未激活的。

回忆一下 $a_j(2)$ 表示自动编码器隐藏单元 j 的激活值。然而，这样的表示不能搞清楚引起激活值的输入 x 是什么。这样，我们会用 $a_j(2)(x)$ 表示当网络给定输入是 x 时该隐藏单元的激活值。

进一步，令

$$\hat{\rho}_j = \frac{1}{m}\sum_{i=1}^{m}[a_j^{(2)}(x^{(i)})]$$

是隐藏单元 j 的平均激活值（在训练集上取平均）。我们可以（近似）实施限制 $\hat{\rho}_j=\rho$。式中，ρ 是一个"稀疏参数"，典型值接近 0 的小值（如 $\rho = 0.05$）。换句话说，我们希望每个隐藏单元 j 的平均激活值接近 0.05（假设）。为了满足这个限制，隐藏单元的大多数激活值都必须接近 0。

为了实现，我们往我们的优化目标中添加一个额外的惩罚项，惩罚 $\hat{\rho}_j$ 对 ρ 的偏离程度。惩罚项的许多选择都能得到合理的结果。我们选择以下形式，即

$$\sum_{j=0}^{s2}\rho\log\frac{\rho}{\hat{\rho}_j}+(1-\rho)\log\frac{1-\rho}{1-\hat{\rho}_j}$$

这里，$s2$ 是隐藏层的神经元数目，下标 j 对网络中的隐藏单元求和。如果你熟悉 KL 分解的概念，这个惩罚项就是基于此，也可以写为

$$\sum_{j=0}^{s2}\mathrm{KL}(\rho\|\hat{\rho}_j)$$

式中，$\mathrm{KL}(\rho\|\hat{\rho}_j) = \rho\log(\rho/\hat{\rho}_j)+(1-\rho)\log(1-\rho)/(1-\hat{\rho}_j)$ 是伯努力随机变量——平均值 ρ 和 $\hat{\rho}_j$ 间的 KL 分解。KL 分解用于衡量两个不同的分布有多不同（如果你之前还没有见过 KL 分解，别担心，你需要了解的所有东西都在这节中）。

惩罚函数有这样的性质，如果 $\hat{\rho}_j = \rho$，则 $\mathrm{KL}(\rho\|\hat{\rho}_j)=0$，否则会随着 $\hat{\rho}_j$ 和 ρ 的偏离程度单调递增。例如，如图 8-2 所示，我们令 $\rho = 0.2$，我们画出关于取一定范围 $\hat{\rho}_j$，$\mathrm{KL}(\rho\|\hat{\rho}_j)$ 的值。

我们看到 KL 分解在 $\hat{\rho}_j = \rho$ 处取得最小值 0，并随着 $\hat{\rho}_j$ 接近 0 或 1 而迅速增大（实际上趋于无穷大）。因此，最小化这一惩罚项使得 $\hat{\rho}_j$ 接近 ρ。

我们目前的全局代价函数是

图 8-2 惩罚函数举例

$$J_{\text{sparse}}(W,b) = J(W,b) + \beta \sum_{j=0}^{s2} \text{KL}(\rho \| \hat{\rho}_j)$$

式中，$J(W,b)$ 之前定义过了；β 控制稀疏惩罚项的权重；$\hat{\rho}_j$ 项也（隐性地）依赖 W，b。因为它是隐藏单元 j 的平均激活值，而隐藏单元的激活值依赖参数 W 和 b。

为了让 KL 分解项包含到你的导数计算中，有一种易于实现的技巧，只需要对你的代码做小的改变。具体而言，之前在第二层（$l=2$）中，在反向传播过程中你将会计算如下式子，即

$$\delta_i^{(2)} = \left(\sum_{j=1}^{s2} W_{ji}^{(2)} \delta_j^{(3)} \right) f'\left(z_i^{(2)}\right)$$

取而代之的是计算

$$\delta_i^{(2)} = \left(\left(\sum_{j=1}^{s2} W_{ji}^{(2)} \delta_j^{(3)} \right) + \beta \left(-\frac{\rho}{\hat{\rho}_j} + \frac{1-\rho}{1-\hat{\rho}_j} \right) \right) f'\left(z_i^{(2)}\right)$$

一个微妙的地方是需要计算出 $\hat{\rho}_j$，后得到这项。那么，首先需要在所有训练样算本计算前向传播，从而计算训练集上的平均激活值，然后再从任一样本中计算反向传播。如果你的训练集足够小，能够很好地满足计算机内存（这对编程任务而言也是一样的），你可以在所有样本上计算前向传播，并将激活值结果保存在内存中，然后计算。这样你就可以用之前计算的激活值在所有样本上计算反向传播。如果你的数据太多，计算机内存装不下，你就只能浏览所有的样本，在每个样本上计算前向传播后，再将激活值累积（求和），然后计算 $\hat{\rho}_j$（一旦你用激活值 $a_j(2)$）计算 $\hat{\rho}_j$，就会丢弃每次计算前向传播的结果。得到 $\hat{\rho}_j$ 后，你再对每个样本做一次前向传播计算，以便在样本上做反向传播。对于后面这种计算 $\hat{\rho}_j$ 的情况，你会在训练集的每个样本中计算两次前向传播，使之计算效率变差。

2021 年 10 月，微软亚研院和中山大学合作发布了 HIST 图神经网络选股模型。图神经网络可将股票间的关系信息融入选股模型。该研究设计双重残差图神经网络 HIST，实现对

股票间显式关系和隐式关系的挖掘。HIST网络的核心组件由一个编码器和三个预测模块组成：股票特征编码器、显式关系模块、隐式关系模块、个股信息模块。

该模型将预期收益分解为：股票间基本面关联解释的收益、股票间交易行为关联解释的收益、股票自身特异性收益，使得股票的选择在逻辑层面更为合理，在实践层面也未引入过高的复杂度。

二、贝叶斯——朴素贝叶斯

贝叶斯分类器的分类原理是在已知某对象先验概率的基础上，利用贝叶斯公式计算出该对象属于某一类的概率，也就是后验概率，选择具有最大后验概率的类作为该对象所属的类。目前研究主要集中于四种贝叶斯分类器，分别是：Naive Bayes、TAN、BAN和GBN。

贝叶斯网络是一个带有概率注释的有向无环图，图中的每一个节点都代表一个随机变量，若图中两节点间存在着一条弧，则表示这两节点相对应的随机变量是概率相依的，反之则说明这两个随机变量是条件独立的。网络中任意一个节点X均有一个相应的条件概率表（conditional probability table，CPT），用以表示节点X在其父节点取各可能值时的条件概率。若节点X无父节点，则X的CPT为其先验概率分布。贝叶斯网络的结构及各节点的CPT定义了网络中各变量的概率分布。

朴素贝叶斯分类是一种比较简单的分类算法，其思想基础大体如下：针对给定的待分类项，求解在此项出现的条件下各个类别出现的概率，然后选择概率最大的类别。

朴素贝叶斯分类的正式定义如下。

（1）设$x = \{a_1, a_2, \cdots, a_m\}$为一个待分类项，而每个$a$为$x$的一个特征属性。

（2）有类别集合 $C = \{y_1, y_2, \cdots, y_n\}$。

（3）计算$P(y_1|x), P(y_2|x), \cdots, P(y_n|x)$。

（4）如果 $P(y_k|x) = \max\{P(y_1|x), P(y_2|x), \cdots, P(y_n|x)\}$，则$x \in y_k$。

根据该定义可知，得出第（3）步各项条件概率是分类的关键。可供选择的一种做法如下。

（1）找到一个已知分类的待分类项集合，也即训练样本集。

（2）统计出各个类别下特征属性的条件概率估计。即$P(a_1|y_1), P(a_2|y_1), \cdots, P(a_m|y_1)$；$P(a_1|y_2), P(a_2|y_2), \cdots, P(a_m|y_2); \cdots; P(a_1|y_n), P(a_2|y_n), \cdots, P(a_m|y_n)$。

（3）如果各个特征属性是条件独立的，根据贝叶斯定理，可推导出以下公式，即

$$P(y_i|x) = \frac{P(x|y_i)P(y_i)}{P(x)}$$

由于分母为常数，所以仅须将分子数值最大化。又因为各特征属性是条件独立的，所以有

$$P(x|y_i)P(y_i) = P(a_1|y_i)P(a_2|y_i), \cdots, P(a_m|y_i)P(y_i) = P(y_i)\prod_{j=1}^{m}P(a_j|y_i)$$

基于上述分析,朴素贝叶斯分类的步骤如图 8-3 所示。

图 8-3 朴素贝叶斯分类的流程

如图 8-3 所示,朴素贝叶斯分类全过程包括三个阶段。

第一阶段——准备工作阶段,此阶段需要为朴素贝叶斯分类提供前期准备工作,具体而言,首先根据具体情况确定特征属性,再对每个特征属性进行合理划分,然后由人工对一部分待分类项进行分类,构建出训练样本集合。在此阶段,所有待分类数据是输入项,特征属性和训练样本是输出结果。准备阶段是整个朴素贝叶斯分类流程中唯一依靠人工完成的阶段,并且该阶段的实施情况对全过程效果起到决定性作用,分类器的质量很大程度上取决于特征属性、特征属性划分及训练样本质量。

第二阶段——分类器训练阶段,这个阶段的关键是生成分类器,具体做法是计算每个类别在训练样本中的出现频率及每个特征属性划分对每个类别的条件概率估计,并统计相应结果。特征属性和训练样本是输入项,分类器是输出结果。这一阶段通过程序自动计算即可实行。

第三阶段——应用阶段。使用分类器对待分类项进行分类是这一部分的核心任务,分类器和待分类项是输入项,待分类项与类别的映射关系是输出结果。同样,该阶段由机器程序自主实施。

三、决策树——C4.5

决策树是指以树状节点的形式推进决策的一种工具,通过树形结构来对数据样本进行分类。一棵完整的结构树由节点和有向边构成,其中内部节点表示特征,叶子节点表示类别,决策树根据特征取值对实例进行分配,可以达到对所有实例进行分类的目的。其主要的优点:模型具有可读性,计算量小,分类速度快。完整的决策树模型包括特征选择、决策树构建和决策树剪枝。其中特征选择和决策树构建对应决策树生成算法,决策树剪枝对应决策树剪枝算法。

决策树算法包括了由 Quinlan 提出的 ID3 与 C4.5，Breiman 等提出的 CART。C4.5 是机器学习算法中的一个分类决策树算法，它基于决策树核心算法 ID3 对分裂属性的目标函数实现了改进。因此，基于对决策树组建方法的部分掌握即可构建 C4.5。事实上，决策树的组建方式即为每次选择一个好的特征和分裂点，并视为当前节点的分类条件。

与 ID3 相比，C4.5 的优势在于以下四点。

（1）用信息增益率来选择属性，改善了用信息增益选择属性时偏向选择取值多的属性所带来的问题。

（2）在树构建过程中进行剪枝。

（3）可以完成对连续属性的离散化处理。

（4）可以处理不完整数据。

C4.5 算法具备一系列优势：其分类规则易于理解，分类结果偏差较少。其缺陷在于：在构造树的过程中，需要对数据集多次进行顺序扫描和排序，因而使得算法执行效率较低。

四、线性分类——支持向量机

支持向量机（support vector machine，SVM）是寻找稳健分类模型的一种代表性算法。支持向量机的思想最早在 1936 年 Fisher 构造判别函数时就已经显露出来，Fisher 构造的两组数据之间的判别模型是过两个集合中心位置的中垂面，中垂面体现的就是稳健模型的思想。函数逼近建立了输入和输出函数估计理论，但当输出中包含噪声干扰时，估计模型抗噪声能力较弱，另一个困扰建模的问题是在建模过程中，是否只有一种最优目标函数存在。比如，模型结构选择和模型精确度的选择通常是两个不同的目标，既要体现灵活性又要保证稳健性，这对复杂目标下的建模来说是一种客观现实的需要，这个问题也可以被描述成精准估计和泛化误差之间的权衡问题。1974 年，Vapnik 和 Chervonenkis 建立了统计学习理论，比较正式地提出了结构风险建模思想，他们开创了直接对判别边界建模的理论方向，这一理论成为统计学习得以发展的奠基石。统计学习认为稳健预测模型的建立可以通过设计结构风险不断降低的算法建模过程实现，该过程以搜索到结构风险最小为目的。20 世纪 90 年代，Vapnik 基于小样本学习问题正式提出支持向量机的概念。支持向量机是以结构风险最小化原理为基础的新算法，与相同原理支撑的其他算法相比具备显著的优势。通过求解一个凸二次优化算法，该算法运行结果使得极值解也是全局最优解。它通过平衡的函数设计将估计的目标直接对准所要估计关系的最稳健的方向，在该方向下直接产生最优边界估计，而不必像传统的方法先估计关系，再估计边界。SVM 的目的是寻找泛化能力好的决策函数，即由有限样本量的训练样本所得到的决策函数，在对独立的测试样本做预测分类时，仍然能保证较小的误差。此外，SVM 算法的本质是求解凸二次优化问题，能够保证运行结果中的极值解即为全局最优解。

当样本数为 n 时，该二次规划问题包含 $2n$ 个优化变量、1 个等式约束、$4n$ 个不等式约束，也涉及 n 平方维的核函数矩阵的计算等，所以求解的规模与样本数量之间有着较大的关联度。

除了稳健性概念，使用核函数解决非线性问题是 SVM 另一个吸引人的地方，即将低维空间映射到高维空间，在高维空间构造线性边界，再还原到低维空间，从而解决非线性边界问题。

五、关联规则学习——先验算法

先验算法（Apriori）是由 Agrawal、Imielinski 和 Swami 于 1993 年设计的具备较强典型意义的发现关联规则的算法，应用较为广泛。它是发现布尔关联规则所需频繁项集的基本算法。Apriori 算法是一种先验概率算法，它依据频集特性的先验知识，依照层次顺序循环搜索频繁项集。

Apriori 算法由两部分构成，第一部分是在给定的最小支持度 S_0 和数据库下，从 D 中找到频率大于等于 S_0 的项集，支持度超过最小支持度，而且由 k 个项构成的项集称为 k-大项集或大项集，记为 L_k，L_k 的项集称为频繁项集。它所采用的基本过滤方法是集合的向下封闭性质。集合的向下封闭性质指出：一个 k-项集的支持度超过 S_0 的必要条件是 k-项集的全部子集都在 k-大项集之中。第二部分是找出可信度超过最小可信度的项集。Apriori 算法的核心是第一部分。

Apriori 算法主要以搜索满足最小支持度和可信度的频繁 k-项集为目标，频繁项集的搜索是算法的核心内容。如果 k_2-项集 B 是 k_1 项集 A 的子集（$k_1 \geq k_2$），那么称 A 由 B 生成。我们知道 k_1-项集 A 的支持度不大于任何它的生成集 k_2-项集 B，即支持度随项数增加呈递减规律，于是可以从较小的 k 开始向下逐层搜索 k-项集。如果较低的 k-项集不满足最小支持度条件，则由该 k-项集生成的 l-项集（$k<l<<m$）都不满足最小支持度条件，从而可能有效地截断大项集的生长，消减非频繁项集的候选项集，有效地遍历满足条件的大项集。

六、聚类分析——期望最大化方法

期望最大化（expectation maximization，EM）算法是一个基础算法，是很多机器学习领域算法的基础，如隐式马尔可夫算法（HMM）、LDA 主题模型的变分推断等，最初是由 Ceppellini 等人于 1950 年在讨论基因频率的估计的时候提出的。后来又被 Hartley 和 Baum 等人发展的更加广泛。目前引用较多的是 1977 年 Dempster 等人的工作。它主要用于从不完整的数据中计算最大似然估计。后来经过其他学者的发展，这个算法也被用于聚类等应用。

EM 算法是基于模型的聚类方法，假设样本分布遵循高斯混合模型，算法可用于充分拟合输入的数据，确定每个高斯部件的参数，分析出相应的模糊聚类，基于已知参数找到不同样本属于各个高斯分布的概率。实际应用的过程中，最常用的方法是极大化模型分布的对数似然函数，从样本观测数据中获取模型参数的情况十分普遍。

但是在一些情况下，我们得到的观察数据有未观察到的隐含数据，此时我们未知的有隐含数据和模型参数，因而无法直接用极大化对数似然函数得到模型分布的参数。怎么办呢？这就是 EM 算法可以派上用场的地方了。

EM 算法解决这个的思路是使用启发式的迭代方法，既然我们无法直接求出模型分布参数，那么我们可以先猜想隐含数据（EM 算法的 E 步），接着基于观察数据和猜测的隐含数据一起来极大化对数似然，求解我们的模型参数（EM 算法的 M 步）。由于我们之前的隐藏数据是猜测的，所以此时得到的模型参数一般还不是我们想要的结果。不过没关系，我们基于当前得到的模型参数，继续猜测隐含数据（EM 算法的 E 步），然后继续极大化对数似然，求解我们的模型参数（EM 算法的 M 步）。以此类推，不断地迭代下去，直到模型分布参数基本无变化，算法收敛，找到合适的模型参数。

从上面的描述可以看出，EM 算法是迭代求解最大值的算法，算法在每一次迭代时分为两步，E 步和 M 步。一轮轮迭代更新隐含数据和模型分布参数，直到收敛，即得到我们需要的模型参数。

一个最直观了解 EM 算法思路的是 K-Means 算法，见之前写的 K-Means 聚类算法原理。在 K-Means 聚类时，每个聚类簇的质心是隐含数据。我们会假设 K 个初始化质心，即 EM 算法的 E 步；然后计算得到每个样本最近的质心，并把样本聚类到最近的这个质心，即 EM 算法的 M 步。重复这个 E 步和 M 步，直到质心不再变化为止，这样就完成了 K-Means 聚类。

总结下 EM 算法的流程如下所述。

输入：观察数据 $x = (x^{(1)}, x^{(2)}, \cdots, x^{(m)})$，联合分布 $p(x, z|\theta)$，条件分布 $p(z|x, \theta)$，最大迭代次数 J。

（1）随机初始化模型参数 θ 的初值 θ^0。

（2）for j from 1 to J 开始 EM 算法迭代。

a）E 步：计算联合分布的条件概率期望

$$Q_i(z^{(i)}) = P(z^{(i)} | x^{(i)}, \theta^j))$$

$$L(\theta, \theta^j) = \sum_{i=1}^{m} \sum_{z^{(i)}} Q^i(z^{(i)}) \log P(x^{(i)}, z^{(i)} | \theta)$$

b）M 步：极大化 $L(\theta, \theta^j)$，得到 θ^{j+1}

$$\theta^{j+1} = \arg\max_{\theta} L(\theta, \theta^j)$$

c）如果 θ^{j+1} 已收敛，则算法结束。否则继续回到步骤 a）进行 E 步迭代。

输出：模型参数 θ。

七、异常检测——K 最近邻

K 最近邻（k-nearest neighbor，KNN）分类算法是一个拥有成熟理论基础的方法。其核心要义为：给定一个样本，在特征空间中有 k 个与之相似程度最高（即特征空间中距离最近)的样本,且这些样本中的大部分同属一个类别,该样本也应归为这个类别。在 KNN 算法中,选定的邻居均为经过合理归类的样本。这种算法在划定分类时仅仅依据距离最近的一或多个样本的类别来确定给定样本的分类。KNN 方法虽然从原理上也依赖于极限定理,但在类别决策时,只与极少量的相邻样本有关。基于 KNN 方法主要依赖较小距离范围内的个别样本,而不是采用判别类域的方式决定分类,所以该种方法在面对类域中交叉或重叠较多的待分样本集时更容易进行相应处理。

KNN 算法不仅是分类中的重要方法,也在回归方面有着较好的应用。首先找出与给定样本距离最近的 k 个样本,再将这些样本的属性平均值赋予给定样本,这就得到了该样本的属性。一个更实用的处理策略是基于邻近程度不同的样本对给定样本差异化的影响,将这些影响赋予不同的权重,例如,按照权值与距离成正比的原则。

KNN 算法在分类中的应用也有相应的缺陷。当处理非平衡样本时,各个类别的样本容量差异较大,在这种情况下,新输入的样本有大概率面临邻近样本多数来源于大容量样本的问题。相对应地,采取权值法(距离样本越近的邻居权值越大)有助于解决这一问题。该算法的另一处缺陷在于计算量较大,主要是由于针对各个未经分类的文本,必须明确它与所有已分类样本之间的远近程度,在此基础上方可找到与其距离最小的 k 个样本。针对这一缺陷,需要先做剪辑处理,剔除在分类过程中影响较小的样本点。事实上,此方法的最佳应用就是针对大容量的样本分类,在处理小容量样本的时候可能会导致分类不当。

八、集成学习算法——Adaboost

Adaboost 是一种迭代算法,其核心思想是针对同一个训练集训练不同的分类器(弱分类器),然后把这些弱分类器集合起来,构成一个更强的最终分类器(强分类器)。其算法本身是通过改变数据分布来实现的,它根据每次训练集之中每个样本的分类是否正确,以及上次的总体分类的准确率,来确定每个样本的权值。将修改过权值的新数据集送给下层分类器进行训练,最后将每次训练得到的分类器融合起来,作为最后的决策分类器。使用 Adaboost 分类器可以剔除某些无用的训练数据,并着眼于核心训练数据。

目前,Adaboost 算法相关研究和应用主要聚焦于分类这一层面,该算法对回归问题方面的贡献也日益增多。该算法主要解决了四类问题:多类单标签问题、多类多标签问题、大类单标签问题、回归问题。该算法使用全体训练样本用于学习。

该算法实质上是一个简单的弱分类算法提升过程,在过程中基于不断的训练逐步提升数据分类效率。该过程大体分为以下几个步骤。

(1)首先学习 N 个训练样本,获取第一个弱分类器。

(2)把分错的样本与其余新数据汇集为另 N 个训练样本,学习并获取第二个弱分类器。

(3)将前两步中错误的样本与其余新数据汇集为另 N 个不同的训练样本,学习并获取第三个弱分类器。

(4)不断提升后得到强分类器,各个数据的归类要基于各分类器权值决定。

但是，Boosting算法有以下两处尚需思考。

（1）基于何种操作去推动弱分类器利用训练集进行学习和强化。

（2）如何将训练得到的各个弱分类器联合起来形成强分类器。

针对上述问题，Adaboost算法做出了相应调整。

（1）运用加权后选取的训练数据取代先前随机方式产生的样本，从而把训练重点放在分类难度较大的样本上。

（2）汇集各类弱分类器，采用加权方式替代平均的投票机制。根据分类效果不同赋予各个弱分类器差异化的权值，效果越好，权值越大。

Adaboost算法是Freund和Schapire根据在线分配算法提出的，他们仔细研究出了Adaboost算法错误率的上界，以及使强分类器达到目标错误率所需迭代算法的次数极值等一系列具有现实意义的问题。与Boosting算法不同的是，Adaboost算法对弱学习算法学习正确率的下限，即弱分类器的误差不做了解要求，而且最终获取的强分类器分类准确度依赖于所有弱分类器的分类准确度，从而有助于不断对弱分类器算法进行改善。

Adaboost算法基于各个样本权值的改变对各个训练集进行区分。最初，每个样本被赋予了同等权值，有n个样本，基于这些样本分布训练出第一个弱分类器。对于分类出错的样本赋予更高的权值，反之则更低，从而将这些样本划分为两类，转换成全新的样本分布。此时继续训练弱分类器，生成第二个版本。以此类推，T次循环后就有T个弱分类器，按一定的权值把它们全体叠加，从而转化出所需的强分类器。

Adaboost算法是经过调整的Boosting算法，该算法可以针对弱分类器的错误进行适应性调整。前述算法中有T次循环训练，每一次都会基于现有权值分布对样本X设立一种分布P，然后迭代出新版的弱分类器，对于该算法训练过程中采用的弱学习算法而言，全体都具备一定的错误率数值，而其上限无须预先了解，实际上，在弱分类器训练时的每一次迭代都需要改变权值。这样的改变依据是：降低分类效果优良的数据的概率，提升分类效果不良的数据的概率。最后阶段整合的分类器相应参数是上述各版本的加权平均。

下面我们来看个例子，兴业金融工程团队就使用了基于改进Adaboost算法的量化选股框架。他们将量化选股问题划归为了一个二元分类问题，根据下期股票收益率的大小，将股票池分为强势股和弱势股两类。模型最终给出某只股票属于强势股还是弱势股的分类结果。

模型的输入是一个包含了165个量化选股指标的因子库。该数据库包括了价值、成长、质量、分析师情绪、动量反转、另类这六大类指标，其中另类进一步分为：规模、风险、流动性、技术这四个子类。最终输出的结果是对每个股票的信心度，用于衡量该股票属于强势股的程度（取值越大，越可能属于强势股；反之则越有可能属于弱势股）。在实际成效上整体表现十分出色。

九、隐私计算——联邦学习

联邦学习的本质是一种分布式机器学习框架，它做到了在保障数据隐私安全及合法合规的基础上，实现数据共享，共同建模。它的核心思想是在多个数据源共同参与模型训练时，不需要进行原始数据流转的前提下，仅通过交互模型中间参数进行模型联合训练，原始数据可以不出本地。这种方式实现数据隐私保护和数据共享分析的平衡，即"数据可用不可见"的数据应用模式。从技术层面上涉及隐私保护、机器学习和分布式领域，能有效满足数据在不出本地的情况下，实现共同建模，提升模型的效果。

联邦学习技术可以实现在多个机构间构建统一的数据安全、高效、合规的多源数据应用生态系统，实现跨机构的数据共享融合，通过系统扩大样本量，增加数据维度，为大数据应用提供高精度模型构建的有力支撑，进而提供更丰富、高质量的大数据服务，为社会发展创造更多价值。

联邦学习是一种在计算过程中分享中间统计结果而不泄露原始数据的分布式算法框架，实现了数据在多中心协同计算中的隐私保护。其特点是在保护原始数据隐私安全的同时，又能保证计算结果的准确性和精度。联邦学习一般认为有两种架构：客户端/服务器模式和去中心化模式。

客户端/服务器模式一般适用于预测全局模型参数和开展各种统计学检验。目前这种方式比较常见。它的本质是在中心节点的主导下，各节点协同分布式计算，在联邦学习的训练过程中，各个参与方拥有基于其本地数据生成的本地梯度，通过反复交换各参与方的本地梯度来实现全局模型参数的更新，并直到模型参数收敛，具体每一轮的迭代过程可分为如下几步。

（1）参与方在本地进行基于原始数据的隔离计算，各自使用本地样本完成模型的更新，发送加密的梯度到聚合服务器。

（2）聚合服务器对各方的梯度进行聚合，根据各个客户端的本地统计结果更新全局模型参数。

（3）聚合服务器把聚合更新后的梯度发送给各个参与方。

（4）各个参与方使用收到的新梯度更新本地模型参数。

这里示例中传递的是梯度，也可以是模型参数或者其他模型的中间计算结果。设计合理的梯度的聚合方式和模型拆分方式不会影响最终的模型精确度。

去中心化模式使用于各种分布式算法，比如稀疏线性回归、主成分分析及支持向量机等。其特点在于不需要中心服务器，各个相邻的客户端不断交换本地计算的中间结果，进而得到可靠的全局计算结果。无论哪种架构，联邦学习实体之间只传输中间结果，中间结果不涉及任何原始数据信息，从而实现了敏感数据的隐私保护。

联邦学习在狭义上仅指隐私保护下实现机器学习算法的模型训练，本身不包括数据预处理、特征工程等机器学习必要步骤。实际应用落地中的联邦学习通常会涉及样本对齐、联邦数据预处理、联邦特征工程、联邦模型训练、联邦在线推理等建模全流程。

截至2023年，联邦学习技术已处于技术成熟度曲线中的"创新触发期"阶段，且在疫情压力及技术进步的叠加作用下，联邦学习凭借着其在数据货币化、物联网、数据共享等领域的成功实践，突破技术发展预期，未来有望朝着"期望膨胀期"阶段进一步迈进。

联邦学习在国内隐私计算赛道得到了广泛的应用，如微众银行 FATE 开源平台，平安科技"蜂巢"、百度开源框架 PaddleFL、字节跳动 Fedlearner 平台等。

腾讯云与国内某大型互联网银行风险管理部合作时，在神盾联邦学习平台，基于联邦学习技术和加密算法，在隐私保护前提下进行风控建模探索。避免了银行侧的数据外传，杜绝泄露风险和法律合规风险，减少冗长的审批流程，有效解决了数据合规性和信息安全性的问题。

此外，一些隐私计算创业公司也在通过联邦学习技术的探索与应用积极入局，如星云 Clustar。

十、决策树——分类与回归树（CART）

（线上阅读）

十一、决策树——随机森林

（线上阅读）

十二、关联规则学习——FP-growth 算法

（线上阅读）

十三、聚类分析——K-Means

（线上阅读）

十四、集成学习算法——GBDT

（线上阅读）

第三节　大数据算法面临的困境与解决之道

大数据让算法变得前所未有的强大，机器学习和深度神经网络克服了算法设计中人的局限；只要有数据，只要数据中有统计规律，算法就能找到这些规律。人工智能技术近几年的火热主要得益于机器学习、深度神经网络方面的技术突破，以及大数据技术的成熟。这些技术的突破使得从前很多被认为机器不可能解决的问题变得可以解决。过去，技术人员开发信息系统需要将领域知识在头脑中转换为算法和程序。这些技术突破改变了这一现状，消除了对领域知识的依赖。算法可以通过机器学习的方法，从大量数据中自动提取出来，不再需要人来编写。这不仅减少了错误遗漏，降低了开发成本，并且可以随着数据的变化自动更新，而不会因为现实的变化而落伍。然而，科技进步带来了便利，也会带来一些隐患。

一、大数据算法存在的问题

（一）算法的技术困境

1. 标签推荐困境

目前最常见的推荐机制为"相似邻居推荐"，这是一种基于纯行为的标签推荐：当进行海量数据的收集和分析后，如果发现行为 A、行为 B 总体共现次数多，系统就会向有行为 A 的人推荐 B。比如，在网购时，如果与你以往购买行为类似的人喜欢一件衣服，系统就会认为你也喜欢，就会把他（她）买过的衣服推荐给你。这确实会给我们的生活带来一些便利，但这样的推荐机制完全基于数据关系，缺乏逻辑因果关系，有时会让我们觉得推荐的东西莫名其妙，难以达到精准营销的目的。

2. 关系推荐困境

以微博推荐机制为例，目前算法的逻辑基本如下：我与 A 非好友，但我的好友中有不少人与 A 是好友，即我和 A 有不少共同的好友，那么系统便会将 A 也推荐给我（共同好友）；我关注的人中有不少关注了 B，那么系统推测我也可能会喜欢 B，从而变会把 B 也推荐给我（间接关注人）。但大多数时候，这样的推荐也会出现与前文类似的问题，而难以达到预期的效果。人与人之间的关系错综复杂，难以简单地以数据连接来概括。

3. 行为赋值困境

在行为分析领域，大数据算法在实际应用中常常对特定的行为进行赋值。例如，音乐分类中常常会进行这样的行为赋值：单曲循环 = 5，分享 = 4，收藏 = 3，主动播放 = 2，听完 = 1，跳过 = –2，拉黑 = –5。但是，这些分值分别代表什么意思，对行为的量化能够达到什么程度，这些行为背后的原因，不同行为间是否确有关系，都难以从简单的数据中知晓。如果简单地认为将某个行为变成数值后就可以着手分析的话，面临的真正难题不是计算，而是如何明确地判断这些行为并进行用户匹配。行为的背后到底是什么，需要更精细地考量。

（二）算法的监管措施与约束机制缺失

算法没有价值判断，最终是人给计算结果加上了价值判断。但是一旦人们把算法给出的结果用在社会关系的处理上，这些结果就对相关的每个人产生了意义。

算法让一部分人掌握了过大的权力。虽然技术突破和大数据让算法开发变得容易，但是获取到足够的数据和计算资源，开发并利用算法，仍然是一件相当具有门槛的事情。能够掌握利用算法的仍限于少数人，这就使得这些少数人在社会生活中相对于其他人占有了极大的优势。为了社会公平，我们对拥有财产优势的人征收更多的税赋，对掌握权力的人施加种种制衡，但是我们对拥有算法优势的人如何限制，仍然没有可行的思路。

技术突破让算法不需要人编写，虽然减轻了人开发算法的负担，但也让人更难以理解算法。大多数深度学习产生的算法都让人无法理解，但是由于大多数情况下算法是有效的，所以人们即使不理解，也乐于利用算法。这就产生了一个风险：没人知道算法的边界和失效条件，因此也就不能判断算法何时会出错。由于不理解，使用者往往倾向于忽视这种风险，于是形成了对算法的迷信。威斯康星州的判案系统就是这种情况。

相应的社会约束机制难以跟上，新技术只要有效，很快就会在社会生活中广泛应用，但是新技术往往深刻地改变了人们的生活方式，而与这些改变相适应的社会约束机制只能在新技术的社会影响日益明确之后，才能逐渐建立起来。社会规范总是滞后于社会现实，在技术快速发展的今天，这种滞后造成的问题尤为显著。今天人工智能对人们日常生活的影响恰如一百年前汽车普及造成的影响。当美国普通家庭开始拥有汽车很多年之后，道路信号、交通规则、驾照考试等设施和机制才逐渐完善，跟上技术变革的脚步。

因此，我们应当在变化中探索秩序。人工智能技术仍在快速发展中，对社会生活的种种影响才刚刚开始显现。对此，我们既不能因噎废食，阻碍技术发展，也不能放任自流，任由"丛林法则"支配，必须顺应技术发展的潮流和社会现实的变化，不断探索调整，兴利除弊，让技术发展始终作为推动社会进步的动力。

二、有效算法的七大原则

要想解决算法面临的问题，使其更好地为社会进步提供技术基础，就要遵循以下七个原则。

稳定性原则：运算精准的前提是稳定。面对不稳定的用户、不稳定的行为、不稳定的情感等干扰，必须要找到行之有效的办法去解决。

人性原则：人与物品的区别是人是有情感的，人有态度、有情绪、有对情境的考量、有动机，而人的所有行为随着环境的变化瞬息万变。人性的不稳定如何在大数据的运算当中呈现出来，这是一个问题。

数据全面性原则：数据全面是有效分析的基础，数据缺失多，错误率一定高。现在数据分析当中面临最常见的问题是低价值数据稠密，高价值数据稀疏。我们的对象是人，要基于人的逻辑考虑，产生人可以认识的分析结果。数据的维度应该基于人能力所及的范围，而非机器。

分类原则：做过调查的人都知道，做抽样的时候永远应该先分层。在分析用户之前，我们也一定要先分群。个体永远是复杂的，复杂性对复杂现象只能添乱。所以不要把人回归到个体的维度，而是放在群体里讨论。这是一个降维的过程，也降低了问题的复杂性。

变量多元指向原则：不要以为变量都只有一种展现方式，不要拿比例表做所谓用户画像。一个变量就是一个含义。以"代沟"为例，它的形成可能关乎年龄、学历、家庭生命周期、社会现象等，一个变量是可以对应 N 个维度的。

变量复杂性原则：变量的呈现并不是简单的、分离的现象，而是混合、叠加、再分类后的行为组合。这非常类似于深度学习的层级。

效率原则：效率一定是和人的行为匹配的。如果在没有进行准确匹配的前提下进行推送，人们只会将大量的推送服务视为骚扰。

三、大数据算法的发展趋势

（线上阅读）

第四节 代 码 实 例

（线上阅读）

本 章 小 结

大数据算法是大数据金融应用于实际问题的技术基础,本章从大数据体系构建出发,介绍了数据采集与预处理、大数据存储技术和数据分析与指标构建这三个构建大数据体系的基本步骤,并介绍了数据挖掘经典算法的概念、理论基础与实践领域。从实践应用的角度出发,探讨了大数据算法面临的技术困境与监管困境,并为此明确了有效算法的七项原则,以期数据算法有效运行。同时,从人与物两个不同角度探索大数据算法的未来发展路径。

自学自测 扫描此码

1. 国内相关金融数据来源主要分为哪几类?
2. 列举数据挖掘常用的几种方法。
3. 说出几个数据挖掘的经典算法。
4. 朴素贝叶斯分类全过程包括哪几个阶段?
5. CART算法包含哪些关键基础?

第九章 大数据金融生态环境建设

任何产业的发展都需要合适的土壤，大数据金融的发展也不例外，需要建立稳定、有益的生态环境。健康的大数据金融生态体系是大数据金融可持续发展的重要基石。本章从大数据市场环境建设出发，详细阐述了大数据监管体系及征信体系的建设，并指出了大数据生态系统的构成及其面临的挑战。

第一节　大数据市场环境建设

一、大数据金融外部环境

良好的市场环境能够促进大数据金融健康持续地发展。近年来，大数据金融在政策环境、经济环境、技术环境及交易环境等方面都获得了有利的发展契机。

（一）政策环境

大数据金融是最近几年兴起的一个概念，所以与其他行业相比，专门针对大数据金融发展的政策支持措施比较少。但作为互联网金融触角的延伸，大数据金融依然可以借互联网的春风强势崛起。北京、上海、深圳、武汉、南京、贵阳等城市的政府部门均出台了多项政策扶持互联网金融企业及其载体（产业园、孵化器、孵化园）。通过落户奖励，对企业进行财政补贴、小微服务奖励等，对互联网金融的发展提供了有利的政策条件，有利于互联网金融在中国各个城市的逐步发展。

针对大数据金融发展的政策逐步出台，在中央层面上，2012年，中共十八大会议中将金融改革作为中国十年发展的重要目标之一，同时在"十二五"规划中，也对大数据的发展做出了重要部署。2014年，"大数据"首次写入《政府工作报告》（简称《报告》）。《报告》中指出，要设立新兴产业创业创新平台，在大数据等方面赶超先进，引领未来产业发展。"大数据"旋即成为国内热议词汇。2015年8月31日，国务院发布《促进大数据发展行动纲要》，大数据上升为国家战略。2017年，国家工业和信息化部印发《大数据产业发展规划（2016—2020年）》，正式对大数据产业做出专门规划。同年，十九大报告提出"推动大数据与实体经济深度融合"。2020年3月，《中共中央、国务院关于构建更加完善的要素市场化配置体制机制的意见》发布，引导各类要素协同向先进生产力集聚，推动经济发展质量、效率和动力的变革，明确了数据要素市场化配置上升为国家政策。2021年11月，中华人民共和国工业和信息化部制定出台《"十四五"大数据产业发展规划》，提出实现数字产业化和产业数字化的有机统一，完善大数据体系建设，并以此作为未来五年大数据产业发展工作的行动纲领，将释放数据要素价值和保障数据安全作为产业发展的重点。

在地方层面上，各地政府加快推动数据开放的工作。2016年，包括珠三角在内的7个国家大数据综合试验区建设方案已获批，全国共有30多个省市专门出台了大数据相关政策文件，10余个地方还专门设置了大数据管理部门来推进大数据发展。例如，广东正式启动建设珠江三角洲国家大数据综合试验区，成为全国首批确定的跨区域类大数据综合试验区。继贵州之后，上海、河南、重庆等7个区域也将会推进国家大数据综合试验区的建设，大数据综合试验区的布局将从西部向中部和东部延伸。

然而，与发达国家相比，我国大数据金融发展的政策环境仍然存在不小的差距。2012年3月29日，美国白宫科技政策办公室发布《大数据研究和发展计划》，成立"大数据高级指导小组"，将大数据上升到国家战略层面。该计划旨在改进对海量数据的收集、分析、管理能力，同时提升对社会经济发展的预测能力。计划内容包括首批6个联邦部门宣布共计2亿美元的投资，提高收集、储存、保留、管理、分析和共享海量数据所需核心技术的先进性。在这一计划中，美国政府将数据定义为"未来的新石油"，足以见得美国将大数据的建设与发展放在了非常重要的地位。2014年5月，美国白宫发布了2014年全球大数据白皮书的研究报告《大数据：抓住机遇、守护价值》。2016年5月，美国政府进一步发布了《联邦大数据研究与开发战略计划》，为后续战略的完善奠定了基础。2019年12月，美国联邦数据战略团队发布了《联邦数据战略》，与之一起发布的还有推进这一战略的《2020年行动指南》。自此，美国数据战略体系已经初具雏形。为了落实美国联邦数据战略中的"伦理治理"原则，2021年9月，美国联邦政府发布了《数据伦理框架》，以推进落实联邦数据战略，针对政府的数据活动提出了7项伦理要求，包括遵守法律法规、职业准则和伦理标准，恪守诚实信用，实行问责制，保持透明度，紧跟数据科学领域的发展动态，尊重隐私和机密性，尊重公众、个人和社区。这些要求适用于数据的获取（生产或收集）、处理、传播、使用、存储和处置等整个生命周期。在美国政府看来，数据伦理要求政府在收集、管理、使用数据时做出合适的判断并承担责任，以便实现保护民事自由、最小化对个人和社会的风险、最大化社会福祉等目标。

2012年9月，欧盟公布了《释放欧洲云计算服务潜力》战略方案，并向欧盟委员会和欧洲议会提交了《云计算发展战略及三大关键行动》建议，计划用两年时间把欧盟打造成云计算服务的领先经济体，为2014—2020年期间欧盟"云起飞"打下坚实的基础，让大数据技术革命渗透到经济社会的方方面面。2020年2月19日，欧盟委员会发布《欧洲数据战略》，全文包括背景介绍、关键点、愿景、问题、战略、国际路径、结论以及附录（欧洲战略部门和公共利益领域公共数据空间创建计划）共8个部分。该数据战略概述了欧盟未来5年实现数据经济所需的政策措施和投资策略。欧盟委员会的目标是创建一个单一数据空间——一个真正的数据单一且面向世界开放的市场，其中个人和非个人数据（包括敏感的业务数据）都是安全的，企业也可以轻松访问海量的高质量工业数据，并利用数据促进经济增长、创造价值，同时最大限度地减少人为碳排放等对环境造成的破坏。

2011年开始,英国不断在大数据领域持续投入大量的专项资金。2011年,英国政府决定注资6亿英镑发展8类高新技术,其中1.89亿英镑投入大数据研发。2012年5月,英国成立世界上首个非营利性的开放式数据研究所,开展大数据应用研究。2012年6月,发布《开放数据白皮书》,以促进英国公共服务数据的开放性。于2013年10月31日发布《把握数据带来的机遇:英国数据能力战略》,旨在促进英国在数据挖掘和价值萃取中的世界领先地位,制定了提升数据分析技术、加强国家基础设施建设、推动研究与产业合作、确保数据被安全获取和共享等决策。2014年,英国政府又决定对大数据技术研究发展投入7300万英镑,目标涵盖以下方面:将大数据技术应用于55个政府数据分析项目,基于优质的高等学府筹建大数据研究机构,大力扶持牛津大学、伦敦大学等知名院校创设大数据相关专业等。全球大数据产业的日趋活跃,技术演进和应用创新的加速发展,使各国政府逐渐认识到大数据在推动经济发展、改善公共服务、增进人民福祉乃至保障国家安全方面的重大意义。鉴于以上发达国家的大数据政策扶持经验,中国若要跟上世界大数据金融发展的步伐,政府部门就必须加快大数据金融战略的顶层设计,将大数据金融发展上升到国家战略层面。全面加大大数据金融的研究支持力度,明确关键技术,确定重点支持的领域。进一步推动大数据金融在不同领域的广泛应用,包括在商业上和军事上的应用等,同时可以结合当前的云计算技术、物联网技术等。2021年9月,英国政府发布了更新后的数据伦理框架,为政府以适当的、负责任的方式使用数据提供指南。新版框架包含透明、责任、公平三大原则,这些原则适用于数据活动的整个生命周期。新版框架还包含5项具体行动,分别是清晰界定、理解数据项目的目的及其可能带来的社会福祉;卷入多元背景的专家和外部利益相关方;遵守相关的数据保护法律;审查所使用的数据的质量和局限性;持续评估项目以确保其能够实现既定的社会福祉。这些行动需要植入政府数据项目的全流程。

(二)经济环境

良好的经济环境是大数据金融发展的必要条件。2019年新冠疫情暴发,给全球经济带来重大冲击,全球主要经济体都已经进入到放缓阶段。2022年2月又爆发了俄乌冲突,对全球经济造成严重负面影响,全球通胀压力持续攀升,世界经济复苏面临更多不确定性。2022年下半年,新冠疫情在我国已经得到了基本控制,我国经济发展进入新常态,但是国际政治经济形势仍然空前严峻复杂,给我国经济发展带来了较大的挑战。

当前世界经济发展的大环境仍然不容乐观,尤其是作为全球第一大经济体的美国,2022年以来连续两个季度负增长,使美国经济陷入技术性衰退。尽管三季度经济增速由负转正,但仍存在较大的下行风险。从同比角度来看,美国三季度GDP同比增长1.8%,与二季度持平。高通胀持续时间长于预期,货币和金融市场环境持续紧张,对居民和企业开支产生较为严重的影响,家庭消费支出增速回落,商业投资也表现疲软,房地产活动继续下探,环比年化增速已经连续六个季度负增长。尽管三季度美国经济展现出一定韧性,不过美联储快速加息带来的影响也在不断体现,预计美国经济增长将继续放缓。

随着中国经济发展进入"新常态",面对较明显的经济下行压力,中央采取了一系列政策调控措施，包括全面降息降准、推出一批政府和社会资本合作（PPP）项目、结构性减税等，期望通过扩大内需拉动经济增长，使这些政策措施的效应逐渐释放。2022年前三季度中国经济累计同比增长3.0%，其中三季度同比增长3.9%，较二季度增速提升3.5个百分点，好于市场预期。从环比来看，三季度经济环比增速3.9%，较二季度-2.6%的增速明显改善。疫情反复、房地产市场下行、国际地缘政治变化等因素使得我国二季度经济增速有所放慢，但是在稳定经济政策不断的支持下，三季度经济稳中有升，显示了中国经济的韧性。预期2023年中国GDP增长5.5%，快于2022年3.5%的预期增速，经济进一步企稳回升。此外，随着"一带一路""长江经济带""京津冀协同发展"等的逐步实施，中国的内需会出现巨大的增长。而伴随着互联网时代的浪潮，大数据技术在不同领域、不同行业的应用也会越来越广泛。

现阶段，我国正处于社会转型期，需要对人、财、物、事等在内的庞大而复杂的信息进行采集、管理和分析，这与大数据的发展理念不期而遇。

（三）技术环境

日新月异的大数据技术是大数据金融发展的重要支撑。传统的大数据技术仅仅追求数据量的庞大，而往往对海量数据的处理能力有限。近年来，对海量数据分析处理技术的研究成为大数据技术的重要发展方向。当下，大数据技术正逐渐往如下几个方面发展。

首先，大数据分析与智能计算的相互融合。近些年来，将大数据与人工智能、神经计算、语义计算等相关技术结合成为大数据分析领域研究的重点。获取大量的数据不是大数据的最终目的，大数据的价值在于从海量数据中分析并得出一般性结论。而当前的大数据技术恰恰缺乏对海量数据进行深度分析的能力，所以在未来，大数据技术要追求智能的分析技术，让计算系统具备对数据的理解、推理、发现和决策能力。而这一切的关键就在于拥有强大的人工智能技术并且能使其与大数据相结合。

其次，基于各个行业数据，挖掘交叉领域分析成果。对涉及多个领域的综合数据进行分析并转化为其他成果将是大数据分析的关键性演进方向。大数据技术归根结底要运用在各个领域，并促进成果转化，所以相关的研发工作不应只着眼于发展科技。事实上，已有的大数据平台尚不具备较好的用户体验，而诸多专业性较强的信息与该领域专有理论、模型和方法具有不可分割的关系，宽泛的大数据技术与各行各业专业化的信息之间有着显著的差异，这就使得两者的兼容和交互产生了障碍。因此，跨学科及跨领域的大数据技术及其应用的研究迫在眉睫，只有实现它们的发展才能推动大数据在各个行业中的落实和运用。

最后，大数据与物联网、云计算、社会计算、移动互联等技术的交互结合。最近几年，信息技术发展的趋势为前端更延伸，后端更强大。物联网和移动计算促进了物理世界与人类的融合，而大数据和云计算则加强了后端的数据存储管理及计算能力。未来，这些热门技术会相互融合，催生众多综合性的应用。基于大数据技术的发展，大数据中呈现的宏观趋势将会越来越准确而清晰。

(四)交易环境

随着大数据应用重要性的日益突出和大数据技术的日臻成熟,对大数据交互、整合、交换、交易的需求日益增加,大数据交易与流通平台应运而生。数据流通平台是指多家数据拥有者和数据需求方进行数据交换流通的场所,按平台服务目的不同,可分为数据开放平台和数据交易市场。

数据开放平台主要由政府主导设立,主要提供政府和公共机构的非涉密数据开放服务,属于公益性质。目前全球不少国家已经加入开放政府数据行动,推出公共数据库开放网站。在率先开展政府数据公开的美国,数据开放网站 data.gov 上已有超过 37 万个数据集、1209 个数据工具、309 个网页应用和 137 个移动应用,数据源来自 171 个机构。在国内,北京市政府、上海市政府等地方政府正逐步筹建信息资源平台等数据开放平台,国家统计局的国家数据网站也在不断优化更新中。同时,一些嗅觉灵敏的企业也正在开展大数据共享交换平台的建设。目前,较为成熟的平台有百度数据开放平台,其以百度框架计算先进技术理念为基础,通过连接结构化优质数据,在百度搜索结果页"即搜即得"中展现数据分析结果;ESTAR 数据交换平台也较为成熟,它是一个以数据交换开发、部署、管理、监控为一体的数据交换全生命周期管理的数据交换平台;还有普元等多家数据共享交换平台。

数据交易市场则主要由企业主导,商业化的数据供需促成了对应的中介化交易市场的形成。这些市场的典型代表有微软的 Azure Data Marketplace,甲骨文旗下的 Blue Kai、Data Market、Factual、Infochimps、Data Sift 等,它们主营地理位置、销售情况和社交动态的数据服务。在国内,大数据交易市场处于刚刚落实的阶段,在市场运作细则和相关法律规章等方面仍有较多细节需要推敲和完善。2014 年 2 月,基于北京市和中关村管委会的指导,中关村大数据交易产业联盟成立,这将推动国内大数据交易规范化发展的进程。2015 年 4 月 15 日,全国首家大数据交易所——贵阳大数据交易所正式挂牌运营,并完成首批大数据交易。大数据交易所的经营范围包括大数据资产交易、大数据金融衍生数据的设计及相关服务,大数据清洗及建模等技术开发,大数据相关的金融杠杆数据设计及服务,经大数据交易相关的监督管理机构及有关部门批准的其他业务。大数据交易所将为数据商开展数据期货、数据融资、数据抵押等业务,建立交易双方数据的信用评估体系,增加数据交易的流量,加快数据的流转速度。数据品种包括政府、医疗、金融、企业、电商、能源、交通、商品、消费、教育、社交、社会 12 类大数据。2021 年全球大数据市场规模已达到 649 亿美元,我国大数据市场规模则由 2019 年的 619.7 亿元人民币增长至 2021 年的 863.1 亿元人民币,复合年增长率达到 18.0%。

数据共享交换平台与数据交易平台的相互补充使整个数据交易体系更加完整。总而言之,数据的交易平台及共享交换平台正在逐渐完善,金融数据得以在市场中更好地流通,为大数据在金融领域产生价值和发挥作用奠定了良好的基础。

二、金融行业内部环境

在大数据时代，金融行业各个组成部分的内部环境也开始悄然发生着变化。金融行业对大数据的应用有着极大的需求，大数据在加强风险管控、精细化管理、业务创新等金融业务中将发挥日益重要的作用。

第一，大数据可以加强金融机构业务风险的可审性和管理力度，支持业务的精细化管理。目前中国银行业的利率市场化改革已经接近完成，这一改革一定会继续对银行业提出精细化管理的新要求。第二，大数据倡导服务创新，分析广大客户的消费模式能够提高客户转化率，从而开发多样化的产品来满足不同客户的市场需求，达到差异化竞争的目的。此外，大数据的精准营销功能也是金融机构所追求的目标。通过对客户交易记录进行分析，有效识别出潜在的小微企业客户，并利用远程银行和云转介平台实施交叉销售，从而取得良好成效。

总的来看，大数据在金融行业的应用起步比互联网行业稍晚，其应用深度和广度还有很大的扩展空间。通过分析发现，金融行业的大数据应用依然有很多的障碍需要克服，例如，各家银行不同类型业务的相关数据冗余度较高且共享度较低，数据分析方面的专业人士极其匮乏以及银行外部数据可达性和条理性不足等。可喜的是，金融行业尤其是银行的中高层对大数据的渴望及重视度非常高，相信在不久的将来，迎着网络时代的浪潮，大数据在金融行业的发展前景会更加广阔和灿烂。

第二节　大数据监管体系建设

一、传统金融监管体系的不足

随着金融自由化和金融国际化的日益推进，现代金融业务品种日益丰富、交易手段和金融决策能力大幅增强，加之大数据和互联网技术的日新月异，这些都要求金融机构市场准入的审核、业务范围以及金融企业机构内部组织结构等方面的监管和控制的要求不断加强。传统金融监管体系所涵盖的范围已不能满足现代金融市场的风险管理要求，当前的传统金融监管模式主要存在以下几个问题。

首先，无法实现非现场监管和现场监管的有效结合。基层监管机构非现场监管风险评级的成果在现场检查项目的重点和频率的确定上未得到有效利用，非现场监管信息也没有通过进一步核实现场检查来进行补充和完善。而大数据技术则能将非现场监管和现场监管有机结合起来，提高监管风险评级的准确性。

其次，金融监管缺乏足够的灵活性。我国不同地域城市之间发展水平差异较大，在东部沿海地区，金融业的发展程度就远远高于内陆地区，在这些地区监管部门所面对的风险种类更多、程度更深。由于对金融机构差别化细分不足，地域的差别性细分不够，对高风险的机构可能存在风险识别不足的情况，造成监管力度不够，不能有效预警、起到防范和化解风险的作用。而投放过多监管资源在低风险机构上，则会造成监管成本增加、监管效率降低等问题。监管部门迫切需要提高对不同监管主体监管要求的灵活度，因此，需要监管部门对不同金融机构的经营管理信息了解得更加充分，从而能更好地找到机构发展和风险防控的平衡点。而大数据技术通过海量的数据分析，就能准确识别不同金融机构面临的风险，对不同金融机构提出差异化的监管要求，从而提高风险识别和监管水平，降低监管的成本。

再次，传统监管模式下的预警分析不够深入。监管人员对从非现场监管平台得到的信息往往只进行简单的汇总分析，对实际情况的分析不够深入，隐藏在信息背后的风险不能够有效识别。大数据强大的信息分析能力则可以弥补这一缺陷，对监管平台上采集的全部数据信息进行充分的挖掘与分析，从中及时识别风险，做出有效的预警。

最后，在大数据金融时代，监管部门的人才储备明显不足。大数据的到来使得金融市场变得更加复杂，这就对金融监管部门监管人员的素质提出了更高的要求。由于市场对高素质人才所提供的薪酬往往高于监管部门所能提供的薪酬，这就导致监管部门的监管人员往往难以抵抗市场上更加精明的金融人才，这也就使得有效的金融监管更加难以实现。因此，也要同步提高金融监管部门人员的专业水平，紧跟技术的进步，以应对市场上层出不穷的金融创新而带来的监管要求的提高。

二、大数据带来新的监管风险

目前大数据金融领域已拓展出了三大业务板块，即高频交易、社交情绪分析及信贷风险评估。高频交易指交易者借助机器配置及交易程序的优势，快速获取、分析、生成并传递交易指令，在较短时间内完成大幅买卖操作，避免大量未对冲头寸的隔日保留。社交情绪分析的要义是，通过对公共信息交流平台大量信息的统计分析，机构可以创造很多获利机会或避免损失。信贷风险评估是指金融机构希望通过互联网金融创新，收集和分析大量中小微企业用户日常交易行为的数据，判断其业务范畴、经营状况、信用状况、用户定位、资金需求和行业发展趋势，以解决中小微企业贷款中的信息不对称难题。

大数据金融模式在促进金融服务进步的同时，也给金融市场带来了一定的风险，主要是大数据对个人信息的提取导致的隐私问题和数据信息安全问题。由于大数据系统的建设，金融市场乃至整个社会管理的信息基础设施越来越趋于一体化，其对外开放性也日益提升，这给个人隐私和数据安全、知识产权构成巨大潜在风险。与此同时，基于大数据而开发出来的金融产品和金融交易方式也给市场带来了风险，如机构的高频交易就被认为是2010年令道琼斯指数突然大跌的罪魁祸首。

美国是世界上最早提出隐私权并予以法律保护的国家，美国的法律如何对大数据隐私进行保护？美国于1974年通过了《隐私法案》，并不断更新和完善隐私相关法案。2000年12月，美国商业部与欧洲联盟签订了"安全港"的协议。安全港协议确立了美国和欧盟之间隐私手续的框架。奥巴马政府于2012年年初正式启动《消费者隐私权利法案》的立法工作。该法案明确提出数据的所有权归属于线上线下服务的使用者,也即用户本身,同时也指出数据使用者应承担面向用户公开并维护数据安全的义务等。2022年6月3日,美国众议院和参议院发布了一份全面的有关国家数据隐私和数据安全框架的讨论草案。该立法草案是第一个获得两党两院支持的美国联邦全面隐私提案,根据提案文件,该法案可被称为《美国数据隐私和保护法》。这表明了美国政府维护公众隐私的决心。

相比美国针对大数据和隐私关系所做的努力,我国《民法典》对隐私权的规定有:自然人享有隐私权。任何组织或者个人不得以刺探、侵扰、泄露、公开等方式侵害他人的隐私权。隐私是自然人的私人生活安宁和不愿为他人知晓的私密空间、私密活动、私密信息。但是我国《民法典》并未对数据隐私的保护作出细化规定,缺乏特别针对数据隐私保护的具体规则,因此还需通过专门立法等机制,构建对数据隐私的民法保护机制,与公法的保护相互配合,形成对数据的全面保护。

在大数据与金融的深刻融合过程中,有效识别其中的风险是保障整个金融体系稳定的重要一环。如何保证市场参与者负责地使用大数据,将是未来大数据深度应用所必须考虑的问题。

三、大数据在金融监管中的应用

首先,在大数据金融时代,金融监管将更具针对性和精确性,大数据为金融监管提供了有力的手段。在传统金融中,整个行业或某一个领域往往适用于同一套监管规范,这就使得金融监管缺乏对微观监管主体的监管针对性,无法体现差异性。这一监管方式优点在于监管成本较小,并且在数据和分析技术有限的情况下,这也是较为实际的监管方式。在大数据时代下,由于数据收集和分析的成本大大降低,监管机构可以完整、准确地刻画出各个监管主体的特征,提高了监管的效率和水平。如果仍采取传统的大一统监管方式,则将会给被监管主体带来额外的监管支出浪费。

一方面,大数据技术打开了风险管理领域的新纪元。以防范流动性风险为例,现今已有部分企业采用大数据进行相应的管理。比如,余额宝借助对用户支取资金行为的分析评估产品的流动性风险并采取适应性调整措施。分析结果表明,余额宝的资金占有率维持在5%的水平就可以保证其运作过程中"$T+0$"流动性的特点。基于此,监管机构针对流动性风险采取预防措施时,在各类企业完成同等监管要求的基础上,通过大数据对其进行调查分析。对资金支取行为难以估量的企业收取较高比率的存款风险准备金,反之则较低,从而以合理的方式实行针对性监管。

另一方面,大数据强大的信息分析能力能够提高金融监管水平。通过海量、多角度的数据分析,监管部门可以形象生动地刻画各市场参与主体各个维度的信息。大数据作为信息分析手段,首先可以加强对内幕交易的打击力度。随着金融交易电子化的不断推行,以及大数据收集和处理能力的进步,被监管主体的信息将在电子系统上留下痕迹,通过大数据分析,监管部门能有效地追踪各个被监管方的动态轨迹,这对包括数据提取、行为监测在内的一系列内幕交易盘查工作提供了极为重要的帮助。

其次,有了大数据这样的信息分析工具,企业上市前的一系列盘查工作将会更为高效。借助海量数据,该公司的财务、生产、研发等多方面状况有望直接汇聚成综合性反馈分析。基于数据在企业经营活动中日益重要的地位,在线式业务种类有望进一步增多,从而使得不同来源、各种角度的数据可以生动刻画企业各方面情况,粉饰企业经营状况的难度将大幅增加。在大数据时代,监管部门可以基于对各类数据的运用高效准确地辅助审核拟上市公司提交材料的真实性,为其监管工作效率的提升开拓新的发展空间。

四、大数据金融监管中的部门角色

大数据分析作为一种新型监管工具,是政府部门完善金融监管体系的有力武器,政府各监管部门都可以通过对大数据的应用来实现对金融市场运行的监督和调控。2021年6月,我国正式发布《中华人民共和国数据安全法》,于2021年9月1日起正式施行。提出对数据实行分级分类保护,开展数据活动必须履行数据安全保护义务承担社会责任。

首先,从央行的角度来看,数据挖掘及大数据分析能够极大改善传统分析方法的缺陷,在对海量数据分析之后,能够更准确、更便捷地了解金融市场的整体概况。在央行监管工作的过程中可以在以下几个方面运用大数据分析手段。

(1)信贷统计分析。大数据分析可以被用于监测贷款集中度风险,监控分析银行融资的投向结构,并且及时做好风险提示工作。它可以指导资金投放向多个领域分散开来,遏制脱实向虚的风潮。它也能够迅速捕捉到涉及不同区域、不同银行的关联担保及连环担保等动态,预防并压制区域金融风险。

(2)行业风险预警。基于范围的角度,从支付、同城清算及纳税报解等系统和数据库中获得财务数据并挖掘资金流向,采用统计模型或量化研究方法,掌握行业运作情况和前景展望。基于应用的角度,可以挖掘并分析目标行业的典型企业及其股份持有者的数据,然后把握行业的整体情况。一旦用于研究的样本容量达到一定规模,全局掌握该领域的真实面貌和前景就相对容易很多。针对金融机构聚焦的个别方面,如光伏、房地产、地方融资平台等,通过构造统计模型,改进相应的监测指标,有利于央行借助窗口指导对商业银行进行风险评估和决策支持。

(3)外汇管理和资金监测。国际经贸的兴盛和人民币国际化进程的加速使跨境资本流动较以往日益频繁。大数据技术分析的运用能够整体分析各个系统的相关数据,对涵盖各个币种的所有跨境资金交易开展实时解析和监督反馈,增强外汇监管的精准防范和预测作用。对各大外汇系统和银行记录进行对比,能够辅助外汇审查等事后管理工作追踪可疑数据及其关联交易,能够作为现场监管的有效补充,促使监管机构精准定位被监管主体,明确目标,增强工作效果。

其次,其他金融监管机构也可利用大数据进行更加有效的监管。截至2015年,中国证监会自2013年下半年启用大数据分析系统以来,已调查内幕交易线索375起,立案142起,比以往同期分别增长 21%、33%。尤其是在打击"老鼠仓"的问题上，大数据在中国证监会的工作中起到了至关重要的作用。在未来，中国证监会中央监管信息平台的建立将推动大数据在金融监管领域的应用进入新高度。这个平台将目前分散在证券监管领域各个角落的信息集合起来，将囊括派出机构、交易所、行业协会和会管单位等信息系统，既包括交易所数据库，也包括各层级证券监管部门的日常监管、检测数据信息，并对监管业务和流程进行集中再造。

尽管目前大数据分析在金融监管中已经显示出巨大威力，但仍存在继续改进的空间。比如覆盖面问题，此前交易所已在不断扩大数据囊括的范围，包括 2013 年主要引入的上市公司信息监控，以及融资融券标的、股权质押等。据了解，未来交易所还将把视频等非结构化数据进一步纳入视野，让交易所的一线监管全面进入大数据时代。而未来，大数据监管将迎来一个更为广阔的信息平台。

第三节　大数据征信体系建设

个人、企业信用评估是整个社会金融业务开展及信贷审批的关键环节，是信用风险管理的核心。以主观判断和定性分析为主的信用评估模式存在着效率低、成本高、准确性低等缺点，已不能满足个人、企业零售业务快速、多样化发展的需要。

金融业有着天然的数据优势，其在多年的业务活动中积累的海量数据正迫切需要转化成有意义的数据资料。利用数据挖掘技术建立个人信用风险评估模型更有利于银行防范贷款风险，提高贷款质量和效益。各商业银行的个人信用管理模式由定性逐步走向定量，通过科学地强化对信贷客户的信用评估、风险度测量、信贷风险权重的管理，可以有效地防范和控制贷款风险。

本节从信用评估的角度出发，浅析大数据在征信系统中的运用、比较国内外征信发展、指出了传统信用评级模型的不足、较为详细地介绍了国内外大数据征信的运用。

一、传统信用评估模型的问题

长期以来，银行信贷人员对个人贷款的考察评估基本依靠经验判断，主观性太强，而信贷人员知识层次不一、业务素质参差不齐，使得信贷考察评估工作效率低下，很大程度上降低了银行发放贷款的效率及风险管理的水平。在大数据挖掘技术运用于征信系统之前，传统的信用评估模型也加入了统计学的方法，搭建模型对风险做出定量评估，但是依然存在诸多问题。

（一）覆盖人群窄

截至 2022 年 8 月，人民银行的征信系统中，有征信记录的约为 11.5 亿自然人，约占总人口数的 81.4%，与美国征信体系 92%的覆盖率还有一定差距。这导致很多人的融资需求很难得到满足。尤其是"草根"人群，如没有过借贷、没有申请过信用卡的人，包括学生群体、蓝领工人、个体户、自由职业者等，是无法覆盖在征信市场中的。因此，传统信用模型具有较高的门槛，覆盖人群狭窄。

（二）信息维度单一

传统信用评估采用的是经验判别法，主要是由信用分析师或者信贷员审核调查借款人的全部信用信息后，再根据个人经验分析判断借款人的还款意愿及还款能力，从而决定是否发放贷款，因此也称为专家判断法。经验判别法通常基于"5C"原则，就是借款人的道德品质（character）、借款人的能力（capacity）、借款人的资本（capital）、借款人的条件（conditon）以及借款人的担保（collateral）。后来引进了大量以统计学、数学为基础的定量分析方法。图9-1为传统信用评估模型下个人信用评估方法的示意图。

图9-1　传统信用评估模型下个人信用评估方法

传统信用评估模型采用有限的元素进行信用分析，无法全面覆盖个人或企业的全面资料。同样，在模型算法选取的考核元素中，会出现极值拉低或者拉高最终评估结果的情况，并存在评估准确性较低的情况。传统信用评价仅凭借几项指标，忽略了对人的本性的判断。无法涵盖借贷以外更广的场景。数据的生活化、日常化的程度较低，这是信息维度低造成的后果。

（三）时间滞后

现有的信用评分模型都建立在历史数据模拟的基础上，这是一种向后看的模型。历史数据的更新速度慢导致回归方程中各特征变量的权重在一定时间内是恒定的，从而不能及时反映公司信用状况的变化。这就存在两个问题，一是昨天信用记录不好的人今天是否仍然是一个高风险者；二是对于过去没有发生过信用记录的人，如何判断其信用状况。另外，传统模型需要较多的借款者记录，因此商业银行需要很长一段时间才能构建出涵盖大部分客户企业过往信息的数据库。至于新办企业，其经营期限较短，过往记录很少，使得相应模型的应用及效果有较大的局限。

二、国外大数据信用评估模型

（一）国外大数据信用评估模型——以 ZestFinance 为例

按照数据处理分析的流程与深度 ZestFinance 的大数据信用评估模型可以分为大数据采集、大数据分析、大数据运用三个方面，下面将具体阐述。

1. 大数据采集

大数据带来的数据存储、处理技术的提高使得海量数据分析成为现实，数据来源更加丰富，数据类型趋于多样化。这体现在数据来源向广度扩展，如网络社交信息、生活习惯等，并且更注重数据来源的深度挖掘。

ZestFinance 的数据主要有三个来源。首先，最重要的数据仍然来自第三方数据的购买或者交换，既包含银行和信用卡数据，也包括法律记录、房租缴纳记录、典当行记录、搬家次数等非传统数据。其次，相关的网络数据也是其重要的数据来源，如 IP 地址、浏览器版本，甚至电脑的屏幕分辨率都可以用于挖掘用户的位置信息、性格和行为特征，并在未来用于评估信贷风险。再次，社交网络数据也是大数据征信的重要数据源。最后，直接询问用户也是获取信用数据的重要渠道。为了证明自己的还款能力，用户会详细、准确地回答，另外用户还会提交相关的公共记录凭证，如水电气账单、手机账单等。当然，用户主动提供的信息还需要进行交叉验证，尽可能地降低道德风险。多维度的征信大数据可以使 ZestFinance 能够不完全依赖于传统的征信体系，对个人消费者从不同的角度进行分析，深入量化信用评估。

与此同时，ZestFinance 还擅长从各种细节中深入挖掘提取数据。例如，驾驶尼桑汽车的客户会比驾驶丰田、雅阁的还款更加急切；申请人的手机是预付款购买还是全款购买；甚至，申请人在公司网站上停留的时间也可以反映借贷的谨慎程度与还款诚意。在大数据信用评估体系中，传统的信用数据约占 30%~40%，而非传统的数据则占据了更大的分量，如使用设备的品牌、填写表单的时间、浏览网络的时段、输入差错频率、手机的使用情况、位置数据等数据来源都成为重要的信用信息。

2. 大数据分析

1）大数据征信视角改变

ZestFinance 公司的大数据征信是基于两个方面——消费者的还款能力和消费者的还款意愿对消费者进行信用评估，如图 9-2 所示。而大数据征信与传统征信的差异在于，银行信贷数据是传统征信的最主要数据来源，而大数据征信的数据不仅包括传统的银行信贷数据，同时还囊括了与消费者还款能力、还款意愿相关的一些描述性风险特征，而 ZestFinance 的技术核心就是抽取和筛选这些相关性描述风险特征。与传统征信数据的强相关性不同，大数据征信的数据和消费者的信用状况相关性较弱，在传统征信体系下无法享受到服务的人群则可以成为大数据征信的有效客户，从而实现对整体消费者人群的覆盖。

图 9-2 大数据征信视角

目前,ZestFinance 最主要的服务对象依然是无账户人群和信用记录不好的人群。ZestFinance 的模型天然就适用弱势群体,因为这类人往往信用数据不足,在传统的 FICO 模型中,他们会因数据缺失而被拒之门外。但 ZestFinance 的模型依靠"数据缺失即是信息"的理论,依然可给这类人群公正的信用评价。

2)数据挖掘技术改进

ZestFinance 的大数据模型并非采取传统的数据挖掘方法,而是采取比较复杂的新方法将碎片化的信息进行高度整合,这也是其技术精髓。ZestFinance 最主要的工作就是寻找数据背后的关联,其中一个很重要的概念就是"信号",也就是由不同的变量互相碰撞产生的逻辑信息,模型中大部分信号都是通过机器学习找到的。

可以通过一个例子来说明,通过机器学习发现,在月收入经过验证的情况下,收入越高,违约率越低。然而,在月收入没有经过验证的情况下,自己填写月收入 7500 美元的人的违约率是最低的,填写收入越高的人违约率越高。另一个例子,对于传统金融机构而言,月收入可能是他们预测一个人还款的最重要因素。但 ZestFinance 认为,收入高低并不能说明问题,收入减去支出的净收入加上地理因素才能对还款产生预测能力。

3)信用评估模型改变

传统信用数据多是横截面数据、时间序列数据和面板数据等结构化数据,资信评估的技术手段侧重于对抽样的计量回归分析,特别是正态分布假设下的线性回归。通常采用对所有人都适用的线性回归模型,其中包含性别、出生地等 20 个左右变量,对每个人都简单化处理,以打分卡的形式评分。而大数据资信评估所面对的信息量非常大,并且大多是非结构化数据,这就决定了其资信评估的技术手段侧重于机器学习,以全样本为对象进行,如因素分析、判别分析、分群分析、决策树、类神经网络及规则归纳等,其采用的算法也不是线性回归模型,而是来自谷歌的大数据模型。机器学习,是指让计算机模拟或实现人类的学习行为,以获取新的知识技能,在数据积累中不断自我完善,是人工智能的核心。ZestFinance 的模型之一 Hilbert 就是成功地将机器学习进行商业应用的案例,让机器承接 7

万个指标的数据分析工作，寻找逻辑关系，并不断自我改善，人类只需要根据结果进行一些逻辑分析和判断。

就模型数量而言，传统征信评分通常采用一个模型，而 ZestFinance 采用 10 个模型，从不同角度进行计算，其中包含进行身份验证以防范欺诈、预测提前还款概率、评判还款意愿和能力等方面，最后使用一个决策模型将 10 个模型的结果整合在一起，得到最终的结果。从模型中相关参数的数量来看，和 FICO 不到 50 条参考变量相比，ZestFinance 参考的数据变量多达上万条，并采用非线性化的、更前沿的技术来进行分析，能够防止蓄意提高信用评分的现象，更精准地评估消费者信用风险。

传统信用评价模式最大的问题在于，当数据变量存在缺失或不准确时，模型给出的分数就存在一定问题。美国之所以有 8% 的人没有征信记录，正是因为这些人数据不全。而大数据技术则能弥补这样的缺陷，在真伪难辨、完整性不一的数据海洋里做出可靠的信用分析。当数据池里的变量多到一定程度，模型给出的分数就会趋于稳定，即使其中个别变量错误或缺失，也不会对最终结果产生实质影响。

此外，在传统模型中，数据缺失意味着盲区，意味着要用模拟数据去"填补"，否则就无法建模。但在 ZestFinance 的模型中，数据缺失本身就可以得出很多有用的结论。例如，在"月消费""坏账""所用通信网络"几个选项中，如果全部数据缺失，则是真的缺失，如果前两项有数据，但通信网络一栏为空白，说明是申请人故意隐匿信息，从而有欺诈的嫌疑。

4）信用评估方式的改变

ZestFinance 的信用评估分析原理融合了多源信息，采用了先进机器学习的预测模型及集成学习的策略，进行大数据挖掘。首先，数千种来源于第三方（如电话账单和租赁历史等）与借贷者的原始数据将被输入系统。其次，搜寻数据间的关联性，并对数据进行转换。再次，基于关联性将变量重新整合为更大的测量指标，每一种变量反映借款人的某一方面特点，如诈骗概率、长期和短期内的信用风险及偿还能力等。然后将这些较大的变量输入到不同的数据分析模型中去。最后，将每一个模型输出的结论按照模型投票的原则，形成最终的信用分数。

近年来，这种基于大数据的信用风险评估体系被国内外多家互联网金融机构采用，如德国的 Kreditech、美国的 Kabbage，以及国内的闪银（Wecash）等，显著提高了信用风险评估的决策效率，对传统的征信体系形成了冲击。

3. 大数据运用

大数据征信的建立能够推动网络贷款的逐步推广与成熟。同传统贷款业务一样，征信是网络贷款的首要问题。但网络贷款的操作模式、数据渠道、风控方式较传统贷款存在明显的差别。一是操作模式，大数据网络贷款的操作主要通过网上申请，提高了贷款效率、降低了贷款交易费用。二是数据渠道，大数据网贷对客户评估的数据基本是从客户属性、网上交易记录、网上交易习惯、网上信用评价、社交网络信息及财务信息中获得的。而传统的贷款对客户评估的数据主要来源于客户财务报表和担保抵押。前者数据更有利于反映客户真实的经济状况和未来的收入趋势，更能反映客户的信贷风险。三是风控方式，大数据网络贷款依靠贷后实时监控、系统自动扣款、鼓励提前还款控制信贷风险等方法，利用网络来实时监测客户信贷资金运用及其实际的风险状况，此外还通过系统自动扣款保证还款的及时性。传统贷款不能实时掌控客户的资金状况，更不能主动扣款。所以，基于大数据的网络贷款有许多传统银行贷款并不具备的优势，而优越的征信体系则是网络贷款实现的关键因素。

（二）国外大数据信用评估模型的优势

大数据征信为市场提供了多元化、多层次的金融服务需求，在优化征信市场布局、促进传统征信业改造、升级及推动差异化竞争格局的形成方面具有重要价值，原来巨量纷繁、杂乱无章的信息，经过信息清洗、有效匹配、数据整合、深度挖掘，成为准确性、预测性较强的信用数据。在信息技术高度发达、信息应用无孔不入的市场经济社会，大数据征信显现出各方面的优势。

1. 征信体系覆盖面广

从涉及人群的角度来看，大数据征信体系覆盖面较广。以美国为例，其征信体系已达到92%的覆盖率。可以看到，基于互联网覆盖率的不断扩充，大数据涵盖了日常生活的各个方面和绝大部分公众。

大数据征信的发展极大地扩展了征信体系的数据范畴，以全新的服务理念和先进的信息处理系统，促使传统信用评分模式的改变，从而进一步建立健全全社会的信用体系。大数据征信模型的基础就是数据分析技术，除了目标对象的信贷信息，还搜集其申请信息、社交信息、交易数据等，实现信息的深度和广度的深入融合。

2. 技术更新快，分析反馈快

在大数据时代，大数据技术将会贯穿征信业务的整个流程，以提供更丰富的征信产品及更全面的征信服务，大数据价值的完整体现需要各类前沿科技的交互和配合。征信数据处理流程的三大核心环节依次是数据抽取与集成、数据分析及数据解释，而云计算、数据挖掘等前沿科技将是流程顺利进行的必要工具，这些新技术更新换代较快。不同于以往查找、收集、梳理、存储待用和必要时导出的处理流程，大数据征信以针对性作为显著特征。只有在使用者申请信息服务并完成授权的前提下，征信调查方可正式启动。第一次体验该种服务时要完善多个类别的账户信息，而对应的服务商往往能迅速对数据完成检索、筛选、分类及有机整合等一系列处理，在及时性这一角度具备传统征信无可比拟的优越性。

3. 信用评估准确

大数据征信不仅收集海量数据，而且以其为基础，通过研究征信对象的本质特征，分析判断在不同的客观环境下对象的行为表现。以往的征信主要通过深度挖掘借贷业务，也基本上是基于借贷信息的需求而收集数据，但是就现今的大数据征信而言，其利用网络抓取线上服务的营销、社交、娱乐等行为信息，通过追踪网上动态和详细内容捕捉个体生活的特征和习惯，并据此评价其相对稳定的性格特征、心理状态和经济状况，进一步评判其未来的履约能力。大数据征信对信息主体的信用状况的推断，可靠性更强、准确度更高。由于能够更加精确地测量风险，借贷产品的风险定价也可以更加精确，从而在更大的范围内降低了资金成本，提高资金使用效率。

4. 降低逆向选择和道德风险

信息在金融市场特别是信贷市场上发挥着重要的作用，大数据征信模式利用专业化的信用评估体系及量化指标对授信申请人的信用评估分析，帮助金融中介机构有效地辨别授信申请人的信用等级，从而减少信贷审核环节的逆向选择和贷后管理中的道德风险。

（三）国外大数据信用评估模型的不足

大数据信用征信尚处于初级阶段，顶层设计、法律框架和行业发展规范尚未成熟，面临着诸多挑战，其未来发展态势取决于强力有效的协调和规范，因此要建立健全相关法律体系，切实有效提高征信业的监管水平，同时加强金融消费者权益保护。

1. 原有体系有待完善

征信数据模型的精度提升必须建立在大数据有效且充分抓取处理的基础上，这就需要不断进行实践、反馈和修正。由于应用时间较短，历史数据缺乏，目前的大数据模型大部分基于规则制定，其中还包括了大量的传统征信规则。这是一种中间形态，并未能完全实现大数据征信的优势。大部分数据的来源都是互联网，实际上就把较少使用或从未使用网络服务的群体排除在外。对于这些群体的小额信贷，现在只能依赖于实地走访进行尽职调查，使得大数据的应用空间及应用范围出现了相对较窄的现象。

2. 风险管理过度复杂化

信息技术的逐步成熟与广泛应用促进了征信业的多元化发展和深刻性变革，但对征信业的日常监管体系、监管策略与水平等提出了更高的要求。就目前情况来看，监管机构对大数据征信还未采取有效的监管手段，监管从业人员的知识结构及对大数据征信的熟识程度也有必要进一步加强，相关的法律法规也亟待完善。

3. 隐私安全保护不到位

大数据时代，无处不在的信息数据收集给个人和单位隐私安全带来巨大的挑战。越来越多的数据以数字化的形式存储在计算机系统中，互联网的发展则使数据更加容易产生并传播，使隐私泄露的风险大大增加，由此引发的信息安全问题备受各界关注。因此在大数据时代，征信信息安全保护面临着制度缺失和技术快速更新的双重考验。

从保护用户隐私的角度来说，《征信业管理条例》等对大数据征信特定情境下采集、加工、整合及处理等环节尚未做出明确规定，对大数据征信中涉及个人隐私等问题尚未做出合理规范和制度安排，使得个人隐私安全存在巨大的隐患。

4. 面临一系列技术难题

大数据的获取难度十分大。随着互联网带来的数字化潮流，全社会的基础信息收集及信息共享机制已经得到了改善，但尚不够全面支撑大数据征信。一方面，底层数据缺乏，主要表现在以水电煤为代表的基础信息、个人社保公积金及住房、教育、司法等没有完全联网；另一方面，社交信息之间彼此割裂、封闭，而且电商平台与社交平台对信息共享问题持谨慎态度，使得大数据获取的成本非常高，存在一定的障碍。

三、中国大数据征信体系建设

（一）中国大数据征信的现状

虽然我国的征信行业起步较晚，但随着我国市场经济的快速发展和日渐成熟，征信活动也日益活跃。如今中国大概有两百多家征信机构在征信市场上提供征信服务，且十分活跃。由于不同的机构产生背景各异、组织形式不同、运作方式也不同，不同征信机构的业务规模和业务效益也不尽相同。随着大数据的浪潮逐渐席卷征信领域，目前我国也出现一些发展较好的大数据征信机构，以下将简要介绍。

1. 考拉征信

考拉征信是独立、开放的第三方信用评估及信用管理机构，是国内首个成立专注于大数据征信模型研究的专业实验室的征信机构。

它仅仅利用半年时间，就将其业务拓展到涵盖个人征信、小微商户征信、企业征信、职业征信、互联网金融及与学校、政府合作等多个征信细分领域，并成功推出职业诚信分、考拉个人信用分、小微商户信用分、企业诚信分等多个信用产品，可以说是当前市场征信业务最全、发展最快、最具潜力和最具开放性的综合征信机构之一。

目前，考拉征信已涵盖诸多业务平台，并与多家企业携手合作。例如，与滴滴打车、爱大厨、E袋洗、e保养等商家联合推出"考拉信用圈"，为有利网、融宝支付、手机贷等P2P小额贷款公司提供征信服务等。

考拉征信有着丰富、动态、全面的信息来源，该公司与拉卡拉、蓝色光标、拓尔思等股东公司共享大量数据。在这些合作商中，拉卡拉在10余年间积攒了金融、电商等诸多领域数千万的个人用户和300万家线下商户的经营数据；作为全球第六大传播集团的蓝色光标是大数据营销的典型代表；拓尔思是我国网络行为数据挖掘的先锋，拥有突出的数据科学研发成果和舆情信息。除此之外，考拉征信还可运用合作方分享的个人与商户交易数据，以及教育、公安等各类公共机构数据和部分企业纳税数据。当然，考拉大数据征信的关键除了数据源采集，还包括数据的处理和运用。在数据处理方面，考拉征信拥有国内领先的专业技术团队，还联合中国科学院大学成立了国内第一个致力于大数据征信模型研究的专业实验室，在大数据应用方面具有丰富的经验，正致力于探索大数据建模、大数据应用、大数据技术创新等。

2. 腾讯征信

腾讯坐拥海量的用户数据，其拥有超13亿个月活跃用户，其中很大一部分是央行征信系统里没有覆盖的人群，能够填补央行征信系统中缺失人群的信用。对于这些人来说，他们有大量的时间是在互联网上,每个小时都可能在跟腾讯产生交互,所以他们留下了大量的线上行为足迹,包括支付、社交、游戏、浏览等,腾讯有非常丰富的维度去分析这些用户的行为,为其征信业务的开展提供了数据资源。

腾讯征信正在积极应用新技术进行研究和验证,社交数据的信贷应用在全球范围内都属于很前沿的探索。其模型研究团队的初步成功已显示,社交数据可以明显提升个人征信的准确性。腾讯利用其在诸多领域的优势来研发评分系统,该系统集成五大指数对个人征信水平进行评级,形成个人征信评分。

近期,腾讯财付通已与中国公安部所属的全国居民身份证号码查询服务中心达成人像比对服务的战略合作。基于全国最大最权威的户籍信息数据库,腾讯将结合独创的技术算法,大幅度提升人脸识别的准确率及其商业方面的可用性,帮助传统金融行业解决用户身份核实、反欺诈、远程开户等难题。

3. 蚂蚁征信

蚂蚁金服在 2015 年 1 月 5 日获得央行个人征信牌照后,即于当月 28 日发布芝麻信用分。芝麻信用分从用户的身份特征、行为偏好、信用历史、履约能力和人脉关系五个维度进行用户的个人信用评估,部分支付宝用户通过手机 App 就可以查看自己的信用状况。未来,芝麻信用的数据不会仅限于阿里体系内的数据,也会对外部数据进行拓展,会综合公安、学历学籍等数据。

最近,蚂蚁金服更是加快了基于芝麻分的应用场景开发,将其运用于衣食住行、金融等六个场景。蚂蚁信用按是否为金融场景对各个场景进行了区分,基于金融场景收集的数据将被运用于各类金融和贷款机构的协作和探究;而其他场景数据则会着重于在信用(租车、住宿)、共享、证明(签证、社交)、赊付等服务中的运用。

(二)中国征信建设的不足之处

通过以上对中国征信体系建设探索的介绍和对几家征信机构的分析,我们可以发现中国的征信体系建设和征信机构的发展取得了骄人的成绩,但与征信发展成熟的欧美国家,仍然存在很大差距,还有许多问题是征信平台发展的过程中不可避免和必须解决的,主要包括以下几个方面的问题。

1. 技术方面

我国征信系统的数据处理技术亟待提高,硬件基础设施有待全面升级。相较于欧美国家相比,我国征信机构发展起步较晚,缺少数据处理的核心技术,并且数据分析结果不能准确识别个体或组织行为。中国的大部分征信公司的大数据技术无法做到弱相关数据变量的建模和分析处理。

此外,征信机构通常采用创建本地数据库的方式对其资源进行贮存和维护,然而基于大数据日新月异的发展,这些机构的基础设施恐怕难以继续承载和贮存迅猛积累的海量数据。征信机构的信息收集与数据库管理技术也与欧美国家有一定的差距。

2. 数据方面

在数据采集方面，一个主要问题是个人信息数据格式不统一。我国个人公共征信模式除了央行依靠中央政府的支持构建了覆盖全国的个人征信系统，还包括每一个省或直辖市政府自己构建本行政区的征信系统。当前大多数征信系统都从公安系统获得个人基本信息，并且从银行等渠道获得个人信用交易信息等，而这就会造成不同征信系统上同一个人信息格式却不同的情况，这不仅加大了信息采集成本，也为地方与央行征信系统的对接增加了技术难度。

另一个主要问题是征信机构缺乏企业信用相关数据。我国企业的信用数据主要分布在工商、质检、税务、银行等政府和业务部门，只有少部分数据存在于企业。而政府部门的企业数据往往被分割到各个不同部门中，收集难度大，甚至有些垄断企业的数据难以被征信公司获取。此外，要分析衡量企业信用风险，财务报表是最为关键的信息来源。企业征信服务的很多客户是中小企业而非上市公司，而此类客户大多不愿透露其报表具体内容。因此，征信机构往往依赖于大众传媒的报道，对目标客户的实地考察以及政府机关和公共组织的帮助汇集所需资讯。由于这些活动会耗费较多的时间和财力，因此对征信业务的推广和完善造成了一定的障碍。

3. 业内环境方面

目前，我国的征信体系仅仅停留在地区部门各自建设的阶段，没有建立起完备的征信数据库，更无法实现信用数据的及时动态更新和公布。各个征信公司都建立了自己的征信标准，各自独立，尽管基本实现了内部的规范和统一，但从整个行业看，缺乏统一的征信标准，不能实现规范化、技术化，这势必会给将来的征信信息共享和全国征信数据库联网带来难度。由此带来征信体系各个子系统之间缺乏必要的协调和合作，无法建立起覆盖全国的企业和个人信用信息主干系统。

征信的法制环境也不够理想。要加强和完善社会征信体系的建设，必须有完备的信用法律体系作保证。近年来我国颁布的社会信用体系建设规划纲要以及陆续出台的《征信业管理条例》和《征信机构管理办法》使我国征信市场的法律框架初步构建，征信市场的发展得以规范，信息主体的合法权益得到了保护。但事实上，在社会信用体系建设中，这些法规、规章与政策并没有发挥应有的作用，因为其既没有全面和系统化的规划，让执法者和征信企业理解哪些法律法规是基础性的，哪些是应用性的，也没有具体应用操作指导，政府有关部门不知道如何利用信用工具与手段、发展信用中介服务业来推动经济发展。而征信服务业的从业人员也缺乏严格的道德与法律约束，产品与服务质量没有具体规定，民众信任度不高，这在很大程度上制约了征信活动的发展。此外，当前法律规范的调整和规制对象主要是传统金融机构，面对汹涌发展的互联网金融行业，其是否适应互联网金融行业，特别是大数据征信的要求，尚未得到征信市场的有效验证。

因此，应当积极采取措施，在实践中探索符合大数据征信特点的监管方式和手段，对监管理念加以改进，使其更符合我国国情，以行为监管替代原先的机构监管，削弱征信机构场地、办公环境对征信体系建设的限制，以符合行为标准、完善行为要素等要求代之，不断加强管理。

综上所述,我国征信环境建设还有很长的路程要走,促进征信市场健康发展,任重而道远。

四、国外征信体系建设对我国的启示

(线上阅读)

第四节 大数据生态系统建设

构建良好的大数据生态系统是推进大数据金融产业持续发展的重要一环。在第四章的大数据商业模式创新前景中已经提到未来将建立大数据金融生态圈,本节将具体阐述大数据金融生态系统建设相关问题。

大数据金融生态系统的健康发展离不开整个产业链的上下游相互配合,需要整合上下游资源,构建全新的生态体系。大数据生态系统的建设以互联网的发展为技术基础。在构建生态系统的过程中,互联网、大数据思维是其核心理念,客户是其主要导向,突出产品的差异化是其核心,以平台经营贯穿企业经营发展全过程,将大平台规模和流量作为业务的中心,以更加开放的姿态,与金融机构、产业链上下游企业、政府部门和客户广泛开展合作,促进合作共赢。为实现大数据金融平台价值的提升,应努力提高互联网金融平台的产业聚合能力和客户吸引力,形成一个相互促进、利益共享、共同成长、目标一致的有机整体,促进大数据金融持续健康发展。

一、大数据金融生态系统的构成

一个典型的大数据金融生态系统需要涵盖广泛的、与大数据相关的、彼此交互作用的各类要素,其中包括数据提供、数据处理和数据应用过程中的参与者与信息处理活动等。如图 9-3 所示,左端是大数据的三个提供方:个人、公共部门和私人部门,每个数据提供方都有不同的数据形式、动力和要求。对于个人来说,数据形式是群体源数据和被吸取数据,其运用大数据的动力在于优化价格与改进服务,对数据分析的要求是隐私权标准与选择权;对于公共部门来说,数据形式是统计、保健、税收、经费信息和设施数据,动力是改进服务保障、提升经费效率,要求是隐私权标准、选择权;对于私人部门来说,数据形式是交易数据、消费数据和用户信息,动力是改进客户知识和预测趋势能力,要求是商业模式和保护敏感信息。中间是"共享数据"和"数据挖掘分析",表示对大数据的存储、处

理、分析等功能。由于实践中大数据的庞大规模及处理的实时性等要求，采用云计算符合时代的趋势。右端是大数据在金融领域的四个典型应用：对客户需求更快的跟踪和响应、对提供服务的准确营销、对风险性质和管理的更好掌控和对供求关系的预测。可见，大数据在金融领域的应用将会不断增加与深入。

图 9-3　大数据金融生态系统

资料来源：Big Data, Big Impact: New Possibilities for International Development.

二、大数据金融生态系统构建的原则

具体来看，基于互联网的大数据金融生态系统建设需要遵循以下原则。

（1）多样性原则。多样性原则要求互联网金融企业、大数据金融企业都要同上下游相关企业及有关机构部门展开积极的合作，以点动成线，实现生态产业链上企业的共同繁荣。包括金融企业之间的合作、制造业企业与金融企业之间的合作以及企业与政府部门机构之间的合作。只有多方合作顺畅有效，生态圈才能保持自身的高效率和稳定发展。

（2）开放性原则。企业要想更好地拓展市场，应采取更加开放的策略，最终实现有效整合内外部资源，构建良好的生态环境，提高企业竞争力的目的。通过开放，加强与产业链上下游企业的多方合作，切实推进开放平台建设，共同做大产业规模，实现共赢。

（3）系统性原则。打造大数据金融生态系统对应着一个完整的实施体系，它囊括了投资者、网络运营商和配套服务商、电商平台和互联网公司、金融机构、监管机构等诸多主体之间的交互；该体系也涉及平台发展规划、平台开放标准、合作模式、市场战略等诸多方面的具体安排。要实现高效的生态系统，就必须使得系统中的各要素协调一致。

（4）和谐性原则。加强产业链合作，推动产业生态系统建设已成为企业界达成的广泛共识，没有企业间的和谐，就不可能有发展，最终损失的不仅是广大消费者利益，也损害了企业自身的利益。

（5）利益共享原则。利益共享是提升产业生态系统聚合力的关键。为充分发挥产业链各方的优势，调动产业链各方参与合作的积极性，大数据金融企业应实行积极的利益共享原则，让产业链各方在合作中获得真正的利益。同时，要实行风险共担，从而真正形成以利益为纽带的产业共同体。

（6）平台共建原则。平台经营和生态系统建设是大数据金融发展的趋势，越来越多的互联网金融机构及传统的金融机构开始使用在线平台的模式开展业务，因此大数据生态系统的良性运行需要系统内平台的支撑，实现平台经营和生态建设的有机结合。

（7）整体性原则。从整体的角度来看，要保障生态系统的稳定运行，就必须加强生态系统建设的过程管理。具体而言，从跟踪评估系统建设过程做起，逐步构建生态系统的纲领和整体规划，制定战略联盟规章制度和执行条例。有效地选择合适的联盟方和收购目标，密切检测生态系统中基于产业链的联盟行动状况，收集这些行动的相关数据，构造战略联盟合作综合评估体系，准确、及时、系统地评估各方行为和系统建设成果。基于评估结果能够及时发现企业存在的问题，并针对性地采取措施，提高企业产业合作的管理水平，推进产业生态系统建设。

三、大数据金融生态环境构建面临的挑战

目前国内众多金融机构已经普遍实现了从生产、交换、管理到应用的数据使用流程，并且这些金融机构也掌握着庞大的数据资源。在新的大数据金融生态体系中，金融机构对数据的收集、管理及数据的价值提取方式将会发生巨大的变化。由于大数据应用改变了数据处理流程，生态系统中的微观金融机构将面临一系列关于大数据处理的基础性问题。

（1）如何将大数据处理技术融入现有企业的IT架构中。面对新的大数据应用，金融机构要对原有的应用架构和数据架构进行重新规划和设计，而这将会对公司的IT结构产生重大的影响和改变。为适应大数据的应用，金融机构需要构建必要的大数据基础设施，包括硬件与软件，以实现获取、存储、分析和利用原来未纳入范围的数据。

（2）如何进行海量数据的系统集成与有效整合。金融机构面临的数据类型多样、来源广泛，既包括了金融机构传统交易系统的结构化业务数据，又包括了来自外部社交网站等数据，甚至是图片或影音等非结构化数据。只有有效地整合不同来源和不同类型的数据，打破传统的结构化数据和非结构化数据之间的壁垒，才有可能充分利用企业所掌握的数据资源，构建完整的企业大数据信息视图。同时，金融机构需要打破传统数据源的边界，通过各种渠道获取客户的信息，整合信息渠道，使得信息能从整个大数据链条上获取，而不仅仅是链条上的某些点。与此同时，大数据传播速度快的特征也为数据的整合带来了挑战，由于数据充分融合后难以分辨真正的来源，数据采集渠道的鉴别与合理利用就成为数据整合的关键。

（3）随着对大数据需求的增加，相应的技术更新也不得不加快进程以适应新的形势。大数据存储及计算技术基于其具有的非共享分布式架构能对超大规模的数据进行处理，并且集群最多可拥有上万个机器节点。但是此类技术的成熟度与稳定性还值得考量，在运用过程中会在系统搭建、监测和维护等方面对商业银行提出挑战。

本 章 小 结

构建大数据金融生态体系是未来大数据金融稳定持续发展的重要保证。首先，当前我国正处于大数据金融蓬勃发展的黄金时期，大数据金融发展面临着良好的政策、经济、技术和交易等外部环境，也迎合了金融业内部发展要求。各方面有利因素为大数据金融的发展提供了良好的环境和空间，我国政府应主动抓住机遇，缩小与发达国家在大数据金融实力上的差距。其次，尽管大数据为金融行业乃至整个经济发展提供了强大的动力，但也要充分认识到：大数据金融只有在有效监管的前提下才可以实现健康可持续发展。从监管的角度来看，大数据虽然能助力金融监管机构更好地监管金融行为，但大数据本身存在的风险也需要得到有效的识别和及时的控制。再次，大数据为改进传统信用评估方法的覆盖人群窄、信息维度单一和时间滞后等问题具有优势，能够为精准实现信用评估、构建完善征信体系提供可能。但与此同时，技术升级、数据完善、风险防范和隐私保护等多方面仍有改进空间。最后，对于大数据金融的未来发展，我们要充分认识到其中可能遇到的挑战，只有认识到问题所在，才能推动大数据产业朝着更稳健的方向发展。

自学自测　扫描此码

1. 大数据在金融业务中可以发挥哪些作用？
2. 当前的传统金融监管模式主要存在哪些问题？
3. 大数据在金融监管中能发挥哪些作用？
4. 传统信用评估模型还存在哪些问题？
5. 一个典型的大数据金融生态系统需要具备哪些要素？

第十章 Fintech与大数据金融

大数据是金融与科技相结合最为广泛、成熟的技术门类。通过对数据资源进行收集、存储、清洗、计算、分析等环节，将有用数据资源的商业价值发挥出来，通过数据发现规律，驱动业务增长。Fintech 并非简单的在"互联网上做金融"，而是基于移动互联网、云计算和大数据等技术实现金融服务和产品的发展创新和效率提升。本章就金融科技的技术基础、投资热度及其创新进行了简要介绍，并具体论述了 Fintech 与区块链、人工智能和隐私计算结合的具体应用。

第一节 金融科技行业概述

金融科技（financial technology，Fintech）是指运用大数据、人工智能、区块链等各类先进技术，帮助提升金融行业运转效率的一种新业态。它一方面可以帮助传统金融机构转型，另一方面通过技术的迭代和创新，发展出传统机构无法提供的高壁垒新产品和新服务，而机构可以通过投资或合作，与新兴金融科技公司形成业务互补。金融科技实现金融行业在资产特性、交易机制、组织方式等方面创新发展的一种新业态。科技创新的高风险性、不确定性，以及强烈的外部性特征，契合金融发展本质。

2022 年上半年，央行发布了《金融科技发展规划（2022—2025 年）》，承诺将致力于发展合理监管、隐私及数据保护、低碳和绿色金融科技及公平、包容的金融服务。虽然中国金融科技投资在 2022 年上半年较为低迷，但专注于基础设施提升以及与传统金融机构合作的公司仍然备受投资者的关注，而有着类似业务重点的保险科技公司也开始受到关注。

一、Fintech 发展的背景

（一）金融的本质是实现资源的跨期匹配

金融是在不确定的环境中进行资源跨期的最优配置决策行为，其基础原则是货币的时间价值和风险收益对等。因此，简化的金融市场模型是资本与资产之间的流动，其流动基础是风险定价。

为实现资源的跨期匹配，终端用户（包含个人及机构）的金融需求通常包括四类：储蓄、支付、投资及融资。其中，储蓄作为最基础的金融需求，通常由传统银行来提供服务。支付、投资和融资则是目前新平台及机构重点发力的领域如图 10-1 所示。

图 10-1　目前新平台及机构重点发展的领域

（二）科技驱动金融服务业的重构

金融科技是金融和信息技术的相融合的产业。科技类初创企业及金融行业新进入者通常利用各类科技手段改造和更新传统的金融服务与产品，从而打开市场，抢占市场份额。这样的行为从整体上提升了金融行业的运作效率，因此可以认为金融科技从外向内升级金融服务行业。

和"互联网金融"相比，金融科技所涵盖的范围更加广阔。互联网金融强调借助互联网技术改造原有金融格局，推动金融发展，诸如网上银行、在线支付都是最直接和最恰当的例子。而金融科技的内涵不止于此，除了互联网，区块链、大数据及其分析、人工节点智能等先进科技均是金融科技的应用基础。

（三）中国投资增长潜力巨大

中国的互联网金融发展迅速，原因可归结为三点，即庞大的用户基数，基础设施（如手机、上网方式等）高速渗入人民日常生活，以及中国对传统金融有着严格的监管。虽然目前对互联网金融监管趋严，但我们认为这有利于互联网金融的长期发展。

目前，我国个人融资等金融需求仍未得到充分满足，给互联网金融创造了庞大的发展空间。发展的空间不限于欧美成熟金融市场的技术延伸层面，在产品和服务方面有较大的成长空间。但这样的局面导致我国目前在 Fintech 的领先性和原创性不足，企业尚未大规模延伸至 Fintech 的核心技术领域。

依据基础技术与金融的融合变迁可以将 Fintech 的发展划分为两个阶段，如图 10-2 所示，可以清晰地看出 Fintech 的概念与应用范围。我们认为，互联网金融是科技与金

互联网
移动互联网
大数据

智能数据分析
人工智能
区块链
隐私计算
数字孪生

图 10-2　Fintech 演进过程

融相互融合的初始阶段及形态，即 Fintech1.0 阶段。目前，Fintech 已完成了从 1.0 阶段至 2.0 阶段的过渡。接下来的两节将详细介绍 Fintech 发展过程中的两个阶段。

二、Fintech1.0 时代的技术

（一）互联网及移动互联网

在 Fintech1.0 时代，互联网和移动互联网技术使产品在用户体验上取得了革命性的提升，金融产品更是如此。利用互联网和移动设备为客户提供线上服务、简化业务流程、优化产品界面、改善用户体验，这一策略在所有的金融科技行业都是适用的。简单来说，互联网和移动互联网技术使得产品不仅仅是界面变得好看，还会使产品更加好用。

除此之外，互联网及移动互联网技术使金融服务可以以更低的成本、更便利的方式抵达用户，为未来更多的创新性服务提供基础，使如图 10-3 所示的业务发生改变。

图 10-3　互联网为金融服务代理的改变

（二）大数据

可以将大数据分析分为四个层次，即数据框架、信息整合、知识发展和智慧决策。在 Fintech1.0 阶段，大数据技术的应用主要集中于第一和第二层次，即数据框架和信息整合，并初步进入第三层次，进行简单的初步分析和决策。

通过整合大数据架构与信息结构，能够建立起一个收集和存储的大数据系统，并在信息整合和数据计算的基础上加以利用。而该阶段的大数据分析通常依靠人工建模分析，加之由于传统数据分析模型对多维度、多形态的数据存在不适用的情况，因此该类技术应用仅仅是大数据分析的初级阶段。

三、Fintech2.0 时代的技术

（线上阅读）

第十章　Fintech 与大数据金融

第二节　Fintech 投资热度与发展比较分析

一、投资热度

（一）全球投资热度

Fintech 与传统金融机构的协同关系大于竞争，全球投资热度不减。金融机构通常有三种方案开展 Fintech 相关活动，即自己研发技术并应用、收购相关 Fintech 公司以得到对方技术，以及实现与 Fintech 公司合作以达到协同。

全球来看，银行等金融机构越来越看重与 Fintech 之间的协同作用。不单纯是金融机构与 Fintech 企业之间的协同作用，还包括 Fintech 企业之间、与监管者和其他行业之间的作用。比如，区块链技术还可用于金融领域之外的其他领域，如公证、供应链等，政府及监管机构也开始尝试利用区块链解决问题。

（二）亚洲投资热度

2022 年上半年，亚太 Fintech 领域投资已创下 418 亿美元的年度新高，占全球总投资额 38.8%；全球 10 笔最大投资，亚洲 Fintech 公司所获投资金额最大，占总数 70.3%。

亚洲领域内的 Fintech 公司开始寻求本土外的机会，即寻求全球化扩张。但由于本土金融监管，部分 Fintech 企业的业务可能无法复制到其他地域。因此，可以提供跨境产品或商业模式可复制的 Fintech 企业将更具吸引力。

（三）热门投资领域

Fintech 细分领域中，借贷和支付近年来发展稳步，所获投资金额最多，借贷占比高达 46%。各个细分领域中，借贷、储蓄及投资、保险的目标用户均为个人及中小企业。可见，更大的个人及中小企业用户需求亟待释放和满足。

随着全球个人财富的增长，理财（资产管理）领域的需求正在极速上升。据统计，2016 年一季度，资产管理领域投资额达 1.1 亿美元，与 2015 年全年 1.9 亿美元投资额相比，涨幅显著。此外，种子及天使轮公司获投比例占 70%。Scalable Capital、Indexa Capital 及 CashBoard 积极推动了种子期公司的投资，在种子期投资总份额中占比超过 50%。截至 2022 年二季度末，中国资产管理业务总规模约 68.51 万亿元。

二、中美 Fintech 发展比较分析

虽然美国上百年资本市场的发展历史值得借鉴，但通过最近 20 年互联网的发展，"80 后""90 后"的中产阶级逐渐成为理财市场的主力军，这将会给中国的财富管理模式带来跳跃式发展的可能性。

近年，中国的互联网金融发展迅猛，其背后原因主要是中国金融发展环境下金融服务的供给不足，给互联网金融公司在相对包容的监管环境下制造了发展条件，进行了大规模的"监管套利"。发展至今，互联网对于金融的改造和颠覆已有成效。而美国作为这场信息革命中的领军者，必然有值得借鉴的地方，接下来就中美两国 Fintech 行业状况进行对比。

通常，美国不存在"互联网金融"的说法，一直是以"科技金融"的概念存在。美国之所以没有大量的互联网金融公司，主要是因为其线下金融体系已经比较发达，各项金融服务也趋于成熟，创新难度和成本均较高。美国和中国金融市场的不同发展环境，以及用户对金融服务的不同诉求决定了 Fintech 在两国发展的不同状况。

（一）金融监管体系不同

2010 年，金融危机后，美国金融改革落地，从"伞式监管"升级到全面监管。新法案着重体现了"消费者至上"的思想。

（1）成立独立的消费者金融保护机构，为在金融系统中受到不公平和欺诈行为损害的消费者和投资者提供保护。该机构将拥有规则制定、从业检查、实施罚款等权力。

（2）进行消费者保护改革，以期从增强透明度、简单化、公平性和可得性四个方面改善金融环境。

（3）加强对投资者的保护，推动退休证券投资计划的进展，鼓励提高储蓄率。

中美金融监管的不同点如表 10-1 所示。

表 10-1　中美金融监管的不同

美国	中国
全面监管，美联储成为"超级监管者"	分业监管，"一局一行一会"
混业经营	分业经营
金融服务体系多样化，私营企业背景多，竞争激烈	服务机构多为国资背景，金融牌照垄断现象严重

监管体系的升级使得创业企业的创新监管成本加大。以当下火热的 P2P 平台为例，美国监管当局认为，这些平台上发行的贷款已经具备了证券的性质，因此该类平台应该理解成证券交易所，按照证券交易所的规定来监管。同时，从保护个人投资者和借款人的角度，需要由消费者保护机构来监管。这种方式下，创业公司可能需要取得不同州的借贷业务牌照，创新监管成本进一步加大。

除此之外，竞争充足和垄断两种不同市场环境也导致中美传统金融机构创新意识不同。美国金融市场竞争环境激烈，金融服务机构多为私营背景，创新意识也相对较强。相比国内，金融牌照垄断相对严重，天然的资源垄断优势赋予了机构传统金融资源定价能力，享有现有的资源优势就可以获得高额利润，故而企业创新和服务提升的动机不足。

（二）金融服务体系力量不同

美国金融市场的竞争环境促就了传统金融体系的完备。传统金融体系的力量和影响是中美金融市场最大的不同，也因此成为中国相比而言最大的机会。这个问题可以从信用卡及保险渗透率角度来说明。在美国，传统理财产品、中小企业信贷、保险等均有成熟的金融巨头覆盖，消费者习惯已养成。与已成熟的巨头进行竞争是多数创业企业无法实现的。

由于美国成熟的金融服务体系，相比"颠覆"银行等传统机构，Fintech 公司更多的是寻求与之合作。未被传统金融服务覆盖的客户或市场缝隙则由 Fintech 企业来补充，其角色更多的是"提高已有业务的效率"。

反观中国，金融服务供给有些不足，部分监管环境的模糊地带给金融科技类公司创造了发展条件，模式创新、普惠金融等在中国的发展十分迅速。

三、细分领域梳理及对比

（一）个人理财

美国传统金融服务相对完备，大多数中产阶级的理财服务是由传统银行和资产管理公司、投资顾问公司提供的。近年来，智能投顾平台（自动化投资平台）兴起，如 Betterment、Wealthfront 等，其主要服务对象是年轻人群，是未来的中产阶级。相比而言，国内投资者对智能投顾公司的接受度仍不高。其背后原因是中美投资者投资理念和金融市场环境不同。

智能投顾平台提供的服务是一种消极投资，也是长期投资。投资目标是在长期中（10年以上）使得投资收益与市场持平，这需要投资者具有比较成熟的长期投资理念。国内资本市场有效性不高，投资者散户化程度高，更偏好主动投资和短期投资。

（二）保险

在美国，保险行业的发展是极为发达的。个人保险（如健康险、寿险）、财产险（如房产保险、车险）及企业保险已经成为美国人民生活中的一部分。同时，保险行业的进入门槛非常高，因此保险行业的金融创新也并不火热。

相比之下，我国对保险行业的监管也同样严格，牌照被少量国有控股公司垄断。在既有利润丰厚的情况下，公司的创新意识和信息化动力均较低。同时，我国居民保险意识弱，对保险产品很少主动询问或投保。可见，我国保险行业在与科技融合的过程中仍处于非常早期的阶段，目前的发力重点在优化用户体验上。

（三）第三方支付

最早出现的第三方支付平台早在 1999 年已创立，为美国的 PayPal，5 年之后阿里巴巴的支付宝业务才推出。在美国，由于美国的信用卡体系已经相对完善，用户体验的提升难度较高，第三方支付作为信用卡支付的替代品，渗透率的增长并不高。另外，第三方支付高度依赖互联网平台，即支付的应用场景，而美国电子商务的普及率与中国相比较低，第三方支付应用场景受限。

截至目前，中国已成为世界上第三方支付市场份额最重的国家，而支付宝的交易金额也远超第三方支付的鼻祖 PayPal。此外，第三方支付还具有高度依赖互联网平台的特征，影响该行业发展的主要因素有两个方面，一是其他支付方式的便利性与安全性，二是电商的发展。

第三节　Fintech 的创新

一、Fintech 带来的资金端创新

在中国，大资管的时代逐渐到来，数据显示，我国个人可投资资产年均增速达到 16%，资产种类日益丰富。2008 年，我国居民的现金及存款比例约达 70%。发展到现在，多元化的资产配置产品已超越了现金及存款，我国居民日益增多的个人资产和不断提升的资产配置意识有利于财富管理领域的跨越式发展。

与此同时，我国财富管理行业已经实现数字化运作。根据波士顿咨询公司（BCG）的调研结果显示，80% 的高净值人群对网上银行、P2P 网贷、网络理财产品、线上支付、众筹、智能投顾等互联网产品表示认可。而在中国，基于网络参与理财的人占所有理财者的比率比美国更高。

具体地，可以从信息平台、记账工具、支付工具、证券经纪和销售平台、智能投顾和第三方财富管理六个方面来探讨 Fintech 带来的资金端创新。

（一）信息平台

自我国接入互联网以来就接连诞生了雪球、和讯、东方财富等财经门户，美国的 Yahoo Finance、Barron's 则是资历更深的金融平台。此外，美国的 Credit Karma 开通了免费信用查询的业务，助力商业模式创新，从中获取用户资源，并于整理后出售给有相应需求的金融企业。相比之下，我国已有的此类业务较少，该种运作方式尚未出现。

（二）记账工具

金融科技在记账工具方面的运用方式已经趋于完善。例如，美国的 Mint 主要开展信用卡与资金的管理业务，通过办卡佣金收入赢利。而 Personal Capital 推出了一系列整合工具，主要应用于理财账户并承接到特定的资产管理产品中。在我国，随手记和挖财同样采取了这种模式。但考虑到我国信用卡这一细分市场壁垒较高，这两家公司转而瞄准个人理财市场，正为取得顾客认可和对接其他金融产品不懈努力着。

（三）支付工具

在美国，信用卡公司"三巨头"占据了支付领域的绝大多数应用实境，它们收取2%~4%的手续费，相对较高。所以，在美国就有大量的创业公司进入支付领域，其中就包括PayPal。中国的支付领域已经被支付宝和微信支付所占领，他们以低至千分之几的费率及较强的地推和产品体验，一举在移动支付领域超越了美国，并渗透到印度，甚至欧美市场。但在B2B支付领域，美国仍然处于主导地位。一家名为Stripe的独角兽公司（成立时间不超过10年，估值超过10亿美元的未上市公司）因为两端的B都相对分散，便成为连接支付场景和支付机构的聚合工具。由于目前国内支付机构是支付宝和微信支付双寡头的局面，所以B2B的聚合工具市场相对有限。但随着小米、华为、联想、三星等几家占据移动终端入口的公司也开始进入移动支付领域，支付机构的多样性在逐渐扩大，B端的整合需求也会随之增大。

（四）证券经纪和平台销售

经纪业务的费率在美国也是挺高的，这几年随着Robinhood等几家零费率平台的兴起，经纪费率也趋向为零。中国的经纪费率本身已经非常低，再加上一人多户的放开，造成券商经纪业务的竞争压力加大。未来，不论传统还是互联网券商的经纪业务只是一个引流获客的手段，收入利润的来源和重心将逐渐转向融资融券、投顾、财富管理和资产管理等业务。

（五）智能投顾

美国的两家智能投顾公司Wealthfront和Betterment已经发展了十几年的时间，中国的互联网金融龙头企业，包括京东金融、宜信、品钛、挖财，都在投入研发智能投顾产品，预计这将成为大平台吸引初级用户的标配产品，但这也导致初创企业想通过智能投顾产品开拓新用户的难度在加大。美国智能投顾相比传统投顾的核心竞争力是低费率，只有20~40BP，传统投顾要收取约2%的咨询费或管理费。美国人已经普遍接受了被动型理财，所以这个领域迎合了很多人低费率、标准资产配置的需求。在投资上，美国的智能投顾组合基本上是基于交易型开放式指数基金（ETF）产品，而中国在ETF流动性和规模还不成熟的情况下，很难做基于ETF产品的智能投顾，现在我们看到的更多的是"固收+公募基金浮动收益产品"的配置。在技术上，基于ETF或公募基金的配置方式在智能化程度上还处于初级阶段，进入门槛并不高。目前，美国许多券商和基金巨头也纷纷进入这个领域，对初创公司造成比较大的冲击，有一些公司如SigFig、Future Advisory被UBS和Black Rock收购。

（六）第三方财富管理

中国有很多公司尝试做独立理财师平台的创新，但是并不成功，究其原因是目前中国理财师的专业度偏低，只是进行简单的产品售卖，没有真正与客户建立起信任关系，所以在此基础上做独立理财师平台还是有点困难。但是像诺亚财富、宜信财富等通过大量线下理财师来服务中高端客户的市场依然非常巨大。

二、Fintech 带来的资产端创新

目前互联网上资金端的发展已经到了一个瓶颈期，移动互联网的体验和高收益率虽然吸引了一批用户，但 e 租宝等反面案例和数千个 P2P 问题平台所招致的不良后果，以及监管趋严的行业形势，造成输入 P2P 的平台资金日益减少，转而回到了稳定性和安全性占优的商业银行及依托大机构背书的线上平台，如京东金融、陆金所、蚂蚁聚宝等。诸多互联网金融行业的佼佼者也纷纷启动了经营范围的拓展和革新，将先前线上资金与线上资产平台相结合的模式转变为线上和线下资产均由其自主经营的模式，而这一新模式在供应链金融和消费金融领域尤为普遍，各类业务归根结底又趋近于金融学固有的内涵：风险定价和风险控制。

依据市场的不同，可以将资产方面的创新划分为一级市场股权、二级市场股权、中小企业信贷、消费信贷和房产信贷五个类别。

（一）一级市场股权的众筹及交易

一级市场股权众筹是风险投资（venture capital，VC）的一种衍生模式。近年来，在美国兴起了 Angel List 等股权众筹平台，在中国，京东众筹、36 氪众筹等平台也发展迅速。但是相对而言一级市场股权众筹还是一个小众的市场，只有少部分专业的合格投资人和机构才适合此类高风险的投资，就像成为 VC 的有限合伙人（limited partner，LP）一样，是属于一种私募配置方式和另类资产。基于现今的监管要求，该种市场融资水平受到较大的限制，而其运作的关键在于维系其与电子商务和大众传媒之间的密切联系，以京东和 36 氪为例，它们存续的重要意义就是基于工商注册、产品销售、市场推广、融资需求和投资者沟通等一系列配套服务协助客户企业排除其在市场中面临的障碍。

在初创企业股权众筹的基础上还有一种衍生模式，即为一级市场针对相对大型企业（即"独角兽"）的股权交易。过往的数年间，无论是在中国还是在美国，证券市场中都存在估值倒挂的现象。某些一级市场的独角兽企业在登陆二级市场或进行下一轮融资时，无法支撑上一轮的估值，所以其相应的股权价值饱受质疑，也抑制了有关交易平台的发展。比如，该行业的"领头羊"Second Market 已被纳斯达克交易所收购。在信息公开的前提条件下，一级市场的股权交易模式本质上属于一种小范围的创新，然而一旦拓宽到大范围，例如，将某些独角兽的股权通过某些渠道出售给不合格的散户，这种行为就存在较大风险。

（二）二级市场股权的社会化交易

如果监管开放，社会化的交易模式在我国可能具有良好的发展潜力，这是由个人投资者是我国证券市场参与主体的特点决定的，相比之下，在由机构投资者主导的美国证券市场中，交易平台的市场容量规模较小，社会化信息相对缺乏，该种模式发展空间有限。不管从何种股票类别的角度来看，社会化交易都具有创新意义，并且易于吸引更多人参与，

然而证券业务终究要回归本质，也就是通过涉足资产管理、融资融券等证券领域关键性业务方可实现长期收益。即便国外Motif、eToro等此类平台拥有特定证券业务的经营资格，它们也持续面临着扩充资产管理规模和维持顾客忠诚度的难题。

（三）中小企业信贷

中小企业贷款难是全球范围内较为普遍的问题。按国家统计局指标口径，中小微企业占市场主体的比重超90%，贡献了全国60%以上的GDP，但其贷款金额仅占约30%。数据显示，在金融危机期间，美国投放给中小企业的信贷规模萎缩。随着当前信贷质量的下降，我国商业银行给予小微企业的信贷金额也在减少，这便给金融科技企业提供了发展机遇。

在电商及供应链金融领域，通过交易闭环的实现和大数据的运用，供应链金融规模得以迅速扩大，如Kabbage、蚂蚁小贷、京东—京小贷等。在美国，电商平台更多采取和金融机构合作的模式，在中国，"电商平台或产业供应链平台+自营金融"几乎成了电商和产业巨头的标配。从本质来看，供应链和金融的业务模式和利益诉求存在矛盾：供应链追求规模，金融要控制风险；这也是美国的供应链金融更多由银行主导，而非产业内金融公司主导的原因。

在贸易金融领域，美国的贸易合同和应收账款透明、真实，贸易保险的渗透率高，这几年也涌现了Prime Revenue等应收账款交易所。但中国的情况和美国相差较大，贸易金融很难大规模开展。虽然中国有银票和商票的体系，但是银票成了贴现的工具，催生了庞大的银票贴现市场，票据验真难度较高，贸易合同做假、关联交易、刷单的现象难以控制。通过建立更加完善的企业级征信体系，应用区块链、物联网、电子票据、电子税务等新技术，希望未来能逐渐打破目前国内贸易金融的困局。

（四）消费信贷

在消费信贷领域，对中美两国的创新型企业进行如下比较。美国的Affirm主要针对家居和奢侈品消费领域的分期业务，Capital One针对蓝领及sub-prime（次级）和near-prime（近次级）人群提供配套的金融服务，依托大数据分析和用户画像技术控制风险，受到广泛的认可。在中国，就线下而言，捷信在进军我国的近十年里着眼于3C产品分期服务，从而主导了蓝领群体的相关消费。就线上而言，依托电商企业的消费信贷服务平台，例如，京东金融的白条和蚂蚁金服的花呗，都在近年来取得了耀眼的成绩。在个人小额信贷领域，美国和我国存在较大差别，前者拥有三大征信局权威的数据模型和健全的个人信用评分体系FICO，在此基础上，Lending Club等网贷机构逐渐兴起。然而在我国，个人信用体系尚未普及，数据及评分规则仍不完善，较高的信贷欺诈率已经成为不可忽视的问题。所以，应当从消费场景获取客户数据开始，分析客户特征，引导客户养成良好的消费习惯，再进一步拓展信贷业务、确定信用额度，逐步使客户对信贷服务形成较高的认可度和忠诚度。

（五）房产信贷

美国在次贷危机之后房产贷款量急剧下降，经历了一个痛苦的去杠杆过程。但在去杠杆化之后美国房地产市场迎来了健康发展期，随之也为房地产信贷引来了更为广阔的发展机遇。在我国，虽然居民储蓄率整体水平较高，但是我国长期沿袭着亲属共同参与买房的传统，而且居民购房贷款率仍高于60%，所以较短时间内暂无风险问题。另外，房贷资产正处于日益积累风险的阶段，因而仍需对中小城市的房产抵押贷款问题和首付贷等模式的风险进行检测和预警。

三、Fintech 带来的科技创新

就科技驱动的角度而言，以往数十年间金融创新的发展历程大致分为以下三阶段。

第一个阶段是基于金融业务信息化而诞生的新模式和新渠道。比如，以 Bankrate 和 ING-DiBa 为代表的直销银行和金融超市，其技术驱动力是互联网的大规模应用和金融机构核心系统的使用。

第二个阶段是金融产品的创新。金融大数据的应用和 PayPal 等第三方支付平台的广泛使用，催生了大数据风控、P2P 网贷和舆情分析等诸多服务的创新。

智能投研工具 KENSHO 旨在通过创设智能程度更高的数据平台而为证券分析师和交易员提供服务。目前，该产品停留在高盛内部试运行阶段，仍未正式上市。该种工具应有的商业模式，以及如何规避与现有产品（如 Bloomberg、Wind）之间的同质化仍然是值得思考与推敲的问题。

中美两国在大数据征信和反欺诈领域的未来发展路径可能会存在较大的差别。美国三大征信局（Experian、Equifax 和 TransUnion）曾费尽心思对各个行业的数据进行搜集和汇总，并购了分散在美国各州的征信局，才达到现今的数据量，并实现三足鼎立的局面。在中国，个人征信体系仍处于建设阶段。依托互联网和大数据的迅猛发展，互联网公司普遍涵盖了较大数据范围，并在用户画像方面具有较高的精确度，因而在未来很可能会在该领域起到带头作用。

第三个阶段是货币及资产的革新。随着电子货币的推广和区块链在金融领域的应用，依托区块链的交易、清算和结算等业务将会大范围推广，并将大大提升现有金融体系的效率，增加其完整性和安全性。

比特币已经逐渐成为一种电子黄金，从比特币的产生到发展，经过一轮黑市交易、炒作，到监管的打压，现在正在回归到一个理性的价值区间，它的波动性也逐渐趋于稳定。在炒作的过程中，它逐渐具有了黄金的属性，即类似于黄金的储备量有限特点，比特币的发行量也是有限的，所以具有保值增值的作用。它的体系在逐渐主流化和多元化，一些银行（如花旗、UBS 等）也发行了自己的电子货币，央行也在进行国家发行电子货币的研究。所以，电子货币会是一种长期存在的货币或资产类别，并逐渐融入主流的金融体系之中。

四、Fintech 创新的本质与分析

纵观金融发展历程，银行的危机乃至破产主要归结于合规和风控方面的问题，或者存在金融危机这样的时代背景，而非是基于与科技挂钩的某些原因，所以金融科技不存在颠覆传统金融的可能性，取而代之的是扮演着改善和弥补的角色。金融科技在资金端的创新主要是改良了用户的体验，从柜台到 ATM 机，从 PC 互联网到移动互联网。资产端的很多创新模式，如消费金融、中小企业信贷等其实是传统金融机构在现有体系下做得不够好或者做不了的，而金融科技公司推出的服务与产品弥补了这些问题。与此同时，仍然需要加强监督管理，警惕以金融科技为噱头的庞氏骗局和虚假创新。例如，一些涉嫌欺诈的 P2P 网贷平台及一些量化投资骗局。

我国已经出台了部分监管办法。2019 年 11 月 27 日，互联网金融风险专项整治工作领导小组办公室、P2P 网络借贷风险专项整治工作领导小组办公室联合发布《关于网络借贷信息中介机构转型为小额贷款公司试点的指导意见》，提出积极稳妥地推进互联网金融风险专项整治工作。政府需要把握好"普惠金融"和"过度金融"，认识到金融在拉动内需和刺激消费的同时也可能会导致经济泡沫，甚至引发金融危机，所以对这把剑的正确运用是关键。近年来互联网金融领域存在某些监管漏洞，致使野蛮力量有了生存壮大的空间。当前一大重要任务就是弥补漏洞，让金融回到它应处的位置。

金融行业由于其数字化的属性将引领数字技术的未来发展和应用。未来，更多的创新机会应当从技术本身出发，服务于传统金融机构，或者由传统金融机构自发地通过科技进行自身的革新。金融科技的创新已经进入了白热化，到了真正考验团队专业性和系统协作的时刻。只有保持创业的初心，回归"科技驱动金融，金融助推经济"的核心，才能立于不败之地。

第四节　Fintech+区块链

一、区块链的提出与演化

（一）区块链提出的背景

近年来，区块链技术已成为全球创新领域最受关注的话题，受到风险投资基金的热烈追捧。国际各大领先金融机构也纷纷行动起来，组建了 R3 CEV 和 Hyperledger 这样的区块链技术应用联盟。仅在 2015 年，全球范围内投资在比特币和区块链相关的初创公司的风投资金规模就达到了约 4.8 亿美元，2016 年第一季度已经达到 1.6 亿美元，由此可见其增长趋势。

区块链技术成为继蒸汽机、电力、信息和互联网科技之后目前最有潜力触发第四轮颠覆性革命浪潮的核心技术。就如同蒸汽机释放了人们的生产力、电力解决了人们最基本的

生活需求、信息技术和互联网彻底改变了传统产业（如音乐和出版业）的商业模式一样，区块链技术将有可能实现去中心化的数字资产安全转移。

该技术的应用将完全改变交易流程和记录保存的方式，从而大幅降低交易成本，显著提升交易效率。一场技术标准的竞争和颠覆式创新浪潮正悄然袭来。

（二）区块链的发展历程

区块链基于信任和平等的逻辑，是互联网思维的结构表达，是信息产生价值的美好愿景。区块链的发展历程主要分为三个阶段，如表10-2所示。

表10-2　区块链的发展历程

2008年	中本聪发表论文《比特币：一种点对点的电子现金系统》（*Bitcoin: A Peer-to-Peer Electronic Cash System*），提出区块链的概念，区块链进入人们视野
2009年	中本聪挖出第一批50个比特币，被称作上帝区块
2010年	第一个比特币交易平台MT.GOX成立
2011年	比特币价格首次达到1美元，此后与英镑、巴西雷亚尔、波兰兹罗提汇兑交易平台开张
2012年	瑞波（Ripple）发布，其作为数字货币，利用区块链转移各国外汇。网络游戏等有信息透明公开并永久记录需求的领域
2013年	比特币暴涨。美国财政部发布了《虚拟货币个人管理条例》，首次阐明虚拟货币释义
2014年	以中国为代表的矿机产业链日益成熟，同年，美国IT界认识到了区块链对于数字领域的跨时代创新意义
2015年	美国纳斯达克证券交易所启用区块链下的数字分类账技术Linq，用于记录股票的交易与发行
2016年	花旗集团、瑞士联合银行、德意志银行和日本三菱日联金融集团等全球大型金融机构宣布：将应用"区块链"技术，打造快捷、便利、成本低廉的交易作业系统。在金融领域之外，该技术也开始应用于保护知识产权、律师公证
2017年	FISCO、BCOS等国产联盟链底层平台陆续开源。英国提出要开展区块链项目试点，投入1000万欧元用于区块链验证项目，将区块链纳入2000万欧元的政府科技分析基金支持，并积极参与欧盟主导的区块链项目，同时，英国央行和18家公司也合作建立了一系列区块链验证项目
2018年	微众银行提出"公众联盟链"发展思路。德国联邦金融监管局发布《关于区块链技术的监管报告》，明确加密代币的业务场景分为支付型代币、证券型代币、功能型代币三类，并分别采用不同的监管措施。美国证券交易委员会（SEC）和商业期货交易委员会（CFTC）联合发布了《关于对虚拟货币采取措施的联合声明》，明确对虚拟货币进行穿透式监管。CFTC还成立了虚拟货币委员会和区块链委员会，重点关注虚拟货币行业和区块链在金融领域的应用
2019年	摩根大通发布了用于跨境实时支付的数字稳定币。Facebook牵头发布了Libra项目，希望可以为数十亿人提供无国界的货币和金融基础服务。德国经济与能源部和财政部联合发布《德国国家区块链战略》，为德国制定了全面的区块链发展战略。英国议会成立跨党派区块链小组全球专家委员会，为英国政府区块链相关政策的规划、制定等提供专业建议，并发布了《加密货币资产指南》，拟定针对加密货币市场的监管框架
2020年	腾讯提出"产业区块链"的发展方向；英国央行发布《央行数字货币：机遇、挑战与设计》，明确央行对数字货币持开放态度；澳大利亚政府发布《国家区块链路线图》，其目的是使澳大利亚成为区块链产业的全球领导者

1. 比特币时期（2008—2012 年）

这一阶段也是比特币的诞生与成长阶段，区块链作为比特币的底层技术并未受到过多关注。比特币挖矿技术、交易平台以及莱特币等网络货币在这一阶段有重大发展。

2. 从比特币到区块链的过渡期（2013—2014 年）

随着比特币的发展，这种数字货币能带来的经济效益被不断开发，除比特币外，莱特币、以太经典、聚宝币、美通币、狗狗币、点点币等网络货币层出不穷，形成币圈。同时，基于数字货币底层技术的区块链逻辑也开始步入公众视野。

3. 发展区块链时期（2015 年至今）

自 2015 年起，基于区块链系统的去中心化、开放性、信息无法篡改的技术可以移植到金融、科技、司法等更多领域中。区块链应用开发和投资项目增加，全球大型金融机构也相继成立联盟或投资区块链初创企业。2019 年全球数字货币区块链的总投资额接近 25 亿美元，联盟链（或企业区块链）吸引的资本稳中有升，处于一个较好的发展趋势之中。

二、区块链的概念

（一）区块链的基本概念及其特征

区块链是指通过去中心化和去信任的方式集体维护一个可靠数据库的技术方案。该技术方案主要让参与系统中的任意多个节点通过使用密码学方法产生数据块，其中每个数据块中包含了一段特定时间内的系统全部交易数据，并且其生成数据指纹能够用于验证其信息的有效性和链接下一个数据库块。

区块链是一种类似于 NoSQL（非关系型数据库）的技术解决方案统称，多种编程语言和架构都可以用来构建区块链技术。同时，也有多种方式可以用于实现区块链，当前常见的包括工作量证明（proof of work，POW）、权益证明（proof of stake，POS），股份授权证明机制（delegate proof of stake，DPOS）等。

区块链具有以下特点。

（1）完整。数据完整储存在全球各个节点上面，如果其中一个节点被毁坏掉，是不会影响整个网络的数据安全的。"少数服从多数"是区块链的核心思想，区块链所记录的每一笔交易都可以回溯至第一笔交易。

（2）真实。由于信息分布在几千几万个节点上，所以区块链上的每笔交易几乎无法修改，无法摧毁，也无法凭空伪造出一笔交易。

（3）去中心化。去中心化存储的一个特点是保持良好的一致性，每一个节点保存的数据基本上一模一样，所以无须统一的数据处理中心集中处理。

（4）公开。区块链是公开的、可编程的，有非常好的延展性。

（5）去中介。区块链无须任何中介帮助处理交易，因为任何交易都能以最简单快速的零成本方式发生。

（6）安全。改变区块链上的数据所需要的代价非常高，这意味着要控制51%以上的算力，成本昂贵，几乎不可能做到。另外，区块链具有加密安全性，同时具有私钥和公钥才能登入区块链进行交易。

（二）区块链的工作原理

区块链是一个分布式数据库，它维持了一个（连续增长的不能被篡改和修订的）记录区块序列，每个区块都包含了一个连接到前一区块的时间戳。如果我们把数据库假设成一本账本，读写数据库就是一种记账行为。

（1）记账。系统在一段时间内找出记账最快最好的人，由这个人来记账，然后将账本的这一页信息广播给全网其他每个节点，这也就相当于改变数据库记录（共识机制，密码学）。

（2）核对。全网其他有效节点核对该区块记账的正确性，并且盖上时间戳，确认区块合法（时间戳，数学）。

（3）形成单链。在上一合法区块之后竞争下一个区块（智能合约，加密技术）。

（4）存储。账簿是分区块存储的，随着交易的增加，新的数据块会附加到已存在的链上，形成链状结构（分布式结构，信息技术）。

（5）备份。每一个参与交易者都是区块网络的节点，每个节点都有一份完整的公共账簿备份，也就是分布式账本。

（三）区块链的核心技术

在互联网世界中建立一套全球通用的数据库会面临三个亟待解决的问题，这三个问题也是设计区块链技术的核心所在。

首先，如何建立一个严谨的数据库，使得该数据库既能够存储海量的信息，又能在没有中心化结构的体系下保证数据库的完整性？

其次，如何记录并存储下这个严谨的数据库，使得即便参与数据记录的某些节点崩溃，我们仍然能保证整个数据库系统的正常运行与信息完备？

最后，如何使这个严谨且完整存储下来的数据库变得可信赖，使我们可以在互联网无实名背景下成功防止诈骗？

针对这三个核心问题，区块链构建了一整套完整的、连贯的数据库技术来达成目的，解决这三个问题的技术也成为区块链最核心的三大技术。此外，为了保证区块链技术的可进化性与可扩展性，区块链系统设计者还引入了"脚本"的概念来实现数据库的可编程性。因此，这四大技术构成了区块链的核心技术。

1. 区块 + 链

关于如何建立一个严谨数据库的问题，区块链的办法是：将数据库的结构进行创新，把数据分成不同的区块，每个区块通过特定的信息链接到上一区块的后面，前后顺连来呈现一套完整的数据，这也是"区块链"这三个字的来源。

在区块链技术中，数据以电子记录的形式被永久储存下来，存放这些电子记录的文件，我们就称之为"区块"。区块是按时间顺序一个一个先后生成的，每一个区块记录下它在被创建期间发生的所有价值交换活动，所有区块汇总起来形成一个记录合集。区块中会记录下区块生成时间段内的交易数据，区块主体实际上就是交易信息的合集。每一种区块链的结构设计可能不完全相同，但大体结构上分为块头和块身两部分。块头用于连接到前面的块，并且为区块链数据库提供完整性的保证，块身则包含了经过验证的、块创建过程中发生的价值交换的所有记录。

由于每一个区块的块头都包含了前一个区块的交易信息压缩值，这就使得第一个区块到当前区块连接在一起形成了一条数据长链。换句话说，从第一个区块开始，到最新产生的区块为止，区块链上存储了系统全部的历史数据。

区块链为我们提供了数据库内每一笔数据的查找功能。区块链上的每一条交易数据都可以通过"区块链"的结构追本溯源，一笔一笔进行验证。

2. 分布式结构——开源的、去中心化的协议

有了区块+链的数据之后，接下来就要考虑记录和存储的问题。在现如今中心化的体系中，数据都是集中记录并存储于中央电脑上。区块链结构设计的精妙之处在于，它并不赞同把数据记录并存储在中心化的一台或几台电脑上，而是让每一个参与数据交易的节点都记录并存储下所有的数据。

关于如何让所有节点都能参与记录的问题，区块链通过构建一整套协议机制，让全网每一个节点在参与记录的同时也会验证其他节点记录结果的正确性。只有当全网大部分节点（或甚至所有节点）都同时认为这个记录正确时，或者所有参与记录的节点都进行比对且一致通过后，记录的真实性才能得到全网认可，记录数据才允许被写入区块中。

关于如何存储下"区块链"这套严谨数据库的问题，区块链通过构建一个分布式结构的网络系统，让数据库中的所有数据都实时更新并存放于所有参与记录的网络节点中。这样，即使部分节点损坏或被黑客攻击，也不会影响整个数据库的数据记录与信息更新。

总体而言，区块链根据系统确定的开源的、去中心化的协议，构建了一个分布式的结构体系，让价值交换的信息通过分布式传播发送给全网，通过分布式记账确定信息数据内容，盖上时间戳后生成区块数据，再通过分布式传播发送给各个节点，实现分布式存储。

3. 非对称加密算法

什么是非对称加密？简单来说，它让我们在"加密"和"解密"的过程中分别使用两个密码。这两个密码具有非对称的特点，加密时的密码（在区块链中被称为"公钥"）是公开的、全网可见的，所有人都可以用自己的公钥来加密一段信息，而解密时的密码（在区块链中被称为"私钥"）是只有信息拥有者才知道的，被加密过的信息只有拥有相应私钥的人才能够解密。

区块链系统内，所有权验证机制的基础是非对称加密算法。常见的非对称加密算法包括 RSA、Elgamal、D-H、ECC（椭圆曲线加密算法）等。在非对称加密算法中，如果一个

"密钥对"中的两个密钥满足以下两个条件：①对信息用其中一个密钥加密后，只有用另一个密钥才能解开；②其中一个密钥公开后，根据公开的密钥别人也无法算出另一个，我们就称这个密钥对为非对称密钥对，公开的密钥称为公钥，不公开的密钥称为私钥。

在区块链系统的交易中，非对称密钥的基本使用场景有两种。①公钥对交易信息加密，私钥对交易信息解密。私钥持有人解密后，可以使用收到的价值。②私钥对信息签名，公钥验证签名。通过公钥签名验证的信息确认为私钥持有人发出。

我们可以看出，从信任的角度来看，区块链实际上是通过数学方法解决信任问题的产物。区块链技术的背后，是算法在为人们创造信用，达成共识背书。

4. 脚本

脚本可以理解为一种可编程的智能合约。如果区块链技术只是为了适应某种特定的交易流程，那脚本的嵌入就没有必要了，系统可以直接定义完成价值交换活动需要满足的条件。然而，在一个去中心化的环境下，所有的协议都需要提前取得共识，脚本的引入不可或缺。有了脚本之后，区块链技术可以使系统有机会去处理一些无法预见的交易模式，保证了这一技术在未来的应用中不会过时，增加了技术的实用性。

一个脚本在本质上是众多指令的列表，这些指令记录在每一次的价值交换活动中，价值交换活动的接收者（价值的持有人）如何获得这些价值，以及花费掉自己曾收到的留存价值需要满足哪些附加条件。通常，发送价值到目标地址的脚本要求价值的持有人提供以下两个条件才能使用自己之前收到的价值：一个公钥以及一个签名（证明价值的持有者拥有与上述公钥相对应的私钥）。

三、区块链技术的创新与应用

（一）区块链技术的应用基础

1. 核心优势

相比传统网络，区块链具有多种优点，主要包括：去中心化、无须信任系统、不可篡改和加密安全性。

（1）去中心化。区块链是一个由各矿工节点记账维持，并储存在全球范围内各个去中心化节点的公开账本。由于每个节点和矿工都必须遵循同一记账交易规则（该规则基于密码算法），同时每笔交易需要网络内其他用户的批准，所以不需要第三方中介机构或信任机构的背书。在传统的中心化网络中，对中心节点的有效攻击可直接导致整个系统的破坏。在区块链网络这样的分散化结构中，攻击单个节点不会对整个网络造成过度控制或破坏，对50%节点的掌控仅仅是最基本的控制。

（2）无须信任系统。在区块链网络中，针对系统的所有欺诈行为都可以基于算法的自主约束来实现对其他节点的排斥和制约，所以，区块链系统无须依赖中央机构和信用背书。先前，人们在信用背书网络系统中的参与度取决于中央政府的信用担保，参与者的数量增长意味着系统将面临更大的安全风险。与这种传统格局不同的是，在区块链网络中，信任与否不再重要。随着参与节点数目变大，系统安全程度也会增加，数据内容可完全实现透明化。

（3）不可篡改和加密安全性。区块链采用单向哈希算法，按照时间的线形顺序可以得到各个新生区块，基于时间的不可逆性可以很轻松地捕捉到所有意在篡改信息而被其余节点拦截的访问行迹，也就是说，基于其他节点就可以对违法行为加以限制。

总体而言，区块链技术重新定义了网络中信用的生成方式，保障了系统对价值转移的活动进行记录、传输、存储，其最后的结果一定是可信的。

2. 智能合约

密码学家尼克萨博早在1994年就提出智能合约的理念一直没有用于现实中，一个重要原因是缺乏能够支持可编程合约的数字系统和技术。而区块链技术的出现则解决了该问题。

区块链技术融入智能合约技术，可以程序化处理复杂的衍生品交易，将清算变得更为标准化、自动化。区块本身时间线性堆进的特点可以帮助监管层鉴别发现违规操作，智能合约则可以将合规检查变自动化，从清算之初就将违规的可能性降为最低。区块链技术24小时不间断运转的特点也可以将泛州间交易所数据互换处理变得更为稳定和值得信赖。目前，纳斯达克正在和Chain进行紧密的合作，利用区块链技术建设私有公司股权交易系统，发行和转移私有公司的股票份额。之所以选择从私有股权交易系统开始，主要是因为私有股权的发行和交易目前仍主要依赖于人工手动处理，基于区块链技术的智能合约可以将众多复杂的衍生品交易条款写入区块链技术支持的注册发行程序中，当交易发生后，迅速地正确执行。

总体而言，基于区块链技术的智能合约不仅可以发挥智能合约在成本效率方面的优势，而且可以避免恶意行为对合约正常执行造成的干扰。区块链上的智能合约以数字化方式嵌入，基于前者的特征可以保障贮存、读取、运行等环节，促使合同高度透明化、易于跟踪、改动难度大。与此同时，区块链具备的公式算法可组建出相应的状态机系统，确保合约顺利运行。

（二）区块链技术在不同行业的运用

提到区块链技术的应用，许多人想到的是比特币、银行、支付等金融方面的应用，却不知道区块链不只是在金融方面，它在许多行业乃至我们的生活中都可以起到很大的作用。

1. 金融业

证券交易市场是区块链非常适合的应用领域，两者之间的契合度非常高。传统的证券交易需要经过中央结算机构、银行、证券公司和交易所这四大机构的协调工作，才能完成股票的交易，效率低、成本高，而区块链系统就可以独立完成"一条龙"式服务。

目前，美国证券市场内普遍的结算审核所需时间是2~3天，区块链技术的应用有望将其计量单位由小时改变为分钟乃至秒，以减少 99% 的相关风险，并降低资金耗费和相应的系统性风险。区块链中各类事项的确认和结算业务同时打开，节点事项在系统确认后直接记录在分布式账本中，并立即对其他所有节点对应的账本做出相应调整，这种自动运作机制有利于大幅提升结算效率。

区块链的应用颠覆了银行业，特别体现在跨境支付中的应用。以高盛、花旗、德意志银行、汇丰、摩根士丹利为首的全球 40 多家大型银行加入了初创公司 R3CEV 的区块链联盟。R3 公司成立于 2015 年，为欧美大银行创建区块链代码和协议，即通过开源通用的共享账本来大幅降低银行之间的协调成本。同样，因为不可复制、无法篡改的特点，利用区块链技术记录票据、凭证、交易记录、投融资记录等都将大大优化现有体系的效率，对防止洗钱有很大助益。

目前，几乎所有类型的金融交易都可以被改造成在区块链上使用，包括股票、私募股权、众筹、债券和其他类型的金融衍生品，如期货、期权等。

2. 公证

传统的公证往往依靠政府机关的信用及公证能力，其具有成本高、流程复杂的特点。区块链的去中心化特征让数据资料利用数学加密来作信用背书，在没有政府机关的介入下，自动完成公证，资料永久保存的同时还可以追踪。

例如，区块链初创公司 Stampery 能为用户所有的敏感文件提供具有法律约束力的证明，可以用区块链证明任何文件的存在性、完整性和所有权。这项应用使得世界上的任何人都可以不花一分钱自动证明某个文件是在何时创建的，且之后再未改动过。它能很好地保护知识产权，证明遗嘱、宣誓、合同、家庭纠纷中的通信等的有效性。相比做文件公证，Stampery 的优势在于你不必带着纸质文件亲自去公证人那里，能节省不少时间。

3. 物联网

IBM 曾提出，运用区块链技术可以为物联网的世界提供一个引人入胜的可能性，当产品最终完成组装时，可以由制造商注册到通用的区块链里，从而标示产品生命周期的开始。一旦该产品售出，经销商可以把它注册到一个区域性的区块链上（社区、城市或国家），通过创建有形资产并匹配供给和需求，物联网将会创造一个新的市场。

4. 供应链

基于区块链技术，供应链可以确保产品的有效性，降低产品伪造或者低质量的风险，而通过分布式的方式来记录这些步骤将使得供应链成员变得更加诚实。

5. 网络安全

区块链中的分布账是公共的，并利用数字加密技术发送经过验证的数据，去中心化的方式改变了信息传播的途径，确保了数据来源的真实性，同时保证了数据不可拦截。因此，基于区块链的技术会完全改变信息的传播路径，从根本上解决信息传播路径的安全问题。

6. 互联网

互联网的发展大致可以分为三个阶段。Web1.0 是只读模式的网络，是静态的、单向的网络，如各类新闻网站；Web2.0 更注重用户的交互，用户既是浏览者，也是内容的制造者，在模式上由单纯的"读"向"写"及共同建设发展，如各类博客、视频平台、论坛社区等；Web3.0 是价值互联网，用户不仅能创作数据，还能拥有自己的数据，并能在不同平台交互共享，强化虚拟货币、网络安全和网络财富的共识，以及语义化的实现。

Web3.0 最早是由以太坊联合创始人、Polkadot 创始人 Gavin Wood 在 2014 年提出。我们现在还处在 Web3.0 的初级阶段，Web3.0 的核心区别是区块链技术带来的 N 中心效应，用户对 ID、内容、数据拥有自主权。将生产和所有权交还给用户，而不是由互联网平台或控制互联网平台公司的少数人所拥有。因此，用户不仅具有对数据的所有权，还能参与规则制定和组织治理。

在 Web3.0 时代，用户权利得到了提升，用户责任增大，实现更大程度上的用户"权责对等"。用户之间的信息交互种类及内容更多，同时交易过的痕迹将被保留。用户对平台拥有更高的权限，同时承担整个平台的被信任程度。用户数据资产的权利逐步得到保障，同时承担数据资产的价格变化。

Web3.0 是一个基于区块链技术、用户主导、去中心化的网络生态。用户具有拥有权，具有参与项目治理的权利，从而实现了价值生成和价值确权。

聊到此处，我们顺带提一下 2021 年爆火的元宇宙。1981 年，美国数学家 Vernor Vinge 在 *True Names* 一书中创造性地构思了一个通过脑机接口进入并获得感官体验的虚拟世界。1992 年，Neal Stephenson 的科幻小说 *Snow Crash* 首次提出了"元宇宙"（metaverse）和"化身/阿凡达"（Avatar）这两个概念，并将两者关联在一起，奠定了元宇宙的时空延展性和人机融生性。

元宇宙是整合多种新技术产生的下一代互联网应用和社会形态，它基于扩展现实技术和数字孪生实现时空拓展性，基于 AI 和物联网实现虚拟人、自然人和机器人的人机融生性，基于区块链、Web3.0、数字藏品/NFT 等实现经济增值性。在社交系统、生产系统、经济系统上虚实共生，每个用户可进行世界编辑、内容生产和数字资产自所有。简单来说，元宇宙是三维化的互联网，通过 XR、数字孪生等技术实现。

元宇宙的理念和 Web3.0 的理念具有异曲同工之妙：元宇宙的理念为平行于现实世界、拥有完整社会经济系统的虚拟世界，而 Web3.0 则为用户提供用户共建、隐私保护、平台开放的生态体系。元宇宙是上层建筑，Web3.0 是基础设施：Web3.0 和元宇宙均代表互联网的未来，Web3.0 代表的是技术发展方向，而元宇宙代表了未来应用场景和生活方式，两者相辅相成，呈现一体两面的关系。元宇宙的核心为沉浸式体验、数字身份、经济系统、虚拟社会治理等，其中数字身份、虚拟社会治理、经济系统需要 Web3.0 的技术加持。

2021 年，可以被称为元宇宙元年，新冠疫情隔离政策加速了社会虚拟化，全社会上网时长大幅增长，"宅经济"快速发展。从线上生活由原先短时期的例外状态变成常态，由现实世界的补充变成了与现实世界的平行世界。

在元宇宙新经济框架下可以衍生出很多不同的商业模式，这些将会涉及人类生活的方方面面,加密货币 NFT 和去中心化金融 DeFi 相结合将会产生一个全新的金融体系。2022—2027 年,中国元宇宙市场规模将保持持续增长趋势,预计 2027 年市场规模将达 1263.5 亿元,年均复合增长率达 32.98%。

(三)区块链领域投资案例

1. 比特币交易平台:火币网

北京火币天下网络技术有限公司成立于 2013 年,是比特币交易平台,致力于为投资者提供专业、安全、诚信的数字货币交易服务,提供人民币、美元市场一站式交易。公司核心成员均毕业于清华大学、北京大学、复旦大学等国内名校,曾就职于甲骨文、腾讯、赫斯特集团、广发银行等国内外知名企业,其发展历程如表 10-3 所示。

表 10-3 火币网的发展历程

时间	事件
2013.5.15	购买 huobi.com
2013.6.1	成立研发团队
2013.8.1	上线模拟交易平台并举行第一届比特币模拟交易大赛
2013.9.1	火币网现货交易平台上线
2013.9.10	火币网日交易额突破 100 万元人民币
2013.9.20	火币网宣布永久免交易手续费
2013.10.19	火币网日交易额突破 1000 万元人民币
2013.11.5	火币网获得真格基金和戴志康联合投资
2013.11.9	火币网日交易额突破 1 亿元人民币
2013.11.19	火币网日交易金额超过 10 亿元人民币
2014.3.19	火币网上线莱特币交易
2014.3.20	火币网莱特币日交易额突破 1 亿元人民币
2014.8.5	火币网宣布,已完成对比特币钱包"快钱包"的收购
2015.11.26	火币网日交易量达 173 万个比特币,日交易额突破 38 亿元人民币,再度创出全球比特币日成交量的最高纪录
2015.12.12	火币网日交易量增长至 213 万枚比特币,日交易额突破 61 亿元人民币,这一新的全球比特币交易纪录至今未被打破
2016.11.30	火币集团累积交易额达 17000 亿元人民币,占全球比特币交易市场 50%以上份额
2016.12.20	火币集团成为深圳市政府指导的全国首个中国(深圳)Fintech 数字资产联盟及中国(深圳)Fintech 研究院发起单位之一
2017.1.19	火币即日起不再发放新的杠杆额度,老用户还完相应金额以后不再续借
2017.11.22	火币全球站(Huobi Global)正式成立运营,新加坡运营团队成立,首月累计交易额突破 46 亿美元
2018.2.12	上线自主数字资产交易所 HADAX,支持投票上币
2018.8.27	火币集团以 6.04 亿港元收购桐城控股 73.73%股份,成为该公司最大股东与实际控制人
2018.9.12	收购日本获牌照交易所 BitTrade

续表

时间	事件
2019.3.16	Huobi Global 和 Huobi DM 24 小时交易量达 12.79 亿美元，全球排名第一
2020.11.28	火币通过本地合作在马来西亚推出受监管子公司"Huobi Labuan"
2021.9.24	火币宣布 Huobi Global 已于东八区时间 9 月 24 日停止中国大陆地区新用户注册。对身份认证为中国大陆地区的存量用户，计划于 2021 年 12 月 31 日 24：00 前，在保证用户资产安全的前提下完成有序清退
2021.11.10	火币全球站在官网发布《将新加坡纳入受限制的司法管辖区》公告称，火币全球站（Huobi Global）为了遵守新加坡的法律，会将新加坡列为受限制地区并停止为新加坡用户提供服务，计划于 2022 年 3 月 31 日关闭所有新加坡用户的账户
2021.11.30	火币联合创始人杜均对外称新加坡成为该公司的新基地
2021.12.17	火币科技实控人李林将辞任公司首席执行官职务，并于 12 月 18 日起生效，其仍将担任董事长及非执行董事
2022.10.8	火币全球交易所官网发布公告称，火币全球的控股股东和香港百域资本（About Capital）达成协议，后者成为火币全球的控股股东。火币集团创始人李林不再是 Huobi Global 的股东，也不直接或者间接拥有 Huobi Global 的任何权限
2022.11.22	原火币全球站 Huobi Global 官网发布公告称，Huobi Global 将简称为 Huobi，中文品牌名称将正式命名为"火必"

火币网于 2013 年 9 月上线，11 月获得戴志德、徐小平的天使投资，2014 年完成千万美元级别 A 轮投资，获得包括红杉资本在内的投资。火币交易闪电手是一个提供杠杆交易的比特币交易平台。其采用数据推送技术，可以使得行情速度提高 10 倍，行情信息更加丰富，盘口行情揭示更快，包括三类手续费率，分别为人民币杠杆费率 0.1%、比特币杠杆费率 0.1%、莱特币杠杆费率 0.08%。

火币网交易平台内有一个借贷中心，借款或借币的额度为个人净资产的 2 倍，以 24 小时为一天来计算借贷利息（从借贷开始时间算起，24 小时为一天，超过 24 小时按照新的一天算）。目前火币网的主要盈利源于借贷利息。

2. 开发生态系统：Onchain 小蚁

小蚁是基于区块链技术，将实体世界的资产和权益进行数字化，通过点对点网络进行登记发行、转让交易、清算交割等金融业务的去中心化网络协议。小蚁可以被用于股权众筹、P2P 网贷、数字资产管理、智能合约等领域。

小蚁是国内早期非营利的社区化区块链项目。Onchain 是小蚁团队成立的用于推广小蚁和丰富小蚁生态的营利性公司，创始人兼 CEO 达鸿飞是"比特创业营"的创始人之一。Onchain 的主要业务包括：小蚁生态的商业化运营；区块链技术服务解决方案 Baas。Baas 旨在为银行、政府部门、金融机构提供区块链技术咨询和定制区块链私有链解决方案，客户提出场景需求，Onchain 则提供底层技术以解决客户所提出的场景需求。

2016 年 7 月，小蚁和微软达成合作，合作包括 VS 开发、在微软云部署小蚁、在 office 内嵌入小蚁电子合同功能、利用认知服务更好地在法律上做一些认定等多项内容。Onchain

成为国内首家加入 Hyperledger 的区块链公司。另外，Onchain 还与另外一家互联网公司"法大大"合作开发了数字存证系统法链，由 Onchain 担当技术服务提供商。2017 年 6 月 22 日，小蚁完成以"数字资产"为核心的去中心化金融交易平台到智能经济分布式网络的战略升级，更名为"NEO"，寓意新的开始。2018 年 1 月 15 日，NEO 价格一度冲高至 196.85 美元历史高位（众筹价为 1 元人民币），市值超过了 110 亿美元。

四、区块链技术的未来发展趋势

区块链技术的未来发展会是怎样？没有人可以预言细节，但是对未来发展的大方向，我们还是可以大致判断的。

首先，区块链将成为互联网的基础协议之一。这两者在本质上有共同点，即都是去中心化的网络，不存在网络中心。而两者的差别在于，互联网负责传输信息，但是并未界定信息的所有权，并且缺乏事先设定的能够保护信息的方式；而区块链协议本身就能够传输的特点界定了所有权的数据，并且能根据目前的协议框架衍生出不同的基础协议层。因此，区块链（协议）会像因特网互联协议/传输控制协议（IP/TCP 协议）那样被视为未来互联网的基础协议，形成一个去中心化且效率较高的价值储存和转移网络。

其次，在将来，区块链的结构必然是分层的，各个层级承载着差异化的功能。像 IP/TCP 协议的分层结构那样，人们曾在统一的传输层协议基础上构建出种类繁多的应用层协议，最终诞生了现今发展迅猛的互联网。类似该协议，未来的区块链结构也将基于统一的、去中心化的底层协议来构建种类繁多的应用层协议。从当前来看，基于全世界对比特币区块链认可度相对较高的优势，该种区块链有很大概率会作为未来的底层协议。当然，竞争对手也存在许多，例如以智能合约为核心特征的以太坊（Ethereum）也受到了全球广泛关注。但是，不管各个种类的区块链有着何种竞争关系，必然可以肯定的是其结构的分层。

最后，参考其他技术的崛起过程，加之区块链是一种需要深度合作和共享的高度创新技术，可以预见的是它实现大规模运用的时日将会超过人们的设想，并且其影响力的深度和广度都将颠覆人们的认知。区块链的推广之路并不是一蹴而就的，可以预想到其经历的高峰和低谷、成功与挫折。然而值得相信的是，区块链将会以核心技术的身份，在未来的生活中促进更高层次互联网的诞生，从而深刻改变未来商业社会的结构。

此外，在思考区块链技术的未来应用时，我们仍然需要回到区块链的逻辑框架。一般而言，只要运用了"平等+共识逻辑"的项目，都可以是区块链的范畴。所以，理论上，区块链可以被应用到所有的系统中。但是在现阶段，质疑区块链的前景、客观地看待区块链，才是实事求是的态度。

按照目前区块链的算法，仅运行比特币系统就需要一个大型发电厂 10% 的电能，那假设更多的组织及系统都使用这一算法，则追求平等共识而引发的能源损失和效率损失将会变得巨大。

整体而言，目前的区块链技术尚处于萌芽期，很多项目尚未落地，就像襁褓中的婴儿，经不起不切实际的追捧或棒杀,也经不起各种未经证实的炒作和贴标签,只有在尊重成长规律的前提下踏踏实实一步一步培育,才能使其逐渐成熟。

因此,在考虑到区块链的应用时,我们可以得出,只要系统是基于平等共识的逻辑,理论上讲,区块链的逻辑可以应用到所有的系统中。然而,应用上看,组织或系统需要在"平等、效率、耗能"几个目标之间进行平衡,这可以说是区块链的"不可能三角"。因此,区块链的发展脉络应当是一个"短中长期稳步发展、三目标协同前进"的格局。

第五节　Fintech+智能投顾

一、智能投顾概述

(一)产生的技术背景

人工智能(artificial intelligence,AI)是对人的意识、思维的信息过程的模拟。人工智能是计算机科学的分支,试图了解智能的实质,并生产出新的能以与人类智能相似的方式做出反应的智能机器,像人那样思考、也可能超过人的智能。AI的研究领域包括机器人、语言识别、图像识别、自然语言处理、遗传编程、智能搜索等。

人工智能的发展历程如表10-4所示,自从1956年在达特茅斯学院的一次会议上诞生后,经历第一次大发展(1957—1973年)、第一次低谷(1974—1979年)、第二次大发展(1980—1986年)、第二次低谷(1987—1992年)。1993年后,人工智能取得了一些里程碑似的突破。例如,1997年深蓝战胜卡斯帕罗夫,2016年AlphaGo战胜李世石。机器学习、图像识别这些人工智能技术逐渐被运用到普通人的实际生活中。

表10-4　人工智能的发展历程

阶段	时间	事件
诞生	1956	1956年,在达特茅斯学院举行的一次会议上,计算机科学家约翰·麦卡锡说服与会者接受"人工智能"一词作为本领域的名称。这次会议被认为是人工智能正式诞生的标志
第一次大发展	1957—1973	计算机被用来解决代数应用题、证明几何定理、学习和使用英语,这些成果在得到广泛赞赏的同时也让研究者们对开发出完全智能的机器信心倍增
第一次低谷	1974—1979	人工智能开始遭遇批评,研究经费也被转移到那些目标明确的特定项目上。由于计算机性能的瓶颈、计算复杂性的指数级增长、数据量缺失等问题,一些难题看上去好像完全找不到答案
第二次大发展	1980—1986	诸多公司开始采纳一种名为"专家系统"的人工智能程序。这套系统可以简单理解为"知识库+推理机",是一类具有专门知识和经验的计算机智能程序系统,"知识处理"随之成为主流AI研究的焦点
第二次低谷	1987—1992	到20世纪80年代晚期,DARPA的新任领导认为人工智能并不是"下一个浪潮";1991年,人们发现日本人设定的"第五代工程"也没能实现。这些事实情况让人们从对"专家系统"的狂热追捧中一步步走向失望。人工智能研究再次遭遇经费危机

续表

阶段	时间	事件
第三次大发展	1993—2006	人工智能其实取得了一些里程碑似的成果。比如，1997 年 IBM 的深蓝战胜国际象棋世界冠军卡斯帕罗夫。蒂姆·伯纳斯·李（Tim Berners-Lee）在 1998 年提出的语义互联网路线图，即以语义为基础的知识网或知识表达。杰弗里·辛顿（Geoffrey Hinton）等人在 2006 年提出的深度学习，这标志着第三次人工智能浪潮的兴起
繁荣	2007—2014	大数据、云计算、互联网和物联网等信息技术的发展，泛在感知数据和图形处理器等计算平台推动以深度神经网络为代表的人工智能技术飞速发展，使得人工智能出现在越来越多的场景中，成为与人们日常生活息息相关的一项技术。2013 年 4 月，《麻省理工学院技术评论》杂志将深度学习列为 2013 年十大突破性技术之首。随着 2014 年 4G 时代的到来与智能手机大规模普及，移动互联网的极速发展催生了覆盖人们起居生活工作的方方面面的各色应用，带来了神经网络训练迭代所需的养料"海量的数据"，随着物联网（IoT）的兴起，支持分布式计算（边缘计算）的传感器时序（temporal）数据指数级生成
第四次大发展	2015 年至今	2017 年柯洁与人工智能 AlphaGo 进行第三回合"人机大战"告输。机器学习、图像识别这些人工智能技术被用到了普通人的实际生活中。2019 年，5G 网络商用，VR/AR/自动驾驶对人工智能、深度学习有了更为广泛的应用场景

投资顾问行业自 2012 年左右开始进行"+人工智能"的尝试，金融对信息及数据具有更高的依赖性，而计算机在信息及数据的处理量及处理速度上天然具有优势，这是人工智能参与投资分析的基础，智能投顾应运而生。硅谷的科技创业公司率先进行了一系列的尝试，他们以现代金融投资理论为基础，利用大数据分析等工具，以在一定程度上实现智能化投资对传统人工投资顾问的取代。

近几年，得益于互联网、大数据技术、人工智能的进步，全球财富管理的服务模式正在发生着变化，整体上呈现出从线下至线上、资本门槛从高到低、客户体量从小到大、产品从单一到多元、服务费率逐渐走低、投资方式多样化等趋势。在这些趋势的共同催化下，全球财富管理规模迅速膨胀，传统私人投资顾问未覆盖到的客户群体，也将在开放的互联网平台上获得优质的财富管理服务，从而推动智能投顾行业的发展。

（二）行业基本概念

智能投顾是一种结合人工智能、大数据、云计算等新兴技术及现代投资组合理论的在线投资顾问服务模式。智能投顾最早出现于 2011 年，由美国 Wealthfront 公司推出。该公司借助于计算机模型和技术，通过调查问卷评估客户并提供个性化的资产投资组合建议，最初主要客户为硅谷的科技员工。智能投顾根据个人投资者提供的风险承受水平、收益目标及风格偏好等要求，运用一系列智能算法及投资组合优化等理论模型，为用户提供最终的投资参考，并对资产配置再平衡提供建议，目标是替代人类完成财富管理或投资建议的工作，最终实现投资组合的自动优化。

在当今的科技环境下，投资顾问服务由传统的 1.0 时代向 2.0 时代及 3.0 时代慢慢转型过渡。1.0 时代即一对一为高净值客户提供最全面、优质的投资建议服务；投资顾问 2.0 时代仍然以人工服务为主，将投顾服务拓展到互联网平台；3.0 时代即智能投顾，大大改善了投资顾问供给方资源有限的特征，如图 10-4 所示。

图 10-4　云计算、大数据、人工智能技术进步推动智能投顾的发展

智能投顾运用云计算、大数据、机器学习等技术将资产组合理论等其他金融投资理论应用到模型中，再将投资者风险偏好、财务状况及理财规划等变量输入模型，为用户生成自动化、智能化、个性化的资产配置建议，并对组合实行跟踪和自动调整。未来，随着智能顾问的不断发展和成熟，智能投顾有望逐渐替代传统的人工理财顾问。

目前行业的流行模式是以 Wealthfront 为代表的被动管理模式：①基于马科维茨理论，选择关联度低、分散程度高的大类资产；②以 ETF 为投资标的组成不同风险的投资组合；③通过问卷调查评价客户的风险承受能力和投资目标；④根据结果从组合备选池中推荐个性化的投资组合加以管理并收取管理费。

（三）智能投顾的比较优势

虽然智能投顾和人工投顾所完成的服务是类似的，但智能投顾的所有流程都是数字化的，而非基于人工投顾的主观判断。它作为人工投顾的替代品，在投资管理服务中用软件代替人工投资顾问来完成以下多项核心功能：客户档案创建、资产配置、投资组合选择、交易执行、投资组合重设、投资损失避税和投资组合分析。智能投顾改变了传统的理财顾问销售模式，利用互联网大数据，对用户偏好、市场、产品等进行数字化分析，然后系统地为客户推荐多元化的风险分散的投资组合。

此外，与传统投顾服务相比，智能投顾有诸多明显优势（图 10-5）。传统投顾一对一的投资理财询问服务有成本高、服务对象少、知识储备不足、经验较少、存在道德风险等缺点。智能投顾将人工智能和大数据等技术引入投资顾问领域，可以处理海量的信息，快速应对时势，具有低费用、低门槛、易操作和高透明度四大优势。

01 费用、损耗低

传统投资顾问的管理费普遍高于1%，且边际成本下降不明显，而目前智能投顾管理费普遍在0.25%~0.5%，不需要实体经营场所或大量线下理财顾问团队，边际成本随着客户的增多而下降。

02 门槛低

"10万美元困境"的问题。仅20%左右的大众富裕人群拥有财富顾问。智能投顾将服务人群下沉，将C端客户的数量指数级扩大。

四大优势

03 使用简单，体验好

智能投顾全流程均可以在互联网上实现，流程相对标准和固定，其一般只需几个流程就可完成投资，能高效、精准匹配用户资产管理目标，7×24随时响应客户需求。

04 信息透明，避免利益冲突

传统投资顾问服务的信息披露晦涩，存在与客户利益相冲突的问题，智能投顾严格执行程序或模型给出的资产配置建议，减少了道德风险。

图 10-5 智能投顾较传统投顾的四大优势

1. 费用、损耗低

咨询费用低：由于人力成本高，传统投资顾问的管理费普遍高于1%，且边际成本下降不明显，而目前智能投顾管理费普遍为 0.25%~0.5%，不需要实体经营场所或大量线下理财顾问团队，边际成本随着客户的增多而下降。经 Wealthfront 测算，10 万美元的投资若使用 0.25%的年管理费的 Wealthfront 的平台，仅须收取 225 美元的年费，但人工理财顾问则每年需要支付 3000 美元的费用，其中包括咨询费、隐匿收费及其他费用。

投资损耗低：智能投顾投资标的以 ETF 产品为主，具有费率极低的特点，年总费用率普遍为 0.03%~0.55%，远低于 1%左右的主动型基金。除此之外，智能投顾还提供自动资产再平衡、税收损失收割等功能降低不必要的税收及费用。根据 Wealthfront 的宣传，公司每年可以通过这部分节省给客户提高 4.6%的收益。

2. 门槛低

传统的专业投资顾问存在"10 万美元困境"的问题，20%左右的大众富裕人群拥有财富顾问，家庭可投收入为 10 万~50 万美元的人群一直得不到理想的咨询服务，这类人群不仅基数大，在理财上也一直有着资产保值、增值的强烈诉求。智能投顾平台对客户的最低投资金额要求很低，实现财富管理从少量高净值客户到大量中产阶级人群的下沉，将 C 端客户的数量指数级扩大。

从我国 A 股市场账户持仓市值可以看出，持仓市值在 50 万元以下的账户比重高达 93.75%，这类群体较难享受到真正专业的投资指导及财富管理服务，这为智能投顾在中国的发展提供了广阔的市场空间。

3. 使用简单，体验好

传统投顾服务以线下面对面服务为主，受时间、场地限制，通常还需要提前预约。智能投顾全流程均可以在互联网上实现，相对标准和固定，一般只需几个步骤就可完成投资，达到高效、精准匹配用户资产的管理目标，7×24 随时响应客户需求。

4. 信息透明，避免利益冲突

传统投资顾问服务的信息披露晦涩，存在金融产品供应商与客户利益相冲突的问题，而智能投顾对投资理念、金融产品选择范围、收取费用等披露充分，且客户随时随地可查看投资信息。智能投顾严格执行程序或模型给出的资产配置建议，不会为了业绩而误导客户操作而获得更高的佣金收入，减少了道德风险。

二、国内外发展现状

（一）海外智能投顾快速发展

智能投顾公司不断涌现，在海外市场已被认可：2008 年，智能投顾行业的开山鼻祖 Betterment 于纽约成立。此后两年内，Wealthfront、Personal Capital、FutureAdvisor 等一批智能投顾公司相继成立。它们推出面向个人理财用户的基于云计算和大数据技术的资产管理组合方案，开启了智能投顾时代。随着人工智能、大数据等技术的不断发展完善，智能投顾呈现爆发式的增长，据 Statista 统计，2021 年全球智能投顾管理资产规模达 1.43 万亿美元，预计到 2026 年将超 3 万亿美元。几家最具代表性的智能投顾公司及其开创的商业模式经过几年的发展，已经得到市场的认可。例如，Betterment 于 2016 年 3 月获得 1 亿美元 E 轮融资，管理资产规模超 40 亿美元；另一家代表性的公司 Wealthfront 于 2014 年 4 月和 11 月分别获得 3500 万美元的 C 轮和 6400 万美元的 D 轮融资，最新资金来自 2018 年 1 月由 Tiger Global Management 领投的 7500 万美元，目前资产管理规模为 250 亿美元左右。

提供低成本的财富管理服务是智能投顾行业迅速发展的原因，在降低成本上，国外主流智能投顾都"下足了功夫"，两大行业巨头 Wealthfront 和 Betterment 对用户收取的平台费用都压低到了 0.25% 上下。相比之下，传统金融机构嘉信理财的产品利用平台优势实现了零平台费用的运营模式，进一步压低用户的成本费用。传统金融机构纷纷着手布局智能投顾市场，纷纷通过收购、投资等方式，结合自身的客户基础和渠道优势，涉足智能投顾市场。2015 年，全球最大的资管公司 BlackRock 收购 FutureAdvisor，嘉信理财推出智能投顾产品 SIP，德银推出智能投顾机器人 AnlageFinder；高盛先后投资 motif、kensho，又收购 HonestDollar，发展在线智能服务业务。庞大的客户资源促进产品迅速扩张，独立智能投顾面临着传统金融机构加入所带来的巨大挑战。

（二）国内智能投顾市场起步

国内智能投顾市场尚处起步阶段。为了适应互联网与人工智能技术将深刻应用于投资领域这一新兴趋势，充分挖掘"长尾"客户的巨大理财投资需求，各大传统金融机构和互联网企业各自依靠它们的渠道优势、投研经验和技术优势开始在智能投顾市场盛行。2016 年国内智能投顾产品正式上线，2021 年，中国资管市场规模达到 133.7 万亿元，与 2020 年相比增长了近 11%。但是，中国智能投顾行业和产品尚未成熟，数据应用和算法方面均需要探索和创新（图 10-6）。

图 10-6　中国投顾现状

目前已经有少部分公司推出智能投顾产品，这些产品大致可分为三类。第一类是独立的第三方智能投顾产品，例如，弥财，类似国外的产品 Wealthfront，主要为用户解决如何建立与风险匹配的分散化投资组合的问题；第二类是传统金融机构的产品，例如，平安一账通，主要依托机构自身的产品资源和客户优势发展智能财富管理平台；第三类是互联网公司的财富管理应用，例如，百度股市通、蚂蚁聚宝、胜算在握等，这些产品在互联网金融的浪潮中产生，并且各具特点。

（三）中美两国市场对比

对于中美两国 133.7 万亿元人民币与 213 万亿元人民币的财富管理市场而言，两国目前的智能投顾管理规模体量仍十分小，其发展阶段仍处于萌芽期与初创期，行业将来的发展前景十分广阔而且潜力巨大。

美国智能投顾行业发展阶段已经从初创期逐步进入成长期，其标志是越来越多的公司加入到智能投顾行业，行业竞争日趋激烈，整合与并购事件逐渐增多，行业集中度也有一定比例的提升。与美国智能投顾行业相比，我国目前行业发展阶段仍处于萌芽期与初创期阶段，主要表现在于数量众多的公司纷纷涌入智能投顾行业，行业集中度低，平台之间实力差距不明显，整体行业管理规模小，普通民众对智能投顾的认识度较低。

下一阶段，中国智能投顾将迎来快速发展的阶段，行业管理规模有望迎来爆发式的增长，其发展态势将非常类似于美国 2015 年智能投顾的变革，在传统金融机构嘉信理财、先锋基金涉足智能投顾之际，并取得明显效果，将带动新一批金融机构、科技型公司加入智能投顾领域，将更多资源投入到这一方面。由于这些巨头的强大营销与品牌影响力，普通民众对于智能投顾的了解与认同度将出现迅速提升，形成巨额管理资金流向智能投顾行业。对比中美两大市场（图 10-7），两国在投资者、资本市场、市场环境等方面有着诸多不同之处，但是中国智能投顾行业发展具备良好的市场环境与培育土壤，其市场潜力巨大。

推动中国智能投顾市场发展的背景有以下四方面：①居民家庭财富稳步增长，中产阶级日益扩大，财富管理市场空间巨大；②财富管理数字化为社会所广泛接受并且流行，市场培育十分成熟，年轻一代倾向于数字化财富管理；③低费率、低门槛的智能投顾解决方案提供个性化理财方案，解决大众富裕人群理财瓶颈；④ETF 市场逐步成熟，多样化投资标的为智能投顾提供基础。

	1 投资者	2 资本市场	3 市场环境
美国	成熟稳健型投资者 • 投资者类型：观念成熟，机构为主，受教育程度高，决策方法专业 • 投资者风格：长期被动型投资为主，看重资产配置	金融市场成熟，产品丰富 • 金融产品：全球化市场，产品丰富，ETF数量约为中国12倍，规模约为29倍 • 市场波动：收益稳定，道琼斯80年来月均收益均值为0.8%，波动率仅为4.3%	基础监管政策明确 • 监管政策：明确受SEC监管，使用投资顾问牌照 • 其他政策：不同投资类别随时不同，有税收筹划空间
中国	分散投资型投资者 • 投资者类型：散户居多，占68%，水平参差不齐 • 投资者风格：短线操作投机居多，看重个股机会	波动性市场，产品数量较少 • 金融市场：区域型市场，金融产品的种类和数量均较少 • 市场波动：市场波动巨大，上交所开市以来，月均收益2%，波动率高达16.48%	服务受制监管政策 • 监管政策：监管主体和政策尚未明确，受制于投顾牌照和资管牌照分开管理，完整的智能投顾无法开展
小结	中国的投资环境、投资习惯和理念对被动投资策略的智能投顾产品的接受还需要时间	美国金融市场环境和产品适合使用现有智能投顾的被动投资策略，中国需增加金融产品的品类开发	美国智能投顾开展业务条件已经具备，税收筹划能增加吸引力

图 10-7　中美对比：两国有完全不同的投资习惯和资本市场环境

三、智能投顾监管研究

在美国，智能投顾与传统投资顾问一样，受美国《1940 年投资顾问法》的约束，并接受 SEC 的监管。根据该法，仅通过网络开展业务的投资顾问公司，无论管理资产规模大小，都必须成为 SEC 的注册投资顾问。另外，美国证券市场的理财和资产管理服务资格基本被包含在其投资顾问监管牌照之中，基于这种情况，智能投顾能够合法辅助客户资产管理和投资，避免了过多种类的牌照所招致的不必要问题。

2015 年 5 月，美国证券交易委员会和金融业监管局联合发布《投资者预警：自动投资工具》，又在随后陆续发布了《数字投资建议报告》《智能投顾监管指南》《智能投顾投资者公告》等文件。2016 年 3 月，美国金融业监管局出台了《对数字化投顾的建议报告》，报告中提出了对智能投顾在技术管理、投资组合创建及减少利益冲突方面的具体建议和实用案例，内容涵盖了对算法技术的监管意见、对智能投顾建立管理和监管架构及流程的建议，以及对客户和金融专业人士的教育和培训的具体建议和做法。美国作为智能投顾行业的先行者，行业监管逐渐细致明确，对国内智能投顾行业有很大借鉴意义。

我国智能投顾仍在摸索阶段，并且监管法律法规对投资顾问的监管界定与美国有较大差别。目前我国的投资顾问行业属于《证券法》证券投资咨询的概念，分为发布研究报告和投资顾问两种基本形式，受《证券投资顾问业务暂行规定》《证券、期货投资咨询管理暂行办法》等法规的约束。另外，我国投资顾问与资产管理业务分开管理，适用不同的法律法规；资管行业采取分主体监管，容易出现定位不清、重复管理的问题。

2015年3月,《账户管理业务规则(征求意见稿)》由中国证监会颁布,其内容中表露了投资顾问可参与部分资产管理业务的迹象,有望打破这两者在经营资格上不兼容的壁垒。在现有法律制度框架下,智能投顾应定位为具有证券投资顾问、资产管理资质的公司,向合格客户提供在线投资顾问服务、在线资产管理服务和信息技术服务的统称,而尚未正式实施的《账户管理业务规则》,实质上是融合了之前的投资顾问业务与资产管理业务,能够更加清晰明确地为智能投顾进行法律定位,对智能投顾行业的发展大有促进。

2018年4月27日,中国人民银行等四部委联合印发的《关于规范金融机构资产管理业务的指导意见》首次对我国智能投顾业务提出了监管要求。

四、智能投顾行业思考

与国外主流机器人投顾行业相比,国内行业尚处于方兴未艾的阶段。国内智能投顾行业的发展受制于以下两个因素。

1. 技术基础弱

智能投顾需要先进的算法支撑,针对不同的投资咨询目的应用合适的算法。如果算法的设计不成熟,将可能导致南辕北辙的结果,从而给投资者带来不利的影响。成熟有效的算法对开发团队的要求相对较高。理想智能投顾及其基础算法如图10-8所示。当前,国内公司在技术开发及量化投资经验上相对薄弱,在算法模型方面和美国仍存在一定差距,不少公司是在整个投资链条的局部环节上使用算法实现。比如,在用户风险偏好收集方面,不少公司设计出了易于普通投资者收集信息的电子问卷;但在投资模型方面,更多仍处于"黑匣子"状态,是否真正运用先进算法不得而知。

图10-8 理想智能投顾及其算法基础

2. 市场对量化的认可度不高,受众风险管理意识尚不成熟

智能投顾或者其他的量化、对冲等投资方式虽然风险确定,但周期长,相对主观投资来说收益并不高。而国内投资者的风险管理意识尚未成熟,相对倾向跟风、炒主题,以期获得高收益。随着投资者的风险管理意识逐渐提高,智能投顾的发展方向会更加明晰。

智能投顾的发展需要行业主要参与者和 IT 派/技术派具有创新能力的企业共同推动。受制于发展基础和政策,销售辅助将是目前智能投顾使用的主要用途(图10-9):从短期来看,智能投顾将成为资管产品销售方式之一,非传统资管公司可借此进入资管领域。智能投顾能够降低投资门槛,复制服务,降低成本,进而扩大服务范围,实现普惠金融;从长

期来看，智能投顾将成为金融机构实现普惠金融的重要工具。

图 10-9　智能投顾市场趋势分析

第六节　Fintech+隐私计算

（线上阅读）

第七节　Fintech 的未来发展路径

（线上阅读）

第八节　代 码 实 例

（线上阅读）

本 章 小 结

2014年以来，随着大数据技术的发展进步，金融科技（Fintech）领域呈现高速增长的态势，本章简要概述了Fintech发展的背景，以及前后两个发展阶段的主要特征。目前Fintech已经发展到了2.0时代，在全球有着极高的投资热度，尤其是亚洲板块已成为全球市场的重要组成。在各个细分领域中，尤以借贷和支付的发展最快、热度最高，而借贷、储蓄及投资、保险的目标用户均为个人及中小企业。同时，对中美Fintech的发展及其细分领域进行了比较与分析。根据我国金融创新发展的实际情况，详细阐述了Fintech带来的资金端创新、资产端创新和科技创新，为未来金融的发展提供了方向。最后，结合区块链技术以及Fintech发展较好的一个细分领域——智能投顾，并结合实践应用具体分析智能投顾领域的发展概况、监管情况和行业前景分析。结合亚洲各国对Fintech的支持措施，探讨Fintech发展的最佳实践路径。

1. 金融科技可以从哪些方面帮助金融机构？
2. 中国"互联网金融"发展迅速的原因有哪些？
3. 区块链技术优势可以带来哪些方面的技术改进？
4. 智能投顾与传统投顾相比有哪些优势？
5. 列举出Fintech发展的最佳实践路径。

第十一章 案例分析

大数据金融已渗透到生活的方方面面。本章列举了国内外多个成功运用大数据的例子，主要详细论述互联网金融平台蚂蚁金服、智能投顾公司Wealthfront的运作模式、以比特币和区块链技术为代表的数字货币以及催生出NFT和元宇宙银行等新元素的元宇宙金融，具体说明了大数据对我们生活产生的巨大影响。

第一节 蚂蚁金服：以互联网金融为平台、以大数据金融为元素

2003年，自从支付宝成立，蚂蚁金服就一直处于对支付场景持续布局的过程。2020年11月，被暂停上市后，蚂蚁金服一直在整改，重庆蚂蚁消费金融公司是2021年6月由银保监会批准的一家持牌的金融机构，主要承接的就是蚂蚁金服整改之后的消费金融业务。2022年11月14日，参考多家上市公司披露的公告显示，重庆蚂蚁消费金融公司将由多家公司参与增资认购，包括蚂蚁集团出资52.5亿元，杭金数科出资18.5亿元，舜宇光学出资11.1亿元，传化智联出资9.2685亿元，博冠科技出资6.187亿元，鱼跃医疗出资5.2395亿元，重庆农信集团出资2.2亿元，共计105亿元，增资完成后，蚂蚁消费金融注册资本将增至185亿元。

阿里巴巴发布2022年财报显示，截至2022年3月31日，蚂蚁集团贡献了240亿元人民币的利润，较上年同期上升22.3%。可见互联网金融、大数据金融在未来仍然有广阔的前景。为了加深对大数据金融的理解，接下来将详细介绍蚂蚁金服的发展历程及其大数据金融生态圈的布局。

一、蚂蚁金服的概况

2013年3月，支付宝的母公司——浙江阿里巴巴电子商务有限公司宣布，将以其为主体筹建阿里小微金融服务集团，并将服务人群锁定为小微企业和个人消费者。

2014年6月11日，浙江阿里巴巴电子商务有限公司更名为浙江蚂蚁小微金融服务集团有限公司，同时，马云和谢世煌将股份全部赠予杭州君瀚股权投资合伙企业，因此最新股权结构为杭州君澳持股41.14%，杭州君瀚持股57.86%。

2014年10月16日，小微金融服务集团以蚂蚁金融服务集团的名义正式成立，旗下业务包括支付宝、支付宝钱包、余额宝、招财宝、蚂蚁小贷和网商银行等。蚂蚁金服注册资

本为 12.29 亿元，彭蕾担任公司董事长兼 CEO。

2015 年 4 月 9 日，蚂蚁金服正式宣布，开放内部代号"维他命"的金融信息服务平台，并联合博时基金、恒生聚源及中证指数，发布其首个指数产品"淘金 100"，这也是首个基于电商行业数据推出的金融指数。

2015 年 5 月，蚂蚁金服将筹备上线股权众筹平台，并将其命名为"蚂蚁达客"。

2015 年 6 月 25 日，网商银行"MYbank"正式开业。

自 2014 年 10 月正式成立集团以来，蚂蚁金服始终以一种进击的姿态，不断活跃在市场上，可以看到芝麻信用公测、招财宝破千亿元、余额宝规模超 6000 亿元、收入恒生电子、成立蚂蚁达客、开办网商银行等一系列行动。加上已有的支付宝和蚂蚁小贷，如今的蚂蚁金服已经成为一个横跨支付、基金、保险、银行、征信、互联网理财、股权众筹、金融 IT 系统的大数据金融集团，蚂蚁金服构建的大数据金融生态圈已初见端倪。

2015 年 10 月 16 日，蚂蚁金服宣布，推出专门面向金融行业的云计算服务"蚂蚁金融云"，正式向金融机构开放云计算能力和技术组件。

2016 年 3 月，蚂蚁金服发起成立的网商银行推出了其 App，为小微企业及部分个人用户提供贷款、理财、转账等金融服务。

2018 年 5 月 18 日，蚂蚁金服旗下的消费信贷产品花呗宣布，向银行等金融机构开放。

2018 年 9 月 20 日，蚂蚁金融云升级为蚂蚁金融科技，正式全面开放。

2019 年 2 月 25 日上午，蚂蚁区块链科技（上海）有限公司在黄浦区揭牌成立。

2020 年 7 月 15 日，蚂蚁金服运营主体浙江蚂蚁小微金融服务集团股份有限公司正式变更企业名称，变更后为蚂蚁科技集团股份有限公司。

2020 年 7 月 20 日，蚂蚁集团宣布，启动在上海证券交易所科创板和香港联合交易所有限公司主板寻求同步发行上市的计划。

2020 年 11 月 3 日，上交所发布关于暂缓蚂蚁科技集团股份有限公司科创板上市的决定。同日，蚂蚁集团于港交所公告称，暂缓 H 股上市。

2021 年 10 月 10 日，蚂蚁科技集团股份有限公司发生工商变更，注册资本由约 238 亿元人民币增至 350 亿元人民币，增幅约 47%。

2022 年 6 月 1 日，蚂蚁集团发布 2021 年可持续发展报告，正式启动"数字普惠""绿色低碳""科技创新""开放生态"四位一体的环境、社会和公司治理（ESG）可持续发展战略。

蚂蚁金服方面表示，"之所以选择这个名字，是因为我们是从小微做起，我们只对小微的世界感兴趣，就像蚂蚁一样，虽然渺小，但它们齐心协力，焕发出惊人的力量，在去目的地的道路上永不放弃。"其专注于服务小微企业与普通消费者，而未来将对所有合作伙伴开放云计算、大数据和市场交易三大平台，建设信用体系，拓展互联网时代的金融新生态。

二、蚂蚁金服的业务构成

目前,蚂蚁金服的业务方向主要分为支付业务、理财业务、融资业务和国际业务四个方面,而其所有业务都基于以云计算和大数据为核心的技术与数据业务,并离不开征信基础建设(图11-1)。

图11-1 蚂蚁金服的业务板块图

(一)技术和数据业务

技术和数据业务是蚂蚁金服所有业务中最底层的板块,也是蚂蚁金服的核心竞争力所在。尽管这些业务隐藏在幕后,并不为人所知,却是蚂蚁金融所有业务开展的基础,是蚂蚁金服多年来一直保持领先地位的关键。

据介绍,蚂蚁金服拥有的云计算平台能够在30分钟内对亿级账户进行清算,每日能够承载10亿笔交易支付活动。在强大的技术支持下,支付宝与200余家金融公司开展合作,为近千万商户和3亿多个使用者打通支付渠道,从而实现了支付服务年数以百亿次的耀眼成绩。蚂蚁金融的云计算能力为行业领先,远超VISA等国内外金融机构。在成本方面,得益于云计算技术的进步,蚂蚁金服把每笔网上交易的成本降到了2分钱以下,保证了各种普惠金融业务顺利开展,为企业拓展其他业务创造了空间。在安全方面,蚂蚁金服把金融风险概率控制在百万分之一,达到了全球领先水平。除了服务集团内部业务,蚂蚁金服的技术通过向外输出,构建起了技术平台,最典型的就是金融云。目前已经有200多家金融机构将相关的金融服务迁移到了金融云上，试想，未来金融机构的系统都基于蚂蚁金融云之上，产品通过蚂蚁金服的平台去销售，蚂蚁金服将成为金融机构成长的"土壤"。

除了技术，大数据业务也蕴含和孕育着蚂蚁金服的未来。数据是未来企业的重要资产，公司的竞争将会围绕数据展开，谁掌握了数据，谁就掌握了未来。蚂蚁金服自成立以来，就将自己定义为一家技术驱动的数据公司，足见其战略眼光。目前它是全球少有的既有大数据资源，又有大数据思维、大数据应用能力的公司。利用大数据技术，可以深度挖掘客户需求，更好地发现客户、理解客户，实现精准营销；可以实时反馈客户情况，为银行做出客户流失预警；可以提高金融机构的风险管理能力及内部管理效率；可以准确分析市场，为基金公司研发新产品；可以准确区分目标客户群体，为保险公司进行差异化定价。大数据的价值在尝试中不断被发现，随着蚂蚁金服整个生态的成熟，各种数据会进一步在这个平台上沉淀，然后被发掘利用，形成良性循环，成为永不枯竭的宝藏。

（二）征信业务

征信是金融乃至整个社会的基础设施，芝麻信用在蚂蚁金服的体系中发挥征信作用，是该体系内其他各类业务的基础。在整个集团的业务架构中，该业务是中间层业务，居于各大具体业务之下，为支付、理财、融资等业务提供信用服务。

2015年1月初，央行批准八家征信机构开展个人征信业务，芝麻信用也在名单之中。它基于阿里巴巴集团积累的庞大电商数据、互联网金融数据，能够有效地转化为征信数据，因此芝麻信用成为外界最看好的征信机构。不负众望的是，央行通知下发后不到1个月，芝麻信用便开启了公测，推出了国内首个个人信用分，在所有征信机构中动作最快最好，进展也最为顺利。

从芝麻信用的业务构成来看，它既是一个信用评估机构，又是一家信用管理机构，同时还有浓郁的互联网特色，因此看起来像是美国"Equifax+FICO+ZestFinance"的结合体。芝麻信用把应用场景划分成了生活领域和金融领域两大类，未来将首先覆盖生活领域和金融领域的P2P、消费金融等，最后再实现全覆盖。

芝麻信用自公测以来，逐渐运用于租车、租房、婚恋交友、代驾、签证等领域，积累了很好的用户基础，并接入了大量的互联网金融平台。

可以预见，未来的某一天，信用水平将影响你生活的各个方面，无论是贷款、交友，还是求职，都会被要求查看信用水平。麻信用若是能在征信领域取得领先的战略地位，不仅具有市场价值，更具社会意义。

（三）具体业务

1. 支付业务

支付业务是蚂蚁金服赖以起家的业务，也是蚂蚁金服众多大数据金融业务的入口，目前集团旗下品牌主要是支付宝。互联网行业有一句话，叫"得支付者得天下"。目前，蚂蚁金服在网络支付领域是当之无愧的王者。在PC端，支付宝通过近20年耕耘，地位无人能撼,市场份额接近 50%。在移动端,尽管竞争激烈,但支付宝强势依旧,据艾瑞统计显示,2019 年年末,支付宝移动端的市场份额达到了 55.1%。

根据互联网周刊发布的数据,截至 2021 年 12 月,支付宝活跃用户数已经超过 9 亿,其中超过 80%为移动端用户,日常每天的支付笔数超过 6.3 亿笔。无论是用户规模还是支付笔数,支付宝都已是全球最大网络支付平台和最大的移动支付平台。

当然,蚂蚁金服早已深刻地认识到支付的价值不仅于此,更重要的是其在移动时代具有连接不同领域的强大效用。以用户为中心,通过支付可以连接商业、服务、生活、金融等不同领域。而支付宝正利用着自己的绝对优势,广泛地进行着各种连接,继拿下 O2O、公共服务等领域后,将成为国内最大的在线生活服务平台。

2. 理财业务

从蚂蚁金融的大数据金融布局看,理财也是蚂蚁金服最重要的业务板块之一。支付业务是让人能花钱、能省钱,理财业务则是让人能挣钱。只有在后端做好理财业务,用户愿意把钱放在蚂蚁金服体系内,前端的支付业务才能成为有源之水。

蚂蚁金服目前拥有超过 2 亿名理财用户,这一板块的厚度和深度无人可及。余额宝、招财宝、蚂蚁达客,再加上入股的众安保险、数米基金网、网金社等,各个子品牌间通过分工协作,能够满足用户不同层次的理财需求,形成完整的产品矩阵。从业务相似性来看,这一业务板块相当于陆金所、东方财富网及最大的基金公司等的总和。由此可见,大数据金融模式所带来的经济红利不容小觑。

其中,余额宝作为最闪耀的互联网金融产品,它巧妙地运用大数据技术,洞悉市场局势和消费者的需求,成功地获得了超过 6000 亿元的规模,冲入全球货币基金前三强。它的定位是现金管理工具,而相应地对那些更加在乎收益、风险偏好适中、投入金额较大的纯理财用户,蚂蚁金服则为他们准备了招财宝。对那些偏好高风险、高收益的理财用户,则可以在网金社找到属于他们的投资机会。保险方面,除了给各大保险公司提供销售平台外,蚂蚁金服还入股国内第一家互联网保险公司——众安保险,成为其最大单一股东。在股权众筹领域,蚂蚁金服即将推出股权众筹平台——"蚂蚁达客"。在证券领域,蚂蚁金服虽然还没有具体的动作,但可以断定,蚂蚁金服未来一定不会在这一领域缺席。

等到蚂蚁金服的大数据金融布局全面落实后,蚂蚁金服的理财业务板块将成为一个一站式的理财平台,平台上有各种投资理财业务,并能够借助大数据分析技术实现精准营销和实时反馈,满足不同客户的个性化需求。

3. 融资业务——以网商银行为代表

网商银行及蚂蚁小贷致力于满足用户和商户的融资需求。网商银行成立前,这一业务由蚂蚁小贷支撑。利用大数据进行风控管理的蚂蚁小贷创造了全新贷款模式,成立 5 年就已服务超过 160 万家小微企业,累计贷款额超过 4000 亿元。在 5 年的时间里,做到如此量级的小微企业信贷用户,是目前任何一家银行也做不到的。然而受到资金来源、业务范围的限制,小贷公司并不能完全满足用户的需求,而成立的网商银行正好可以解决这一问题。

根据网商银行的对外表态,这家互联网银行要做的是平台,打造"小银行、大生态"的格局,力争 5 年内服务 1000 万小微企业和个人创业者。

4. 国际业务

目前蚂蚁金服的国际业务在全球已经有超过 3 亿个活跃用户,通过支付宝可以进行 18 种货币的自由结算。随着阿里巴巴上市后,蚂蚁金服开始布置国际化进程,作为电商体系出海的配套设施,蚂蚁金服在国际上的布局明显加速,还把支付宝的总部相应迁移到了上海。2014 年以来,蚂蚁金服相继推出了支付宝海外退税、海外 O2O、海外交通卡、国际汇款、海外直购等业务,极大拓展了支付宝在海外的应用场景。

与此同时,蚂蚁金服还在年初收购了印度支付公司 Paytm 25%的股权,而后者已经成为印度市场最大的移动支付公司,未来前景不可估量。在支付服务上,蚂蚁金服将尊重用户本地化的选择。通过入股的方式,为对方输出在中国市场上积累下来的技术能力,可以最快占领市场。

三、蚂蚁金服的大数据金融布局

大数据金融可以理解为以实体经济企业为主体提供金融服务,其实质就是从互联网平台上集合海量非结构化数据,分析和挖掘客户的交易数据,从中提炼出各类行为主体的行为模式,进而对其信用等级进行评估,使金融服务平台的营销和风险控制能够有的放矢。这是互联网金融最具活力、最有前景的一类模式,也是大数据应用领域最具创新思想、最为扎实的一类模式,因为它深化了实体经济与金融之间的联系。从金融功能改善的角度看,基于大数据的互联网金融必然会带来金融服务的巨大改进,甚至还可能带来整个金融业的重大变革。从目前发展的情况看,大数据金融主要在三个方向上推进发展、轮廓清晰,且已经获得了一定程度的实质性进展:一是走向产融一体化的电商金融,二是走向专业化服务的互联网征信,三是产融一体化的金融布局。

而蚂蚁金服正沿着这三个方向逐步前进。蚂蚁金服凭借阿里巴巴电商平台提供的信息优势,开展具有针对性的金融服务。首先,其利用线上的互联网平台,为实体经济与金融活动的结合提供了机会。其次,利用平台上积累的海量电商数据、互联网金融数据,构建芝麻信用这一征信体系,为蚂蚁金服的支付、理财、融资、国际业务等具体业务的开展奠定基础,并能够向其他机构提供专业化的征信服务。最后,通过成立网商银行完善其融资服务,推动蚂蚁金服的业务进一步向银行业务推进。未来,蚂蚁金融将在证券、基金、信托、担保等诸多领域展开业务,继续稳步实现其大数据金融服务的布局。

第二节 智能投顾——Wealthfront

Wealthfront 的前身是成立于 2008 年的一家财富管理公司 Kaching,2011 年 12 月更名为 Wealthfront，公司位于美国加州帕洛阿托（Palo Alto）市，目前是美国智能投顾行业的一大巨头。其运营的主要方式是普通投资者将自有资金投入 Wealthfront 的平台，而平台根据投资者的风险偏好，将客户资金投入成本较低的 ETF 基金当中，同时通过现代投资理论（MPT）实现组合的资产分配最优化，以实现投资者的投资目标，而平台收取管理费或提供增值服务实现盈利。Wealthfront 管理资产规模自 2013 年开始爆发式增长，截至 2022 年 11 月，管理资产规模已经达到了 270 亿美元。

Wealthfront 具有鲜明的低成本特征，最低门槛仅有 500 美元，对 1 万美元及以下的账户不收取年费，对 1 万美元以上的资产账户，只对超过 1 万美元的部分每年收取 0.25% 的平台费用，并且用户也不需要交纳买卖佣金。根据 Wealthfront 的统计，Wealthfront 用户需要承担的 ETF 投资成本平均只有 0.12%。Wealthfront 是基于用户风险偏好、风险承受能力来构建优化投资组合的智能投顾产品。它为用户提供了四个备选的投资目标：分散化投资、节税目的、资产管理、击败市场，并且通过问卷形式了解、评价用户的风险偏好和风险承受能力，最终计算得到用户的风险容忍度分数，并在资产配置中运用风险分数这一指标来为用户推荐投资组合。

一、Wealthfront 的管理团队及其资产规模

Wealthfront 的管理团队是典型的"华尔街 + 硅谷"的结合，管理成员大部分为具有多年一流金融机构从业经验的行业专家、学术领袖，而核心技术成员则多是来自硅谷最好的科技公司的技术人才。同时公司的投资研究团队也得到七名来自顶级大学，如哈佛大学、普林斯顿大学及耶鲁大学研究人员的技术及顾问支持（表 11-1）。

表 11-1　Wealthfront 管理团队主要成员

主要管理人员	职位	职业经历	毕业学校	加入时间
Andy Rachleff	董事长&CEO	宾夕法尼亚大学捐赠金投资管理委员会副主席、Benchmark Capital 联合创始人、MPAE 合伙人	斯坦福商学院 MBA	2012 年
Burton Malkiel	首席信息官	美国金融协会前主席、耶鲁大学管理学院院长、总统经济顾问委员会成员、领航资本董事会成员	普林斯顿大学	2012 年 11 月

资料来源：Wealthfront。

2011 年 12 月，公司初创时的资产管理规模（AUM）仅 768 万美元，在采取了取消所有手续费及账户管理费，即仅收取远低于投顾业界的 0.25%（参投资金 1 万美元以上）的管理年费、推出税收损失收割产品等措施后，公司在成立 10 个月之后，资产管理规模迅速攀升到 6000 万美元。之后，公司继续推出诸如税收最优直接指数化（tax-optimized direct indexing）、移动客户端、单一股多样化服务（single-stock diversification service）等工具，管理资产规模也随之迅速提高，截至 2022 年 11 月，管理资产规模已经达到了 270 亿美元。

二、Wealthfront 的投资方法论

马科维茨的现代资产组合理论（modern portfolio theory）是智能投顾领域最为重要的理论基础，其核心要点是资产的收益与其对应的风险相匹配，但在一定的风险水平上，存在一个可能的最优回报，而通过不同资产的组合则能获得要寻找的最优回报。研究表明，在不同的风险水平上获得最大化收益的办法是使用多种资产类型而不是投资单一的证券。在挑选不同类型的资产来构建投资组合时，Wealthfront 需综合考虑资产在不同经济环境下的长期表现、风险收益关系、增值潜力、波动率、与其他资产的相关性，以及通过 ETF 追踪的成本。通过系统性的分析与筛选，Wealthfront 的投资团队目前构建的投资组合包含以下资产类型（表 11-2）。

表 11-2 Wealthfront 多样化投资的资产类型

资产类型	优点
美国股票	资本增长、长期通胀保护、节税
发达市场股票	资本增长、长期通胀保护、节税
新兴市场股票	资本增长、长期通胀保护、节税
股息增长股票	资本增长、收益、长期通胀保护、节税
美国国债	收益、低历史波动率、多样化投资
公司债	收益、低历史波动率、多样化投资
新兴市场债券	收益、多样化投资
地方债	收益、低历史波动率、多样化投资、节税
抗通胀国库券	收益、低历史波动率、多样化投资、通胀保护
房地产	收益、多样化投资、通胀保护
自然资源	多样化投资、通胀保护、节税

而 Wealthfront 决定从各类资产中选择最佳组合的基本方法则是通过均值方差模型（mean-variance optimization，MVO）来解决有效边界，而有效边界则是不同风险水平下组合产生的最大收益曲线。投资组合的构建就是在同一风险水平下（由方差来测量）选取最大化收益的组合或者在同一收益的条件下选取风险最小的组合。而 MVO 也可以作为组合当中评估放入几种资产类型的重要量化工具，即如果增加一种资产可以提升组合的有效边界，则组合的风险收益比也得到提高。而量化研究（图）也证明，在同等风险水平，无论是一般应税账户还是退休金账户，资产类别更多的 Wealthfront 组合都能提供比资产种类较少的传统账户更高的年化收益率。

Wealthfront 多样化资产配置的重点是把资产合理配置到相关系数很低的各项资产中。相关系数低，即使某项资产暴涨暴跌，也不会引起另一项资产发生相同方向的波动。这样的投资组合，一方面可以平滑收益，再配合定期资产再平衡（rebalancing），能够有效地对抗市场波动。并不是所有类型的 ETF 都可以进入 Wealthfront 的备选库，其投研团队根据每支 ETF 的相对成本、追踪误差、流动性、融券政策来挑选。这些 ETF 指向美国国内股票、

国外股票、新兴市场、付息股票、自然资源及地方债等。

Wealthfront 选择美国 ETF 基金作为核心投资标的主要原因是美国 ETF 目前资产规模大概有 5.4 万亿美元，且资产规模继续保持稳定的增长，产品类型非常丰富，可选择范围非常广泛，几千种资产类别基本可覆盖全球主要的资本市场，可真正实现投资的分散化、全球化。在风险分散上，投资者可以通过低配本国市场的产品，可以有效抵御本国经济周期，以及发展不确定对资产减值的影响，而适当买入不同种类、不同地区的 ETF，则很好地规避了这种相关性，增加了资产的安全度。

三、Wealthfront 智能投顾的优势

（一）全天候自动化交易

智能投顾的第一大优势就体现在全天候的连轴运转，Wealthfront 的系统将 7×24 地监视用户账户，当交易机会出现时，自动依照客户的风险偏好做投资决策以增加收益。相较于传统的理财顾问，智能投顾提供了更高频次的服务，自动为客户进行账户平衡、税收损失收割以及股息再投资；此外，智能投顾可以跨越地区时差监视全球金融市场的投资机会的优势也是人工所不具备的。

自动化的交易在一定程度上避免了个人投资者受市场波动影响作出的非理性操作，Wealthfront 以证券基金的正现金流及标普 500 的收益率从侧面来展示投资者的非理性操作。其中投资者较常见的"高买低卖"行为显而易见，在市场开始进入下行通道时，仍然有较多的资金流入；而当市场已经逐渐筑底时，大量的资金开始流出。在面对巨大的市场起伏时，基于算法的投资决策会不受情绪的影响，从而更纯粹地根据市场变化调整策略。

（二）低费率

相较于传统的理财顾问，低费率一直是智能投顾的一大优势，Wealthfront 实行仅 0.25% 的年管理费，并且首 1 万美元的投资免管理费，邀请朋友将获得额外的费用减免。经 Wealthfront 测算，10 万美元的投资若使用 Wealthfront 的平台，仅须收取 225 美元的年费，但人工理财顾问则每年需要支付 3000 美元的费用，其中包括咨询费、隐匿收费及其他费用。假设考虑 30 年复合投资的情况，Weathfront 将节省的管理费放入组合中继续投资，在同一组合收益率的情况下，智能投顾 0.25% 的年度管理费将使得投资组合获得 53.5 万美元的收益，比传统理财顾问 1% 的年管理费（通常更高）创造的 43.2 万美元的投资组合收益率高 23.8%。管理费率低在长期投资中的优势体现得非常明显。

（三）智能化工具的使用——税收损失收割

税收损失收割是指通过卖出已经出现损失的投资标的，从而获得减少资本利得要缴纳的税收的权利。传统的私人投顾中，由于手续麻烦，没有软件辅助的私人理财顾问只能一年进行一次税收损失收割，这使客户的资产组合错失很多收割税收损失的机会。而在依靠

系统强大的计算及机会识别能力的帮助下，Wealthfront 已经能够做到每日税收损失收割。Wealthfront 的研究显示，2000—2011 年，税收损失收割每年为投资者增加了超过 1.55% 的税后收入。2015 年，Wealthfront 为客户进行税收损失收割的总额达到 5400 万美元。

（四）智能化工具的使用——直接指数化

Wealthfront 推出税收损失收割后，其余几家大型智能投顾平台（如 Betterment、Future Advisor 等）均推出了类似的税收损失收割服务。为了避免同质化的竞争，美国《1940 投资公司法案》禁止交易所将已经发生的税收损失传递给客户，使得税收损失将与客户的未分配收益进行抵免，从而导致用于税收收割的损失减少，客户通过 TLH 获得的额外收益将减少。Wealthfront 设计的直接指数化工具将标的的 ETF（如追踪美股的交易所交易基金VTI）替换为追踪大中盘股票的多只成分股（标准普尔）的集合 WF100、WF500、WF1000，以及追踪小盘股表现的其他 ETF 的组合，从个股中挖掘额外的税收收益并达到规避法律限制的目的。平台开发的 WF 系列产品不需要管理费，仅对追踪小盘股的 ETF 收取其所占投资组合比例相关的管理费，而 WF 产品的使用权限与客户的投资额有关，参投的投资额越高，可以使用涵盖越广的追踪组合。

根据 Wealthfront 的测算，2000—2014 年，WF100、WF500、WF1000 与 VTI 相比，年平均税后收益率分别为 5.99%、6.09%、6.14%和 3.22%，Direct Indexing 为客户创造的税后收益是显而易见的，而可选成分股的数量的增加则能为客户带来更多的税收收割收益，一定程度上是由于更多的成分股选择，另一程度上降低了产品对 ETF 的追踪误差，从而使得最终收益最大化。

第三节　数　字　货　币

一、数字货币的介绍

（一）数字货币的理论内涵

传统上，我们默认货币就是法币，确定其职能是价值尺度、流通手段、贮藏手段、支付手段和世界货币，并根据使用方式将其划分为现金、票据、卡基支付、移动支付等不同的支付手段。在互联网时代，网络空间逐渐成型并与物理空间并存，社会大众对货币的认识变得宽泛，认为"货币就是法律规定或世俗约定能够用于支付的手段"。

因此，首先应当明确数字货币的定义。

电子货币是法币的电子化，包括我们常见的银行卡、网银、电子现金等，还有近年发展起来的第三方支付，如支付宝、财付通等，这些电子货币无论其形态如何，通过哪些机构流通，其最初的源头都是中央银行发行的法币。

根据欧洲中央银行的定义，虚拟货币是非央行、信用机构、电子货币机构发行的，在某些情况下可以作为货币替代物的价值的数字表现。与电子货币一样,虚拟货币也是无形的,两者之间最重要的区别就是发行者不同。

虚拟货币是非法币的电子化,其最初的发行者并不是央行,这些虚拟货币还主要是在特定的虚拟环境里流通;之后出现的比特币通过区块链技术较好地解决了去中心化、去信任的问题,实现了全球流通,在相当大的范围内受到追捧。通常,电子货币与虚拟货币统称为数字货币。电子货币与虚拟货币的区别如表 11-3 所示。

表 11-3 电子货币与虚拟货币的区别

分类	数字货币			
	电子货币		虚拟货币	
	货币电子化	电子化货币	闭环内	闭环外
流通体系	金融机构	非金融机构	特定虚拟环境	跨境流通
典型	网上银行	第三方支付	Q币、游戏币	比特币
监管现状	监管	监管不足	有相关监管	起步阶段
与法币关系	法币电子化		非法币电子化	

从交易媒介看,目前虚拟货币还没被广泛使用,比特币等只是在很小的范围内作为支付手段。从价值存储手段看,以比特币为代表的虚拟货币的价格波动性很大,也缺少现代货币的其他特点。例如,不能存入银行获取利息;缺少像存款保险一样的保障机制;没有在贷款、信用卡等日常金融活动中被广泛接受和使用。从记账单位看,比特币的价格大幅波动阻碍了它作为记账单元的功能。另外,比特币的价格太高,这给商品的标价带来了麻烦。总体看,现阶段的虚拟货币具备了一定的货币特征,但还不足以成为广泛接受的货币。

数字货币的重要使命之一是部分替代现金,降低现金印制、发行、清分、销毁的巨大成本。据统计,2014 年年末,我国流通中的现金(M0)和银行业金融机构业务库的现金库存达到 6.7 万亿元,其中百元纸币为 582.5 亿张、50 元纸币为 64.6 亿张、1 元纸币为 581.6 亿张。另据报道,2015 年欧元区的现金货币价值超过了 1 万亿欧元。要成为一种广泛使用的支付手段,数字货币必须具备区别于电子货币、虚拟货币的显著特点,包括安全性、可控匿名性、周期性、不可重复性、系统无关性,并且要在开放互联环境中达到很高的交易性能(高并发交易量和海量数据处理效率)。

(二)数字货币的形态

数字货币的具体形态可以是一个来源于实体账户的数字,也可以是记于名下的一串由特定密码学与共识算法验证的数字。这些数字货币可以体现或携带于数字钱包中,而数字钱包又可以应用于移动终端、PC 终端或卡基上。

如果只是普通数字配上数字钱包,只能算是电子货币;如果是加密数字存储于数字钱包并运行在特定数字货币网络中,才是纯数字货币。

电子货币的优点是形式简单,在现有支付体系下稍作变动即可完成;缺点是对账户体系依赖较大，防篡改能力较弱，"了解客户"（KYC）和"反洗钱"（AML）的成本较高。

纯数字货币的优点是可以借鉴吸收当今各种数字货币的先进技术，以更难篡改、更易线上和线下操作、可视性更强、渠道更为广泛的方式运行；缺点是需要构建一套全新生态系统，技术要求更高，体系运行维护难度较大。

以上两种形式在一定程度上具有互补性，在不同应用场景下可以择优使用以满足不同需求。

（三）数字货币对金融体系的影响

数字货币会对经济和社会各个方面带来深刻影响，尤其对金融体系的影响更为深远，逻辑上可能出现如下几个结果。

一是货币结构的变化和货币乘数的增加；二是对实际货币的需求继续下降，金融资产的相互转换速度加快；三是货币流通速度的可测量度有所提升，大数据分析的基础更加坚实，有利于货币总量的计算和货币结构分析；四是降低 KYC 和 AML 成本，提高监管效率；五是提供高效的共享金融环境，推动金融创新。

数字货币还可能给金融体系带来另一个重要的变化，即更容易触发金融危机，并影响货币创造。鉴于此，特定条件下，必须设置适当机制加以限制。

二、数字货币体系的构建

尝试建立数字货币的技术实现框架，首先要深入研究数字货币的主要特性和边界约束条件，逐渐形成符合国家治理能力的现代化要求成为社会共识的数字货币需求，然后才能确定区块链技术如何改进和"为我所用"。

（一）数字货币体系的建设需求

（1）安全性。为了应对有组织、大规模的网络攻击，数字货币系统可以采用无中心或多个子中心模式。为了确保数字货币的正确性、一致性和完整性，应采取足够的安全控制的密码算法和密钥分发保存机制，《科学》杂志在 2016 年 3 月 4 日的一则报道中指出，量子计算将挑战目前广泛使用的非对称算法（RSA）的安全性。为了提高应用安全性，防止病毒和木马入侵和后门威胁，数字货币载体（如手机）需要一个可靠的、可控的、可管的环境，在其中存储数字货币和持币人的信息最小集。

（2）可控匿名性。数字货币广泛发行的同时，需要兼顾反洗钱和反恐融资需求，因此数字货币既不能实名也不能完全匿名，货币当局不能直接或间接通过商业银行为持币人建立账户。"可控匿名性"表现在两个方面，一个是使用换届（转移数字货币的所有权）登记持币人变动数字货币的信息，类似于现在采集纸币冠字号和比特币的"挖矿"操作；另一个是保持追踪持币人身份的线索信息。虽然没有必要为货币持有者建立数字货币账户，但商业银行可以参与数字货币发行和流通渠道的建设。

(3)不可重复性。一是数字货币必须可识别,通过不变的标识号(ID)和系列参数保证其唯一性,并可用技术手段确认;二是数字货币的正常付款过程不可逆;三是数字货币的使用历史不可篡改、不可抵赖。

(4)周期性。数字货币没有整洁度要求,不存在损毁和残旧回笼等问题,但在算法破译、持币人个人密钥泄露、关键网络节点被劫持等特殊情况下,数字货币需要全面"换版"或进行挂失操作,并且确保"换版"或挂失操作的及时性、有效性,衔接好同一数字货币新旧版本的使用记录。另外,还需要考虑和解决数字货币的"大小票兑换"问题。

(5)系统依赖性。数字货币应尽量减少网络依赖和系统依赖,可以做到脱机小额支付、与现金和电子货币自由转换,适用于包括自然灾害在内的各种复杂环境。

(二)技术框架结构的要点

数字货币用于开放的网络环境,在国家信用背书下,持币人和交易量会逐渐上升,数字货币体系可能会经常遭遇大规模、有组织的网络攻击,因此,其技术实现框架的核心是云计算和加密算法。

1. 建立两级系统结构

维持比特币系统稳定性的动力是使用"挖矿"操作,它将一个区块链打包到一个时间段,以获取战利品。为了管理货币流通,控制货币发行量,数字货币系统不能采取类似的激励措施,货币当局需要建立多个注册系统,用来完成货币发行、使用登记、"换版"等各种操作,将形成"控制中心(发行库)—登记中心(业务库)"两个层次的体系结构。控制中心将在线控制、监测整个数字货币体系的运行。

数字货币两阶段系统采用云计算技术体系结构,实现了计算能力和存储容量的快速扩展,采用了安全可控的量子通信技术。云计算技术架构虽然具有良好的健壮性,但它需要关注和解决开放环境中的"云安全"问题。

2. 加密技术

使用加密算法体系。单一加密算法将面临更大的安全风险,必须使用各种组合加密算法,分别用于识别和保护持币人、网络节点、数字货币、数字货币交易等。组合加密算法是数字货币体系的核心和基础,它必须由密码管理机构定制设计。除了加密,区块链技术抵抗攻击的思想是"算法加密和信息披露相结合",可以作为参考。

加密技术为每个数字货币建立永久性的识别代码。为了保证每一种数字货币的唯一性,防止被盗的使用和再利用,数字签名后的每一种数字货币识别码(类似于纸质的冠字号)经数字签名后,与持币人公钥、最近若干次支付历史信息一起,形成可用技术手段鉴别的数字货币信息。

持票人使用注册名称。为提高匿名程度和保护持币人隐私,不使用网络实名制、有限实名制(前台昵称,后台实名),也不在持币人注册时采用多种关联信息进行交叉身份验证。持币人操作的每一个网络地址、地理位置信息将被记录下来,作为特定情况下追踪交易和排查持币人身份的线索，从而达到可控匿名性的要求。

3. 账本技术

采用"分布式记账"。把交易散列值（HASH）组合成为前后链接的区块（交易记录集）并进行快速分发，每个网络节点都有一致性和可追溯性的副本，极大地降低了账本篡改风险，这就是为什么区块链技术具有较高网络攻击抵御能力。

采用分区方法。与微机和有线网络相比，智能手机的计算、存储和交换能力始终较弱，账本及其副本"尺寸"不能太大，在全网交易的基础上划分记账区域，并分别记账，同时设计分布式数据存储机制、定时核对机制，在数字货币体系建设中兼顾安全与效率。

对交易结果进行数字签名。区域链技术记录了每一个比特币"诞生到现在"的使用历史，通过整个网络副本的一致性降低了账本篡改的风险。在数字货币系统中，账本"尺寸"缩小且不一定全网分发副本，可对交易信息进行数字签名，增加账本篡改难度。

4. 数字货币钱包技术

在移动互联网时代，被称为"人体器官"的数字货币载体智能手机明显优于其他方法，如芯片卡。智能手机之间的数据交换除了使用无线网络，还包括蓝牙和近场通信（NFC）等面对面方式，减少了对 POS 机、ATM 和其他接收终端的依赖。智能手机必须具有相对独立的移动操作系统、存储和处理关键敏感信息的可信执行环境和硬件安全模块。钱包软件会自动检测操作环境的安全性，并确认关键密钥的敏感信息是否被篡改。

三、比特币的发展现状与未来趋势

（一）比特币的本质属性

比特币网络作为一种价值传输网络，至少具有技术、金融和社会学方面的三重属性。

1. 技术属性

从技术角度看，比特币网络协议是一种去中心化的、点对点的价值传输协议，我们可以理解为一个不由任何第三方操纵、不可篡改的庞大公共记账系统。这套记账系统所依托的区块链技术通过约每 10 分钟诞生一个区块的形式记录全网数据库所有的交易行为，确保重复和错误的支付不会发生。区块链技术现在被认为在互联网时代是革命性的，而比特币只是一种依赖于它的应用程序。在硅谷，已经有一些创业公司和项目专注于开发区块链技术在现实生活中的应用。

2. 金融属性

从金融的角度来看，比特币可被视为类似于电子黄金的数字投资品或全球性的标准化数字资产。它的总量恒定、易于携带、受众广泛、交易成本低并且有非常巨大的想象力空间，更多的投资者开始相信其所具备的投资价值。华尔街也逐渐认识到比特币的价值。2014年9月，数字货币委员会在曼哈顿成立，向金融专业人士提供咨询、交易和认证服务。2015

年 1 月，纽约证券交易所、美国汽车协会联合服务银行（USAA）、西班牙对外银行（BBVA）及花旗集团前任首席执行官维克拉姆·潘迪特（Vikram Pandit）对比特币服务提供商 Coinbase 进行了投资；同年 3 月，纳斯达克（Nasdaq）首次涉足比特币领域。比特币依托于互联网在全球流通，在某些特定的应用场景下，如跨国付款和虚拟经济价值传输媒介，货币可以作为一种高效、低成本的流通手段和支付工具，担任金融工具的功能。

3. 社会学属性

从社会学的角度来看，互联网代表了信息自由化的意识形态趋势，而比特币则代表了金融自由化。这种完全去中心化的电子货币不依赖任何单一权力机构发行，并且在跨国境、跨币种转账的过程中，不能够通过银行体系实现价值传递，比特币被认为在金融全球化进程中有机会改善现有全球金融体系低效率、高成本等诸多问题，这是它的社会学意义。

（二）全球比特币的行业发展现状

现阶段，比特币的链上数据显示，已有超过 10 亿个钱包地址，全球用户约为 2500 万。2021 年 2 月 20 日，比特币总市值突破 1 万亿美元大关。由于比特币的互联网金融属性和技术上的前沿性，因此几乎全部是创业公司进行从业。

从产业链角度看，目前比特币行业主要有生产（即人们常说的"挖矿"）、交易、存储、应用等四大领域。

1. 生产：比特币矿业现状

从技术角度讲，挖矿本质是对比特币记账体系中的交易进行打包并生成区块的过程，每成功打包一个区块就可以获得若干比特币的奖励。比特币的发行方式也是如此。比特币网络的区块被设计为每约 10 分钟产生一个，为了获得这一记账的权利，需要先解决一个系统指定的数学难题，而只有强大的 CPU 计算能力才能破解这一难题。截至 2015 年，我国在挖矿方面具有较强的竞争优势，分布在我国的算力约占全网比特币算力的 50%。

2. 交易：市场格局

在金融领域，交易是比特币最重要的应用形式。目前，全球约有百余家比特币交易平台，10 大交易所主要分布在美国和东欧国家，占全球交易量的 90%以上。"比特币—美元"是目前的主要市场，欧元、日元、韩元、澳元等全球主流货币也有自己的交易市场。

进入 2015 年以来，合规性逐渐成为美元市场的关注焦点。美国的交易平台 Coinbase exchange 及 ItBit 都获得了大额投资以及相关业务牌照。在中国，市场上曾经有火币网、Okcoin 和比特币中国等主要交易平台。目前我国已明令禁止从事代币发行融资活动（ICO）。

3. 存储：钱包技术的发展

因为比特币使用分布式去中心化的账单系统，所以普通用户不太方便存储和传输比特币。因此，提供基于互联网的云存储服务的比特币钱包诞生了。用户可以将自己的比特币放入网上钱包，通过互联网发送和接收比特币。

全球最大的比特币钱包公司为 Coinbase，拥有 8900 万用户，其次是 Blockchain.info（现已将域名迁移至 Blockchain.com），拥有 3700 万认证用户。因 Coinbase 在美国一直致力于合规的建设，所以增长潜力大为增加。2021 年 4 月 14 日，Coinbase 在纳斯达克成功上市，股票代码为"COIN"。对于国内用户来说，由于缺乏支付生态，用户更愿意把比特币放在交易平台上。一方面，它很容易进行实时交易，另一方面，它也可以享受在线钱包便利的存储、提取和充电的优点。

4. 应用：现实生活中的应用场景

除了交易，支付、跨币种汇兑等也是比特币的主要应用。

现在全世界有超过 10 万家商家接受比特币，包括微软、特斯拉和星巴克等知名公司。全球最大的比特币支付公司 BitPay 已与 PayPal 正式合作，而以 Circle 为代表的互联网金融公司也在探索比特币的使用。毫无疑问，无论是在全球还是在我国，比特币应用的发展尚未成为比特币行业的主流，目前仍在探索之中。

（三）比特币的主要缺陷

比特币有很多优点，包括它的去中心化实现了点对点的价值转移，基于算法达成共识，基于时间戳解决了"双花"问题，且已经稳定运行多年。但是比特币也存在很多缺点，可能比它的优点还多。比特币目前已形成一个很大的市场，但要真正成为所谓的货币，还有很长的路要走。

比特币的主要缺陷有以下几点。

（1）交易耗时长。比特币交易确认通常需要几分钟甚至十几分钟，而我们现在市场上的交易可能是零点几秒，甚至是瞬时确认。显然，如此长的交易耗时不符合市场需求。

（2）存在发行量上限。比特币的发行机制也被称为挖矿，采用工作量证明共识机制，约定每十分钟生成一个区块，并在全网范围内以比较算力的方式竞争抢夺区块，每获得一个区块即能得到比特币奖励。最开始四年，一个区块的奖励是 50 个比特币，每下一个四年，奖励减半。以此规则计算，比特币发行量在 2140 年将趋近其发行上限，约 2100 万个。当一个货币有发行上限时，就会产生一个问题，即如果人们永远相信它是有价值的话，它的价值从总体趋势上来讲将不断上升，这就会产生通货紧缩。这是比特币的一个根本缺陷。货币一定不能存在稀缺性，而且价值波动不能太大。货币无限发行会导致通货膨胀，而数量有限则会出现通货紧缩，对经济运行来说都不利。真正好的货币增长速度要保持与经济发展同步增长。所以，用任何实物作为货币，长期来讲都会存在这个问题。比特币数量只有约 2100 万个，虽然其最小单位可划分到十亿分之一，但终究数量是有限的。

（3）价值不稳定。比特币的价格最开始是 0；2009 年，按照耗电成本，1 美元可买 1300 多个比特币；2010 年，有人用 1 万个比特币才买到价值 25 美元的比萨优惠券；2010 年，第一个比特币交易所 MtGox 成立时，1 个比特币相当于 0.5 美元，后来比特币的价格飞跃式上涨，最高曾在 2013 年涨至 1 个比特币相当于 8000 元人民币；2014 年，MtGox 被盗宣告破产，比特币价格暴跌为 1 个比特币相当于 900 元人民币；2022 年，一个比特币大概相当于 119000 元人民币。可见比特币的价值非常不稳，这是比特币第三个致命的缺陷。

（4）既透明又匿名。这本来是比特币的一个优点，但也使它容易成为洗钱的载体和资本外流的工具。用人民币买比特币，再把比特币以美元卖出，整个过程非常轻松容易。不过，现在许多比特币交易所也需要实名认证。

（5）发行机制耗费过大。比特币是通过算力竞争，即挖矿获得的。参与挖矿的人越来越多，为挖得更多区块，获得更多比特币奖励，速度更快的设备被投入到挖矿之中，全网算力不断提高，挖矿难度和成本也不断增大。从理论上推测，单个机构或者单个矿池的最后挖矿成本一定会接近所得比特币奖励的价值。所以说比特币最终的成本和它的价值应该是相等的。但从整体来看，众人在挖矿中投入的成本远超过所产生的比特币的价值。这样，实际上会形成大量的浪费，甚至会产生环境污染问题。

（6）区块总体体积不断变大。存储比特币需要比特币钱包，最基础的比特币钱包就是比特币核心钱包。比特币是一个账本系统，每一个交易之后都把数据写入区块，导致了它的数据量增长极快，随着交易不断发生，存储的数据量将变得非常巨大。

除上述缺点，比特币还有区块不可定制、协议功能单一、社区共识效率极低等问题。总而言之，比特币确实有一些优点，但是想要进一步，它的缺点不容忽视。

（四）国内比特币的发展趋势及政策建议

2013 年 12 月，央行等五部委发布了《关于防范比特币风险的通知》，明确了比特币是一种特定的虚拟商品；比特币交易作为一种互联网上的商品买卖行为，普通民众在自担风险的前提下，拥有参与的自由。

2017 年 9 月 4 日，央行等五部委发布了《关于防范代币发行融资风险的公告》，禁止从事代币发行融资活动（ICO）；交易平台不得从事法定货币与代币、"虚拟货币"相互之间的兑换业务，不得买卖或作为中央对手方买卖代币或"虚拟货币"，不得为代币或"虚拟货币"提供定价、信息中介等服务。

2021 年 9 月 24 日，中国人民银行发布《关于进一步防范和处置虚拟货币交易炒作风险的通知》。通知指出，虚拟货币不具有与法定货币等同的法律地位。

随着比特币行业发展趋势越发明朗，全球各国政府对比特币的政策也发生了较大的变化，在分析对比特币发展趋势的基础上，尝试着对我国比特币行业政策的发展提出一些建议。

第一，在法律范畴上，比特币和区块链的技术可以分开加以监管。前者是一种金融资产和金融工具，后者是一种创新的技术，可以广泛应用于许多领域。在金融立法领域，主要从规范金融市场，防范系统性风险和金融犯罪的角度出发，将该领域进行单独监管，可以避免因为过于严格的立法规则抑制我国企业在比特币及区块链技术领域的创新。

第二，在现有的成熟的监管体系中，可以考虑纳入数字资产交易和数字资产存储管理等核心领域。针对中国用户的资产管理安全问题，数字资产交易平台是否可以合并到场外交易平台网络资产管理办法进行规范,数字资产存储和管理机构监管体系是否可以被纳入资产管理机构,都值得探索。

第三,在立法过程中,可以充分研究和及时跟踪美国的监管措施和后续效应,因此政策风险相对较低。观察和研究目前在立法上相对领先的美国最新动态及实施效果,结合国内实际情况,可能是一种降低风险的策略。

第四,在学术研究层面,建议鼓励和大力支持比特币技术的研究与创新。比特币技术作为一种创新的技术,未来有巨大的潜力,花旗银行、IBM、麻省理工学院等国际领先的金融科技公司和学术机构都在比特币技术上有相当大的投资,并取得了初步成果。如何在这一领域保持国际领先,需要政策和舆论方面的支持。

(五)区块链技术的优势及发展前景

比特币成为真正货币的可能性很低,它带来的附属产品区块链技术可能才是其最重要的一个贡献。

首先,区块链技术是基于点对点(P2P)网络。它没有一个中介化、中心化的机构角色,任何一个节点退出都不影响整个系统运行。但在中心化或中介化的系统中,如果中心化机构退出,一定会影响整个系统运行。这就要求中心化的机构一定要有公信力,且能力特别强。就像我们现在的中央银行,维护系统能力是超强的,在安全方面、数据保密方面都是可信的。

其次,区块链技术是分布式的记账数据库,即各个点都可以记账,而且可以查看账本。中心化系统做不到这一点。

再次,区块链技术通过加密技术建立了一个点对点的价值转移协议。在区块链技术之前,我们的互联网是一个信息互联网,价值的转移必须通过中心化的机构进行记账。现代经济生活中有几个"流"。第一个是信息流,我们做任何事情首先要进行沟通,进行交流;第二个是资金流,经济往来一定有资金流;第三,如果涉及实物商品,交易中还涉及物流;第四,人本身也需要流动,就是人流。其实电子货币本身也是一种信息,只是它不能像一般信息直接在当前的互联网上转移,因为可能存在虚假和"双花"问题,所以需要中心化或中介化机构通过记账来解决。目前的互联网金融,如 P2P 网络借贷,还不能真正实现价值的直接转移,仍然需要中心化机构即现有的银行记账体系实现价值转移。但是,通过区块链技术,完全可以实现点对点的价值转移。如果区块链技术能够很好地推进,未来的互联网可以实现价值互联网,这是非常具有革命性意义的。

最后,区块链技术还是一个账务系统,甚至是一个互联网资产管理系统。它不仅仅适用于货币,还适用于任何需要取得信任的交易,包括诸如签订合同、合约,各类证券的登记,托管等,凡是发生信任关系的地方、行为、活动,区块链技术都可以在其中扮演角色,其应用前景广阔。

如果把应用于比特币的区块链技术看作 1.0 版本,那么现在应用于诸如股权登记等智能合约等方面的区块链技术 2.0 版本正在发展。未来只要有信任关系存在的地方区块链都可运用，但主要还是集中在以下领域。

一是数字货币。但是这条路还很长，私人的数字货币要真正成为货币的前景很渺茫。但如果中央银行能很好地利用数字货币核心底层的区块链技术来发行法定数字货币，却是能解决许多问题的。包括可以避免由于竞争挖矿造成的能源消耗大、投入设备多等问题，也能够通过法律手段解决数字货币公信力的问题，还能够解决价值稳定性及数量有限的问题。利用现有的中央银行和商业银行的二元支付清算系统，还能进一步降低成本，提高效率。此外，央行如果利用这种技术，可对货币交易进行追溯，在反洗钱甚至反贪污腐败等方面能发挥极大作用。

二是支付清算。大家可以阅读比特币白皮书。比特币体系实际上就是一个支付清算、价值转移系统，是一个很天然的应用。Ripple系统就是一个去中心化的全球金融支付系统，已取得了很大进步。央行发行法定数字货币有很多好处，但各央行无法改变其他地区或国家的主权货币，依然需要进行汇兑。我们可以想象，如果全世界都用同样的技术来发行法定数字货币，实现全球货币的统一，就能解决汇率的问题。那将是人类一个非常伟大的发明，对全世界经济的发展都是好事，不过这也是非常困难的。

三是征信。征信市场是一个巨大的蓝海市场，传统征信市场面临信息孤岛的问题，传统技术架构也难以满足共享征信数据发掘数据蕴藏的价值的需求。而区块链本身就可以形成信用，为解决这些难题提供了一种全新的思路，可以提高征信公信力，显著降低征信成本，进而可能打破数据孤岛的障碍。

四是证券交易所。世界上已有证券交易所在进行探索区块链技术应用的问题。2015年年末，纳斯达克首次使用区块链技术交易平台记录私人证券交易。澳大利亚交易所利用区块链技术与银行账户连接，实现了买卖股票后资金的迅速到账。

区块链应用面临的主要挑战与其本身的技术实现有关。一是区块链的交易效率还非常低，交易验证的时间长，难以满足巨量交易的需求。二是区块链技术应用能耗过高。三是区块链存储的容量太大，对网络带宽形成很大挑战，难以应对诸如外汇、股票等市场的大规模交易。四是其赖以为基础的非对称加密技术并非不可破解，可能存在安全性问题。此外，还有与当前金融体系融合的问题，以及因升级完善在技术上产生的硬分叉问题等。

总体来说，区块链技术的应用前景非常广阔，但是也存在许多挑战，需要技术、金融、法律等各行业的从业人员共同努力，把上面所说的前景和应用变成现实。

四、数字货币未来发展面临的挑战与机遇

数字货币与其背后的区块链技术同时对政府机构和商业机构提出了挑战，两者应对挑战都采取了一定的措施，也积极迎合数字货币发展的潮流，不断进步发展。

（一）中央银行面临的挑战

经过数百年的演变，中央银行成为发行的银行、银行的银行、政府的银行，但数字货

币的发展使得"自由银行制度"的讨论再次回到人们的视野。商业银行可以发行自己的数字货币。比如，花旗银行就运用区块链分布账户技术研发自己的数字货币——花旗币。

中央银行的三种基本职能确实在数字货币情景下受到了挑战，但中央银行仍然具有不可动摇的优势。首先，中央银行以国家信用为后盾，其发行货币的信誉一般高于本国的商业机构。其次，中央银行的无限货币创造能力使其能够充当最后贷款人角色，为其他商业银行提供支持，维护金融稳定。最后，从公平竞争的角度看，由中央银行来管理政府存款可以减少商业银行之间的不公平竞争。

随着数字技术的发展，一些国家开始积极探索货币当局在数字货币发展中的作用，但态度上却存在差异。英格兰银行的态度是积极的，提出通过借助"分布式账簿"技术，中央银行的资产负债表可能对更多的金融机构开放，甚至对非金融机构、家庭和个人开放。一些央行已经开始发行数字货币。2014年12月，厄瓜多尔政府为了提升金融包容性，同时也为了一定程度上摆脱美元的影响，宣布建立自己的电子货币体系，作为实体货币的补充。

在传统的货币发行中，流通中的现金其实也是央行对公众的直接负债，只是由于技术限制和成本方面的考虑，央行通过商业银行来发行现金。随着技术的进步，央行通过数字货币形式直接将货币发行至个人和企业账户成为可能。尽管央行发行的数字货币会给商业银行带来冲击，但商业银行提供的金融服务仍是不可或缺的。商业银行的主要职能是期限转换，即借入短期资金和放出长期资金。与之相联系的是商业银行提供了信用风险甄别、定价、风险管理等服务，还有其他的各种金融服务。

从2014年起，央行就组织专家成立了专门的研究团队，并于2015年初进一步充实力量，对数字货币发行和运行框架、数字货币关键技术、数字货币发行流通环境、数字货币面临的法律问题、数字货币对经济金融体系的影响、法定数字货币与私人类数字货币的关系、国外数字货币的发行经验等进行了深入研究，目前已取得阶段性成果。

目前，中央银行的数字货币发展进入一个新的阶段，包括加强内部和外部的交流与合作，建立特殊的研究机构，进一步完善法定数字货币发行和流通体系，加快法律数字货币原型构建，深入研究并尝试使用合法的数字货币参与各种信息技术等。

（二）特里芬难题亟待解决

世界经济一体化要求有在国际交易中发挥一般等价物作用的货币。无论是英镑为主的体系，还是美元为主的体系，都存在特里芬难题。这是美国耶鲁大学教授特里芬提出的一个观点：各国必须用美元作为结算与储备货币，导致流出美国的货币在海外不断积累，对美国来说就会发生长期贸易逆差；而美元作为国际货币核心的前提是必须保持美元币值稳定与坚挺，这又要求美国必须是一个长期贸易顺差国。这两个要求互相矛盾，因此是一个悖论。

随着世界经济从美国一国独大，到欧日等发达经济体，以及中国等新兴经济体快速发展，国际货币体系也从以美元为中心的布雷顿森林体系逐步发展到多中心体系。但在多中心体系下，只要是一国的主权货币充当国际货币，特里芬悖论依然存在，只是程度有所不同。

1970年国际货币基金组织开始发行特别提款权（SDR），成员国同意使特别提款权在未来的国际货币制度中逐步取代黄金与美元，成为各国货币的定值标准和主要的国际储备资产。这种超主权货币的思路是应对特里芬难题的一种方法。但要使 SDR 成为真正的国际货币，还需要保证 SDR 的稳定性，这涉及 SDR 的发行与分配、国际收支的调节等。各成员国经济发展阶段存在差异，均有各自的利益诉求，要在这些关键问题上达成一致并不是一件容易的事。

以比特币为代表的虚拟货币也是一种超主权货币，它不由任何一国来发行，也不由国际组织发行，它由私人市场产生，其数量由大众普遍接受的技术规则来约束。虽然存在价格波动大等缺陷，但它仍然在全球部分人群中备受欢迎。

欧央行关于虚拟货币的研究报告曾经提到一个有意思的现象：在塞浦路斯银行业危机时期（2013年3—4月），比特币运行到历史最高水平。数字货币的产生，或许为解决国际货币体系特里芬难题提供了另一个思路。

（三）格雷欣法则的讨论

格雷欣法则简称"劣币驱逐良币"。真的是劣币驱逐良币吗？深入地看，这个法则的前提是强制规定劣币与良币的兑换比率。当劣币与良币的市场比价与法定比价不一致时，市场比价比法定比价高的良币将逐渐减少，而市场比价比法定比价低的劣币将逐渐增加，形成良币退藏，劣币充斥的现象。反过来看，如果没有强制限定劣币与良币的兑换比率，竞争将会导致良币驱逐劣币。

历史经验表明，包括货币形态在内的货币制度对经济具有重要的影响：合适的货币制度能够极大地促进经济的发展，得到广泛接受；而不合适的货币制度则可能成为经济的巨大阻碍和束缚，最终会被淘汰。

例如，秦始皇统一钱币，已从商品货币时代进入到金属货币时代。但西汉末年，王莽篡位称帝重新引入龟、贝等商品货币，复杂而紊乱的币制带来"农商失业、食货俱废，民人至涕泣于市道"（《汉书·王莽传》）。

又如19世纪的英国，金属货币与纸币并行，但"现金停兑法案"出台后，缺乏约束的小银行滥发货币，物价飞涨，出现了金融危机。是接受纸币，还是回到金属货币时代，英国经历了一场"寻找规则"的货币改革。通过在试错中不断总结，1833年的《银行法》宣布 5 英镑以上的银行券为"法币"。1844年的《银行法》明确货币发行权集中于英格兰银行，并将其置于政府管制与公众监督之下，货币发行的"私权"逐步转化为"公权"，币值稳定有了制度保障，纸币的信用也得到了进一步增强。英国进入了信用货币时代，英格兰银行发行的银行券在相当长的时间内成为世界货币。

作为一种良币，应当具有便于使用、安全、数量适当以维持价格稳定、信誉高等特点。但是，这并不意味着虚拟货币没有风险。从使用者的角度来看，一是缺乏透明度。二是缺乏法律认可和监管。目前对虚拟货币的监管尚在起步阶段，相关法律制度很不健全，对关键参与者的监管几乎还是空白，因此使用者可能面对非法合同、不可执行等意想不到的后果，也不受存款保险等法律保护，因欺诈、被盗、实体破产所遭受的损失也缺乏赔偿机制。三是存在技术安全问题。尽管破坏像比特币这样的区块链系统难度较高，但攻击者可能转而攻击使用的个人，比如侵入个人的钱包或攻击相关平台。四是解决问题的成本可能很高。

国际货币基金组织在一篇《关于虚拟货币及其未来的初步思考》的报告中，从监管者的角度列举了虚拟货币的风险：一是容易沦为洗钱、恐怖融资和逃避法律制裁的工具，对金融诚信造成威胁；二是削弱对消费者的保护；三是成为逃税工具，增加了税收处理的难度；四是规避资本流动管控；五是对金融稳定构成威胁；六是影响货币政策的实施。

（四）数字货币的展望

展望未来，数字货币的高级形态可能超出我们现在的想象，在可预见的未来，货币的世界有可能是诸多"并存"的世界。

法定货币（国家信用）与私人货币（私人信用）并存；传统钞票（有形）与数字货币（无形）并存；在货币供给中，央行既充当发行者，也充当监管者，在最终清算中，既提供清算服务，也对其他机构的清算进行监管。

可以预见未来可能出现以下的情况。

（1）货币在经济和金融中的地位非常重要。货币形态的演变反映了经济、金融和技术的变化；反过来，货币形态的变化也会对经济和金融造成影响。

（2）货币形态的演变是供给与需求共同作用的结果。从需求看，经济的发展对货币形态提出了要求。从供给来看，技术的发展使得货币形态的演变成为可能。

（3）随着数字化进程，虚拟货币已经客观存在，未来数字货币的使用范围将越来越大。现阶段的虚拟货币具备了一定的货币特征，但还不足以成为被广泛接受的货币。

（4）围绕货币有三个关键问题：货币是否有价值、谁来发行货币、货币数量如何调节。数字货币的出现进一步丰富了这三个问题的讨论。

（5）数字货币与其背后的区块链技术同时对政府机构和商业机构提出了挑战。数字货币时代的金融体系也许和现在大不一样。

（6）数字货币的产生或许为解决国际货币体系特里芬难题提供了另一个思路。

（7）如果没有强制限定劣币与良币的兑换比率，竞争将会导致良币驱逐劣币的结果。

第四节　元宇宙金融

近年来，元宇宙在技术研发、应用场景等方面取得进步。伴随元宇宙经济蓬勃发展，元宇宙领域的金融探索和业务布局成为市场关注的重要方向。在当下的数字经济时代，元宇宙作为与现实世界共生的虚拟世界，直接满足了客户猎奇、刺激、沉浸的消费体验。只有构建好元宇宙赋能场景金融的体制和机制，发挥好数字技术的作用，才能更好地推动当前社会的数字化转型。

一、元宇宙金融的内涵

元宇宙通过数字技术搭建数字空间,超越物理世界的时间和空间限制,打开了数字经济发展的崭新空间。元宇宙将建立一套完整的经济和社会系统,从而产生新的商品市场、金融市场、劳动市场和其他社会关系,极可能会形成一种新的社会形态。

元宇宙经济是综合运用数字技术搭建在区块链协议网络数字空间上,由虚拟出资人在元宇宙虚拟空间开展生产、交换、分配、消费的活动。同时,这种活动还要与现实空间,即与现实实体经济能够互动、融合和互操作。总体上,元宇宙经济可分为两个部分:一部分是与元宇宙技术研发和应用相关的产业链,本质上是对现有数字技术进行组合和集成,对元宇宙的新技术进行研发并产业化;另一部分是元宇宙内的经济,即通过数字技术搭建出元宇宙的经济体系,既可以进行数字产品的设计、生产、交易和分配,也可以在元宇宙内开展社交游戏、房地产开发、消费融资等各种活动。

从狭义的角度看,元宇宙金融是指为了支持元宇宙的经济发展而衍生出来的关于支付、投融资和数字资产交易为主体的金融业态;从广义的角度看,除了元宇宙内的金融形态,还包括现实世界利用元宇宙的思维、元宇宙的技术推动金融的数字化转型,从而形成一种新兴的金融模式和金融业态,并且能够与元宇宙世界的金融实现互联互通和操作。

元宇宙金融的核心功能在于为元宇宙经济体系提供清算和支付的途径,创造一种动态化的风险传递机制。元宇宙的优势在于超越物质形态全球化的经济资源配置,消除信息不对称带来的市场摩擦,为拓展金融的服务范围和传达能力提供了稳定支撑。

二、元宇宙金融的运行逻辑

元宇宙金融体系的主体由元宇宙金融空间、元宇宙金融市场与元宇宙金融资产三大核心要素组成。另外还包括三大技术与应用。元宇宙金融可以为金融活动提供虚实融合的新型空间,可以打破现有模式,提供更加沉浸式的交互体验(图11-2)。

图 11-2 元宇宙金融结构图

元宇宙金融是在元宇宙经济发展中产生的，现有的主流支付方式在支付效率、安全性、交易成本等方面都无法完全满足元宇宙经济的发展需要。

2022年以来，国际大型科技公司都在积极探索元宇宙世界的支付解决方案，都希望自己的支付方式能够占据主导地位。解决元宇宙现有支付渠道要缴纳30%佣金的问题。元宇宙金融的发展可以分为三个阶段。

第一阶段是数字货币发展阶段。元宇宙金融最早的支付形态就是以比特币为代表的数字货币。近10年，加密数字货币的种类呈现爆发式增长，但是由于加密货币的币值波动幅度大，且大部分没有内在价值，面临保障安全性与实现规模化的挑战，因此难以承担基础货币的功能。

第二阶段是DeFi和MetaFi的探索。DeFi是Dharma协议联合创始人布伦丹·福斯特于2018年提出的概念，是指建立在去中心化区块链基础之上、完全开源且拥有稳定开发者平台的金融体系。MetaFi继承了DeFi协议的两个核心特征：不可阻拦性和可组合性，是非同质化的和同质化代币（及其衍生品）实现复杂的金融互动的协议、产品和/或服务。

第三阶段是NFT和DAO在金融服务中的兴起。通过NFT金融活动，元宇宙金融不再局限于简单的货币支付买卖交易，以及特定或特定数据库内容的传递与许可，而是能够满足条件的制度的执行，从而向附带条件指令的数字资产管理领域进发。DAO通过一套在区块链上执行的共享规则和智能合约进行协调，允许组织中的每个人对他们利益相关的问题进行投票，从而影响决策。

NFT和DAO的结合带来了组织治理模式的进化成熟。成熟的DAO对纯粹的链上数字和金融服务进行集体治理，通过MetaFi技术和NFT平台完成元宇宙经济中的交易。

在实践中，元宇宙金融的运行需要信任机制、智能合约、金融市场、规制体系这四大要素的支撑。从理论上讲，元宇宙金融市场非常接近有效市场：信息存储在区块链中不可篡改、公开透明可追溯，市场充分反映了现有可得的全部信息，数字资产的产权完全明确，所有用户都能够关注到市场信息并进行有效分析，元宇宙金融资产的价格代表着受公司认可的一种价值。

智能合约是元宇宙金融的核心。元宇宙金融体系的核心就是智能合约协调下的支撑金融服务运行的环境，通过计算机代码确保金融条款协议贯彻执行。其运行逻辑框架如图11-3所示。

首先，智能合约大大增加直接金融的比例，不需要任何中间人或者第三方仲裁机构，参与双方共同协商交易方式和规则，合约内容在区块链全网中扩散保存，满足条件合约自动执行，提高交

图11-3 元宇宙金融的运行逻辑框架

易透明度。

其次,智能合约最大限度地发挥了元宇宙信用体系优势,金融活动前无需进行信用调查,活动后也不依赖第三方进行担保履行,交易成本降低,运作效率提高。

最后,智能合约为金融活动提供了较为公平的运行环境。一方面,利用区块链技术的共识机制解决金融信息的信任危机,推动各个主体信用价值交换,使得智能合约和金融机构对信用价值的需求产生很高的契合度,促进证券结算速度提升与保险产品创新等;另一方面,标准化代码解决方案包括模块化的数据元素、预言机链接的外部数据等拓展了金融交易空间,标准化、自动化的快速安全运行机制与金融交易具有高度的耦合性,相当于内嵌担保机制,避免了传统金融业务中因中心化组织审核而产生的人为干扰因素。

规制体制是元宇宙金融的保障。元宇宙金融旨在建立去中心化的虚拟空间,但并非没有规则,也不意味着没有监管。金融研究者都知道,金融就是一系列的制度安排。元宇宙与金融的结合将对资产的范畴、流转形式和交易机制带来巨大改变。元宇宙金融要完成资金和资产的发行、流通和回笼,需要建立健全标准规范和法律法规等制度体系作为保障。元宇宙金融的规制体系包括三个方面:一是元宇宙内部与元宇宙间的互联互通的金融活动规则;二是现实世界监管对元宇宙金融的规制;三是全球金融监管协调制度。

三、元宇宙金融的发展阶段

从虚拟现实技术应用来看,元宇宙的演进可以分为三个阶段:数字孪生、数字原生和元宇宙。元宇宙的核心是要构建巨大、统一、持久、共享、并发的 3D 虚拟空间,这种空间被连接成了元宇宙。元宇宙正在成为金融行业数字化转型和发展的新突破口。以银行为代表的金融机构紧紧踏着元宇宙的发展节拍,从产品渠道到场景,在元宇宙大潮中打造新的竞争优势。

金融领域的元宇宙也可以分为三个阶段。

第一阶段,金融机构运用元宇宙技术探索金融元宇宙,创造沉浸式的金融服务体验。这是元宇宙金融基础架构搭建的雏形时期,原有技术与应用成效还不成熟。金融机构以技术储备和场景探索为主,主要表现在 VR、人工智能等新技术便利性的体验优化。应用场景多表现在现在能看到的虚拟员工、VR 营业厅视觉产品展示等,是对现有服务的补充和延伸,能满足金融服务业优化、客户体验和市场营销的需求。例如,百信银行认为,元宇宙有人、场、物三个核心内涵,分别是虚拟数字人、沉浸式体验的场景和数字资产。百信银行将数字银行卡和数字藏品、区块链等技术相结合,为金融机构和用户提供数字资产的发行、领取、购买、存储、转让和确权等服务。

第二阶段,金融机构探索去中心化的金融体系,与元宇宙金融并行。当元宇宙发展到成熟阶段,虚拟世界和现实世界高度融合,密不可分。元宇宙用户数量和使用时长在不断增长,真实世界的元素被引入到虚拟网络成为热潮。元宇宙技术提升将会促进金融服务效率，优化金融服务体验，基于去中心化的思路，元宇宙技术会逐渐促使数字经济进入新的发展逻辑，对金融领域的体制机制带来深刻的变革。金融机构与元宇宙平台会加强合作，打造具有专属特征的元宇宙金融平台。例如，韩国国民银行在元宇宙平台 Gather 上创建了一个"虚拟城镇"，虚拟城镇包括一家远程办公中心、一家金融商务中心和游戏场。

第三阶段，金融元宇宙与原有金融互联互通，重塑金融体系。当脑机接口等技术在取得革命性突破后，人机交互体验会接近真人水平。元宇宙进入一种虚拟游戏与现实融为一体、多个元宇宙融合的高级形态。人类会从被动模仿变为主动创造，摆脱现实世界框架约束，能够实现自主运转。届时，元宇宙金融融入了元宇宙世界支撑元宇宙经济发展，金融元宇宙与元宇宙金融融合，进入终极形态，人类以数字身份在元宇宙世界中进行生产、消费、交易。在这个阶段，最难的问题是监管在金融创新、风险防范和保护投资者权益上取得动态平衡。

四、元宇宙金融的应用

（一）数字化资产 NFT

2021 年 8 月 27 日，NBA 球星斯蒂芬·库里花费 18 万美元购买一个穿着粗花西装的 BYAC 的 NFT 资产，并将其用作自己社交账号的头像，引发市场热议。BYAC 全称是 Bored Ape Yacht Club，是由一万个猿猴 NFT 组成的收藏品，包括眼睛、表情、服装等众多稀有度不同的属性。

NFT 是一种数字资产，因此，NFT 也构成了元宇宙金融的一部分。NFT（non-fungible token）指非同质化代币。与之相对应的是同质化代币，如比特币和以太坊等。

自 2021 年以来，NFT 的全球购买者和交易量都出现了暴涨，直至 2022 年 8 月才出现一定的回落。NFT 和比特币都是由区块链技术驱动的，但不同的是，NFT 不是货币，而是一个合约、一个所有权证明。NFT 是元宇宙将人类生活由实向虚转变的核心因素。

NFT 的核心价值主要包括三个方面：一是数字内容资产化，以往的数字资产大多为虚拟货币，而 NFT 的出现使得各式各样的数字内容（如图片、音视频、游戏道具等）都可以被构造成 NFT，提高了数字内容的可交易性；二是保障购买者所有权，NFT 的资产所有权是永久存在的，不会因平台停止运营而消失，提高了资产交易效率和价格公正性；三是保障创作者的知识产权收益，保障创作者的版税收益。

NFT 创造了数字资产的稀缺性，人们常说"物以稀为贵"，特殊的 NFT 拥有独特的稀有属性，而这种稀缺性价值使得 NFT 如同古董和珍贵收藏品一样，吸引大量的数字资产收藏爱好者购买。另外，对于 NFT 资产，人们无法预测未来价格的变化趋势，也因此存在高额的风险溢价补偿。这些也正是"天价"NFT 的原因所在。

（二）元宇宙银行

数字经济时代，商业银行间的竞争已经从传统的网点、人员投入的竞争迈向高科技嵌入下的场景竞争。元宇宙作为与现实世界共生的虚拟世界，直接满足了客户猎奇、刺激、沉浸的消费体验，与商业银行提出的场景金融目标完全吻合。将元宇宙的技术嵌入到商业银行场景金融中，可以丰富场景金融中的内容，增加客户的黏性。

真正的元宇宙银行或许并不是固定存在于元宇宙的某个位置，它可以存在于元宇宙世界的任何一个地方，当我们穿戴配套的设备后，可以通过独立的虚拟身份直达元宇宙银行的大厅，并可以随时召唤 AI 虚拟员工引导我们办理业务。得益于区块链的分布式技术和加密学的加密技术，银行可以识别用户身份的唯一性，进行风险控制，极大地提升用户的体验感，让用户享受更生态化、安全化的智能服务。银行作为金融机构，对社会资金的融通贡献了巨大的力量，而未来的元宇宙银行也可以为元宇宙社会提供包括硬件、网络、算力、服务、资产等一系列完整的基础设施和中介支持。例如，元宇宙世界中有完整运行的经济、货物、内容及 IP，人们通过可穿戴装备等设备进入元宇宙世界。用户和公司可在元宇宙银行的沙盒中进行内容创作、商品交易，并以区块链加密为保障。人们能够在元宇宙之中进行一切现实生活中的活动，并通过实体银行构建的元宇宙银行达成虚拟资产与现实世界资产的官方互换渠道。

元宇宙银行代表了元宇宙与金融机构的融合，因此，元宇宙银行也是元宇宙金融的典型代表和具体映射之一。但就目前而言，元宇宙银行的发展还只是萌芽。不过，国内外已经有一些银行开始拓展自己的元宇宙银行领域，走在前沿的包括韩国国民银行及我国的百信银行等。

1. 韩国国民银行

韩国国民银行曾于 2006 年击败了竞争对手韩亚金融集团与新加坡的星展银行，并与美国投资公司孤星基金展开合作，之后逐步发展成为韩国最大的金融机构之一。韩国国民银行也是金融与元宇宙融合探索的先行者，在元宇宙"分行"和数字资产等方面，韩国国民银行已经初步建立起应用场景。目前，韩国国民银行对元宇宙银行的应用主要是镜像银行、VR 打造虚拟银行以及入局数字资产市场。

2021 年 6 月，韩国国民银行在元宇宙平台 Gather 上创建了一个"虚拟城镇"，其中包括一家远程办公中心、一家金融商务中心和一个游戏场。在远程办公中心，员工能够在规定时间到达虚拟会议室，通过视频进行工作汇报和工作沟通。金融商务中心类似线下分行，当客户将头像拉到银行窗口时，面对工作人员的视频聊天就能够自动连接。当咨询新的产品和服务时，相对于传统手册，客户能够点入产品链接，以更具动感的方式了解产品特点，并随时向工作人员提问。

2021 年 11 月 29 日，韩国国民银行与 VR 内容开发商 Share box 合作构建虚拟分行，通过佩戴头戴式 VR 设备，客户可以在元宇宙中访问银行，还可以沉浸式体验一对一咨询功能。

此外，早在 2020 年，韩国国民银行就开始前瞻性地部署了数字资产市场。2021 年 12 月，韩国国民银行表示，已经开发了新的多币种钱包，能够存储 NFT 和各种代币。未来，该钱包将为各种数字资产，如加密货币和 NFT 等提供账户充值、汇款和支付服务。

2. 百信银行

国内，百信银行也开始探索元宇宙与金融结合的模式。目前，百信银行在数字藏品以及数字资产方面已经开始布局，并推出虚拟品牌官 AIYA 以打造新的交互方式。

2021年11月18日，百信银行发行了"4 in love"四周年纪念数字藏品，该藏品的本质就是一种非同质化代币 NFT。这不仅是银行业的首个数字藏品，也是百信银行迎接元宇宙的一次尝试。

2021年12月30日，百信银行迎来了首位虚拟数字员工艾雅（AIYA）。她和人一样拥有具体的身高、体重，同时还具备了强大的 AI 算力，在银行理财及与客户交互等方面也具有重大突破。此外，艾雅还活跃在百信银行的各种活动中，包括对外普及理财知识、推荐金融产品，在虚拟新闻演播厅解读财报等。之后的艾雅也将不断优化，展现出更高的智商、财商和情商，并参与更多的金融服务环节。

除了百信银行，目前国内许多金融机构都已经开始初步探索如何与元宇宙融合，部分机构也已经初步打造相关的元宇宙场景。

五、元宇宙金融场景赋能的探索

元宇宙与现实世界金融互通将需要一套更广泛、更复杂、更有弹性的标准体系，推动元宇宙金融积极融入现实世界金融格局，优化金融市场效率，为投资者带来优质的融资投资服务。元宇宙金融和金融的元宇宙的互联互通应包括以下四个方面。

第一个方面是数据的互联互通。数据是金融的重要资产，也是金融决策的重要资源；第二个方面是信用的互联互通；第三个方面是支付清算的互联互通；第四个方面是通过 NFT 和 DeFi 的互操作性来建立互联网互联互通的通道。

总体来看，元宇宙金融是金融科技发展的一种高级形态。元宇宙金融将与元宇宙经济互促协同发展。元宇宙金融可能将金融带入"美丽新世界"，为人类创造美好的金融生活。元宇宙金融联结现实物理世界和虚拟数字世界的金融活动，金融与非金融之间的界限变得模糊，采用代码自动化强制执行规则，数字货币、数字资产、NFT、MetaFi、DAO 等新业态新模式对元宇宙金融监管提出严峻的挑战。

本 章 小 结

本章通过具体分析互联网企业开展大数据金融业务的布局、区块链技术的发展、大数据在智能投顾领域的运用，以及元宇宙金融的萌芽，列举了国内外多个成功运用大数据的例子，充分说明了大数据对金融体系改革创新做出的巨大贡献，及其为我国小微企业及草根百姓提供金融服务打下了坚实的基础。

但值得注意的是，大数据金融对互联网及其技术依赖的程度越高，其面临的信息安全风险就更加严峻，一旦信用信息被非法访问、拦截和篡改，信息系统就会不可逆转地损坏，这对隐私权和保护消费者权利构成了重大威胁。此外，大数据应用过程中可能存在的违法违规问题也需警惕，必须加强立法，规范大数据的使用，使其更好地为我们服务。

 即测即练

自学自测　扫描此码

 简答题

1. 请简述蚂蚁金服各个业务板块是如何构成的，以及大数据金融是如何在此基础上布局的。
2. Wealthfront智能投顾的优势在哪儿？
3. 比特币有哪些主要缺陷？
4. 金融领域的元宇宙可以分为哪几个阶段？

参 考 文 献

[1] 白硕，熊昊. 大数据时代的金融监管创新[J]. 中国金融，2014(15): 37-38.
[2] 鲍忠铁. 未来金融之美[J]. 金融博览，2014(10): 17-19.
[3] 本刊编辑部. 大数据成国家战略是必然重在实效[J]. 通信世界，2013(7): 14.
[4] 陈冠霖. 大数据下的个人征信业[J]. 中国金融，2015(7): 90-91.
[5] 陈曦. 中外P2P借贷平台模式比较研究[D]. 华东理工大学，2016.
[6] 陈晓霞，徐国虎. 大数据业务的商业模式探讨[J]. 电子商务，2013(6): 16-17, 23.
[7] 陈新明. 淘宝网数据平台数据仓库建设[D]. 大连理工大学，2013.
[8] 陈颖. 大数据发展历程综述[J]. 当代经济，2015(8): 13-15.
[9] 丁蕊. 对大数据的商业模式创新问题的探索[J]. 管理观察，2015(14): 178-179.
[10] 董喆. 基于互联网金融平台的大数据挖掘研究[J]. 山东工业技术，2014(20): 261-262.
[11] 杜娟. 领先布局考拉征信打造全领域征信服务平台——访考拉征信服务有限公司总裁李广雨[J]. 中国信用卡，2015(7): 25-28.
[12] 段东，于知玄. 价值链到价值环：传统企业互联网进化论[J]. 互联网经济，2015(5): 20-25.
[13] 范铁光，刘岩松. 大数据应用于信用评分模型的实践与启示[J]. 征信，2015, 335(2): 29-31.
[14] 凤凰财经. 大数据进入价值变现的2.0时代[Z]. http://finance.ifeng.com/a/20150414/13630936_0.shtml. 2015.04.14.
[15] 耿得科，梁文娟. 大数据对传统资信评估的影响[J]. 征信，2015, 3(3): 20-24.
[16] 耿得科. 征信体制建设及其对金融的影响[D]. 浙江大学，2012.
[17] 工业和信息化部电信研究院. 大数据白皮书. 工业和信息化部电信研究院，2014.05.
[18] 宫夏屹，李伯虎，柴旭东，等. 大数据平台技术综述[J]. 系统仿真学报，2014, 26(3): 489-496.
[19] 谷晓彬. 基层农业银行信用风险管理问题研究[D]. 中央财经大学，2007.
[20] 关晶奇. A股上市公司更名效应与企业效益提升的实证研究[D]. 北京大学，2009.
[21] 韩浩. 大数据技术在商业银行中的运用探讨[D]. 苏州大学，2014.
[22] 洪娟. 大数据环境下商业银行"小微贷"竞争策略研究[J]. 南方金融，2014(3): 9, 80-82.
[23] 侯维栋. 大数据时代银行业的变革[J]. 中国金融，2014(15): 22-24.
[24] 胡世良. 打造互联网金融生态系统探析[J]. 互联网天地，2015(1): 55-59.
[25] 胡晓帆. 大数据时代征信业发展的机遇与挑战[J]. 征信，2014, 32(12): 45-48.
[26] 胡泳，郝亚洲. 数据治国与数据强国——简论我国的大数据国家战略[J]. 新闻爱好者，2013(7): 4-8.
[27] 胡又文. 大数据：下一个浪潮[R]. 安信证券，2015.
[28] 黄解军，万幼川. 基于数据挖掘的电子商务策略[J]. 计算机应用与软件，2004, 21(7): 12-13, 100.
[29] 黄欣荣. 大数据时代的思维变革[N]. 重庆理工大学学报，2014, 28(5): 13-18.
[30] 江四清，丁昱. 大数据技术在中央银行业务中的应用前景分析[J]. 黑龙江金融，2015(5): 50-52.
[31] 姜锋. 大数据行业应用和商业模式研究[J]. 软件产业与工程，2014(4): 20-23, 28.
[32] 荆浩. 大数据时代商业模式创新研究[J]. 科技进步与对策，2014, 31(7): 15-19.
[33] 井贤栋. 互联网+大数据模式下的征信[EB/OL]. 中国金融四十人论坛，http://www.cf40.org.cn/news_detail/6072.html. 2015.05.13.
[34] 九次方大数据. 2014年中国金融大数据应用白皮书. 九次方大数据，2014.

[35] 九次方大数据. 中国产业链大数据白皮书. 九次方大数据, 2014.
[36] 柯孔林, 周春喜. 商业银行信用风险评估方法研究述评[J]. 商业经济与管理, 2005(6): 55-60.
[37] 蓝仁龙. 大数据背景下的商业模式创新[J]. 中国管理信息化, 2015, 18(9): 147-148.
[38] 雷巧萍. Web2.0 及其典型应用研究——以新浪网产品为例[D]. 中山大学, 2011.
[39] 李富. 大数据时代商业模式变革契机[J]. 开放导报, 2014(6): 107-109.
[40] 李森焱, 吕莲菊. 我国互联网金融风险现状及监管策略[J]. 经济纵横, 2014(8): 87-91.
[41] 李文莲, 夏健明. 基于"大数据"的商业模式创新[J]. 中国工业经济, 2013(5): 83-95.
[42] 李小晓. 传统信用评分挑战者[J]. 新世纪周刊, 2014(34): 42-44.
[43] 李小晓. 大数据做征信[J]. 新世纪周刊, 2014(46): 44-46.
[44] 李艳玲. 大数据分析驱动企业商业模式的创新研究[J]. 哈尔滨师范大学社会科学学报, 2014, 4(1): 55-59.
[45] 李真. 互联网金融征信模式:经济分析、应用研判与完善框架[J]. 宁夏社会科学, 2015(1): 79-85.
[46] 李真. 大数据信用征信:现实应用、困境与法律完善逻辑[J]. 海南金融, 2015, 33(1): 5-9.
[47] 李真. 中国互联网征信发展与监管问题研究[J]. 征信, 2015(7): 9-15.
[48] 林采宜, 尹俊杰. 互联网金融时代的征信体系[J]. 新金融评论, 2014(6): 11-35.
[49] 刘丹, 曹建彤, 王璐. 大数据对商业模式创新影响的案例分析[J]. 科技与经济, 2014(4): 21-25.
[50] 刘红, 胡新和. 数据革命:从数到大数据的历史考察[J]. 自然辩证法通讯, 2013, 35(6): 33-39, 125-126.
[51] 刘红. 科学数据的哲学研究[D]. 中国科学院大学, 2013.
[52] 刘力钢, 袁少锋. 大数据时代的企业战略思维特征[J]. 中州学刊, 2015(1): 42-46.
[53] 刘晓曙. 大数据时代下金融业的发展方向、趋势及其应对策略[J]. 科学通报, 2015, 60(Z1): 453-459.
[54] 刘新海, 丁伟. 大数据征信应用与启示——以美国互联网金融公司 ZestFinance 为例[J]. 清华金融评论, 2014(10): 93-98.
[55] 刘新海. 阿里巴巴集团的大数据战略与征信实践[J]. 征信, 2014, 32(10): 10-14, 69.
[56] 刘新海, 顾凌云, 丁伟. 美国 ZestFinance:用大数据作金融风险管控,抓住这几点最有效[Z]. ITValue. http://www.tmtpost.com/195557.html. 2015.02.12.
[57] 刘英, 罗明雄. 大数据金融促进跨界整合[J]. 北大商业评论, 2013(11): 96-101.
[58] 刘芸, 朱瑞博. 互联网金融、小微企业融资与征信体系深化[J]. 征信, 2014, 32(2): 31-35.
[59] 刘泽照, 张谦, 黄杰. 基于 SNA 的国际大数据研究结构态势[J]. 科学学与科学技术管理, 2014, 35(11): 40-47.
[60] 龙海明, 王志鹏, 申泰旭. 大数据时代征信业发展趋势探讨[J]. 金融经济, 2014(12): 86-88.
[61] 卢芮欣. 大数据时代中国征信的机遇与挑战[J]. 金融理论与实践, 2015(2): 103-107.
[62] 梅菀. 个人征信机构筹备进行时蚂蚁金服进展最快[N]. 证券时报, 2015.05.04.A08.
[63] 潘功胜. 建设发达的中国征信业市场[J]. 征信, 2014, 32(11): 1-4.
[64] 庞淑娟. 大数据在银行信用风险管理中的应用[J]. 征信, 2015, 33(3): 12-15.
[65] 彭韧. 从价值链到价值环[J]. 21 世纪商业评论, 2007(12): 25-26.
[66] 濮林峰. 基于大数据的商业模式创新研究[D]. 北京邮电大学, 2014.
[67] 钱小聪. 大数据产业生态圈研究[J]. 信息化研究, 2013, 39(6): 49-52.
[68] 乔海曙, 黄小锋. 引入境外商业个人征信机构:一个双赢均衡的构建[J]. 求索, 2007(9): 17-20.
[69] 乔晶. 我国消费信贷业现状与问题研究——基于 SCP 方法[D]. 南开大学, 2015.

[70] 人大经济论坛. 大数据的概念、技术应用与分析及数据的处理——大数据时代专题[Z]. http://bbs.pinggu.org/bigdata/.

[71] 任广见. 基于"大数据"的商业模式创新及启示[J]. 现代商贸工业, 2013, 25(20): 171-172.

[72] 赛迪顾问股份有限公司. 中国金融行业大数据应用市场研究白皮书. 赛迪顾问股份有限公司, 2013.06.

[73] 沈威. 针对中小企业的远程IT服务运营模式研究[D]. 北京邮电大学, 2011.

[74] 司亚静. CRM中客户保持问题的研究[D]. 河北工业大学, 2002.

[75] 苏跃辉, 闫雪飞. 阿里金融模式发展研究[J]. 合作经济与科技, 2013(23): 54-55.

[76] 唐方杰. 大数据金融渐行渐近[J]. 银行家, 2014(3): 18-19.

[77] 唐时达. 大数据风控存在的障碍及对策[EB/OL]. 金融读书会, 2015.07.08.

[78] 王和, 鞠松霖. 基于大数据的保险商业模式[J]. 中国金融, 2014(15): 28-30.

[79] 王惠敏. 大数据背景下电子商务的价值创造与模式创新[J]. 商业经济研究, 2015(21): 76-77.

[80] 王珂. 基于互联网大数据平台的小微企业融资模式研究[D]. 长安大学, 2014.

[81] 王璐. 基于大数据的商业模式创新案例研究[D]. 北京邮电大学, 2014.

[82] 王千. 互联网企业平台生态圈及其金融生态圈研究——基于共同价值的视角[J]. 国际金融研究, 2014(11): 76-86.

[83] 王永生. 大数据时代的商业模式创新研究[J]. 南京财经大学学报, 2013(6): 47-51.

[84] 韦雪琼, 杨晔, 史超. 大数据发展下的金融市场新生态[J]. 时代金融, 2012(7): 173-174.

[85] 韦雨, 覃安柳, 杨朝祖, 骆伦良. 大数据时代:构建央行金融业综合统计初探[J]. 区域金融研究, 2014(10): 61-64.

[86] 维克托·迈尔·舍恩伯格, 肯尼思·库克耶. 大数据时代:生活、工作与思维的大变革[M]. 杭州:浙江人民出版社, 2012.

[87] 魏强. 大数据征信在互联网金融中的应用分析[J]. 金融经济, 2015(8): 11-13.

[88] 邬贺铨. 大数据思维[J]. 科学与社会, 2014, 4(1): 1-13.

[89] 吴晶妹. 2011—2012年中国征信业回顾与展望[J]. 征信, 2011, 29(6): 1-7.

[90] 吴李知. 创新商业模式掘金大数据时代[N]. 中国电子报, 2012.12.14:004.

[91] 吴畏, 史国财. 美国互联网银行模式研究[R]. 兴业证券, 2014.

[92] 吴薛, 吴俊敏. 产业生态圈视角下大数据产业集群培育的研究——以苏州为例[J]. 常州大学学报(社会科学版), 2015, 16(1): 56-62.

[93] 吴莹. 固定收益分析模块的设计与实现[D]. 北京大学, 2011.

[94] 武剑. 金融大数据的战略与实施[J]. 新金融评论, 2014(3): 159-171.

[95] 肖扬. 大数据思维下的保险业变革[N]. 金融时报, 2013, 12(11): 10.

[96] 谢清河. 大数据时代我国商业银行发展问题研究[J]. 南方金融, 2014(11): 12-17.

[97] 薛薇. 数据挖掘中的决策树技术及其应用[J]. 统计与信息论坛, 2002(2): 4-10.

[98] 薛奕. 中国证券分析师荐股评级有效性研究[D]. 中央财经大学, 2010.

[99] 杨枫. 对我国证券分析师研究报告特性及市场影响的实证分析[D]. 上海财经大学, 2007.

[100] 杨元利. 大数据助推传统行业转型升级[J]. 黑龙江科学, 2015, 16(5): 64-65.

[101] 叶春森, 梁昌勇, 梁雯. 基于云计算大数据的价值链创新机制研究[J]. 科技进步与对策, 2014, 31(24): 13-17.

[102] 翟伟丽. 大数据时代的金融体系重构与资本市场变革[J]. 证券市场导报, 2014(2): 47-50, 60.

[103] 张爱军. 互联网银行发展模式与借鉴——基于美国的经验[J]. 新金融, 2015(6): 61-64.

[104] 张兰廷. 大数据的社会价值与战略选择[D]. 中共中央党校, 2014.

[105] 张雅婷. 我国企业和个人征信系统发展探析[J]. 征信，2015, 33(3): 35-37.

[106] 张毅菁. 金融业面对大数据的机遇与挑战.[J]. 中国外资，2013(18): 46-47.

[107] 张颖. 构建中国征信体系研究[D]. 首都经济贸易大学，2005.

[108] 张影强. 将大数据提升为国家战略[J]. 中国经济报告，2014(1): 75-78.

[109] 张应飞. 基于金融大数据的互联网信贷发展风险探析[J]. 经济研究参考，2014(29): 74-76.

[110] 张周平. "互联网+传统行业"助力经济转型腾飞[J]. 浙江经济，2015(11): 25-27.

[111] 章红，郝嵘，关伟. 大数据时代征信业发展思考与建议[J]. 福建金融，2014(s2): 36-39.

[112] 赵国栋，易欢欢，糜方军，等. 大数据时代的历史机遇——产业变革与数据科学[M]. 北京：清华大学出版社，2013.06.

[113] 赵海蕾，邓鸣茂，汪桂霞. 互联网金融中的大数据征信体系构建[J]. 经济视角（上旬刊），2015(4): 18-21, 65.

[114] 郑承满. 商业银行大数据生态系统构建探讨[J]. 中国金融电脑，2014(6): 17-20.

[115] 郑申. 腾讯征信助力互联网金融发展[N]. 金融时报，2015.05.08:006.

[116] 中国人民银行《中国征信业发展报告》编写组. 中国征信业发展报告（2003—2013）[R]. 中国人民银行，2013.

[117] 中文互联网数据资讯中心. 大数据究竟是什么？一篇文章让你认识并读懂大数据[Z]. http://www.thebigdata.cn/YeJieDongTai/7180.html. 2013.11.04.

[118] 钟红涛，徐福洲. 打造大数据金融五大平台[J]. 中国农村金融，2015(2): 22-24.

[119] 周本海. 基于大数据的现代商业模式研究[J]. 现代商贸工业，2015, 36(3): 17-18.

[120] 周锦宇. 新华社金融信息服务研究——以新华08新时期战略发展为例[D]. 中国人民大学，2011.

[121] 周运兰，杨静静，余宁. 首家民营银行发展机遇与风险研究——以深圳前海微众银行为例[J]. 当代经济，2015(6): 94-95.

[122] 国家互联网信息办公室.国家互联网信息办公室发布《数字中国发展报告（2021年）》[N]. 中国网信网，2022-08-02.

[123] 贺晓丽. 美国联邦大数据研发战略计划述评[J]. 行政管理改革，2019(2): 85-92.

[124] 周季礼，李德斌. 国外大数据安全发展的主要经验及启示[J]. 信息安全与通信保密，2015(6): 40-45.

[125] 大数据产业生态联盟. 2022中国大数据产业发展白皮书. 赛迪顾问股份有限公司：赛迪智库，2022.

[126] 大数据技术标准推进委员会. 2022年Web3.0前瞻研究报告——可信区块链推进计划[R]. 中国互联网协会，2022.

[127] 前瞻经济学人. 2022年中国智慧城市建设行业全景图谱[N]. 前瞻网，2022.

[128] 中国信息通信研究院. 中国大数据发展调查报告（2018年）[R]. 2018.

[129] 国务院. 关于加强数字政府建设的指导意见[R]. 2022.

[130] 中研产业研究院. 零售行业的现状和发展趋势2022[R]. 2022.

[131] 小米集团. 小米集团2021年度报告[R]. 2022.

[132] 工业和信息化部. "十四五"大数据产业发展规划[R]. 2021.

[133] 贵州省信息中心. 国家大数据（贵州）综合试验区发展报告2021[R]. 2022.

[134] 赵阳，夏瀛韬. 数字人民币最新进展盘点[N]. 安信证券，2022.

[135] 倪华. 乘财富管理东风，造金融平台航母[N]. 东方财富，2022.

[136] 尤凯，王芹. 三大数据交易所比较分析[N]. 国脉研究院，2022.

[137] 王文辉. 关于联通大数据公司,你想知道的细节全都在这里了![N]. 中国联通,2017.

[138] 四象联创. 金融系统软件开发公司排行榜[Z]. 2022.

[139] 工业和信息化部. 物联网新型基础设施建设三年行动计划(2021—2023年)[R]. 2021.

[140] 王震. 2022年信托市场年度报告:告别"非标为王"时代,转型步入"深水区"[N]. 华宝证券,2022.

[141] 零壹租赁智库. 融资租赁3.0时代——中国融资租赁行业发展报告(2022)[R]. 2022.

[142] 李若男. 融资担保行业研究报告[R]. 大众投资指南,2020(18): 11-12, 15.

[143] 李薇,于百程,柏亮. 2020中国普惠小微金融发展报告[R]. 零壹智库金融,2021.

[144] 中国互联网络信息中心(CNNIC). 第50次《中国互联网络发展状况统计报告》发布[N]. 2022.

[145] 赵成. 我国个人征信行业发展研究[N]. 财通证券,2018.

[146] 零壹智库. 消费金融发展报告2020[R]. 2021.

[147] 汪毅. 利率市场化研究专题:利率并轨,利率市场化改革的新挑战[N]. 长城证券,2019.

[148] 李斌,徐磊,魏思远. 2020年全球区块链行业发展趋势报告:数据要素视角下的产业区块链新机遇[R]. 金链盟,2020.

[149] 国家统计局. 2022年1—9月全国规模以上工业企业利润下降2.3%[N]. 2022.

[150] 猎聘. 2019年中国AI&大数据人才就业趋势报告[R]. 2020.

[151] 鲁伟. 机器学习公式推导与代码实现[M]. 人民邮电出版社,2022.

[152] 曾远. 2022年四季度中国经济观察报告[R]. 毕马威中国,2022.

[153] 赛博研究院. 美国《数据隐私和保护法》首次公布草案全文[N]. 2022.

[154] 全国人民代表大会. 中华人民共和国数据安全法[N]. 中国人大网,2021-06-10.

[155] 腾讯控股有限公司. 腾讯2022中期报告[R]. 2022.

[156] 毕马威中国. 金融科技动向2022年上半年[N]. 2022.

[157] 中基协. 2022年二季度末资产管理业务总规模约68.51万亿元[N]. 证券日报,2022.

[158] 贝恩公司. 2021中国私人财富报告[N]. 招商银行,2021.

[159] 银行用户体验联合实验室. 蓄势2020:小微企业生存洞察[N]. 微众银行,2020.

[160] 互联网金融风险专项整治工作领导小组办公室. 关于网络借贷信息中介机构转型为小型贷款公司试点的指导意见[R]. 2019.

[161] 孙惠平. 国际区块链发展之道[J]. 金融博览,2020(18): 52-55.

[162] 通证通研究院. 区块链行业专题报告:火币新战略效果初现,HT前景或可期[R]. 2019.

[163] 吴化章. NEO:"中国以太坊"传奇落幕?[N]. 核财经,2018.

[164] 波士顿咨询公司. 中国资产管理市场2021[N]. 中国光大银行,2022.

[165] 波士顿咨询公司. Global Wealth 2022[M]. 2022.

[166] 李瑞雪. 智能投顾的域外监管经验及启示[N]. 挖财研究院,2018.

[167] 许跃芝,刘亮. 着力推动香港金融科技创新[N]. 经济日报,2021: 3.

[168] 胥爱欢,赵俊豪,杨思睿. 国外金融科技发展与监管的实践经验及若干启示[J]. 海南金融,2022(4): 50-57.

[169] 肖翔,吕钰涛,靳亚茹. 韩国金融科技监管进展及启示[J]. 清华金融评论,2020(11): 93-94.

[170] CB Insights. Our Top 2021 Fintech Reports[R]. 2021.

[171] 阿里巴巴控股有限公司. 阿里巴巴2022财政年度报告[R]. 2022.

[172] 郑嘉伟. 银行业金融科技专题报告:蚂蚁金服,见证蚂蚁成为大象之路[R]. 新时代证券,2020.

[173] 美国在线财富管理公司. Wealthfront解析[N]. 华鑫证券私募基金研究中心,2020.

[174] 中华人民共和国中央人民政府. 人民银行等七部门关于防范代币发行融资风险的公告[N]. 人

民银行网站，2017-09-04.

[175] 亿欧智库. 2022 中国边缘计算产业研究报告[R]. 2022.

[176] 林晓明，李子钰，U. PhD. 揭秘微软 AI 量化研究[N]. 华泰研究，2022.

[177] 麻袋研究院. 消费金融风控创新白皮书[N]. 金融城，2020.

[178] 徐寅，郑兆磊. 基于集成学习算法的量化选股模型研究[N]. 兴业证券，2019.

[179] 林晓明，等. 未来已来：AI 量化选股模型概览——兼谈人工智能量化多因子基金的特点[N]. 华泰证券，2019.

[180] 钱斌. 隐私计算金融应用蓝皮书[R]. 交通银行股份有限公司，2022.

[181] 数字孪生世界企业联盟. 数字孪生世界白皮书（2022 版）. 2022.

[182] 刘泽晶. Web3.0：脱胎换骨、擎天架海[N]. 华西计算机团队，2022.

[183] 马兆林，等. 金融元宇宙研究白皮书. 中国金融信息中心，2022.

[184] 中商产业研究院. 2023 年中国元宇宙行业市场前景及投资研究报告[R]. 2022.

[185] 北京金融科技产业联盟. 隐私计算技术金融应用研究报告[R]. 2022.

[186] 零壹智库. 开启新纪元：隐私计算在金融领域应用发展报告（2021）[R]. 2021.

[187] 埃森哲. 2022 埃森哲中国企业数字化转型指数[J]. 2022.

[188] 美国国防部. 国防部数据策略[R]. 2020.

[189] 元宇宙创习社. 各国元宇宙建设观察系列：法国篇（上）[N]. 2022.

[190] 元宇宙创习社. 各国元宇宙建设观察系列：法国篇（下）[N]. 2022.

[191] 宋小予. 海外 new things 德国数据分析平台"LiveEO"融资 1900 万欧元，为交通、能源企业处理卫星影像原始数据[N]. 2022.

[192] 罗汉堂. 理解大数据：数字时代的数据与隐私（2021）[R]. 2021.

[193] 赛迪工业和信息化研究院.《数据伦理框架草案》[R]. 2021.

[194] 欧盟委员会. 欧洲数据战略[R]. 2020.

[195] 英国皇家学会. 英国皇家学会关于英国数据治理框架的解读[R]. 2020.

[196] 清华大学人工智能研究院与清华——中国工程院知识智能联合研究中心. 人工智能发展报告（2011—2020）[R]. 2020.

[197] 邵平，杨健颖，苏思达. 可解释机器学习：模型、方法与实践[M]. 机械工业出版社，2022.

[198] 王青天，孔越. Python 金融大数据风控建模实战：基于机器学习[M]. 机械工业出版社，2021.

[199] 中国信息通信研究院泰尔终端实验室. 2022 年联邦学习场景应用研究报告[R]. 2022.

[200] 欧阳日辉. 元宇宙金融与数字金融的发展[N]. 横琴智慧金融研究院，2022.

[201] 中共中央国务院. 数字中国建设整体布局规划[R]. 2023.

[202] 平安证券研究所金融. 金融&金融科技行业周报——数字人民币试点竞相布局，互联互通存托凭证业务机制进一步优化[N]. 2023.

[203] 腾讯金融研究院，腾讯云，毕马威. 数实共生·2022 金融科技十大趋势展望[N]. 2023.

[204] 中国人民银行. 金融大数据术语[N]. 2021.

[205] Aggarwal C C. An introduction to social network data analytics[J]. Social Network Data Analysis, 2011: 1-14.

[206] Agrawal D, Bernstein P, Bertino E, et al. Challenges and opportunities with big data 2011-1[R]. Cyber Center Technical Reports, 2011.

[207] Anderson C. The end of theory: The data deluge makes the scientific method obsolete[J]. Wired, 2008, 16(7): 1-2.

[208] Anderson T W. An introduction to multivariate statistical analysis[M]. 3rd ed. New York: John

Wiley & Sons, 2003.

[209] Cattell R. ScalableSQL and NoSQL data stores[C]. SIGMOD Record, 2010, 39(4): 12-27.

[210] Chaiken R, Jenkins B, Larson P, et al. SCOPE: easy and efficient parallel processing of massive data sets[J]. Proceeding of the VLDB Endowment, 2008, 1: 1265-1276.

[211] Chakravarthy S, Jiang Q. Stream data processing: A quality of service perspective: Modeling, scheduling, load shedding, and complex event processing[M]. Springer-Verlag, 2009.

[212] Chang F, Dean J, Ghemawat S, et al. Bigtable: A distributed storage system for structured data. ACM Transaction on Computer System (TOCS), 2008, 26(2): 1-26.

[213] Chen Y, Alspaugh S, Katz R. Interactive analytical processing in big data systems: A cross-industry study of MapReduce workload[J]. Proceeding of the VLDB Endowment, 2012, 5(12): 1802-1813.

[214] Clark T. Storage virtualization: Technologies for simplifying data storage and management[M]. Boston: Addison-Wesley Professional, 2005.

[215] Cooper M, Mell P. Tackling Big Data[C]. NIST, 2012.

[216] Cukier K. Data, data everywhere: A special report on managing information[J]. The Economist, 2010, 394: 3-16.

[217] Dealing with data. Science, 2011, 331(6018): 639-806.

[218] Home D, Costanzo M, Feyp, et al. Big data[J]. Nature, 2008, 455(7209): 1-136.

[219] Dean J, Ghemawat S. MapReduce: Simplified data processing on large clusters[J]. Communications of the ACM, 2008, 51(1): 107-113.

[220] Dewitt D, Gray J. Parallel database systems: The future of high performance database systems[J]. Commun ACM, 1992, 35(6): 85-98.

[221] Labrinidis A, Jagadish H V. Challenges and opportunities with big data[J]. Proc VLDB Endow, 2012, 5(12): 2032-2033.

[222] Holmes D E. Big data: A very short introduction[M]. Oxford University Press, 2017.

[223] Feblowitz J. Analytics in oil and gas: The big deal about big data[C]. The SPE Digital Energy Conf, 2013.

[224] Fisher D, DeLine R, Czerwinski M, et al. Interactions with big data analytics[J]. Interactions, 2012, 19: 50-59.

[225] Florescu D, Kossmann D. Rethinking cost and performance of database systems[J]. SIGMOD Rec, 2009, 38: 43-48.

[226] Ghazal A, Rabl T, Hu M, et al. Bigbench: Towards an industry standard benchmark for big data analytics[C]. New York: The International Conference on Management of Data, 2013: 1197-1208.

[227] Goodhope K, Koshy J, Kreps J, et al. Building LinkedIn's real-time activity data pipeline[J]. IEEE Data Eng. Bull., 2012, 35: 33-45.

[228] Kachris C, Tomkos I. The rise of optical interconnects in data centre networks[C]. Coventry: The 14th International Conference on Transparent Optical Networks, 2012, 1-4.

[229] Katal A, Wazid M, Goudar R H. Big data: issues, challenges, tools and good practices[C]. Noida: The Sixth International Conference on Contemporary Computing, 2013: 404-409.

[230] Laney D. 3D data management: Controlling data volume, velocity and variety[J]. Application Delivery Strategies, 2001.

[231] Laurila J K, Gatica-Perez D, Aad I, et al. The mobile data challenge: Big data for mobile computing research[C]. Newcastle: The 10th International Conference on Pervasive Computing, 2012: 1-8.

[232] Lohr S. The age of big data[J]. New York Times, 2012, 11.
[233] Lu R X, Zhu H, Liu X M, et al. Toward efficient and privacy-preserving computing in big data era[J]. IEEE Network, 2014, 28(4): 46-50.
[234] Manning C D, Schutze H. Foundations of statistical natural language processing[M]. Cambridge: MIT Press, 1999.
[235] Manyika J, Chui M, Brown B, et al. Big data: the next frontier for innovation, competition, and productivity[J]. McKinsey Global Institute, 2011.
[236] Mayer-Schönberger V, Cukier K. Big data: A revolution that will transform how we live, work, and think[J]. Houghton Mifflin Harcourt, 2013.
[237] Moretti C, Bulosan J, Thain D, et al. All-pairs: An abstraction for data-intensive cloud computing[C]. Miami: IEEE International Symposium on Parallel and Distributed Processing, 2008: 1-11.
[238] Noguchi Y. The search for analysts to make sense of big data[N]. National Public Radio, 2011-11-30.
[239] Pavlo A, Paulson E, Rasin A, et al. A comparison of approaches to large-scale data analysis[C]. Providence: The 35th SIGMOD International Conference on Management of Data, 2009: 165-178.
[240] Post F H, Nielson G M, Bonneau G P. Data visualization: the state of the art[M]. Berlin: Springer, 2003.
[241] Slavakis K, Giannakis G, Mateos G. Modeling and optimization for big data analytics: (Statistical) Learning tools forour era of data deluge[J]. IEEE Signal Process Mag, 2014, 31: 18-31.
[242] Steve Lohr. The age of big data[N]. New York Times, 2012-02-11.
[243] Tom Kalil. Big data is a big deal[N]. The White House, 2012-03-29.
[244] Tolle K M, Tansley D S W, Hey A J G, The fourth paradigm: Data-Intensive scientific discovery [point of view][J]. IEEE, 2011, 99(8): 1334-1337.
[245] Wang Y Z, Jin X L, Cheng X Q. Network big data: Present and future[J]. Chinese Journal of Computers, 2013, 36(6): 1125-1138.
[246] Office of Science and Technology Policy. Fact sheet: Big data across the federal government[R]. The White House, 2012.
[247] Yan C R, Yang X, Yu Z, et al. IncMR: Incremental data processing based on MapReduce[C]. Honolulu: The 5th International Conference on Cloud Computing, 2012: 534-541.

教师服务

感谢您选用清华大学出版社的教材！为了更好地服务教学，我们为授课教师提供本书的教学辅助资源，以及本学科重点教材信息。请您扫码获取。

≫ 教辅获取

本书教辅资源，授课教师扫码获取

≫ 样书赠送

财政与金融类重点教材，教师扫码获取样书

 清华大学出版社

E-mail: tupfuwu@163.com
电话：010-83470332 / 83470142
地址：北京市海淀区双清路学研大厦 B 座 509

网址：https://www.tup.com.cn/
传真：8610-83470107
邮编：100084